URS MARTI-BRANDER

KARL MARX

DIE FREIHEIT DES

MARX

EIN AUFKLÄRER
IM BÜRGERLICHEN
ZEITALTER

ROWOHLT

1. Auflage Mai 2018

Buchgestaltung Anja Sicka, Hamburg
Satz aus der Kepler bei
Dörlemann Satz, Lemförde
Druck und Bindung CPI books GmbH, Leck, Germany
ISBN 978 3 498 04538 8

ERSTER AUFTRITT

Wer jaget hinterdrein mit wildem Ungestüm?
Ein schwarzer Kerl aus Trier, ein markhaft Ungetüm.
Er gehet, hüpfet nicht, er springet auf den Hacken
Und raset voller Wut, und gleich, als wollt' er packen
Das weite Himmelszelt, und zu der Erde ziehn,
Streckt er die Arme sein weit in die Lüfte hin.
Geballt die böse Faust, so tobt er sonder Rasten,
Als wenn ihn bei dem Schopf zehntausend Teufel faßten.

Ein starker Auftritt! Der Autor der Verse ist Friedrich Engels, der schwarze Kerl aus Trier natürlich Karl Marx. Die Verse stammen aus Engels' parodistischem Opus *Die frech bedräute, jedoch wunderbar befreite Bibel. Oder: Der Triumph des Glaubens. Das ist: Schreckliche, jedoch wahrhafte und erkleckliche Historia von dem weiland Lizentiaten Bruno Bauer; wie selbiger vom Teufel verführet, vom reinen Glauben abgefallen, Oberteufel geworden und endlich kräftiglich entsetztet ist.* Erschienen ist es 1842 in Zürich. Der Held der Geschichte ist ein gewisser Bruno Bauer, vorgestellt werden weitere Mitglieder des junghegelianischen Kreises, und auch dem schwarzen Kerl sind wenige Verse gewidmet.

Engels ist berühmt geworden – als Freund, Partner, Mitstreiter von Marx. 1842 kannte er allerdings diesen noch gar nicht. Gezeichnet hat er ihn nach Schilderungen von Edgar Bauer, eines weiteren Mitglieds der Junghegelianer. Entstanden ist ein schon recht lebendiges Porträt.[1]

Das vergnügliche Opus von Engels nimmt Elemente von Goethes *Faust* auf, wobei der Part des *Doktor* Faust dem *Lizentiaten* Bruno Bauer zukommt. Er ist der Held der Geschichte; Marx ist vorerst eine bloße Randfigur, ihm sind zwei kurze Abschnitte vergönnt. Dass ein faustischer Drang und eine prometheische Hybris[2] – die Missachtung der göttlichen Ordnung – Marx' Denken und Handeln geleitet haben, wurde in der Folgezeit zum Gemeinplatz. Engels schrieb ihm die Absicht zu, den Himmel zur Erde ziehen zu wollen, es trifft wohl eher zu, dass Marx so gut wie sein Freund Heine den Himmel den Engeln und den Spatzen überlassen wollte. Darin folgte er den großen Vorbildern der französischen Aufklärung. Die fortschrittlich gesinnten Schüler von Hegel, die sogenannten Linkshegelianer, vertraten ähnliche Anliegen, Marx freilich sah bald ein, dass die bloße Kritik der Religion nicht die Kraft hatte, die Welt zu verändern. Wenn die Religion nicht bloß ein falscher Trost ist, vielmehr das religiöse Bedürfnis Ausdruck des realen Unglücks, worin die Menschen leben, dann gilt es, die Verhältnisse zu studieren, die das Unglück verursachen. Die philosophischen Spekulationen Bruno Bauers und seiner linkshegelianischen Genossen tragen dazu nichts bei. Engels' Bild von Himmel und Erde darf man so deuten: Marx wollte das Diesseits so einrichten, dass die Sehnsucht nach dem eingebildeten Jenseits grundlos werde. Zu diesem Zweck wollte er, auch hier dem Erbe der Aufklärung verpflichtet, die diesseitige Existenz der Menschen zum Gegenstand rationaler Reflexion machen und prüfen, wie man sie erträglicher gestalten könnte.

Was die zehntausend Teufel betrifft, die den schwarzen Kerl aus Trier am Schopfe fassten, so ist zumindest so viel wahr, dass

Marx immer wieder diabolisiert worden ist und bis heute herhalten muss als angeblicher Urheber jeder Art von schlechter Politik. Was hat man ihm nicht alles vorgeworfen! Zwietracht habe er gesät in der harmonischen Eintracht von Reich und Arm. Nun gehört es zu den elementaren Aufgaben des politischen Denkens, nach den Bedingungen des Zusammenhalts menschlicher Gemeinwesen, nach deren möglicher Gefährdung durch Konflikte zwischen Privilegierten und Benachteiligten zu fragen. Wenn Marx die Logik von Revolutionen und Klassenkämpfen zu ergründen sucht, setzt er damit die Traditionen des frühliberalen Denkens fort. Dass die Gesellschaft im steten Wandel begriffen ist, dass sich Klassen mit gegensätzlichen Interessen bilden und Konflikte zwischen ihnen entstehen, all dies sind zentrale Motive des frühliberalen Denkens. Marx stellt die Legitimität der «bürgerlichen» Freiheiten nicht in Frage, lenkt aber die Aufmerksamkeit auf das Janusgesicht des Kapitalismus. Mit der Auflösung der alten Zunftordnungen hat die kapitalistische Produktionsweise die Freiheiten des Individuums erweitert, ihm mit den unerbittlichen Gesetzen der Konkurrenz aber zugleich neue Ketten angelegt.

Ein Blick auf die Geschichte des politischen Denkens – von den mesopotamischen und ägyptischen Hochkulturen über Griechenland und Rom bis in die Neuzeit und Gegenwart – genügt, um festzustellen, dass der Gegensatz zwischen Macht und Ohnmacht, Reichtum und Armut stets ihr wichtigstes Thema gewesen ist. Dass der Reichtum weniger die Armut vieler verursacht, ist eine Erfahrung, die über Jahrtausende sich stets von neuem bestätigt hat. Schon die älteste überlieferte politische Reflexion fragt, wie ein Konflikt zu lösen, ein Ausgleich zu bewerkstelligen ist – sei es beim babylonischen König Hammurabi, der im 18. vorchristlichen Jahrhundert regierte, beim athenischen

Gesetzgeber Solon, der im 6. vorchristlichen Jahrhundert versuchte, den Bürgerkrieg zwischen adligen Großgrundbesitzern und verarmten Kleinbauern zu verhindern, oder beim Florentiner Staatsmann Machiavelli, der in der Zeit der Renaissance die Konflikte zwischen Adel und einfachem Volk analysierte. Ob es um die ökonomischen Voraussetzungen der Politik geht, um den Konflikt der Stände und Klassen oder um Revolutionen – Marx hat diese Motive nicht erfunden, er will sie besser verstehen und neu interpretieren. Sein Anliegen artikuliert sich in den unausweichlichen Fragen des politischen Denkens: Was beschränkt die Handlungsfreiheit der Menschen; wie lässt sich Freiheit erweitern; wie können Menschen mit ihren unterschiedlichen Bedürfnissen, Fähigkeiten und Interessen zusammen leben, ohne sich fremd und feind zu sein?

Marx habe sich in seinen Voraussagen über die künftige Geschichte der Menschheit getäuscht, so lautet ein oft geäußerter Vorwurf. Gibt es irgendeinen politischen Denker, der sich nicht getäuscht hat? Der US-amerikanische Politikwissenschaftler Francis Fukuyama hat 1989 das Ende der Geschichte und den endgültigen Triumph der liberalen Demokratie prophezeit, heute müssen wir um die Zukunft von Demokratie und Liberalismus bangen.

Marx hat sich als Wissenschaftler verstanden, er wollte nicht Dogmen verkünden, sondern verstehen, wie die moderne Wirtschaft funktioniert. Dass Wissenschaft stets Gegenstand der Kritik bleiben muss, war ihm klar. Ein Jahrhundert nach seinem Tod wird man ihn für alle Übel verantwortlich machen, welche die sozialistischen und kommunistischen Ordnungen des 20. und 21. Jahrhundert verschuldet haben: autoritäre Herrschaft, Verachtung von Demokratie und Rechtsstaat, totalitäre Anmaßung. Zur praktischen Gestaltung dieser Ordnungen hat er sich freilich stets nur andeutungsweise geäußert, sprach von einer genossenschaftlichen Ordnung und vertraute im Übrigen auf die Weisheit der Geschichte. So viel lässt sich immerhin sagen: Sinn und Wert einer neuen Ordnung mussten sich gemäß seiner Überzeugung daran messen lassen, ob sie mehr individuelle Freiheit garantieren konnten.

Das vorliegende Buch ist ein Beitrag zu einer angemessenen, den historischen Kontext berücksichtigenden Interpretation des Werks jenes nach wie vor so umstrittenen Denkers, der vor zweihundert Jahren geboren ist: Ich möchte darlegen, dass die Theorien von Marx auf einem freiheitlichen und individualistischen Fundament beruhen, dass er jede Art der Bevormundung, jede Machtanmaßung einer Elite, jeden Kollektivismus und jeden «Kasernenkommunismus» unmissverständlich abgelehnt hat.

Menschlich gut könne nur sein, was eine Verwirklichung der Freiheit ist, so hat Marx in jungen Jahren formuliert.[3] Nun gibt es unterschiedliche Konzeptionen von Freiheit, im Liberalismus wie im Sozialismus. Marx hat, so möchte ich einsichtig machen, ein feineres Gespür für die individuelle und politische Freiheit gehabt als so mancher Liberale in Vergangenheit und Gegenwart. Seine Kritik der liberalen Staats- und Wirtschaftsordnung zielt auf die partielle Blindheit liberaler Doktrinen, auf deren Unfähigkeit oder Weigerung, die neuen Formen der Unfreiheit im Kapitalismus zur Kenntnis zu nehmen. Diese Kritik wird es Marx schließlich erlauben, eine radikale Konzeption von Freiheit zu formulieren. Wenn er den Liberalismus kritisiert, tut er es im Namen der Selbstbestimmung und Selbstverwirklichung des Individuums.

Von Marx wie vom Marxismus haben alle eine mehr oder weniger genaue Vorstellung. Parteien und Politiker berufen sich auf Marx, Ökonomen und Soziologen tun es, Philosophen und zuweilen auch Theologen. Doch was haben sie bei Marx gelernt, was haben sie von ihm übernommen, was haben sie übersehen? Als links gilt gemeinhin eine Politik, die für mehr Gleichheit, Gerechtigkeit und soziale Sicherheit streitet. Gerade diese Werte stehen für Marx jedoch nicht im Zentrum. Gewiss plädierte er für gleiche Rechte, doch der Egalitarismus moderner Liberaler wie John Rawls und seiner zahlreichen Schüler wäre ihm seltsam vorgekommen. Menschen sind nun einmal nicht gleich, eben dies macht sie interessant. Als gelehriger Schüler von Aristoteles wusste Marx nur zu gut, dass Gerechtigkeit ein schwer zu definierender Begriff ist, dass Menschen ganz unterschiedliche Gerechtigkeitsvorstellungen haben, eben weil sie hinsichtlich ihrer Bedürfnisse und Fähigkeiten ungleich sind.

Für Marx gilt der absolute Vorrang der individuellen Freiheit vor anderen Werten. Die Betonung liegt auf «individuell». Dies erklärt, weshalb er in späteren Jahren die «Freiheit» der Märkte, insbesondere der Arbeitsmärkte, für untauglich gehalten hat. Auf dem Markt gilt die Individualität nichts, als Anbieter und Nachfrager sind die Marktakteure gleich, mit der Einschränkung, dass die Kaufkraft zwischen ihnen ungleich verteilt ist. Es ist bekannt, dass der sogenannte Neoliberalismus,[4] der vor einigen Jahrzehnten mit dem Versprechen angetreten ist, die Menschheit in eine glückliche Zukunft zu führen und jede Form von Sozialismus auszurotten, nicht nur regelmäßig auftretende Krisen zu verantworten hat, sondern auch neue Formen von Fremdbestimmung und autoritären Praktiken erzeugt hat. Wo Konkurrenz und Evaluation, *rankings* und *ratings* das Handeln der Menschen diktieren, werden Selbstbestimmung und Selbstverwirklichung, diese hohen Werte eines verblichenen Liberalismus, zu wert- und nutzlosen Gütern. Wo alle an gleichen Maßstäben gemessen werden, spielt die Individualität, die Eigenart jedes Menschen keine Rolle mehr. Wo Konkurrenzregeln bewirken, dass alle Menschen dasselbe, nur besser oder schlechter, tun, wächst ein neuer und bedrohlicher Konformismus heran.

Heute stellt sich die Aufgabe, erneut und ernsthaft über die Freiheit des Individuums und die Handlungsfähigkeit politischer Gemeinwesen nachzudenken. Vor ideologischen Simplifikationen, die letztlich stets Zuweisungen von Gut und Böse sind, muss man sich dabei hüten. Der orthodoxe «Marxismus-Leninismus» hat sich in dieser Kunst besonders hervorgetan. Doch das politische Denken ist komplex, vielfältig, häufig mehrdeutig und nicht immer einfach zu interpretieren. Auf jeden Fall ist es unsinnig, es in zwei große Blöcke – bürgerliches und sozialistisches Lager – aufzutrennen.

Die Rollen des Parteiführers und Agitators waren Marx nicht auf den Leib geschrieben. Manchen Kampf hat er ausgefochten, Ort dieser Kämpfe waren indes Bibliotheken und Zeitungsredaktionen eher denn öffentliche Plätze und Parteiversammlungen. Marx hat einen kontinuierlichen Dialog mit Büchern und Autoren geführt, es ist daher unumgänglich, zuweilen kurz, zuweilen ausführlicher auf Werke einzugehen, mit denen er sich befasst hat und die sein eignes Denken geprägt haben. Die «Einbettung» in die Geschichte des politischen Denkens wird zeigen, was er aufnimmt, verwendet, umdeutet. Als Leser, Interpret und Kritiker ist Marx nicht der Widersacher einer «bürgerlichen» Philosophie, vielmehr ein wissbegieriger Forscher, der unaufhörlich Informationen sammelt, die es ihm erlauben, seine Zeit, ihre Vorgeschichte und vielleicht auch künftige Entwicklungen zu verstehen. Was man im Rückblick als liberales Denken des 18. und 19. Jahrhunderts bezeichnet, hat ihn mehr beeinflusst, als gemeinhin angenommen wird. Er hat versucht, seine Gegenwart zu begreifen und sich weder in eine nostalgisch verschönerte Vergangenheit noch in eine chimärische Zukunft zu flüchten. In diesem Versuch hat er nicht nur als Journalist und Forscher die politischen, sozialen und ökonomischen Verhältnisse studiert, sondern geprüft, welche Absichten, Interessen, Selbsttäuschungen menschliches Handeln leiten. In einer Zeit, in der das – mehr oder weniger liberale – Bürgertum politisch und kulturell dominierte, war es unerlässlich, die liberale Literatur zu studieren.

Wer einmal einen Blick in die MEGA geworfen hat, die neue, noch unabgeschlossene Marx-Engels-Gesamtausgabe, kann sich eine Vorstellung machen vom Ausmaß der Forschungsinteressen von Marx. Neben eigenen Schriften, Zeitungsartikeln und Briefen sind in den Bänden zahlreiche Exzerpte historischer, religionsgeschichtlicher, ethnologischer, philosophischer, naturwissenschaftlicher, ökonomischer und politischer Werke zu finden. Angesichts des Umfangs ist eine thematische Selektion unvermeidlich. Es ist der politische Denker, der in diesem Buch behandelt wird. Die Kehrseite des beeindruckenden Umfangs von Marx' Schaffen ist das Fragmentarische, Unabgeschlossene dieses Werks. Dies gilt für das *Kapital*, es gilt ebenso für das Gesamtwerk. Wer sich für Marx interessiert, entdeckt in seinen Schriften so manche Studien, die es erlauben, die Gesellschaften der Gegenwart und ihre Krisen besser zu verstehen. Wer in diesen Schriften Orientierungshilfe für politisches Handeln sucht, muss freilich auf Enttäuschungen gefasst sein. Ein Grund mag darin liegen, dass Marx zu viele Forschungsfelder erkunden wollte, ohne die Muße zu finden, all seine Forschungen zu einem Abschluss zu bringen. Ein ebenso wichtiger Grund ist eine Art skeptischer Bescheidenheit: Der Fortgang der Geschichte lässt sich erahnen, doch viele Wege stehen offen, die Geschichte wird sich ihr Ziel, wenn es denn eines gibt, nicht diktieren lassen.

Gewiss hat Marx in jungen Jahren die Utopie einer völlig befreiten Menschheit entworfen, einer Menschheit, die fähig ist, die Ökonomie bedarfsgerecht einzurichten und es den Menschen zu ermöglichen, ihre Fähigkeiten über alle Grenzen hinaus zu entfalten. Doch wie es so ist in einem Menschenleben: Enttäuschungen und neue Erfahrungen haben ihn gelehrt, in seinen Prognosen vorsichtiger, bescheidener zu werden. Seinen Optimismus, sein Vertrauen darauf, dass der Fortschritt der Geschichte ein Fortschritt hin zu mehr Freiheit sein werde, hat er dabei nicht verloren.

Marx hat einmal gesagt, er sei kein Marxist. Das Zitat ist populär; es handelt sich dabei wohlgemerkt nicht um eine Ausrede. Marx war ein – politisch, wissenschaftlich, journalistisch – so vielbeschäftigter Mann, dass er weder die Zeit gefunden hat, ein abgeschlossenes System vorzulegen, noch den Anspruch erhoben hat, dazu fähig zu sein. Er zweifelte am Sinn philosophischer Systeme und Utopien, wie sie zu seiner Zeit mit dem Versprechen, die großen Fragen der Welt und der Menschheit endgültig zu beantworten, den Markt der Ideen überschwemmt haben.

Wenn Marx seinen Beitrag geleistet hat zur Veränderung der Welt, so weil er zuerst bei der Welt in die Lehre gegangen ist. Die Welt seiner Zeit hat er aufmerksam studiert, aufmerksamer als viele seiner Zeitgenossen; sie hat ihn erzogen, gebildet, verändert. Aufgewachsen in einem bürgerlich-liberalen Milieu, interessiert an Philosophie und Geschichte, ist er geprägt von den Ideen der Aufklärung. Die Französische wie die industrielle Revolution haben die Welt umgestürzt, tiefgreifend in England und Frankreich, eher zögerlich in anderen Regionen. In Paris und Manchester lernte Marx die Organisationen und Aktivitäten der Arbeiter kennen. In England formierte sich nach 1830 mit dem

Chartismus die erste größere Arbeiterbewegung, in Lyon kam es 1831 zu einem Arbeiteraufstand. Der liberal Gesinnte, der dem Kommunismus kritisch gegenübersteht, lernt eine andere Welt kennen, die Sorgen und Motive der arbeitenden Klassen geben seinem Denken eine neue Richtung. Stets aber bleibt er überzeugt, dass der von ihm imaginierte Sozialismus liberale Prinzipien respektieren muss. Was er freilich in den Revolutionsjahren von 1848–1852 gelernt hat, ist der Verrat des liberalen Bürgertums an seinen eigenen Werten der repräsentativen Demokratie, der Gewaltenteilung, der negativen Freiheitsrechte und der Berücksichtigung der Interessen aller Klassen der Gesellschaft. Die politische Philosophie der Gegenwart tendiert dazu, Marx einen Sinn für das Politische schlichtweg abzusprechen, ihrerseits sieht sie sich dem Vorwurf ausgesetzt, in ihrer Vorliebe für normative Reflexion die politischen Realitäten aus den Augen zu verlieren. Das Politische ist omnipräsent in Marx' Werk, als Frage nach der Macht und Ohnmacht der Politik, ihrer Legitimität, ihrer Instrumentalisierung durch partikulare Interessen wie auch ihrer Fähigkeit, die Freiheit der Menschen und die Souveränität der Demokratien zu garantieren. Fragen, mit denen wir uns heute noch und wieder vermehrt auseinandersetzen müssen.

Hören wir also, was uns der schwarze Kerl aus Trier zu sagen hat.

III

DIE PHILOSOPHIE DER FREIHEIT UND IHRE PRAXIS

Als Karl Marx am 5. Mai 1818 in Trier das Licht der Welt erblickte, waren die Herrscher Europas noch immer dabei, diese in ihre alte Ordnung zurückzuführen. Drei Jahre nach dem Wiener Kongress wurde 1818 in Aachen beraten, wie nach dem endgültigen Sieg über Napoleon und die Französische Revolution die monarchische Ordnung auf Dauer gestellt und demokratische Regungen im Keim erstickt werden könnten. Die Herrscher Russlands, Österreichs, Preußens, Großbritanniens und Frankreichs glaubten, wieder fest auf ihren Thronen zu sitzen, fürchteten aber gleichzeitig ihre Untertanen und gaben ihnen zu verstehen, dass sie sich keine Hoffnungen auf mehr politische Freiheit und Teilhabe machen durften. In Frankreich sollte die Herrschaft der Bourbonen mit allen Mitteln gestützt, in ganz Europa die Restauration des Ancien Régime gesichert werden; Pressezensur und Überwachung der Universitäten waren an der Tagesordnung. Drei Jahrzehnte später wird Marx dieser Ordnung nicht nur die Legitimität absprechen, er wird ihr auch den Untergang prophezeien und damit recht behalten. Aller reaktionären Bestrebungen zum Trotz wird im Laufe des 19. Jahrhunderts klar, dass Feudalismus und Absolutismus der Vergangenheit angehören, dass die Gegenwart zwar nicht unbedingt der Demokratie, aber doch dem Bürgertum gehört. Die Ironie will es, dass ausgerechnet der Bürgerschreck Marx die Geschichte des Aufstiegs der bürgerlichen Weltordnung geschrieben hat, nicht ohne Bewunderung übrigens. Zweifellos hätte er gerne jene ihres Untergangs hinzugefügt – darin ist ihm die Geschichte bis heute nicht gefolgt.

Karl Marx war der Spross einer jüdischen Familie, die durchaus als bürgerlich gelten kann. Vater Heinrich Marx war Jurist; in der Ahnentafel finden sich berühmte Gelehrte und Rabbiner, in der Verwandtschaft Dichter wie Karls späterer Freund Heinrich Heine, ebenso Industrielle, Kaufleute, Bankiers wie Karls Onkel und Freund Lion Philips. Auch im Weinbau war die Familie tätig, Marx' Vater war Mitbesitzer eines Weinbergs.[1] Ihres sozialen Status ungeachtet, waren die Juden bezüglich Aufenthaltsrecht und Berufsfreiheit diskriminiert. Die Verbesserung ihrer Rechtsstellung, die unter französischer Herrschaft erreicht worden war, ging mit Napoleons Niederlage weitgehend wieder verloren. Einige mutige Liberale wollten sich mit der Restauration nicht abfinden, Heinrich Marx und der Trierer Gymnasialdirektor Johann Hugo Wyttenbach gehörten dazu. Beide waren geprägt von der französischen Aufklärung, der Kritik der religiösen Bevormundung und des Absolutismus, der Ideen der Revolution, und sie konnten Karl für dieses neue, kritische Denken begeistern.

Als vielseitig interessierter Schüler und Student ist Marx bereits in jungen Jahren und dann sein Leben lang der klassischen und modernen Literatur zugetan, auch die Philosophie schlägt ihn früh in ihren Bann. 1835 legt er die Abiturprüfung ab, geht nach Bonn und immatrikuliert sich an der dortigen Universität. Dem Wunsch des Vaters entsprechend, studiert er Rechtswissenschaften, belegt aber auch Vorlesungen in anderen Disziplinen. Während der Bonner Zeit verliebt er sich in Jenny von Westphalen, Tochter des Regierungsrats Johann Ludwig von Westphalen.[2] 1836 wird im Geheimen Verlobung gefeiert; die Heirat findet erst 1843 statt.[3] 1836 geht Marx nach Berlin, um sein Studium dort fortzusetzen. Immer stärker gilt sein Interesse der Philosophie und Geschichte. 1837 schreibt er seinem Vater einen Brief, in dem er ausführlich von seiner Gemütslage berichtet, seinen poetischen Versuchen, seinen Selbstzweifeln, seinen juristischen und philosophischen Projekten.[4] Ein Begriff nimmt im Brief eine prominente Stellung ein: Idealismus. Idealistisch – «formlos geschlagenes Gefühl» – nennt er seine Gedichte. Mit dem Idealismus ringt er in seinem rechtsphilosophischen Entwurf, einem «unglücklichen Opus». Der dem Idealismus eigene Gegensatz des Wirklichen und Sollenden irritiert ihn. Recht und Staat, Natur und Philosophie müssen als Objekte der Reflexion in ihrer Entwicklung belauscht werden, so ist er überzeugt. Was er unter Idealismus versteht, ist nicht ganz einfach zu eruieren. Als idealistisch werden die philosophischen Systeme von Kant, Fichte, Schelling und Hegel bezeichnet. Kant begründet eine idealistische Erkenntnislehre, der zufolge die objektive Realität sich nach unserer Erkenntnis richten muss; das denkende Subjekt schreibt der äußeren Welt die Gesetze vor.[5] In Hegels *Vorlesungen über die Philosophie der Geschichte* findet sich im Abschnitt über die Französische Revolution ein Passus, der wohl am prägnantesten deutlich macht, warum vom philosophischen Idealismus eine so starke Faszination ausging. «Der Gedanke, der Begriff des Rechts machte sich mit einem Male geltend, und dagegen konnte das alte Gerüst des Unrechts keinen Widerstand leisten. Im Gedanken des Rechts ist also jetzt eine Verfassung errichtet worden, und auf diesem Grunde sollte nunmehr alles basiert sein. Solange die Sonne am Firmamente steht und die Planeten um sie herumkreisen, war das nicht gesehen worden, dass der Mensch sich auf den Kopf, d.i. auf den Gedanken stellt und die Wirklichkeit nach diesem erbaut. [...] Es war dieses somit ein herrlicher Sonnenaufgang.»[6]

Auf Wunsch des Vaters studiert Marx Jurisprudenz, fühlt aber den Drang zur Philosophie. Seine (rechts-)philosophischen Studien umfassen Kants *Metaphysische Anfangsgründe der Rechtslehre*, Fichtes *Grundlage des Naturrechts nach Prinzipien der Wissenschaftslehre* und Savignys *Das Recht des Besitzes*. Der Idealismus von Kant und Fichte scheint ihn jedoch nicht mehr zu befriedigen. Noch 1835 hatte er im Abituraufsatz *Betrachtung eines Jünglings bei der Wahl eines Berufs*[7] die Perfektibilität des Menschen und die Wahlfreiheit des Individuums thematisiert und dabei Überlegungen angestellt, die an Kants *Idee zu einer allgemeinen Geschichte in weltbürgerlicher Absicht* gemahnen. Die Abwendung von Kant und Fichte bringt ihn nun dazu, «im Wirklichen selbst die Idee zu suchen.» Die «groteske Felsenmelodie» der Hegel'schen Philosophie behagt ihm allerdings ebenfalls nicht. Auch literarische Versuche hat er in jener Zeit gewagt. *Scorpion und Felix*,[8] ein «Humoristischer Roman», verrät den Einfluss von Laurence Sternes *Tristram Shandy* (1759–1767). Dieser bewusst die traditionelle Erzählweise aufbrechende, immer wieder unterbrochene und willkürlich neue Themen aufnehmende Roman galt vielen Lesern zunächst als skandalös, wurde aber bald als Meisterwerk einer neuen literarischen Avantgarde gefeiert. Diderot, ein Autor, den Marx ebenfalls bewunderte, schrieb seinen *Jacques le fataliste* unter dem Einfluss von Sterne. Marx muss jedoch bald einsehen, dass er nicht zum Dichter taugt. Wie groß auch sein poetischer Ehrgeiz ist, größer noch sind seine philosophischen Ambitionen; Kunst und Wissen will er vereinigen. Mit einem philosophischen Dialog, *Kleanthes*, will er Hegel widerlegen, ist dem mächtigen Gegner aber nicht gewachsen. Eine neue Logik, sein «liebstes Kind», trägt ihn «wie eine falsche Sirene dem Feind in den Arm».[9] Aus Ärger, eine ihm verhasste Ansicht – jene Hegels – zu seinem Idol machen zu müssen, wird er krank. Er beschreibt sein Leiden an der Philosophie und sein klägliches Scheitern im Versuch, dem großen Hegel zu widerstehen, mit einer Ironie, die starke Selbstzweifel verrät.

Während der Krankheit habe er Hegel von Anfang bis Ende kennengelernt, ebenso seine Schüler, wie er im Brief schreibt. Mit den Schülern kommt er bald schon in Kontakt. Immer fester kettet er sich «an die jetzige Weltphilosophie», der er doch entrinnen wollte, es befällt ihn eine «wahre Ironiewut». Er gehört fortan zum Kreis der sogenannten Jung- oder Linkshegelianer, trifft dort auf Bruno Bauer, Arnold Ruge, Moses Hess und Ludwig Feuerbach. Für die Junghegelianer stand fest, dass die Philosophie mit Hegel ihren Höhe- und Endpunkt erreicht hatte, nun galt es, die theoretisch ausformulierte Philosophie in die Praxis umzusetzen und die reale Welt vernünftig zu gestalten. Hegel-Schüler wie Moses Hess, August von Cieszkowski, Michael Bakunin verfassten Schriften, die zu einer Philosophie der Tat aufriefen. Es wurde debattiert und kritisiert; wichtigster Gegenstand der Kritik war die Religion. Die Befreiung von der Religion galt als Voraussetzung der politischen Emanzipation. Der Theologiedozent und Junghegelianer Bruno Bauer nahm sich Marx' an und wurde für kurze Zeit zum wichtigen Gesprächspartner.

Die Auseinandersetzung mit Hegel ist für Marx bestimmend geworden, sein Studium konzentriert sich nun auf die Philosophie, 1839 beginnt er mit der Abfassung einer Dissertation. Leitmotiv seiner Reflexionen ist von Beginn an die Freiheit. Seit der frühen Neuzeit, seit Machiavelli und Spinoza, dann vor allem im aufgeklärten 18. Jahrhundert, fehlt es nicht an philosophischen Verteidigungen der politischen und persönlichen Freiheit. Marx hat sich für sein Plädoyer allerdings auf einen antiken Denker berufen, auf Epikur. Man kann sein Motiv verstehen. Gläubigen Christen galt Epikur als der schlimmste Feind. Als Aufklärer und Freigeist, Religionskritiker und Materialist hat er auf die Aufklärer späterer Zeiten gewirkt, auf Lukrez und Seneca, auf Hobbes, Gassendi und die französischen Materialisten, auf Jefferson – und eben auf Marx.

DAS BÜNDNIS MIT DEM FATUM BRECHEN

Marx war, wie Spinoza, Heine und andere jüdische Dichter, Denker, Gelehrte vor und nach ihm, ein *Apikoros*, ein Aufklärer. Das hebräische Wort *Apikorsim* bedeutet so viel wie Atheisten, Häretiker oder Apostaten. Die Herkunft des Wortes ist unschwer zu erkennen: Epikouros.

Der griechische Philosoph Epikur (341–271 v. Chr.) hat in der Geschichte der Philosophie nicht den besten Ruf; sein Denken wird mit Atheismus, Materialismus und Hedonismus assoziiert. Die hellenistischen Philosophien, die Schulen der Stoiker, Epikureer und Skeptiker, gelten im Vergleich zu den großen Vorgängern als wenig anspruchsvoll. Die Lehrer der klassischen Periode, Platon und Aristoteles, hatten die reale Polis vor Augen, als sie ihre verfassungstheoretischen Überlegungen anstellten. In ihren alle Lebensbereiche umfassenden Systemen wurde jedem Menschen ein fester Platz zugewiesen, in der sozialen Hierarchie des Nützlichen wie in der moralischen des Wahren und Guten. Die jüngeren hellenistischen Philosophien sind nur zu verstehen vor dem Hintergrund tiefgreifender politischer Umwälzungen. Mit den Eroberungszügen Alexanders des Großen und der Herrschaft seiner Nachfolger, der Diadochen, verlieren die Poleis ihre Bedeutung als selbstverständlicher institutioneller Rahmen politischen Handelns. Der autonome Stadtstaat wird verdrängt von monarchischen Großreichen. Der Verlust politischer Autonomie entzieht dem traditionellen politischen Denken den Boden. Das heißt nicht, die hellenistischen Lehren seien generell apolitisch. Sie verleihen der neuen Stellung des Menschen in der Welt Ausdruck, lenken das Interesse auf die Freiheit des Individuums wie auf die Ordnung des Kosmos. Die hellenistische Epoche ist, modern gesprochen, ein Zeitalter der Globalisierung, damit auch der Privatisierung: Private Tugenden werden wichtiger als die öffentlichen.

Hegel stellt in seiner *Geschichte der Philosophie* der spekulativen Größe Platons und Aristoteles' die Bescheidenheit der hellenistischen Philosophie entgegen. Bei den erstgenannten Klassikern findet man Antworten auf die Fragen der Philosophie und Wissenschaft, der Politik und Theologie. Die hellenistischen Autoren dagegen geben sich mit wenig zufrieden, mit einem bloßen Philosophieren des Verstandes, wie Hegel meint, mit einem Denken, das seine Objekte nicht in ihrem konkreten Ganzen zu sehen vermag. Die Philosophie beschränkt sich auf das Selbstbewusstsein. Das Subjekt sucht in sich das Prinzip seiner Freiheit, es «lebt in der Einsamkeit seines Denkens und findet darin seine Befriedigung.»[10] Das ist, so Hegel, weit anspruchsloser als die Systeme von Platon und Aristoteles. Was die atomistische Naturwissenschaft im Besonderen betrifft, bemerkt er in der *Logik*:

«An den Atomen [...] leidet die Physik in den Molekülen, Partikeln ebensosehr als die Staatswissenschaft, die von dem einzelnen Willen der Individuen ausgeht.»[11] Die Verbindung zwischen der Wissenschaft der Natur und jener der Politik wird hier bereits hergestellt. Spricht Hegel vom menschlichen «Atom», meint er damit das Individuum, das in einer demokratischen Verfassung seinen eigenen Willen zum Ausdruck bringt statt den einer größeren Gemeinschaft. Erst die Junghegelianer, das heißt die liberalen Schüler Hegels, erkennen in der Verwirklichung individueller Freiheit und Unabhängigkeit ihr eigenes Anliegen in einer Zeit, in der die Religion ihren Autoritätsanspruch insbesondere im Bildungsbereich immer noch aufrechterhält.

Was hat Marx an Epikur interessiert, gar fasziniert? «Der griechischen Philosophie scheint zu begegnen, was einer guten Tragödie nicht begegnen darf, nämlich ein matter Schluss»[12] – so beginnt Marx seine Dissertation über die *Differenz der demokritischen und epikureischen Naturphilosophie*. Wer wie Hegel die Geschichte der Philosophie als kontinuierlichen Fortschritt im Bemühen um die Hebung des höchsten Schatzes der Vernunfterkenntnis[13] versteht, wird dem Urteil zustimmen, doch die Annahme einer Kontinuität ist für Marx nicht zwingend. Epikurs Denken kann als neuer Anfang verstanden werden, als Abweichung von der durch Hegel vorgezeichneten geraden Linie des philosophischen Fortschritts.[14] Marx hat seine Doktorarbeit in der Hoffnung auf eine akademische Laufbahn verfasst, das Thema des antiken Materialismus hat ihn beschäftigt, und die Lektüre der Arbeit[15] zeigt, wie gründlich er sich in die Materie vertieft hat. Doch die Wahl eben dieses Themas ist damit noch nicht erklärt.

In der Vorrede legt Marx ein Bekenntnis zur Aufklärung, zur Freiheit des Philosophierens und zur individuellen Freiheit ab. Er protestiert gegen die Anmaßungen der Religion und zitiert den schottischen Aufklärer David Hume (1711–1776), demzufolge die Philosophie, «deren souveraines Ansehen allenthalben anerkannt werden sollte», es nicht nötig habe, sich vor dem Forum der Religion zu rechtfertigen.[16] Gottlos ist nicht, wer die Götter der Menge leugnet, sondern wer die Ansichten der Vielen den Göttern andichtet, so Epikur[17] – Marx sieht darin den Wahlspruch der Philosophie. Aus dem *Gefesselten Prometheus* von Aischylos zitiert er die berühmten Stellen, in denen der Titan seinen Hass auf die olympischen Götter und seine Verachtung für den servilen Götterboten Hermes ausspricht: «Mit deinem Dieneramte mein unselig Los – Sollst wohl du wissen! – nicht vertauschen möchte ich's je! Besser ja dünkt mich's, dienstbar sein dem Felsen hier, Als Vater Zeus in Pflicht als treuer Bote stehn. [...] Gerad heraus: die Götter hass ich allesamt [Die mir für Gutes Böses tun wider das Recht!]». Prometheus' Hass, so spitzte Marx zu, gilt allen himmlischen und irdischen Göttern, «die das menschliche Selbstbewusstsein nicht als die oberste Gottheit anerkennen.»[18]

Marx hält Prometheus für den vornehmsten Heiligen und Märtyrer im philosophischen Kalender, weil er gegen den Willen von Zeus nicht nur der Menschheit das Überleben ermöglicht, sondern überdies es vorgezogen hat, die ärgsten Qualen zu erdulden, statt sich Zeus' Willen zu unterwerfen und seine Freiheit zu verlieren. Kurzum: Der Anspruch der Menschen auf Selbstbestimmung ist mit dem Glauben an die Existenz von Göttern unvereinbar. Prometheus' Bekenntnis ist das Bekenntnis der Philosophie: Das menschliche Selbstbewusstsein duldet keine anderen Götter. Die Philosophie holt die Ideen vom Himmel des Idealismus herab in die reale Lebenswelt der Menschen.[19] In der Einleitung wurde Engels zitiert, der Marx als schwarzen Kerl aus Trier und «markhaft Ungetüm» vorstellt. Er «raset voller Wut, und gleich, als wollt' er packen das weite Himmelszelt, und zu der Erde ziehn, streckt er die Arme weit in die Lüfte hin.»[20] Nun ist das Ungetüm und Ungestüm verwandelt und zum mythischen Heros gereift. Marx ist in zeitgenössischen Karikaturen gelegentlich als Prometheus gezeichnet worden, und es gibt wohl kaum eine Charakterisierung seines Denkens und Wirkens, die dieses nicht als prometheisch bezeichnet. Doch was ist damit gemeint? Prometheus steht in den Dichtungen von Hesiod, Aischylos und späteren Autoren für vieles, er ist listenreich, ein Feind der Götter, der um ihr nahes Ende weiß, ein Freund der Menschen, der sie mit den Wohltaten der Zivilisation, der Wissenschaft und Technik ausrüstet, auf dass sie nicht länger der Willkür der Olympier ausgesetzt sind, ein Rebell, der sich nicht korrumpieren lässt. Im Mythos konnte Marx seine eigenen philosophischen und politischen Absichten und Ideale finden. Prometheus, der vorausdenkende, listenreiche Titanengott, bestiehlt die Götter, um den Menschen zu geben, was sie zum Überleben benötigen. Nachdem die Olympier die Menschen von der gemeinsamen Tafel verwiesen haben, fehlt es diesen am Nötigsten. Zeus verbirgt die Nahrung und das Feuer, das wiederum Prometheus stiehlt und den Menschen bringt.[21] Er ist ein Dieb, das ist gewiss, doch ebenso gewiss ist, dass nur dank seines Diebstahls die Menschheit überleben konnte. Er ist der Revolutionär, der den Bedürftigen beisteht und dem Götterkönig das Ende seiner Herrschaft prophezeit. Diese Revolution erheischt eine Umverteilung der lebensnotwendigen Güter: Den einen nehmen, um den anderen zu geben, das wird später auch die Devise mancher Sozialisten sein. Marx freilich ist kein moderner Robin Hood, er will vielmehr, auch darin dem Vorbild des Prometheus treu, die Vermögenden daran hindern, den Habenichtsen das wenige zu nehmen, was ihnen eigen ist und ihre Unabhängigkeit sichert.

Marx engagiert sich philosophisch und praktisch für die Befreiung der Menschen von religiöser und politischer Bevormundung, hier sieht er in antiken und modernen Aufklärern, in Epikur und Hume, Mitstreiter. Der Menschheit den Weg zu zeigen, der sie von der Knechtschaft zur Freiheit führt, Aufklärung zu betreiben und den Fortschritt hin zu menschenwürdigen Verhältnissen zu fördern, all dies sind starke Motive, die hier schon anklingen und später Gestalt annehmen in Theorien und Programmen. Epikur ist auf seine Weise ein Kämpfer für die Freiheit, wenn auch nur für die private Freiheit: die Freiheit von Furcht und Angst, die Vision einer Welt ohne Götter, die den Menschen Schaden zufügen könnten, die Entzauberung des Kosmos, die Widerlegung der Teleologie und des Determinismus, die rationale Welterklärung – all dies soll den Menschen zu einem glücklichen, selbstgenügsamen Leben verhelfen.

Auf das Credo lässt Marx die philosophische Beweisführung folgen. Was hat ihn an Epikurs Wissenschaft fasziniert? Geht es um eine Kritik an Hegel? Hegel meint, Epikur habe die von Leukipp und Demokrit begründete materialistische Schule nicht weiterentwickelt.[22] Es macht den Anschein, als wolle Marx im Werk Hegels, des übermächtigen Gegners, doch noch eine Schwachstelle entdecken. Es wäre dies freilich keine weltbewegende Entdeckung, zumal Hegels Urteil zu Epikur keineswegs nur negativ ausfällt. Nein, Marx hat ein originäres Interesse an Epikur. Den Stoff der epikureischen Philosophie gießt er gleichsam in die Formen der Hegel'schen Begrifflichkeit, am Beispiel Epikurs erklärt er Hegels Begriff des Selbstbewusstseins. Die verbreitete Ansicht, Epikurs Philosophie sei lediglich eine minderwertige Version der demokritischen, will er als Vorurteil widerlegen. Zwar sind die Prinzipien beider Lehren, Atome und Leere, identisch, dennoch liegt ein unauflösbares Rätsel vor: «Zwei Philosophen lehren ganz dieselbe Wissenschaft, ganz auf dieselbe Weise; aber – wie inkonsequent! – in allem stehen sie sich diametral entgegen, was Wahrheit, Gewissheit, Anwendung dieser Wissenschaft, was das Verhältnis von Gedanken und Wirklichkeit überhaupt betrifft.»[23] Marx hat es mit zwei Persönlichkeiten zu tun, deren wissenschaftliche und praktische Interessen sich grundlegend unterscheiden. Demokrit ist ein Wissenschaftler, ein unermüdlicher, weitgereister Forscher, der zum Skeptizismus neigt und sich in Widersprüche verstrickt. Epikur dagegen vertraut auf die sinnliche Wahrnehmung, die Erkennbarkeit der Welt. Philosophie ist für ihn der Weg zur Freiheit, ein Weg, der erfordert, dem Glauben an die *heimarmene* – die Lehre von der Schicksalshaftigkeit, vom Verhängnis allen Geschehens – zu entsagen. Wenn Epikur der Ethik den Vorrang vor der Naturwissenschaft einräumt, antizipiert er Kants Primat der praktischen Vernunft. Diese betrifft das Handeln und dessen moralische Motive. Wäre alles Handeln kausal determiniert, wie die Wissenschaft es nahelegt, gäbe es keine Freiheit, damit auch keine moralisch relevante Entscheidung. Im Interesse der Freiheit ist die Lehre von der Determiniertheit allen Handelns zu verwerfen. Ähnlich fordert Epikur, die wissenschaftliche Erkenntnis dürfe nicht die Möglichkeit der Freiheit negieren.

Bei den Unterschieden zwischen Demokrit und Epikur handelt es sich für Marx um die Verkörperungen von zwei entgegengesetzten Richtungen. Demokrit versteht die Wirklichkeit als eine vom Prinzip der Notwendigkeit beherrschte Welt; der Zufall ist eine bloße Einbildung der Menschen. Dagegen meint Epikur, die *heimarmene* oder *anangke* (Notwendigkeit) sei keineswegs die Herrin über alles, vielmehr sei manches zufällig, anderes liege in unserer Hand, die Notwendigkeit sei frei von jeder Verantwortung, unser Wille aber herrenlos, also frei. Besser wäre es, den Göttermythen zu folgen, als der *heimarmene* der Naturwissenschaftler sich sklavisch zu unterwerfen.[24] So misslich es ist, in der Notwendigkeit zu leben, ist doch niemand dazu gezwungen.[25] Für uns ist dies eine widersinnige Aussage, Epikur muss jedoch von dieser Hypothese ausgehen, um seine radikale Auffassung von Freiheit zu retten und die Menschen vom Schrecken des Fatums, einer für sie fremden, bedrohlichen und nicht zu meisternden Macht, zu erlösen.

Wenn Demokrits Theorie auf dem Prinzip der Notwendigkeit, jene von Epikur auf jenem des Zufalls basiert, handelt es sich dabei nicht allein um zwei konkurrierende naturwissenschaftliche Auffassungen. Für Demokrit besteht das höchste Glück darin, eine neue Aitiologie, eine neue Ursache-Wirkung-Relation zu finden, er hält die Naturwissenschaft für die vornehmste Tätigkeit. Epikur dagegen verfährt «mit einer grenzenlosen Nonchalance in der Erklärung der einzelnen physischen Phänomene.»[26] Diese Nonchalance erklärt sich nicht aus fehlendem Interesse an der Naturwissenschaft. Epikur rät seinen Schülern sogar ausdrücklich, sich mit der *physiologia*,[27] der Naturforschung, zu befassen, doch er erinnert sie daran, dass die Wissenschaft mit Hypothesen arbeitet, stets mehrere Hypothesen nützlich sind und jeder Dogmatismus zu vermeiden sei. Die Naturwissenschaft ist für ihn nicht Selbstzweck, sondern Mittel zu einem höheren Zweck. Im Sinne des Vorrangs der praktischen Philosophie ist dieser Zweck die *ataraxia*, die Unerschütterlichkeit der Seele.[28] Epikur übersetzt den Zufall des Seins in den Zufall des Denkens – mit dieser Formulierung umschreibt Marx Epikurs Ratschlag, die Philosophie solle stets von der Annahme vieler Möglichkeiten ausgehen, sich gleichsam dem Zufall anvertrauen. Was abstrakt möglich, was denkbar ist, steht dem denkenden Subjekt nicht im Weg, sondern lässt seiner Phantasie freien Verlauf.[29] Der empfohlene Hypothesen-Pluralismus darf dabei allerdings nicht zum Vorwand werden, wissenschaftliche Kriterien zu vernachlässigen. Die Hypothesen dürfen der sinnlichen Wahrnehmung nicht widersprechen und sollen zugleich den Menschen ein besseres, angstfreies Leben garantieren. Die Naturwissenschaft klärt auf, sie entlarvt mythische Weltdeutungen. Ein glückliches und lustvolles Leben ist daher ohne naturwissenschaftliche Einsicht nicht möglich.[30]

Auch in den Kosmogonien unterscheiden sich Demokrit und Epikur. Demokrit lässt die Atome in der Leere entweder in gerader Linie fallen oder sich gegenseitig abstoßen, während Epikur mit der Abweichung von der geraden Linie eine dritte Möglichkeit hinzufügt und gleichsam einen freien Willen des Atoms unterstellt. Die Betonung des Unterschieds zwischen Demokrits und Epikurs Modell ist für Marx entscheidend. Einerseits will er gegen Hegel zeigen, dass Epikurs Theorie tatsächlich einen Fortschritt gegenüber jener Demokrits darstellt, andererseits den Zusammenhang zwischen dem physikalischen Modell und der Idee der Willensfreiheit erläutern. Explizit dargestellt ist die Deklination bei Lukrez, nicht in den überlieferten Texten Epikurs selbst. Da sie indes von zahlreichen antiken Autoren erwähnt wird, hält die moderne Forschung sie für authentisch. Marx' Interpretation ist somit durchaus plausibel.[31] Das griechische Wort *atomos* bezeichnet das Unteilbare, das entsprechende lateinische Wort ist *individuum*. Lukrez, der laut Marx als Einziger die epikureische Physik begriffen hat, bringt den Anspruch auf individuelle Autonomie in *De rerum natura* poetisch auf den Begriff: Woher stammt der freie, dem Fatum entwundene Wille, dank dem wir tun, was uns Vergnügen bereitet, und dorthin gehen, wo der Gedanke uns hinträgt? Er wird nur möglich, wenn wir das Bündnis mit dem Fatum brechen.[32]

Ob Epikurs Modifikation von Demokrits Atomistik einen wissenschaftlichen Fortschritt darstellt, ist in der Antike kontrovers beurteilt worden. Marx will Epikur als eigenständigen Denker rehabilitieren, der den Determinismus überwindet und die Welt der Phänomene für real hält. Epikur behauptet den notwendigen Zusammenhang von Wissenschaft und Ethik. Marx sieht in ihm den Philosophen des Selbstbewusstseins und der Willensfreiheit, legt also die Betonung auf die Ethik. Aristoteles und seine Zeitgenossen haben unter der Freiheit des Menschen in der Welt und in der *Polis* etwas anderes verstanden. Frei ist gemäß Aristoteles ein Mensch, der nicht Sklave ist, ein Mensch, der nicht gezwungen ist, zu arbeiten, ein Mensch, der um seiner selbst willen und nicht um eines anderen willen lebt; nur ein solcher Mensch verfügt über Handlungsfreiheit.[33] Freiheit wird im Rahmen der institutionellen Ordnung der Gemeinschaft gewährt oder verwehrt. Das Atom steht dagegen für ein Wesen, dem es möglich ist, aus jeder Gesetzlichkeit, jeder Relation von Ursache und Wirkung auszubrechen. Die Abweichung ist die Fähigkeit, der Gewalt und Notwendigkeit zu widerstehen, in anderen Worten: Es ist der freie Wille.[34] Es ist darin «die wirkliche Seele des Atoms, der Begriff der abstrakten Einzelheit, dargestellt.» So wie das Atom von der vorgegebenen Linie abweicht, sich davon befreit, so befreit Epikurs Philosophie sich vom «beschränkenden Dasein» überall dort, wo der Begriff der Individualität dargestellt werden soll; diese kann schließlich in ihrer höchsten Freiheit erscheinen.

Platon hat in seinen *Nomoi* (Gesetze) den Atheismus unter Strafe gestellt; Atheist ist ihm zufolge, wer die Existenz von Göttern bestreitet, ebenso wer bestreitet, dass sich die Götter um die Menschen kümmern.[35] In diesem zweiten Sinn war Epikur

Atheist. Wenn er sich dennoch der Sphäre des Göttlichen zuwendet, so weil er nicht die Existenz der Götter bestreitet, deren Göttlichkeit aber darin erkennt, dass sie sich um die Welt der Menschen nicht kümmern. Es sind unsterbliche und glückselige Wesen, die in anderen Welten, den *metakosmoi* oder Intermundien, leben. Sie sind frei von Sorgen und frei von der Absicht, den Menschen Sorgen zu bereiten. Es sind Personifikationen reiner Selbstzweckhaftigkeit, das Leben und Treiben der Menschenwesen berührt sie nicht, so wie sie es nicht berühren, darin besteht die übermenschliche «Einzelheit in ihrer höchsten Freiheit». Die Menschen machen sich in der Regel falsche Vorstellungen von den Göttern, gleichen sie sich an, vermenschlichen sie, da sie das Fremdartige nicht ertragen können.[36] Die unüberwindbare Distanz zwischen Göttern und Menschen ist die notwendige Bedingung der Freiheit und Glückseligkeit der Ersteren.

Die Sorge um die Freiheit der Menschen erkennt Marx als zentrales Motiv auch in Epikurs politischer Philosophie. Der Vertrag und die Freundschaft spielen darin eine wichtige Rolle. Der Vertrag ist Grundlage der politischen Ordnung, er bezweckt die Sicherung individueller Freiheit und Sicherheit. Epikur spricht von einem Recht, das der Natur gemäß ist; es zielt auf das für die Menschen Nötige und Nützliche, es ist die Übereinkunft, einander nicht zu schädigen und sich nicht schädigen zu lassen. Gerechtigkeit ist nicht etwas an und für sich Seiendes, sie kann nur entstehen, wo Menschen miteinander verkehren und sich zusammenschließen. Im vertraglich begründeten Gemeinwesen ist das Recht für alle dasselbe, nämlich das in der wechselseitigen Gemeinschaft Vorteilhafte. Es ist nützlich, insofern es natürlichen Bedürfnissen entspricht, muss aber veränderten Verhältnissen fortwährend angepasst werden, andernfalls verliert es seine Verbindlichkeit. Leitprinzip ist die Freiheit des Individuums im Sinne seiner Unabhängigkeit. So ist beispielsweise materieller Reichtum keine gute Voraussetzung für ein freies Leben, weil sich Geld nicht erwerben lässt, ohne sich beim Pöbel oder den Mächtigen anzudienen.

Klar ist, dass bei Epikur die Politik nicht mehr höchster Zweck des Lebens ist wie bei Aristoteles, sie wird zum Mittel, das dem Zweck der Befriedigung unpolitischer Bedürfnisse dienen soll. Es geht um die Sicherung eines privaten Raums, der freilich nicht primär der Verfolgung materieller Interessen dient, sondern ein friedliches, beschauliches und der Reflexion dienendes Leben ermöglichen soll. Diese individualistische Konzeption nimmt die neuzeitliche Idee des Sozialvertrags, die politischen Theorien von Hobbes und Spinoza, von Rousseau und Kant vorweg. Überwunden sind damit Platons autoritär-hirtenhafte Herrschaftskonzeption wie auch der Kommunitarismus von Aristoteles; die politische Theorie wird auf eine individualistische Basis gestellt.[37] In der Vertragsidee wie im Lob des Privaten, das in der Empfehlung gipfelt, im Verborgenen zu leben, zeigt sich die «Modernität» von Epikurs praktischer Philosophie, mit der er den Rationalismus und Liberalismus späterer Zeiten beeinflusst hat. Die Vorstellung eines vertraglichen Zusammenschlusses zur Gründung eines Staats ist allerdings utopisch in einer Welt, in der Imperatoren und Feldherrn Staaten zerstören und neu gründen. Was Epikur mit seiner Schule, dem *kepos* (Garten), verwirklicht hat, ist etwas anderes: die Aufhebung aller Wesens- und Ständeunterschiede zwischen Menschen. Aufgenommen in den Garten, in die private Zusammenkunft von Freunden, wurden alle, Frauen wie Männer, Sklaven wie Freie, Bürger eines Staats wie Zugewanderte. Diese grundlegend neue und egalitäre Einstellung unterscheidet Epikurs praktische Philosophie am radikalsten von Platon und Aristoteles.

Marx schätzt die Idee individueller Freiheit als eigenständigen philosophischen Beitrag Epikurs, sieht aber auch die Einseitigkeit der Konzeption. Der Mensch hört erst auf, bloßes Naturprodukt zu sein, wenn das andere, worauf er sich bezieht, ebenfalls ein Mensch ist. Als abstrakt bezeichnet Hegel das Selbstbewusstsein, worin der Gegensatz von Ich und Welt noch nicht vermittelt ist. Das allgemeine Selbstbewusstsein ist dagegen das Wissen seiner selbst im anderen Selbst, die Anerkennung des Anderen als selbständiges Subjekt.[38] Epikurs Theorie des Selbstbewusstseins ist abstrakt im Hegel'schen Sinn, auch darin also atomistisch. Jedes Moment der Entwicklung verwandelt sich bei ihm in eine von ihrem Zusammenhang durch den leeren Raum getrennte Wirklichkeit; alle Bestimmung nimmt die Gestalt der isolierten Einzelheit an. Es handelt sich daher um die bloße Freiheit vom Dasein, nicht um die Freiheit im Dasein.

Das Atom wird vom Objekt der Naturwissenschaft zur Metapher für etwas ganz anderes, zur Naturform des abstrakten Selbstbewusstseins. Während Marx Demokrits astronomische Theorien für philosophisch uninteressant hält, betont er die Originalität von Epikurs Auffassung, die sich insbesondere in seiner Theorie der Meteore artikuliert. Die Himmelskörper sind in der Tradition des griechischen Denkens sowohl Gegenstand des wissenschaftlichen Interesses wie des religiösen Kults. Die Philosophen beteten in ihnen ihren eigenen Geist an, wie Marx formuliert, das System der Sterne erscheint ihnen als Vorbild einer Ordnung und Gesetzmäßigkeit, an dem sich ihr Denken orientieren kann, es bezeugt die Vernunft der Natur. Der vorsokratische Philosoph Anaxagoras sah in der Betrachtung von Sonne, Mond und Himmel seinen Lebenssinn.[39] Plato und Aristoteles pflegen zu den höheren Sphären eine religiöse Beziehung.[40] Epikur widerspricht der Vermengung von Wissenschaft und

Mythos. Der Glaube, natürliche Phänomene wie die Himmelsbewegungen seien auf göttliches Wirken zurückzuführen, der Himmel sei nicht entstanden und nicht zerstörbar,[41] himmlische Wesen seien glückselig und unsterblich, hätten aber gleichwohl ihrer Göttlichkeit widersprechende Handlungsmotive, und die Mythen seien ernst zu nehmen – all diese trügerischen Einbildungen verwirren die Seele der Menschen. Epikur anerkennt den Nutzen einer exakten Naturwissenschaft, die Fragen nach den Ursachen der wichtigsten Gesetzmäßigkeiten eindeutig beantwortet. Daneben gibt es eine Wissenschaft, die auf Eindeutigkeit nicht angewiesen ist. Dies gilt für die Lehre der Himmelskörper. Verschiedene Hypothesen sind möglich, solange ihnen nicht der Glaube an Mythen zugrunde liegt.

Naturwissenschaft hat für Epikur vorrangig einen therapeutischen Wert. Wer die Gesetzmäßigkeiten natürlicher Vorgänge zu begreifen vermag, muss kein Subjekt, schon gar keine bösartigen Absichten in diese hineindichten; seine Seele wird frei sein von Verwirrung und Angst.[42] Um die Gefahr mythischer Deutungen zu vermeiden, genügt es laut Epikur, sich an die Erscheinungen zu halten, der sinnlichen Wahrnehmung zu vertrauen und auf diesem Weg nach den Ursachen zu suchen. Wer viele Hypothesen zulässt, überlässt schließlich auch den natürlichen und himmlischen Kräften ihre Freiheit; diese werden dann gleichsam, so Epikurs Idee, nicht mehr geknechtet von ehernen Gesetzen. Während Aristoteles sich auf die religiöse Tradition beruft, welche die Himmelskörper für ewig und unsterblich hält und ihnen ein besonderes, der Schwerkraft nicht unterworfenes Element zuschreibt, lehrt Epikur, dass am Himmel alles mehrfach und ungeregelt geschieht, alles durch vielfältige Gründe zu erklären ist. Wer auf einer einzigen Erklärungsweise beharrt und Natürliches mit Mythen der Göttlichkeit verknüpfen will, verlässt den Boden der Wissenschaft und verliert sich im undurchsichtigen Bereich des Mythos. Die Astrologie ist bloßer Aberglaube.

Für Epikur, so liest ihn Marx, sind die Himmelskörper[43] die wirklich gewordenen Atome; in ihnen hat die Materie sich vereinzelt, sie stehen metaphorisch für Individualität. Hierin hat Epikur den Gipfel und Schlusspunkt seines Systems erblickt. Er wollte das Himmlisch-Ewige ins Irdisch-Vergängliche herabziehen und derart von allem Mythisch-Religiösen befreien.[44] Epikurs Verdienst erkennt Marx darin, eine «Naturwissenschaft des Selbstbewusstseins», wenn auch in der Form der abstrakten Einzelheit, begründet zu haben, er hat die Atomistik bis zur höchsten Konsequenz vollendet. So ist denn die «Absolutheit und Freiheit des Selbstbewusstseins [...] das Prinzip der epikureischen Philosophie.»[45]

Epikur ist im Urteil von Marx der größte griechische Aufklärer. Dabei kann er sich auf Lukrez berufen: Als die Menschen elend in steter Angst vor den Göttern lebten, wagte ein Grieche zuerst die Augen zu erheben, den Göttern zu widerstehen, die Tore zur Natur zu öffnen und das unendliche All mit forschendem Geist zu durchstreifen. Nun liegt die Religion uns zu Füßen, und der Sieg über sie hebt uns in den Himmel.[46] Die frühe Aufklärung hat Epikur wiederentdeckt, zahlreiche Gelehrte haben seine Schriften mit wissenschaftlich oder ethisch-politisch motiviertem Interesse gelesen. Im 18. und 19. Jahrhundert nimmt das Interesse noch zu. Was Marx' Interpretation auszeichnet, ist eine Auffassung, die man im Gegensatz zu einer materialistischen Wissenschaft als ethischen Materialismus bezeichnen kann: Das Glück und die Freiheit des Menschen sollen die Leitprinzipien der Philosophie sein. Was ist nun konkret unter der menschlichen Freiheit zu verstehen, wenn man bereit ist, Marx' Interpretation von Epikurs Philosophie zu übernehmen? So verdienstvoll für die philosophische Aufklärung Epikurs Begründung individueller Freiheit ist, so handelt es sich dabei doch erst um die Freiheit von der Welt, nicht die Freiheit in der Welt. Die politische Freiheit, die Freiheit an den Angelegenheiten der Polis teilzunehmen, ist im hellenistischen Zeitalter zu einem vernachlässigten Gut geworden. Epikurs Götter, Himmelskörper und Atome stehen für eine glückliche, doch jenseitige Welt, es sind Metaphern für absolute Unabhängigkeit und Selbstbestimmung; das Ideal der *ataraxia*, der Unerschütterlichkeit, steht auch für Unberührbarkeit: Nichts kann den Menschen in seiner Ruhe, in seiner bescheidenen, aber im Rahmen des *kepos*, der Gemeinschaft Gleichgesinnter, geschützten Freiheit stören und quälen.

Epikurs Verdienst als Aufklärer besteht für Marx auch darin, in die Naturwissenschaft den Pluralismus der Hypothesen eingeführt zu haben und den Dogmatismus, der nur eine Hypothese gelten lässt, in Frage zu stellen. Die Befreiung vom Glauben an übermenschliche Mächte, ein erstrangiges Anliegen der Aufklärung, kommt bei Epikur schön zum Ausdruck. Seine Physik hat «Aufklärung in Rücksicht aufs Physische aufgebracht» und den Aberglauben bekämpft, wie bereits Hegel feststellt.[47] Hierin folgt Marx Epikur: Die Annahme übermenschlicher Instanzen ist mit der Möglichkeit menschlicher Freiheit unvereinbar. Er entwirft in der Dissertation die Utopie eines Landes der Vernunft, einer Gegend, in der Gottes Existenz aufhört. Anders gesagt: Das Dasein Gottes ist die Unvernunft.[48] Doch diese Unvernunft, diese Gefährdung der intellektuellen, persönlichen und politischen Freiheit gilt es zu analysieren. Wie können religiöse Dogmen dazu dienen, Privilegien des Adels und monarchische Willkürherrschaft zu rechtfertigen? Weshalb lassen so viele Menschen sich die Einschränkung ihrer Freiheit gefallen und suchen Trost in der Religion? Aufklärung ist die Bedingung der Freiheit, erst der aufgeklärte Mensch, der die Welt wissenschaftlich betrachtet und sich von religiösen Dogmen nicht beirren lässt, ist wirklich frei. Es ist dieser von Epikur so stark betonte Zusammenhang von Aufklärung und Freiheit, der Marx beeindruckt hat.

DAS SONNENLICHT DER VERNUNFT

1841 beendet Marx das Studium an der Berliner Universität; die Dissertation reicht er an der Universität Jena ein. Im April des Jahres erhält er das Doktordiplom, im Sommer reist er nach Bonn in der Hoffnung, dort eine Professur zu erhalten. Unter den herrschenden Verhältnissen ist aber für Vertreter der kritischen und liberalen Intelligenz eine akademische Laufbahn kaum noch möglich. Das große Thema der Junghegelianer war die Religionskritik, diese wurde von den eher liberalen Kreisen in der preußischen Regierung zunächst noch toleriert, doch der Druck der Konservativen um den Kronprinzen und späteren König Friedrich Wilhelm IV. nahm zu. Konservative Hegelianer besannen sich auf das Ideal der – protestantischen – christlich-germanischen Monarchie.[49] Bruno Bauer wird 1842 die Lehrbefugnis entzogen. Marx wird klar, dass er selbst sich nach anderen Tätigkeiten und Geldquellen umsehen muss. Er publiziert Artikel in diversen Zeitschriften und wendet sich dann ganz dem Journalismus zu. In Köln gründen liberale Kreise die *Rheinische Zeitung für Politik, Handel und Gewerbe*, für sie ist Marx seit Anfang Januar 1842 als freier Redakteur tätig, im Oktober desselben Jahres wird er Chefredakteur. Das Rheinland ist aufgrund der zeitweiligen Annexion durch und der dauernden Nähe zu Frankreich industriell weiter entwickelt und in mancher Hinsicht fortschrittlicher als andere Regionen Deutschlands. In dieser relativ liberalen Atmosphäre findet Marx Gelegenheit, sein journalistisches Talent zu entfalten. Die *Rheinische Zeitung* nutzt er als Plattform zur Darlegung seiner politischen Überzeugungen und philosophischen Ideen. Unter seiner Leitung profiliert sie sich als Sprachrohr der liberalen Opposition. Aber bereits vier Monate nach seiner Ernennung zum Chefredaktor, im Januar 1843, wird sie von der preußischen Regierung verboten.

Die Karlsbader Beschlüsse von 1819, welche der Abwehr oppositioneller Bewegungen dienen sollten, sahen unter anderem eine strenge Pressezensur vor. Marx begann seine publizistische Tätigkeit mit einem längeren Artikel zu Zensur und Pressefreiheit. Ende 1841 hatte der preußische König Friedrich Wilhelm IV. eine Zensurinstruktion erlassen, worin der Wert einer «freimütigen und anständigen Publizität» ausdrücklich anerkannt und die Zensoren zur Mäßigung aufgerufen wurden. Marx rief in Erinnerung, dass das preußische Zensuredikt vom Oktober 1819, dessen Ausführung die Instruktion regeln sollte, offenbar nicht befolgt wurde. Wie erklärt sich das? Taugte das Gesetz nichts, oder waren die Zensoren unfähig? Die Verantwortung auf einzelne Personen abzuwälzen, zeuge von Scheinliberalismus, von der Geringschätzung der Individualität; Personen sollten geopfert werden, um Institutionen zu erhalten. Den Wert der Individualität illustrierte Marx bildlich: «Jeder Tautropfen, in den die Sonne scheint, glitzert in unerschöpflichem Farbenspiel, aber die geistige Sonne, in wie vielen Individuen, an welchen Gegenständen sie sich auch breche, soll nur eine, nur die offizielle Farbe erzeugen dürfen!»[50] Die Zensur forderte Bescheidenheit, doch Bescheidenheit ist keine politische Tugend, während es sehr wohl eine Bescheidenheit des Geistes gibt, wie Marx in Erinnerung ruft: Vernunft und universelle Liberalität, die sich einer Sache ernsthaft annehmen. Anmaßend ist dagegen die Zensur, wenn sie im Namen der Religion und des christlichen Staats agiert. Marx stellt der religiösen Moral die unabhängige, rationale Moral von Spinoza und Kant gegenüber. Die Moral dieser «intellektuellen Heroen» gründet auf der Autonomie, nicht wie die Religion auf der Heteronomie.

In einer liberalen Ordnung legt das Gesetz fest, welche Handlungen erlaubt, welche verboten sind. Gesetze hingegen, welche die Gesinnung im Namen religiöser oder moralischer Gebote unter Strafe stellen, sind nicht zu rechtfertigen, da sie keine objektiven Normen des Erlaubten und Verbotenen definieren. Marx erwähnt die in der Instruktion von 1841 enthaltene Formulierung, wonach Kritik an der Regierung in der Tendenz nicht böswillig sein darf. Wenn der Zensor sich aber zum Richter über Gut und Böse aufschwingt, wird das liberale Prinzip der Gedankenfreiheit verletzt und ersetzt durch «Gesetze des Terrorismus, wie sie die Not des Staats unter Robespierre [...] erfunden hat.» Die Gedanken sind frei, Marx ruft dies zu einer Zeit in Erinnerung, in der staatliche und kirchliche Mächte davon nichts wissen wollen: «Für das Gesetz bin ich gar nicht vorhanden [...] außer in meiner Tat.» Wird die Gesinnung bestraft, ist dies ein «Insult auf die Ehre des Staatsbürgers» und die Negation der Gleichheit aller Bürger vor dem Gesetz. Der Staat maßt sich die Unbescheidenheit an, «einzelne Staatsdiener zum Herzensspäher, zum Allwissenden, zum Philosophen, Theologen, Politiker, zum delphischen Apollo zu ernennen.»[51]

Marx verfasste 1842 mehrere Beiträge zum Thema der Pressefreiheit in der *Rheinischen Zeitung*. Auslöser war der 6. Rheinische Provinziallandtag von 1841. Seit 1823 wurden in Preußens Provinzen vom König Landtage einberufen. Es handelte sich dabei um eine Art von parlamentarischer Repräsentation, deren

Kompetenzen allerdings gering waren und die vornehmlich beratende Funktionen besaß. Die Landtage waren dominiert vom grundbesitzenden Adel.[52] Hintergrund von Marx' Artikel war der Konflikt zwischen der liberalen Opposition, welche die Öffentlichkeit der Verhandlungen des Landtags forderte, und den Repräsentanten der ständisch-feudalen Verfassung in der preußischen Rheinprovinz. Nach dem Urteil der *Allgemeinen preußischen Staatszeitung* sollten Staat, Gesetz und Verwaltung möglichst nicht mit politischen Angelegenheiten – als da waren die «Armen-Frage» oder die «Neger-Frage» – vermischt werden. Die preußische Staatsverwaltung wäre somit frei vom politischen Geist, den sie für ein französisches Gespenst halte, so Marx' ironischer Kommentar.[53] Dass die Presse über die Verhandlungen berichten durfte, war damals noch eine Ausnahme und die Pressefreiheit den Abgeordneten kein dringendes Bedürfnis. Dem Widerstand gegen die Pressefreiheit lag der Geist einer in Stände aufgeteilten Gesellschaft zugrunde, der Opposition gegen die Freiheit generell das partikulare Interesse eines Standes. So hielt ein Vertreter des Fürstenstands, Reinhard Graf zu Solms-Laubach, die Zensur für ein geringes Übel, verglichen mit dem «Unfug» der freien Presse.[54] Doch die Faktizität einer Institution beweist nicht deren Richtigkeit, wie Marx geltend macht. Ein Vertreter der Ritterschaft, Maximilian Freiherr von Loe, rät, von der Erlaubnis zur Veröffentlichung der Verhandlungen weisen Gebrauch zu machen.[55] Marx will indes solche Entscheidungen nicht der Willkür ständischer Weisheit überlassen. Für den ritterlichen Abgeordneten waren persönliche Privilegien und exklusive Freiheiten selbstverständliche Rechte seines Standes. Doch der Widerwille gegen die Pressefreiheit bewies für Marx nur, dass der Redner den hellen Tag nicht vertrug und dem Sonnenlicht der Öffentlichkeit die Nacht des Privaten vorzog. Eine wahrhaft politische Versammlung aber «gedeiht nur unter dem großen Protektorat des öffentlichen Geistes, wie das Lebendige nur unter dem Protektorat der freien Luft.» Die Verteidiger der Ständeordnung, so Marx' Kritik, bildeten sich ein, die Freiheit, die doch eine natürliche Gabe sei, verdanke sich nicht etwa dem «allgemeinen Sonnenlicht der Vernunft», sondern sei ein übernatürliches Geschenk einer besonders günstigen Konstellation einsam leuchtender Sterne. Sie anerkennen die Freiheit nur als Vorrecht bestimmter Stände und müssen daher die Forderung der Vernunft nach Freiheit unter die böse Gesinnung und die rationalistische Denkungsart subsumieren. «Um die besonderen Freiheiten des Privilegiums zu retten, proskribieren [ächten UM] sie die allgemeine Freiheit der menschlichen Natur.»[56]

Die Pressefreiheit wird bekämpft im Namen der Unmündigkeit der Menschen, die doch gerade von der Zensur verschuldet wird. Die Freiheit ist «so sehr das Wesen des Menschen, dass sogar ihre Gegner sie realisieren, indem sie ihre Realität bekämpfen; dass sie als kostbarsten Schmuck sich aneignen wollen, was sie als Schmuck der menschlichen Natur verwarfen. Kein Mensch bekämpft die Freiheit; er bekämpft höchstens die Freiheit der andern. Jede Art der Freiheit hat daher immer existiert, nur einmal als besonderes Vorrecht, das andere Mal als allgemeines Recht.»[57]

Marx' Verständnis der Freiheit erinnert an das von Tocqueville. Dieser hatte zwei Formen von Freiheit unterschieden: Freiheit als Privileg in aristokratischen Gesellschaften und Freiheit als Genuss eines Rechts, das in modernen demokratischen Gesellschaften allen Menschen zukommt. In beiden Fällen meint Freiheit Unabhängigkeit, individuelle Selbstbestimmung. Den zweiten, modern-demokratischen Begriff der Freiheit hält Tocqueville für den richtigen. Von Geburt kommt diese Freiheit als gleiches und unantastbares Recht allen Menschen zu, sind sie doch von

Natur aus mit dem für ihr Handeln notwendigen Licht der Vernunft ausgestattet.[58] Die Ähnlichkeit der Bilder und Begriffe bei Tocqueville und Marx fällt ins Auge; ihrer unterschiedlichen politischen Positionen ungeachtet, sind sie von der Rhetorik der Aufklärung geprägt: Die Finsternis vergangener Zeitalter wird vom klärenden Licht der Freiheit und Vernunft vertrieben.

Gesetze sind für Marx Normen, in denen die Freiheit ein unpersönliches, von der Willkür des Einzelnen unabhängiges Dasein gewonnen hat. Das Gesetzbuch ist die «Freiheitsbibel eines Volkes» und die freie Presse das «verkörperte Vertrauen eines Volkes zu sich selbst», der «geistige Spiegel, in dem ein Volk sich selbst erblickt.»[59] Regierungen bilden sich ein, die Stimme des Volkes zu hören, doch handelt es sich dabei stets nur um ihre eigene Stimme. Merkt das Volk, dass seine Stimme nicht gehört wird, versinkt es entweder im politischen Aberglauben, oder es wendet sich als «Privatpöbel» völlig vom politischen Leben ab. Wiederum wirft Marx der Zensur vor, statt Vergehen bloße Gesinnungen zu bestrafen. Welche Gesinnung ist strafwürdig? Für den Redner des Ritterstands ist es der Stolz, der keine Autorität in Kirche und Staat anerkennt, sowie der Neid auf alles Aristokratische. Marx hält dagegen jene Gesinnung für schlecht, welche die Autorität von Vernunft und Gesetz nicht anerkennt, sowie jenen Neid, «welcher die ewige Aristokratie der menschlichen Natur, die Freiheit, abschaffen will, eine Aristokratie, die selbst der Pöbel nicht bezweifeln kann.» Wie kann man, so Marx, von der menschlichen Natur – der Natur der «gewöhnlichen» Menschen wohlverstanden – ein derart hässliches Bild entwerfen und zugleich verlangen, man müsse vor dem Heiligenbild der Privilegierten niederknien? Menschliches Handeln ist von Interessen geleitet, doch handelt es sich dabei keineswegs bloß um die «Interessen stereotyper Selbstsucht.»[60]

Dem Antrag des liberalen Unternehmers und Bankiers Heinrich Merkens, der die Pressefreiheit im Namen der Gewerbefreiheit fordert, hält Marx entgegen, dass zwar Gewerbefreiheit – die Freiheit des Gewerbes, sich «ungestört seiner innern Lebensregel gemäß» zu gestalten – so gut wie die Freiheit des Eigentums, des Gewissens, der Presse und der Gerichte zu derselben Gattung gehört, der Freiheit «ohne Familiennamen». Zugleich jedoch gibt er zu bedenken, dass die Freiheit der Presse eben darin besteht, kein Gewerbe zu sein. «Dem Schriftsteller, der sie zum materiellen Mittel herabsetzt, gebührt als Strafe dieser inneren Unfreiheit die äußere, die Zensur.»[61] Wer eine bestimmte Freiheit in Frage stellt, stellt die Freiheit grundsätzlich in Frage. «Freiheit bleibt Freiheit, drücke sie sich nun in der Druckerschwärze, oder in Grund und Boden, oder im Gewissen, oder in einer politischen Versammlung aus»; der Landtag jedoch hat sich selbst verurteilt, indem er der Pressefreiheit das Urteil sprach. Ihr kommt eine vorrangige, weil politische Bedeutung zu: «Die Presse ist die allgemeinste Weise der Individuen, ihr geistiges Dasein mitzuteilen. Sie kennt kein Ansehen der Person, sondern nur das Ansehen der Intelligenz.»[62]

In einer Welt, worin sich Herrscher und Untertanen, Verwalter und Verwaltete gegenüberstehen, in einer Welt der Ungleichheit, bedarf es eines Elements, welches politisch ist, aber nicht bürokratisch, welches bürgerlich ist, ohne bloßer Ausdruck privater Interessen zu sein. Die freie Presse vermag diese Funktion «von staatsbürgerlichem Kopf und von bürgerlichem Herzen» zu übernehmen. In ihrem Bereich gibt es keine Asymmetrie zwischen Verwaltern und Verwalteten, keine Subordinationsverhältnisse. Es herrscht Gleichheit zwischen Staatsbürgern, Argumenten, Verstandesgründen und intellektuellen Mächten. Die freie Presse ist das Produkt der öffentlichen Meinung wie deren Produzent; sie allein vermag ein besonderes Interesse zum allgemeinen Interesse zu erheben und die Not, im konkreten Fall jene der Winzer von der Mosel, dadurch zu mildern, dass sie die Empfindung dieser Not unter alle verteilt. Die Presse ist frei von bürokratischer Behinderung, sie trägt die Not des Volks in ihrer eigenen, durch keine bürokratischen Medien gegangenen Gestalt «an die Stufen des Thrones, zu einer Macht, vor welcher der Unterschied von Verwaltung und Verwalteten verschwindet und es nur mehr gleich nah und gleich fern stehende Staatsbürger gibt.»[63]

Marx kannte das schwere Los der Mosel-Winzer aus eigner Anschauung. Unter französischer Herrschaft stand ihnen der dortige Markt offen. Seit 1820 waren sie jedoch permanent mit Absatzkrisen konfrontiert, verursacht durch Überproduktion und sinkende Qualität. Zwanzig Jahre später hatte sich die Lage nicht gebessert und die Liberalisierung der Märkte ihre Notlage noch verschärft. In seinem Artikel formulierte Marx sein journalistisches Berufsethos: Die Presse muss Zustände, sie darf nicht Personen denunzieren. Die Notlage der Winzer wird nicht verschuldet durch Entscheidungen einzelner Personen, sie wird verursacht von den Gesetzmäßigkeiten ökonomischer Verhältnisse. Diese bestimmen die Handlungen von Privatleuten und Behörden, man wird daher nicht einen guten oder bösen Willen unterstellen, «sondern Verhältnisse wirken sehen, wo auf den ersten Anblick nur Personen zu wirken scheinen.»[64]

Zu den speziellen Feinden der Pressefreiheit gehörte Karl Hermes, der Redaktor der *Kölnischen Zeitung*. Insbesondere der *Rheinischen Zeitung* und der von ihr vertretenen demokratischen Position war er feindlich gesinnt. Er trat mit der Forderung hervor, die philosophische Kritik am preußischen Staat und der christlichen Religion zu verbieten sowie die Freiheit der wissenschaftlichen Forschung nur im Rahmen der christlichen

Lehre zu gewähren. Ein christlicher, überhaupt ein religiöser Staat ist eine Theokratie.[65] Die Unfehlbarkeitsprätention der Christen unterscheidet sich nicht von jener anderer Religionsgemeinschaften; sie blamiert sich angesichts der Pluralität der Dogmen unweigerlich.[66] Dogmen vertragen sich nicht mit der Idee einer allgemein menschlichen Natur; der christliche Staat bezweckt die Verwirklichung des Dogmas statt jener der Freiheit. Marx versteht den Staat als «Verein freier Menschen, die sich wechselseitig erziehen», die christliche Lehre macht ihn «zu einem Haufen Erwachsener, welche die Bestimmung haben, von oben erzogen zu werden.»[67] Der Staat ist die «Verwirklichung der vernünftigen Freiheit» und wird nicht aus der Religion, sondern aus der Vernunft der Freiheit konstruiert.[68]

Mit der im frühen 19. Jahrhundert eifrig diskutierten «sozialen Frage» sah Marx sich erstmals anlässlich der Landtagsverhandlungen zum Thema des Holzdiebstahls konfrontiert. Es ging um die Frage, ob das Sammeln von Brennholz als Diebstahl zu definieren sei. Wie kann man ein Verbrechen machen aus einem Handeln, das sich als Gewohnheitsrecht eingebürgert hat, der verarmten Unterschicht ein klein wenig hilft und den Waldbesitzern nicht weh tut? Indem diese aus einem lässlichen Vergehen ein Verbrechen machen, haben sie das wirkliche Verbrechen verharmlost. Ist jede Verletzung des Eigentums Diebstahl, dann ist Privateigentum Diebstahl, da der Eigner mit seinem Anspruch auf privates Eigentum Dritte von diesem Eigentum ausschließt, mithin deren Eigentumsrecht verletzt. Das lateinische Wort *privatio* bedeutet: Beraubung. Gemäß Locke ist die private Aneignung von Gütern legitim und ökonomisch sinnvoll, er definiert das Recht auf privates Eigentum als Recht, andere vom Genuss eines Gutes auszuschließen, sie also dieses Gutes zu berauben.[69] In diesem Sinne ist Marx' Argument zu verstehen: Er hält Eigentum nicht für Diebstahl, legt aber dar, dass die Armen eines für sie wertvollen Guts beraubt werden, das für die Waldbesitzer einen geringen Wert hat. Damit wird unnötigerweise eine neue Kategorie von Gesetzwidrigkeit kreiert.

Den Begriff des Werts definiert Marx als das «bürgerliche Dasein des Eigentums, das logische Wort, in welchem es erst soziale Verständlichkeit und Mitteilbarkeit erreicht.» Für die politisch und sozial benachteiligte Unterschicht reklamiert er ein Gewohnheitsrecht, das seiner Natur nach nur der untersten «elementarischen Masse» zusteht.[70] Menschliches Recht bedeutet für ihn das Dasein der Freiheit. Ein Gewohnheitsrecht war jenes auf Nutzung kirchlichen Bodens. Marx begrüßt die Aufhebung der Klöster und die Säkularisierung kirchlichen Eigentums, weist aber darauf hin, dass man zwar die Klöster, nicht aber die Armen für den empfindlichen Verlust entschädigt und ihnen faktisch ein altes Recht entzogen hat. Solches Recht verdankte sich dem nicht klar definierten Recht auf Privateigentum, dem Fehlen einer klaren Abgrenzung zum Gemeineigentum. Der in der rechtsphilosophischen Tradition gebräuchliche Begriff der *occupatio*, der Inbesitznahme, erhält in diesem Zusammenhang eine neue Bedeutung: Es gibt Objekte, die ihrer Natur nach nicht privat angeeignet werden können und «durch ihr elementarisches Wesen und ihr zufälliges Dasein [...] dem Okkupationsrecht der Klasse anheimfallen, welche eben durch das Okkupationsrecht von allem andern Eigentum ausgeschlossen ist.»[71]

Die Verhandlungen des Landtags waren von anderem Geist beseelt. Das Gewohnheitsrecht, das es Kindern erlaubt, im Wald Beeren zu sammeln, wurde außer Kraft gesetzt mit dem Argument, es handle sich bei den Beeren um Handelsartikel, beim Sammeln der Kinder folglich um Diebstahl. Auf diese Weise wird ein Monopol der Reichen begründet. Weil das Privateigentum, so Marx, sich nicht auf das Niveau staatlichen Denkens zu erheben vermag, weil die «dürftige Seele» des Privatinteresses «nie von einem Staatsgedanken erleuchtet und durchzuckt worden» ist, ist der Staat verpflichtet, zu den «vernunft- und rechtswidrigen Mitteln des Privateigentums herabzusteigen.»[72] Rechtsprinzipien werden privaten Interessen geopfert, in deren Namen künftig jede Ausnahme vom Gesetz gerechtfertigt werden kann.

Für den Journalisten Marx war die Freiheit der Presse naturgemäß ein erstrangiges Anliegen, wobei ihm durchaus klar war, dass sie von anderen Freiheiten nicht isoliert werden kann. Die politische Neuzeit beginnt mit der Einsicht, dass Politik und Religion zu trennen sind, weil im Namen religiöser Dogmen die Stabilität von Staaten regelmäßig gefährdet wird. Der Trennung von Politik und Religion entspricht jene von Handeln und Denken. Gegenstand des Gesetzes können nur Handlungen sein, nicht Gesinnungen. Wird die Religion ihrer politischen Macht beraubt und ins Private verwiesen, wird Religionsfreiheit möglich; der Staat kann die Bürger nicht mehr bestrafen, weil sie einer bestimmten oder gar keiner Religion angehören. Damit wird eine säkulare oder rationale Moral möglich, eine Moral, deren Prinzipien nicht mehr von religiösen Dogmen, sondern von staatsbürgerlichen Bedürfnissen bestimmt werden. Der Kampf um Glaubens- und Meinungsäußerungsfreiheit findet später seine Fortsetzung in jenem um Pressefreiheit. Im Gefolge der Französischen Revolution werden dann jene Stimmen immer lauter, die das Recht auf Partizipation, auf politische Freiheit fordern. Pressefreiheit spielt im Kampf um Demokratie eine wichtige Rolle. Geht es darum, die Legitimität der alten Ordnung in Frage zu stellen, setzt dies voraus, dass sich die Bürger informieren können über die Absichten der politischen Akteure, dass also etwa die Verhandlungen von Landtagen öffentlich sind. Marx war der Zusammenhang von freier Presse, transparenter Politik und Demokratie bewusst. Die Forderungen nach politischen Rechten zielten schließlich, wenn auch vorderhand erst zögerlich, auf den Einbezug der unteren Gesellschaftsklassen, zumindest entwickelte sich langsam, aber stetig ein Bewusstsein von der desolaten Situation dieser Klasse. Es gehörte somit zum Metier der Presse, Dinge anzusprechen, die tabuisiert waren, weil sie jene Unterschicht betrafen, die keine Stimme hatte. Marx' frühe Schriften vermitteln ein lebendiges Bild von den politischen wie sozialen Sorgen und Wünschen der damaligen Welt. Er versteht es, abstrakten Prinzipien einen konkreten Inhalt zu geben, so wenn er die freie Presse zum verkörperten Vertrauen eines Volkes zu sich selbst erklärt oder darin die allgemeinste Weise der Individuen, ihr geistiges Dasein mitzuteilen, erblickt. Im Bereich der Presse herrscht Gleichheit zwischen Menschen wie zwischen Argumenten, sie wird damit zum Vorbild der Demokratie, sie vermag das besondere Interesse zum allgemeinen zu erheben und die Not einiger zur öffentlichen Sache zu machen. Bei alledem gilt für Marx der Grundsatz: Wer eine bestimmte Freiheit in Frage stellt, stellt die Freiheit grundsätzlich in Frage.

Der junge Marx beruft sich auf das Erbe der Aufklärung und orientiert sich an liberalen Prinzipien. Beides hängt zusammen, spricht er von Freiheit, bedient er sich des Vokabulars der Aufklärung: Das klare Licht der Sonne steht der Dunkelheit, Verborgenheit, Schattenwelt der alten Ordnung entgegen. Wenn Marx sich für soziale Missstände zu interessieren beginnt, ist er doch noch längst kein Kommunist. Nachdem die Augsburger *Allgemeine Zeitung* der *Rheinischen Zeitung* kommunistische Ideen unterstellt hatte, sah er sich zu einer Replik gedrängt. Seine Zeitung könne, so präzisiert er, den kommunistischen Ideen weder theoretische Wirklichkeit noch gar praktische Verwirklichung wünschen. Immerhin sah er damals schon in den sozialistischen Bewegungen ernst zu nehmende Zeichen sozialer und ökonomischer Krisen. Er dachte dabei an die Arbeiterbewegungen in England, die seit 1830 politische Gleichberechtigung forderten, und an die brutal unterdrückten Aufstände der Seidenweber in Lyon Anfang der 1830er Jahre; davor, so meinte er, könne man nicht einfach die Augen verschließen, und mit den sozialistischen Schriften müsse man sich gründlich auseinandersetzen.[73] Marx plädiert indes für einen Liberalismus, der eine neue, «einem tieferen, durchgebildeteren und freieren Volksbewusstsein entsprechende Staatsform zu erstreben hat.» Er setzt sich ein für die Rechtsgleichheit von Stadt- und Landbürgern.[74] In einer aus Anlass des Verbots der *Rheinischen Zeitung* verfassten Denkschrift, die wahrscheinlich von ihm verfasst worden ist, heißt es: «Die Zeitung hatte es überhaupt nicht, wie der gewöhnliche Liberalismus, vorzugsweise mit einer bestimmten Staatsform zu tun; es handelt sich ihr hauptsächlich um den Inhalt, um die Demokratie in dem Sinne, dass der freie Mensch das Prinzip des Staates sein solle.»[75]

III

RECHT AUF ABSONDERUNG – SUCHT NACH GESELLSCHAFT

Auch große Geister sind gegen Vorurteile nicht gefeit. Wie wir heute wissen, haben viele Philosophen und Religionslehrer aus ihrem Ressentiment den Juden gegenüber kein Hehl gemacht. In den Werken der philosophischen Lehrmeister von Marx – Kant, Fichte und Hegel – wurden antijüdische Einstellungen entdeckt, wobei freilich die entsprechenden Stellen zuweilen recht willkürlich interpretiert werden.[1] Im Fall von Marx ist das Problem komplexer. Lassen seine Urteile zur *condition juive* auf Selbsthass schließen, wie Kritiker behaupten? Unbestreitbar ist, dass Marx für die Juden rechtliche Gleichheit gefordert hat. Inwiefern dies Engagement sein Verhältnis zu seinen «Stammgenossen»[2] bestimmt hat, werde ich im ersten Abschnitt untersuchen. Der zweite Abschnitt setzt sich mit einem weiteren Kritikpunkt auseinander. Hat Marx die Menschenrechte als bloßen Ausdruck des Egoismus, des bürgerlich-kapitalistischen Eigentums- und Profitdenkens zurückgewiesen? Die Deutung hält einer genauen

Lektüre nicht stand. Dass Menschenrechte Rechte auf Absonderung, auf den Schutz der Privatsphäre sind, heißt für Marx nicht, sie seien nutzlos oder gar illegitim. Menschen können aber ihre Freiheit nicht bewahren, wenn sie nur negative Rechte, das heißt Abwehrrechte gegen den Staat haben, während ihnen das Recht auf politische Partizipation vorenthalten bleibt. Im dritten Abschnitt werde ich Marx' Verständnis der Institution des Rechts noch aus einer weiteren Perspektive beleuchten. Er vergleicht das Recht wie den Staat mit einem «Überbau». Das Bild suggeriert, es existiere ein stabiles «Fundament», gemauert aus den sozialen und ökonomischen Aktivitäten der Menschen, darüber erhebe sich die Institution des Rechts, die aber nicht Ausdruck der Allmacht des Staats ist, sondern von den Interessen der bürgerlichen Gesellschaft in Dienst genommen wird. Gemeinhin gilt dieser Gedanke als originäre Leistung von Marx. Er zieht aber lediglich die Konsequenzen aus dem frühliberalen Denken, das im Hinblick auf den Zweck der Politik einen eigentlichen Wertewandel bewirkt hat.[3] Die private Existenz in der bürgerlichen, Handel treibenden Gesellschaft wird zum Selbstzweck, sie bedarf des Schutzes einer Rechtsordnung, diese Aufgabe kommt dem Staat zu, er ist Mittel zum Zweck geworden. Marx drückt diese Erfahrung mit den Metaphern von Basis und Überbau aus, in der Sache jedoch besteht keine Differenz zu liberalen Auffassungen.

DIE «JUDENFRAGE» – DISTANZ UND SOLIDARITÄT

Die vorübergehende Besserstellung der Juden unter Napoleons Herrschaft wurde im ersten Kapitel erwähnt. Zu erinnern ist hier nun an das *décret infâme*. Napoleon wollte die soziale Integration der Juden fördern, ebenso jedoch deren unbedingte Loyalität erzwingen. 1807 rief er in Paris den Großen Sanhedrin ein, die höchste religiöse, rechtliche und politische Instanz der jüdischen Bevölkerung. Zu den Teilnehmern am Sanhedrin gehörte Karls Onkel, der Trierer Rabbiner Samuel Marx. Das «Infame Dekret» nannte die Bedingungen, welche die Juden erfüllen mussten, um toleriert zu werden. Gerechtfertigt wurden die diskriminierenden Maßnahmen explizit mit der Notwendigkeit, die Franzosen vor dem Wucher zu schützen. Der Geldverleih war streng geregelt, für jede ökonomische Aktivität mussten amtliche Bewilligungen eingeholt werden. Von einer politischen Behörde mussten sich Juden ihr korrektes Verhalten, von der Synagoge ihren Sinn für Recht und Gerechtigkeit bestätigen lassen. Bei allem Reform- und Modernisierungseifer, der Napoleon zugute zu halten ist, lässt sich nicht leugnen, dass er mit dem Dekret die uralten Vorurteile gegen die Juden wiederaufleben ließ. Sie wurden mit ihren Aktivitäten identifiziert, und diese Aktivitäten galten als unmoralisch, wenn nicht gar als illegal. Das Dekret setzte als selbstverständlich voraus, dass die Juden für die nichtjüdische Bevölkerung eine permanente Gefahr darstellten und die Franzosen vor ihnen geschützt werden müssten. Dennoch setzte sich Samuel Marx energisch für die Befolgung des Dekrets ein; auf seinen Rat hin verpflichtete sich das Konsistorium[4], «Israeliten», die sich gegenüber «Nicht-Israeliten» des Betrugs schuldig gemacht hatten, bei den Autoritäten anzuzeigen.[5] Gewiss wuchs der vorauseilende Gehorsam aus der Absicht, die in Frankreich zugestandene Toleranz nicht aufs Spiel zu setzen. Man kann allerdings Marx' – des Rabbiners – Verhalten auch als eine Art Schuldbekenntnis deuten; in der Absicht, das Dekret peinlich genau zu befolgen, gibt er implizit zu verstehen, dass bestimmte schädliche Verhaltensweisen den Juden tatsächlich eigen sind. Ist der Neffe hierin dem Onkel gefolgt?

Napoleons Dekret verlangte unter anderem einen Namenswechsel jüdischer Bürger. Herschel Mordechai, Karls Vater, wurde zu Heinrich Marx. Als jüdischer Anwalt hatte er sich bereits 1815 an den Provinzgouverneur mit der Bitte gewandt, die Diskriminierung der Juden zu beenden und stattdessen ein Gesetz gegen den Wucher zu erlassen. Als Jude konnte er nach 1815 seinen Anwaltsberuf nicht mehr ausüben und konvertierte zum Protestantismus, 1824 ließ er die Kinder taufen. Nach 1830 profilierte er sich als eine der führenden Persönlichkeiten der demokratischen Opposition. Für die Assimilation plädierte übrigens auch sein Bruder, der Rabbiner Samuel Marx.[6]

Karl Marx' angeblicher oder tatsächlicher Antisemitismus ist in zahlreichen Publikationen thematisiert worden und hat manche Kontroversen ausgelöst. Eindeutig ist das Urteil des Historikers Edmund Silberner, der ein vielzitiertes Buch zum Thema vorgelegt hat: Viele Äußerungen von Marx verraten einen unverhohlenen Antisemitismus.[7] Neuere Studien kommen zu anderen Urteilen; das bloße Sammeln von aus dem Kontext gerissenen Zitaten sowie privaten Äußerungen kann nicht als Beleg eines politischen Antisemitismus gelten.[8]

Weiter kommt man wohl, wenn man die fraglichen Äußerungen Marx' nach vier Aspekten unterscheidet: private Urteile; das individuelle Recht auf Trennung von einer Religionsgemeinschaft; die Identifikation der Juden mit bestimmten wirtschaftlichen Aktivitäten sowie die Forderung nach Gleichberechtigung. Was den ersten Punkt betrifft – die in Briefen dokumentierten abfälligen Äußerungen über jüdische Freunde, Mitstreiter oder Gegner –, würde man gerne darüber hinwegsehen. Von politischer Korrektheit hielt Marx nichts. Notorisch sind polemische

Charakterisierungen von Menschen, mit denen er zu tun hatte, egal ob Juden oder Nichtjuden. Gleichwohl ist zu beachten, dass die Äußerungen in der privaten Korrespondenz stehen. Oft zitiert wird die abstruse Genealogie, die er dem Genossen – und Konkurrenten – Ferdinand Lassalle andichtet; von «Nigger» ist die Rede. Weniger bekannt ist der Brief, den er anlässlich von Lassalles Tod an dessen Geliebte Sophie von Hatzfeld schreibt: «von aller Leistungsfähigkeit abgesehen, liebte ich ihn [Lassalle, UM] persönlich. Das schlimme ist, dass wir es uns wechselseitig immer verhehlten, als sollten wir ewig leben …»[9] Was Marx' abfällige Äußerungen über Lassalle betrifft, so erwähnt Jerrold Seigel in seiner Biographie einen konkreten Fall aus dem Jahr 1856; Anlass für Marx' Ärger über Lassalle waren damals Klagen eines jüdischen Arbeiterführers über Lassalles fragwürdiges persönliches und politisches Verhalten, vor allem über die Zweckentfremdung von Parteigeldern; antisemitische Motive spielten dabei keine Rolle.[10] Marx, dies belegen zahllose Zeugnisse, war unausgeglichen, aufbrausend, aggressiv und besaß ein hochentwickeltes Selbstwertgefühl bis zur Arroganz. Biographen haben nach physischen und psychischen Erklärungsgründen gesucht: Marx hatte andauernd mit gesundheitlichen Problemen zu kämpfen, Schwindsucht und Lungenkrankheiten führten zum frühen Tod von Geschwistern. Später kam die ewige Geldnot hinzu, der er trotz größter Arbeitsleistung nicht Herr zu werden vermochte, ebenso der Kampf um wissenschaftliche und politische Anerkennung.[11]

Der zweite Aspekt unseres Themas, das Recht auf Trennung von der Religionsgemeinschaft, der man zugehört, betrifft die Lage der europäischen Juden im 19. Jahrhundert generell. Sie hatte sich zwar während der Französischen Revolution und dank deren kontinentaler Ausstrahlung kurzfristig verbessert. Nach dem endgültigen Sieg der europäischen Mächte über Napoleon wurden die Emanzipationsrechte aber überall revoziert. In Preußen triumphierte der christlich-germanische Staatsgedanke. Im Rheinland jedoch, einer neuen Provinz Preußens, formierte sich eine breite Bewegung, welche die Emanzipation der Juden forderte und zugleich den Interessen des liberal gesinnten Bürgertums nach Befreiung von der preußischen Bevormundung Ausdruck verlieh. In – auch von Marx unterzeichneten[12] – Petitionen an den Rheinischen Provinziallandtag wurde 1843 die Gleichstellung der Juden mit den christlichen Bürgern verlangt. Der Landtag sprach sich mit großer Mehrheit dafür aus, der preußische König erkannte den Beschluss jedoch nicht an. Die Juden sahen sich dadurch weiterhin dem Druck ausgesetzt, zu konvertieren und sich zu assimilieren.

Ein Blick auf die Familiengeschichte kann dazu beitragen, Karls eigene Auseinandersetzung mit seiner Herkunft besser zu verstehen. Der Vater Heinrich Marx habe weder Liebe noch das Gefühl der Zugehörigkeit zum Judentum empfunden, so lautet der Vorwurf von Silberner. Kann man sein Volk lieben, wird im 20. Jahrhundert Hannah Arendt fragen.[13] Marx' Vater war einer von zahlreichen Juden, die sich aus familiären und religiösen Traditionen befreien wollten. Geprägt von der französischen Aufklärung, bewunderte er Locke und Voltaire – Letzterer ein hemmungsloser Judenhasser –, Rousseau und Diderot. Seine Konversion hinderte ihn nicht daran, sich mit seinen ehemaligen Glaubensgenossen zu solidarisieren und für die Aufhebung der Judenausnahmegesetze einzutreten. In vielem ist der Sohn dem Vater gefolgt. Silberner erwähnt die große Zahl von Austritten aus dem Judentum im damaligen Preußen. Den Konvertiten unterstellt er generell opportunistische Motive, gar einen ostentativen Judenhass. Was Karl betrifft, so habe er, geprägt vom Vater, aufgewachsen in einer Welt, die den Juden feindlich gesinnt war, und den Einflüssen einer christlichen Erziehung ausgesetzt, seine Herkunft geleugnet und es nach Möglichkeit vermieden, sich mit dem Thema überhaupt zu befassen; er litt, so diagnostiziert Silberner, «an einem offensichtlich jüdischen Komplex».[14] Diese anklagend-moralisierende Argumentationsweise ist fragwürdig. Angesichts des wachsenden Antisemitismus wählten viele Juden – mehr oder weniger freiwillig – die Konversion. Machte sie das zu Verrätern? Nach liberalem Verständnis haben Menschen das Recht, eine Religionsgemeinschaft zu verlassen, einer anderen oder gar keiner beizutreten.

Bisher war von Marx' persönlichem Verhältnis zum Judentum die Rede. Ein dritter Aspekt zeigt ihn als Beobachter von Staat und Gesellschaft. Hier geht es um die ihm angelastete Identifikation der Juden mit einer sozialen Rolle oder ökonomischen Funktion. Äußern Philosophen sich zu Völkern und ihren Eigenarten, stößt man nicht selten auf befremdliche Aussagen, die heute als rassistisch gelten. Kant, Hegel und viele weitere Gelehrte betrieben eine «Wissenschaft» der menschlichen Rassen, worin sich das Deskriptive und das Normative fortwährend vermengten. Danach gibt es bessere und schlechtere, höher und tiefer entwickelte, geschichtslose und geschichtsmächtige Rassen. Im Fall der Juden werden übliche Stereotype des christlichen Antijudaismus in Erinnerung gerufen. Kants Rede von der «Euthanasie des Judentums» schockiert. Kant wollte damit freilich sagen, die rechtliche Integration der Juden könne gefördert werden, wenn sie sich zu einer rein moralischen Religion bekehrten. Damit riet er den Juden zwar, den «alten Kultus» abzuwerfen, an die Euthanasie von Menschen dachte er selbstverständlich nicht.[15] Hegel erwähnt den Status der Juden «als besondere Religionspartei» und «einem fremden Volke angehörig», denen man das

Bürgerrecht abspricht, fährt dann aber fort: «so sehr hat das aus diesen und anderen Gesichtspunkten erhobene Geschrei übersehen, dass sie zuallererst Menschen sind und dass dies nicht nur eine flache, abstrakte Qualität ist [...], sondern [...] dass durch die zugestandenen bürgerlichen Rechte vielmehr das Selbstgefühl, als rechtliche Personen in der bürgerlichen Gesellschaft zu gelten, und aus dieser unendlichen, von allem anderen freie Wurzel die verlangte Ausgleichung der Denkungsart und Gesinnung zustande kommt.»[16] Das Ärgernis besteht somit in der besonderen Religion und dem fremden Volk; um es aus der Welt zu schaffen, bedarf es der «Ausgleichung der Denkungsart und Gesinnung.» Dies kann so verstanden werden, dass die staatsbürgerliche Emanzipation der Juden von ihnen die Distanzierung von ihrer Herkunft voraussetzt.

Folgt man Hegels Auffassung und versteht die Weltgeschichte als einen durch das Wirken des Geistes der Völker geförderten Prozess, so wird sich herausstellen, dass die Verdienste der einzelnen Völker nicht gleich sind. Für Hegel ist der Staat dem jüdischen Prinzip unangemessen, der Liberalismus der romanischen Staaten ist gescheitert, das siegreiche Prinzip aber im christlich-germanischen, protestantischen Geist verkörpert.[17] In der christlichen Religion sieht er die Religion der Freiheit. Wendet der philosophische Blick sich den Juden zu, so erscheinen sie ihm als fremdes, widerständiges, sich absonderndes Element im christlichen Europa.

Um die Frage nach Marx' angeblichem oder tatsächlichem Antijudaismus zu erörtern, ist ein weiterer Blick auf den historischen Hintergrund nötig. Die Gleichheit aller Bürger vor dem Gesetz ist ein zentrales Anliegen der liberalen Opposition, die sich im frühen 19. Jahrhundert in allen westeuropäischen Ländern formiert. Die alten Ordnungen sind geprägt von der absolutistischen Monarchie, der ständisch-feudalen Gesellschaft sowie der weltlichen Macht der Religion. Diese Ordnungen scheiden die Menschen in Gruppen und attestieren ihnen entsprechend mehr oder weniger Rechte, größere oder kleinere Freiheiten. Opfer der Diskriminierung sind hauptsächlich die Juden. In den preußischen Gebieten ist ihre Diskriminierung an der Tagesordnung. Gut möglich, dass der junge Marx darunter gelitten hat. Seine jüdische Herkunft wurde später jedenfalls von politischen Gegnern wie Dühring, Bakunin, Proudhon oder Müller-Tellering häufig ins Feld geführt; die üblen Tiraden zeugen von tiefsitzenden Ressentiments; Marx wird ein jüdisches «Wesen» zum Vorwurf gemacht.[18]

Wie viele liberale Juden, darunter seine Freunde und Gesinnungsgenossen Heinrich Heine, Moses Hess und Dagobert Oppenheim, hat er sich von der orthodoxen jüdischen Religion und Kultur abgewandt. Dabei bleibt seine Haltung ambivalent. In Schriften und Briefen finden sich einerseits abfällige Bemerkungen über jüdische Bankiers, ihren politischen Einfluss und ihre Funktion als finanzielle Stützen reaktionärer Politik. Andererseits beklagt er die elende Lage der Juden in Jerusalem, die von Muslimen unterdrückt und von Christen drangsaliert werden.[19] Von der in verschiedenen europäischen Ländern sich herausbildenden jüdischen Arbeiterbewegung scheint er hingegen kaum Kenntnis genommen zu haben. Eleanor Marx hat später gleichsam Abbitte geleistet für die Sünden des Vaters. Die Tochter war stolz auf ihre jüdische Identität, konnte sich ein Bild machen von der Situation der jüdischen Arbeiter in London, beteiligte sich an den Aktivitäten jüdischer Sozialisten und hat wohl Engels maßgeblich beeinflusst; dieser ist in späten Jahren zum vehementen Gegner antisemitischer Bewegungen und Ideologien geworden. Seinen unaufgeklärten Genossen gab er zu bedenken, wie viel die Arbeiterbewegung den Juden verdanke. Ebenso wies er darauf hin, die jüdischen Arbeiter in England und Nordamerika seien die am schlimmsten ausgebeuteten und allerelendesten.[20]

In späteren Jahren wurde Marx bewusst, dass die in Europa verbreitete Judenfeindschaft auf der trügerischen Identifikation von Reichtum, Kapitalismus, Bankwesen und Judentum beruhte. Wohlhabende und politisch einflussreiche Juden wurden von einer breiten Öffentlichkeit zu Sündenböcken gestempelt; es gehörte zum guten Ton, sie zu brandmarken und für alle üblen Aspekte des Kapitalismus und der Finanzwirtschaft verantwortlich zu machen. Das *Kapital*, dessen erster Band 1867 erscheint, ist von antisemitischen Ausfällen weitgehend frei. Die beiden 1843 verfassten und 1844 in den *Deutsch-Französischen Jahrbüchern* erschienenen Schriften *Zur Judenfrage I* und *II* sind hingegen weniger eindeutig. Von einigen Kritikern werden sie als antisemitisch beurteilt, andere erblicken darin ein Plädoyer für die rechtliche Gleichstellung der Juden. Marx' Wortwahl, die Assoziation von «Juden» und «Schacher» ist befremdlich. Seine Argumente können wir allerdings nur verstehen, wenn wir die Ansichten des Adressaten der Kritik zur Kenntnis nehmen: Marx rezensiert zwei Schriften Bruno Bauers aus dem Jahre 1843, *Die Judenfrage* sowie *Die Fähigkeit der heutigen Juden und Christen, frei zu werden.*

Marx hat die rechtliche Diskriminierung der Juden in mehreren Schriften angeprangert.[21] Seine fehlende Identifikation mit dem «eignen Volk» respektive dessen Glauben schloss die Empörung angesichts der ungerechten Behandlung von Menschen aufgrund ihrer ethnischen oder religiösen Zugehörigkeit nicht aus. Im Sommer 1842 bittet Dagobert Oppenheim Marx, auf die antisemitischen Artikel des konservativen Publizisten Karl

Heinrich Hermes zu reagieren. Marx ersucht Oppenheim um die Übersendung der Artikel, hat sich damit aber offenbar kaum befasst, da ihm die Auseinandersetzung mit Bauer, der die Position von Hermes verteidigt, philosophisch anspruchsvoller zu sein schien.[22]

Bauer, der ehemalige Mentor und Mitstreiter, war mittlerweile zu einem Hauptfeind von Marx geworden. Der Hegel-Schüler, Theologe, Religionskritiker und Atheist wurde nach 1848 zum eifrigen konservativen und antijüdischen Publizisten, seine Einstellung den Juden gegenüber wird aber bereits in den Schriften von 1843 deutlich. Er vertritt darin die Meinung, um Staatsbürger zu werden, müsse der Jude seine Religion aufgeben, sei er doch sonst stets gezwungen, dem religiösen und dem weltlichen Gesetz zugleich zu gehorchen. Den Anwälten der Emanzipation stellt er die Frage, ob das Wesen der Juden mit der Freiheit überhaupt verträglich sei und ob sie den Juden das Privileg ihrer Unveränderlichkeit und Unverantwortlichkeit, das heißt ihrer Weigerung, sich selbst aufzugeben und in der Menschheit aufzugehen, zugestehen wollten. Sollen die Juden tatsächlich gleiche Rechte haben wie die Christen, die für die neue Welt gekämpft haben? Sie besitzen nicht das Bewusstsein von Freiheit und Selbständigkeit, so hat es bereits Hegel erklärt, der die Weltgeschichte mit der Entwicklung des Begriffs der Freiheit gleichsetzt.[23] Bauer ist inspiriert von dieser Geschichtsphilosophie, sie erlaubt es ihm, die Völker nach Maßgabe ihrer Fähigkeit, der Absicht der Weltgeschichte zu dienen, zu unterscheiden. Was die Juden erlitten haben, ist nur der Anhänglichkeit an ihr Gesetz und Wesen geschuldet, wie er glaubt. Sie sind unterdrückt worden, weil sie sich gegen das Rad der Geschichte gestemmt haben.

In der bürgerlichen Gesellschaft entdeckt Bauer wie viele seiner Zeitgenossen die Gesellschaft des Egoismus, der wechselseitigen Instrumentalisierung. Während der christliche Staat diesem Egoismus Grenzen setzt, haben die Juden ihn sich zunutze gemacht und ausgebeutet, ohne sich an der bürgerlichen Gesellschaft zu beteiligen. Man hat ihnen den Zutritt verwehrt, wie ihre Verteidiger einwenden, doch für Bauer steht fest, dass sie sich selbst ausgeschlossen haben und als Volk außerhalb der Interessen der Völker überhaupt stehen. Kann der Jude als Jude für die Freiheit kämpfen und sich für den Staat interessieren?, so seine rhetorische Frage. Die Betriebsamkeit der Juden hat mit den Interessen der Geschichte nichts zu tun. Ihr Volksgeist ist bloßer Mangel an geschichtlicher Entwicklungsfähigkeit; sie müssen sich von den Völkern absondern, «auf dass der Wagen der Geschichte über sie hinwegrolle.» Gezwungen zu ewiger Absonderung, ist der Jude unfähig, Menschenrechte zu genießen oder anderen zuzugestehen. Das jüdische Volk ist in Bauers Urteil ein illusionäres, ein chimärisches Volk, eine bloße Ansammlung von Atomen, liegt doch der Wille zur Isolation im jüdischen Wesen. Den Begriff der Welt und der menschlichen Gesellschaft gibt es für den Juden nicht. In diesen Zeilen findet sich ein Kondensat der verbreiteten antijüdischen Stereotype: Die Juden sondern sich ab, isolieren sich, verhalten sich parasitär, profitieren vom wirtschaftlichen Aufstieg, ohne dazu beizutragen, sind nicht bereit, mitzuwirken am großen Werk des Fortschritts. Unter Freiheit versteht der Hegel-Schüler Bauer das Selbstbewusstsein der Freiheit, nicht die realen, rechtlich garantierten Freiheiten. In Frankreich sind die Juden freie Staatsbürger geworden; um aber ihre Pflichten als Staatsbürger zu erfüllen, müssten sie aufhören, Juden im religiösen Sinn zu sein; sie müssten bereit sein, auch am Sabbat in die Deputiertenkammer zu gehen, wie Bauer meint. Wenn sie die Anerkennung der Menschenrechte von der Anerkennung ihrer Religion abhängig machen wollen, begreifen sie nicht, dass die Vollendung der Religion nur in deren Auflösung liegen kann.[24]

Mit diesen Argumenten setzt sich Marx auseinander. Bauer spricht den Juden das Recht wie die Fähigkeit zur Emanzipation ab. Der christliche Staat könne seinem Wesen nach den Juden nicht emanzipieren, sondern ihnen lediglich ein Privileg auf Absonderung zugestehen; der Jude könne seinem Wesen nach nicht emanzipiert werden. Es wird häufig übersehen, dass Marx hier Bauers Argument resümiert; seine eignen Argumente sind davon zu unterscheiden. Wenn Bauer behauptet, der Jude müsse seine Identität verleugnen und seiner Religion abschwören, um den Staatsbürgerstatus zu verdienen, entgegnet Marx, die politische Emanzipation fordere von den Menschen keine Abkehr von der Religion. Es handle sich um ein säkulares, nicht um ein theologisches Problem. Er weist darauf hin, dass in den Freistaaten Nordamerikas die Trennung von Religion und Staat vollzogen sei. Wie er aus den Schriften von Tocqueville gelernt hat, ist eine säkulare Politik in einem Land, dessen Bevölkerung religiös ist, durchaus möglich.

Die zweite Schrift *Zur Judenfrage* ist ebenfalls eine Replik auf Bauer.[25] Kritiker meinen darin den definitiven Beweis für Marx' Antisemitismus zu entdecken. Worum geht es in dieser Schrift? Bauer fragt, ob die Juden der Freiheit näherstehen als die Christen oder ob es ihnen noch schwerer fällt, freie Menschen und zum Leben im Staat fähig zu werden. Berufen sie sich auf ihr Gesetz, um zu beweisen, dass sie diese politische Fähigkeit besitzen, «so hat für den Kritiker dieses ihr Verlangen nach Freiheit keine andere Bedeutung als das Verlangen des Mohren, weiß zu werden […]: es ist das Verlangen, unfrei zu bleiben.» Das beschränkte Wesen der Juden trägt immer den Sieg davon über ihre menschlichen und politischen Verpflichtungen. Sie haben sich nicht bemüht um den «Zugang zur Höhe der wahren und freien Menschlichkeit.» Sie haben nichts geleistet in der philosophischen Kritik. Während das Christentum den Menschen befriedigt, der sich in Gott erkennen will, ist das Judentum so sehr mit der Befriedigung seiner irdischen Bedürfnisse beschäftigt, dass es nicht wissen will, was der Mensch eigentlich ist. Der christliche Jesuitismus hat die Freiheit gefördert, der jüdische Jesuitismus – die Erörterung dogmatischer Probleme – ist «bloße Schlauheit des sinnlichen Egoismus, gemeine Pfiffigkeit [...]. Er ist so plump und widerlich, dass man sich nur mit Ekel von ihm abwenden» kann. Er ist tierische List, der christliche dagegen die «theoretische Höllenarbeit des nach seiner Freiheit ringenden Geistes».[26] Kurz: Juden sind unfähig, frei zu werden, sie lassen sich aufgrund reiner Nützlichkeitserwägungen taufen. Sie müssten das chimärische Privileg ihrer Nationalität, ihr phantastisches, bodenloses Gesetz der Menschheit und dem Fortschritt opfern.

Bauers Schrift erschöpft sich in der Aussage, Juden könnten weder kulturell noch politisch, schon gar nicht philosophisch zum Kampf um Freiheit und Fortschritt beitragen. Er verwandelt die Frage der Judenemanzipation in eine religiöse Frage, wie Marx moniert. Diese religiöse Fassung der Frage aber gilt es zu brechen und die Aufmerksamkeit auf die Stellung des Judentums in der modernen «geknechteten Welt», auf soziale und rechtliche Probleme zu richten. Nun folgen die als antisemitisch interpretierten Stellen: Der weltliche Grund des Judentums ist das praktische Bedürfnis, der Eigennutz, sein weltlicher Kultus der Schacher, sein weltlicher Gott das Geld. So schockierend das Urteil tönt, sollte man die Argumentationsstrategie dahinter nicht übersehen. Die Aussage ist eine Abwandlung eines Zitats von Marx' Freund Heinrich Heine, mit dem Unterschied, dass Heine nicht von den Juden spricht, sondern von den amerikanischen und englischen Christen.[27] Was Marx hier aufzählt, sind die in den christlichen Gesellschaften verbreiteten Vorurteile über die Juden. Was er beabsichtigt, ist der Beweis, dass die Christen keinen Grund haben, den Juden Aktivitäten vorzuhalten, in denen sie, die Christen, weit erfolgreicher sind.[28] Das «praktische Judentum» umfasst Tätigkeiten, die den Juden von der herrschenden religiös-politischen Ordnung zugewiesen worden sind. Wieso sollten sie nicht fähig sein, den ihnen aufgezwungenen Status in Frage zu stellen? Die praktische Erfahrung fehlt ihnen nicht, die Schriften der Junghegelianer zu lesen hilft ihnen hingegen keinen Schritt weiter. Wenn der «Jude dies sein praktisches Wesen als nichtig erkennt und an seiner Aufhebung arbeitet, arbeitet er aus seiner bisherigen Entwicklung heraus, an der menschlichen Emanzipation schlechthin und kehrt sich gegen den höchsten praktischen Ausdruck der menschlichen Selbstentfremdung.» Seine «Entfremdung» ist ein soziales und ökonomisches, kein philosophisch-theologisches Problem. Sind nicht die Juden das Volk der Revolution? «Das jetzige Geschlecht gleicht den Juden, die Moses durch die Wüste führt. Es hat nicht nur eine neue Welt zu erobern, es muss untergehen, um den Menschen Platz zu machen, die einer neuen Welt gewachsen sind.»[29] Marx spricht von einer geschichtlichen Entwicklung, «an welcher die Juden in dieser schlechten Beziehung eifrig mitgearbeitet» haben, er spricht nicht von einem jüdischen Wesen, das mit Eigennutz, Geld und Schacher zu assoziieren wäre. Ausgeschlossen aus der bürgerlichen Gesellschaft und ihren Institutionen, nehmen die Juden dennoch darin wichtige Funktionen wahr, ohne über politische Rechte zu verfügen; der prekäre Status zwischen ökonomischer Inklusion und politischer Exklusion diskriminiert sie und fördert überdies antijüdische Ressentiments.

Das Geld ist zum praktischen Geist der christlichen Welt geworden, diese hat nicht das Recht, alles, was mit Eigennutz und Profit zu tun hat, auf die Juden abzuwälzen. Marx zitiert aus dem Reisebericht des schottischen Offiziers Thomas Hamilton, der zu Beginn der 1830er Jahre Nordamerika bereist hat. Über die christlichen Bewohner von Neuengland heißt es dort: «Mammon ist ihr Götze, sie beten ihn nicht nur allein mit ihren Lippen, sondern mit allen Kräften ihres Körpers und ihres Gemüts an. Die Erde ist in ihren Augen nichts andres als eine Börse, und sie sind überzeugt, dass sie hienieden keine andere Bestimmung haben, als reicher zu werden denn ihre Nachbarn. Der Schacher hat sich aller ihrer Gedanken bemächtigt, die Abwechslung in den Gegenständen bildet ihre einzige Erholung.»[30] Gustave de Beaumont, der 1831 zusammen mit Alexis de Tocqueville Nordamerika bereist hat, berichtet, der bankrotte Kaufmann mache Karriere als Mann der Kirche, während so mancher Kirchenmann sein Amt als Sprungbrett für eine lukrative Geschäftstätigkeit verstehe.[31]

Wenn vermögenden Juden ungeachtet ihrer gesellschaftlichen Bedeutung politische Rechte verwehrt bleiben, beweist dies, dass in der Theorie zwar die Politik über der Geldmacht steht, in der Praxis dieser aber unterworfen ist. «Der Jude, der als ein besonderes Glied in der bürgerlichen Gesellschaft steht, ist nur die besondere Erscheinung von dem Judentum der bürgerlichen Gesellschaft.»[32] Die christliche Gesellschaft hat in den Juden den Sündenbock gefunden, ihnen lastet sie die Übel an, die selbst zu verantworten sie sich weigert. Marx kehrt die Argumentation von Bauer um: Weil die Juden in den europäischen Gesellschaften am stärksten unter Diskriminierung und Entfremdung leiden, weil ihnen Tätigkeiten zugewiesen oder überlassen werden, die als niedrig, schmutzig und moralisch suspekt gelten, ist von ihnen am ehesten die menschliche Emanzipation, die Überwindung der Entfremdung zu erwarten.

Es geht in Marx' zwei Schriften zur *Judenfrage* um den rechtlichen Status der Juden, damit auch um das moderne, säkulare Staatsverständnis. Der säkulare Staat macht die Gewährung der Menschen- und Bürgerrechte nicht abhängig von der Religionszugehörigkeit; die Religion wird entpolitisiert und erhält ihren neuen Platz im Reich der privaten Freiheiten. Ist der säkulare Staat einmal konstituiert, tritt ihm die bürgerliche Gesellschaft[33] als Gesellschaft des Egoismus notwendig entgegen. Handel und Gewerbe sind im Reich der privaten Freiheiten angesiedelt. Dass die Handels- und Gewerbefreiheit mit egoistischem Verhalten einhergeht, kann nicht mehr als unmoralisch gelten. Die christlichen Gesellschaften wollten Egoismus und Profitdenken den Juden als Schuld anlasten. Doch erst unter der Herrschaft des Christentums konnte die bürgerliche Gesellschaft sich vom Staat trennen und «die Menschenwelt in eine Welt atomistischer, feindlich sich gegenüberstehender Individuen auflösen.»[34]

Wer Marx echtes Engagement für die rechtliche Gleichstellung der Juden attestiert, wird über seine befremdliche Wortwahl dennoch nicht hinwegsehen. Der diskriminierende Sprachgebrauch ist allerdings bei manchen jüdischen Autoren zu finden. Moses Hess war ein jüdischer Philosoph, der erste Kommunist in deutschen Landen, ein Wegbereiter des Zionismus, Freund und Mitstreiter von Marx und Engels. Früh schon hatte er Marx' aufklärerisches Potenzial entdeckt und ihn auch beeinflusst. In seiner Schrift *Über das Geldwesen* liest man folgende Sätze: «Die Juden, die in der Naturgeschichte der socialen Thierwelt den welthistorischen Beruf hatten, das Raubthier aus der Menschheit zu entwickeln, haben jetzt endlich diese ihre Berufsarbeit vollbracht.» [...] Könige und Pfaffen haben «gleich den übrigen Thiermenschen, ihr Recht nur noch vermöge ihres gemeinsamen Naturrechtes, vermöge ihrer gemeinsamen Qualität als Raubthiere, als Blutsauger, als Juden, als Geldwölfe.»[35] Der imaginäre «Jude» steht für eine Gesellschaft, in der ein geldgieriger Materialismus die Oberhand gewonnen hat. Marx' *Zur Judenfrage II* ist von Hess' *Über das Geldwesen* stark beeinflusst. Hess war jedoch keineswegs antijüdisch eingestellt. Die Assoziation von Juden, Geld und Schacher war unter Juden selbst verbreitet. Zu erinnern ist an Heines bittere Worte über die französischen «Finanzrabbine», die das Schicksal ihrer verfolgten Glaubensbrüder überall auf der Welt kaum kümmert.[36]

Mit der «Judenfrage» beziehungsweise Bauers Einstellung dazu hat sich Marx in der Schrift *Die heilige Familie* nochmals befasst. Er bekräftigt die Argumente jüdischer Kritiker von Bauer und solidarisiert sich insbesondere mit Gabriel Rießer, einem der wichtigsten Vorkämpfer der jüdischen Emanzipation.[37] Bauer hatte sich über gedankenlose «Wortführer der Masse» mokiert, «die sich wunder wie groß damit wissen, dass sie für die Emanzipation und für das Dogma von den ‹Menschenrechten› aufgetreten sind.» Wenn Bauer sich lustig macht über den Dorn im Auge der Juden, der zur Entwicklung seines Gesichtssinnes nichts beitrage, repliziert Marx: «Ein Dorn, der mir – wie das Judentum der christlichen Welt – von der Stunde der Geburt im Auge sitzt, sitzen bleibt, mit ihm wächst und sich gestaltet, ist kein gewöhnlicher, sondern ein wunderbarer, ein zu meinem Auge gehöriger Dorn, der sogar zu einer höchst originellen Entwickelung meines Gesichtssinnes beitragen müsste.» Klingen hier Sympathien von Marx zu «seinem» Volk an?

«Den massenhaften, materiellen Juden wird die christliche Lehre von der geistigen Freiheit [...], gepredigt, jene spiritualistische Freiheit, die sich auch in den Ketten einbildet, frei zu sein», mit diesen Worten kommentiert Marx Bauers Urteil, wonach die Juden theoretisch emanzipiert und, so sie frei sein wollen, auch frei seien. Die Freiheit, die Bauer meint, ist mithin bloß eine philosophische Abstraktion. Wirkliche, «materielle» Menschen sind auf den Schutz durch Rechte angewiesen. Wenn Bauer überdies das Recht mit Gemüt und Gewissen vermischt und all jene aus der Gesellschaft ausschließen will, die nicht mit Gemüt und Gewissen darin leben, so verrät seine Denkungsart ein Staatsverständnis, das der neuen Zeit nicht angemessen ist, maßt er sich doch an, die Bürger auf ihre moralische Integrität hin zu prüfen. Die geschichtliche Entwicklung, die gesellschaftliche und wirtschaftliche Bedeutung des Judentums interessieren Bauer nicht; er kann nicht verstehen, dass die «menschliche» Emanzipation der Juden voraussetzt, «die Unmenschlichkeit der heutigen Lebenspraxis, die im Geldsystem ihre Spitze erhält, aufzuheben.» Marx reklamiert Menschenrechte wie das «freie Gehen, Verweilen, Reisen, Gewerbtreiben» für die Juden; es gibt keinen Grund, ihnen etwas vorzuenthalten, was den Christen zugestanden wird. Die rechtliche und politische Emanzipation der Juden ist für Marx das Kriterium der Legitimität des modernen Staats. Übrigens ist in diesen Abschnitten vom «Schacher» nicht mehr die Rede, sondern nüchtern und ohne jede Abwertung vom praktischen Judentum, vom jüdischen Lebensalltag einschließlich der kommerziellen und industriellen Praxis.[38]

Marx' mangelnde Sensibilität im Hinblick auf die «Judenfrage» ist in der linken und marxistischen Historiographie immer wieder thematisiert worden. Der Historiker Enzo Traverso, bekannt durch seine Studien über den Völkermord an den Juden, hält es für verfehlt, Marx antisemitische Vorurteile zu unterstellen. Hingegen kritisiert er dessen Auseinandersetzung mit der Judenfrage, weil sie weder den Anforderungen einer materialistischen Analyse des Kapitalismus noch der tatsächlichen Situation der Juden gerecht werde. Marx forderte die Gleichberechtigung der Juden, eine Gleichberechtigung, die nicht mit dem Zwang verknüpft sei, die eigne Religion zu widerrufen, und die folglich nur ein säkularer Staat garantieren könne. Damit folgte er der in liberalen und demokratischen Kreisen verbreiteten Überzeugung, wonach die Emanzipation der Juden mit ihrer gesellschaftlichen Assimilation einhergehen werde. Was Traverso nun kritisiert, ist die Tatsache, dass Marx die tatsächliche Unterdrückung der Juden, die vielfältigen Verbote und Schikanen bis hin zu den Pogromen offensichtlich nicht zur Kenntnis nimmt. Traverso stellt fest, dass Marx und Hess verbreitete ideologische Auffassungen von der Ökonomie übernehmen. Darin werden bürgerliche Gesellschaft, Handel, Markt, Zirkulation und Judentum identifiziert; der Jude symbolisiert in der Sichtweise von Marx und Hess die entfremdete Menschheit. Die beiden Philosophen übersetzen die desolaten Lebens- und Arbeitsbedingungen der jüdischen Gemeinschaften in Preußen und Osteuropa, die mehr schlecht als recht von Kleinhandel und Hausieren leben, in philosophische Kategorien. Die Kritik des Kapitalismus erschöpft sich in moralischen Anklagen, während für den modernen, industriellen, produktiven Kapitalismus das Verständnis fehlt. Lange vor der industriellen Revolution haben die Juden ihre wirtschaftliche Bedeutung im entstehenden Kapitalismus verloren, sie wurden aus der bürgerlichen Gesellschaft ausgestoßen und mussten sich in die verachteten Aktivitäten des Hausierens und des Wuchers flüchten.[39]

Autorinnen und Autoren wie Hannah Arendt, Shlomo Avineri, Solomon Bloom, Detlev Claussen, Hal Draper und Enzo Traverso sehen hinter einem oft antisemitisch klingenden Ton bei Marx und anderen liberalen Juden weitere Gründe. Die staatsbürgerliche Emanzipation bedingte den Widerruf der Zugehörigkeit zur jüdischen Nation. Erst die Konversion und damit letztlich die Assimilation eröffnete den Weg zu einer besseren beruflichen Stellung, insbesondere zu einer wissenschaftlichen Tätigkeit. Jüdische Intellektuelle mussten sich ostentativ vom Judentum lossagen. Ihnen gegenüber standen die sogenannten Hofjuden, die finanziellen Stützen der Monarchien, wie sie von ihren Kritikern gesehen wurden. Die jüdische Bevölkerung musste dagegen in ihrer Mehrheit um Rechte und Anerkennung ringen. Die antijüdischen Äußerungen von Marx kann man laut Arendt nur verstehen als Ausdruck dieses innerjüdischen Konflikts; in seiner Sprache kam «die ganze Erbitterung der mit Recht sich betrogen fühlenden jüdischen Intelligenz zum Ausdruck.» Arendt übernimmt vom französisch-jüdischen Autor und Politiker Bernard Lazare (1865–1903) die Unterscheidung von «Ausnahmejuden des Reichtums» und «Ausnahmejuden der Bildung», von Parvenü und Paria. Die Juden hatten in den europäischen Gesellschaften die Wahl, entweder Parias zu bleiben und aus dieser Stellung heraus gegen Diskriminierung und Unterdrückung zu rebellieren oder aber sich zu assimilieren, um als Parvenü in den besseren Kreisen toleriert zu werden.[40] Arendt hat am Beispiel des «christlichen Staats» Preußen gezeigt, wie die Obrigkeit die Trennung zwischen erwünschten «Geldjuden» und unerwünschten intellektuellen Juden ohne Besitz, aber mit Einfluss auf Presse, Politik, Kultur und Wissenschaft sowie mit dem Willen zur Assimilation vollzogen hat. Die antijüdischen Äußerungen von Marx missversteht man «ganz und gar, wenn man in ihnen einen jüdischen ‹Selbsthass› zu entdecken meint.»[41] Ein weiterer Aspekt ist zu erwähnen. Der Antisemitismus interpretiert die Kommerzialisierung der Welt, die Verallgemeinerung der Zirkulation als jüdisches Machwerk. Marx dagegen sieht in der Ausdehnung der Zirkulation eine allgemein menschliche Form der Selbstentfremdung und kritisiert die Einsperrung der Juden in die Zirkulationssphäre. Er identifiziert sie weder mit dem Kapitalismus noch gar mit egoistischer Mentalität.[42]

In Marx' liberaler Haltung, im Kampf um eine moderne Verfassung frei von Kirche, Königen und Aristokratie nimmt das Engagement für die Juden einen wichtigen Platz ein. Judaismus steht bei Marx nicht für eine Volksgruppe, eine Religion, eine Rasse, sondern wird zur Metapher für eine ökonomische Praxis. Im Gegensatz zum vulgären Antisemitismus formuliert Marx damit jedoch eine Kritik der christlich-kapitalistischen Gesellschaft; überdies kommt er später zur Einsicht, dass der mit dem Judentum assoziierte Handelskapitalismus angesichts der industriellen Revolution eine «antediluvianische Gestalt» geworden ist. Die Gleichsetzung des Handels mit einer bestimmten Volksgruppe ist für ihn so sinnlos geworden wie dessen moralische Diskreditierung. Marx blieben, wie Bloom in Erinnerung ruft, antijüdische Schmähungen nicht erspart; er zitierte kommentarlos gängige Vorurteile, ohne auf die Idee zu verfallen, die Juden zum Sündenbock zu machen.[43]

In späteren Werken hat Marx interessante Zusammenhänge zwischen Kapitalismus und Religion entdeckt und dabei teils Max Weber antizipiert. «Man sieht, wie das Anhäufen des Goldes und Silbers den wahren *stimulus* erhielt mit seiner Auffassung als materieller Repräsentant und allgemeine Form des Reichtums. Der Geldkultus hat seinen Asketismus, seine Entsagung, seine Selbstaufopferung – die Sparsamkeit und Frugalität, das Verachten der weltlichen, zeitlichen und vergänglichen Genüsse; das Nachjagen nach dem ewigen Schatz. Daher der Zusammenhang des englischen Puritanismus oder auch des holländischen Protestantismus mit dem Geldmachen.»[44]

Was bleibt vom Vorwurf des Antisemitismus übrig? Marx hat nach eignem Bekunden die jüdische Religion gehasst, so wie er bekanntlich Religionen prinzipiell abgelehnt hat; die Distanzierung von der jüdischen Religion ging bei zahlreichen liberalen Juden mit der Assimilation einher.[45] Dass im Zuge der Industrialisierung den ökonomischen Akteuren neue Rollen zugewiesen und sie damit identifiziert werden, hat Marx in den *Ökonomisch-philosophischen Manuskripten* ironisch beschrieben. Die handelnden Individuen, Grundbesitzer, Kapitalisten, Arbeiter, verschwinden hinter Charaktermasken, können nicht anders, als sich mit ihrer ökonomischen Funktion zu identifizieren, werden zu bloßen Personifikationen ökonomischer Verhältnisse, verunglimpfen und bekämpfen sich gegenseitig, indem sie sich und den anderen diese Personifikationen zuschreiben.[46] Wie Marx zeigt, war die Rhetorik moralischer Idealisierung oder Diskreditierung ökonomischer Funktionen zu allen Zeiten populär; die größere oder mindere Wertschätzung der jeweiligen Aktivität wird auf die Person übertragen; dabei kann es sich um den Großgrundbesitzer handeln, den Kapitalisten, den Lohnarbeiter oder den jüdischen Hausierer. Marx hat hier den Mechanismus durchschaut; die «Naturgesetze» der sozialen Hierarchie werden ideologisch verschleiert.

DAS RECHT DES EGOISTEN

Marx' Interesse für die rechtliche Stellung der Juden erklärt sich auch aus seiner Absicht, die politisch-rechtliche von der menschlichen Emanzipation zu unterscheiden. Den modernen Staat, wie er sich in Westeuropa und Nordamerika herausgebildet hat, versteht und bejaht er als Garanten der Menschenrechte und als institutionelle Voraussetzung politischer Partizipation. Reklamiert er für die Juden die Menschen- und Bürgerrechte, so beruft er sich explizit auf die französische Proklamation der Menschenrechte. Voraussetzung der menschlichen Emanzipation aber wäre die Überwindung der Fremdbestimmung, wie sie ökonomische Sachzwänge bewirken; das Ziel ist die vollständige Autonomie des Individuums.

Die Schrift *Zur Judenfrage I* ist in der Literatur auf Interesse gestoßen, weil darin angeblich eine radikale Kritik der Idee der Menschenrechte zu finden ist. Trifft diese Interpretation zu? Marx' Argument lautet: Die politische Emanzipation setzt die Aufhebung der Religion keineswegs voraus, wie Bauer meint. Der moderne säkulare Staat, das heißt in diesem Kontext: nicht der preußische Staat, den Bauer vor Augen hat, sondern Staaten wie Frankreich und Nordamerika, ist mit der Existenz der Religion durchaus kompatibel, freilich nur deshalb, weil die Religion nicht mehr Legitimationsbasis der Politik ist, sondern eine private Angelegenheit. Zwar sieht Marx im religiösen Glauben nach wie vor den Ausdruck eines Mangels, den die rechtliche Gleichstellung nicht beheben kann. Wenn jedoch die religiöse Befangenheit freier Staatsbürger aus ihrer weltlichen Befangenheit resultiert, ist es sinnlos, die Religionsfreiheit aufzuheben. Marx hält fest an der Überzeugung, die vollständige Emanzipation bedinge die Befreiung der Menschen von der Religion als trügerischem Trost. Politische Emanzipation bedeutet für Marx formale Rechtsgleichheit, unter menschlicher Emanzipation versteht er Befreiung aus Unterdrückung, Überwindung der Entfremdung, Verwirklichung neuer Weisen der Kooperation. Diese höhere Stufe entwertet jedoch nicht jene der politischen Emanzipation.

Weshalb lesen dennoch viele Interpreten aus diesem Text eine Kritik der Menschenrechte heraus?[47] Marx bezeichnet die negativen Freiheitsrechte als Rechte der Absonderung, des auf sich beschränkten Individuums. Da liegt es nahe, Begriffe wie

Absonderung und Egoismus mit den von Hobbes antizipierten und in den politischen Diskursen des frühen 19. Jahrhunderts allgegenwärtigen Begriffen der Atomisierung und sozialen Desintegration zu assoziieren. Doch diese Assoziation ist falsch. Bauer, gegen den Marx polemisiert, leugnet, dass die Juden Menschenrechte beanspruchen können, da sie durch ihr «wahres Wesen» gezwungen seien, «in ewiger Absonderung von anderen zu leben.» Marx nimmt das Stichwort auf. Die in Nordamerika und Frankreich proklamierten Menschenrechte teilen sich auf in politische und private Freiheitsrechte, wozu Gewissens- und Religionsfreiheit gehören.[48] Das Recht zu glauben ist ein universelles Menschenrecht. Dass die Juden sich mit ihren religiösen Traditionen von der christlichen Gesellschaft absondern oder von ihr ausgeschlossen sind, ist mithin kein Grund, ihnen dies Recht abzusprechen. Die vielzitierte Stelle über das Recht auf Absonderung besagt nicht, dass Marx liberale Rechte im Namen republikanischer Ideale kritisiert, sondern dass er sie im Gegenteil auch für die Juden reklamiert. Die Legitimität des modernen Staats erweist sich wie erwähnt in seiner Bereitschaft, die Juden rechtlich und politisch zu emanzipieren; zu den Menschenrechten gehören die Glaubensfreiheit ebenso wie die ökonomischen Rechte auf Freizügigkeit und Gewerbefreiheit.

Ein zweiter Punkt spricht gegen die Meinung, Marx sehe in den Menschenrechten bloße Attribute einer Konkurrenzgesellschaft. In der Spaltung zwischen Staat und Gesellschaft erkennt er ein Symptom der Entfremdung im bürgerlichen Zeitalter. Er illustriert dies am Beispiel des Wahlzensus: Wird dieser «auf politische Weise» abgeschafft, werden also den Nichtbesitzenden gleiche Partizipationsrechte verliehen wie den Besitzenden, werden sie potenziell zu Gesetzgebern. Sie könnten dank ihrer numerischen Mehrheit den Besitzenden Gesetze aufzwingen und die

Unantastbarkeit des Privateigentums in Frage stellen. Weshalb geschieht dies nicht, weshalb bleibt das Privateigentum als Privileg in der bürgerlichen Gesellschaft bestehen? Stellt der Staat Rechtsgleichheit in Aussicht, müsste er die realen Unterschiede von Geburt, Stand, Bildung und Beruf aufheben, doch er tut dies lediglich insofern, als er die Unterschiede für politisch irrelevant erklärt. Der neuzeitliche Staat verfügt über Kompetenz-Kompetenz, das heißt, er besitzt die Kompetenz, sich selbst bestimmte Kompetenzen zuzuweisen.[49] Liberale Staaten achten in der Regel darauf, in der Beanspruchung von Kompetenzen maßvoll vorzugehen. So liegt insbesondere das Privileg des privaten Eigentums außerhalb des vom Staat definierten Kompetenzbereichs, daher haben die nicht privilegierten Bürger trotz formaler Beteiligungsrechte keine Möglichkeit, am Zustand der ungleichen Verteilung der Reichtümer etwas zu ändern. Der Staat existiert unter der Voraussetzung, dass er nicht die Kompetenz beansprucht, reale Ungleichheit zum Gegenstand politischer Regelung zu machen. Erst der «vollendete politische Staat» steht für das Gemeinsame, für das Gattungsleben der Menschen. Das reale Diesseits, das Reich des materiellen, egoistischen Lebens, ist die bürgerliche Gesellschaft jenseits der Sphäre der Politik. Die Menschen führen daher ein Doppelleben als Bürger des Gemeinwesens und als Privatmenschen. In der zweiten Rolle betrachten sie die andern Menschen als bloße Mittel und würdigen sich selbst zum Mittel herab. In ihrer Rolle als Staatsbürger dagegen müssen sie von ihrem «wirklichen individuellen» Leben, von ihren Sorgen und Bedürfnissen, ihren realen Existenzbedingungen absehen. Ihre Individualität verschwindet in der «unwirklichen Allgemeinheit» der politischen Sphäre, worin formell und ihrer Situation in der Gesellschaft ungeachtet alle gleich sind.[50]

Marx sieht in der politischen Emanzipation durchaus einen

Fortschritt; der Mensch emanzipiert sich politisch von der Religion, indem er sie aus dem öffentlichen Raum in den privaten verbannt. In diesem privaten Raum ist er theoretisch frei von staatlicher Einmischung, es herrscht der Geist der Konkurrenz, des Egoismus und der Differenz. Staatliche Obrigkeiten können allerdings die private Freiheit nicht widerspruchslos tolerieren, die gesellschaftlichen Interessen drohen die staatliche Souveränität zu unterminieren. So versucht denn der Staat in krisenhaften Zeiten wie jenen der Französischen Revolution die bürgerliche Gesellschaft zu erdrücken und sich als Hüter des Gemeinwohls zu konstituieren, muss schließlich aber doch die privaten Rechtsansprüche anerkennen.

Die Marx unterstellte Kritik der Menschenrechte ist bislang nicht zu belegen. Wenn der Mensch in der Gesellschaft stets der Bedrohung ausgesetzt ist, von anderen instrumentalisiert zu werden, bedarf er einklagbarer Rechte, die ihm Schutz bieten. Dass es dabei um Individualrechte gehen muss, liegt auf der Hand. Marx legt dar, dass den Juden wie allen anderen Menschen politische wie private Freiheiten zustehen. Die Freiheit, wie sie die Menschenrechtserklärungen garantieren, ist «das Recht, alles zu tun und zu treiben, was keinem andern schadet. Die Grenze, in welcher sich jeder dem andern unschädlich bewegen kann, ist durch das Gesetz bestimmt, wie die Grenze zweier Felder durch den Zaunpfahl bestimmt ist. Es handelt sich um die Freiheit des Menschen als isolierter, auf sich zurückgezogener Monade.»[51] Marx resümiert hier die Auffassungen der Vertragstheoretiker Hobbes, Spinoza, Locke, Rousseau und Kant[52]. Tatsächlich verspricht die neuzeitliche Rechtsauffassung dem Individuum Schutz vor Übergriffen in einem hypothetisch abgegrenzten privaten Raum. Naturgemäß werden solche Rechte den Menschen nicht als politisch aktiven, sondern als passiven, privaten Wesen zugestanden. Das spricht angesichts der von Seiten der Obrigkeit oder der Mitbürger drohenden Verletzung ihrer Freiheit nicht gegen deren Notwendigkeit. Doch negative Rechte allein bieten den Bürgern keinen hinreichenden Schutz für den Fall, dass die staatliche Obrigkeit ihnen feindselig gegenübertritt. Die Bürger müssen Einfluss nehmen können auf staatliches Handeln, sie bedürfen der Rechte auf Partizipation, auf Teilnahme an der Gesetzgebung, Kontrolle der Regierung, zuletzt sogar auf Widerstand.

Marx macht auf den Widerspruch aufmerksam, der zwischen dem liberalen Staatsverständnis der französischen Revolutionäre und ihrem republikanischen Tugend- und Gemeinwohlideal besteht.[53] Die revolutionäre Begründung der Republik geht einher mit der feierlichen Proklamation der Rechte des egoistischen Menschen, diese Proklamation wird jedoch ausgerechnet zu einem Zeitpunkt wiederholt, in dem die Nation bedroht ist und der Egoismus als Verbrechen gilt. Politik ist für die Revolutionäre, ihrer republikanischen Konfession ungeachtet, nicht Selbstzweck, sie ist bloßes Mittel zum Zweck der Garantie privater Freiheitsrechte; der Citoyen wird zum Diener des Bourgeois, der seinerseits als der wahre Mensch gilt. Damit steht die revolutionäre Politik «in flagrantem Widerspruch» zu ihrer menschenrechtlichen Legitimationsbasis: Sicherheit vor staatlichen Übergriffen gilt als Menschenrecht, dennoch wird etwa das Recht auf Pressefreiheit im Namen der öffentlichen Freiheit, also letztlich der Sicherheit des Staats, vollständig suspendiert. Das Menschenrecht der Freiheit hört auf, ein Recht zu sein, «sobald es mit dem politischen Leben in Konflikt tritt, während der Theorie nach das politische Leben nur die Garantie der Menschenrechte, der Rechte des individuellen Menschen ist.»[54] Das Argument von Marx bezieht sich auf das Verhältnis von privater und politischer Freiheit. Die Revolutionäre waren mit einem Problem konfrontiert, das Habermas als Problem der «Gleichursprünglichkeit» von Menschenrechten und Volkssouveränität bezeichnet: Zwischen beiden besteht ein notwendiger Konnex, beide bedingen und interpretieren sich gegenseitig, wie Habermas meint.[55] Eine harmonische Ergänzung beider Prinzipien war von den Jakobinern wohl intendiert, doch scheiterten sie daran. Im Konflikt zwischen beiden hat die Souveränität – theoretisch des Volks, faktisch des Wohlfahrtsausschusses – obsiegt. Marx stellt fest, dass die Menschenrechte als juristische Basis der bürgerlichen Gesellschaft ihre Aufgabe erfüllen, aber nicht zu politischem Handeln befähigen und daher insbesondere in revolutionären Zeiten der Staatsmacht unterliegen müssen.

Eine explizite Kritik der Menschenrechte lässt sich, falls überhaupt, am ehesten aus folgender Stelle herleiten: Die individuelle Freiheit lässt jeden Menschen im andern Menschen nicht die Verwirklichung, sondern die Schranke seiner Freiheit finden.[56] Ein Recht, welches einen Menschen befähigt, im andern Menschen die Verwirklichung seiner Freiheit zu finden, wäre ein Staatsbürgerrecht, im anspruchsvollen Sinn verstanden als ein Recht auf politische Freiheit, die Fähigkeit, Politik mitgestalten zu können.[57] Das Problem der Jakobiner besteht darin, dass in ihrem theoretischen Verständnis Politik zwar die Garantie der Menschenrechte bezweckt, die politische Praxis aber das Menschenrecht auf Freiheit negiert. Die Ausnahme ist die Praxis, die Regel bleibt Theorie. Wer die Praxis rechtfertigen will, muss das Rätsel lösen, warum die Revolutionäre dennoch Politik als bloßes Mittel verstehen.

Marx glaubt die Lösung des Rätsels in der Geschichte zu finden. Die Opposition von Staat und Zivilgesellschaft war der Feudalordnung fremd. Die Gesellschaft hatte einen unmittelbar politischen Charakter: Tragende Elemente der gesellschaftlichen Architektur wie Stand, Besitz und Beruf waren in den Formen der Familie, der Grundherrlichkeit und der Korporation zu Elementen des Staatslebens erhoben. Die Stände verfügten in der Feudalordnung jeweils über eine begrenzte politische Kompetenz. Die Institution der Monarchie war selbst bloß ein Element neben anderen, die Spitze der Lehenspyramide. Die Lebensbedingungen waren politisch im Sinne der feudalen Ordnung, das heißt, politische Akteure waren die Stände, die *pouvoirs intermédiaires*, wie Montesquieu sie bezeichnete.[58] Die Individuen spielten als politische Akteure keine Rolle.

Die Französische Revolution, die mit der Abschaffung der Monarchie die Staatsangelegenheiten zu Volksangelegenheiten erhoben hatte, zerschlug die feudalen Institutionen, welche die Politik bestimmten, aber zugleich das Volk vom politischen Gemeinwesen getrennt hatten. Als politische Bewegung, welche in erster Linie die negative Freiheit des Einzelnen zu schützen beanspruchte, hob die Revolution aber paradoxerweise zugleich den politischen Charakter der neuen bürgerlichen Gesellschaft auf. Der politische Geist konstituierte sich neu als von der Gesellschaft unabhängige Sphäre der allgemeinen Volksangelegenheit. Die Tätigkeiten der Bürger hatten fortan bloß noch individuelle, private, keine politische Bedeutung mehr, während zugleich jedes Individuum potenziell an der *res publica*, der öffentlichen Angelegenheit, partizipierte.

Diesem «Idealismus des Staats» steht seither der «Materialismus der bürgerlichen Gesellschaft» gegenüber. Unter Materialismus versteht Marx den von Hobbes gezeichneten Naturzustand, worin der Kampf ums Überleben und um knappe Güter zwischen rationalen Egoisten tobt.[59] Während Hobbes darlegt, wie nur der Staat fähig ist, den Krieg aller gezwungenermaßen egoistischen Menschen gegeneinander zu beenden, beschreibt Marx die umgekehrte Bewegung. Der egoistische Geist der bürgerlichen Gesellschaft wirft die staatlichen Fesseln ab, er emanzipiert sich von der Politik, vom Schein einer Verpflichtung auf das Gemeinwohl.

Der Idealismus des Staats, das heißt die Idee des Staats als Hüter des Gemeinwohls, weiß sich über den Materialismus der Gesellschaft, über die konfliktreiche Realität der menschlichen Lebens- und Arbeitsbedingungen erhaben. Doch der Staat blamiert sich, wenn er sich der Illusion des Gemeinwohls hingibt, kann er doch den sozialen Zusammenhalt als Voraussetzung der politischen Verfassung nicht garantieren. Die Feudalordnung ist aufgelöst, an ihre Stelle die bürgerliche Gesellschaft getreten, als Basis des modernen Staats, als Aktionsfeld der nur noch durch das Band des Privatinteresses zusammenhängenden Menschen. Was als Ergebnis des sozialen Wandels bleibt, ist der Egoismus der Individuen. Dieser ist die Voraussetzung des Staats und von diesem auch anerkannt in den Menschenrechten.[60] Man kann vermuten, dass es solche Formulierungen waren, die zum Schluss führten, Marx habe die Menschenrechte als Sanktionierung des Egoismus verstanden und daher geringgeschätzt. Dass in seiner Darlegung auch ein kritisches Moment zum Ausdruck kommt, die Assoziation von Vereinzelung und Entfremdung, ist zwar richtig, primär geht es ihm jedoch um eine Beschreibung. Der Begriff des Egoismus ist in diesem Kontext nicht wertend gemeint. Von Natur aus hat der Mensch nach Hobbes das Recht und gar die Pflicht, seinen Vorteil zu suchen. Wie im nächsten Kapitel zu zeigen sein wird, ist der Egoismus für Marx ein der menschlichen Natur angemessenes, im Rahmen einer materialistischen Ethik positives und im Hinblick auf die individuelle Emanzipation notwendiges Handlungsmotiv.[61] Angesichts der Unwägbarkeiten und Bedrohungen einer Konkurrenzgesellschaft sind die Menschen allerdings auf den Schutz der Individualrechte angewiesen. Die Revolution hat sie nicht von der Religion oder vom Eigentum befreit, sondern mit der Religions- und Eigentumsfreiheit beschenkt. Das heißt, die politische Funktion dieser Institutionen – Religion als Herrschaftslegitimation, Grundeigentum als Stabilitätsgarantie – wird geleugnet, während doch die reale Politik vom Konflikt lebt und naturgemäß Gläubige mit Säkularen, Besitzende mit Habenichtsen in Streit geraten. Die Konstitution der Republik und die Auflösung der Gesellschaft in unabhängige Individuen vollziehen sich im selben Akt, der unpolitische Mensch erscheint daher als der eigentliche, natürliche Mensch. Wenn aber die politische Revolution die bürgerliche Gesellschaft, die Welt der Bedürfnisse, der Arbeit und der Privatinteressen als ihre natürliche Basis anerkennt, so kommt der politische Mensch, der *Citoyen* nur noch als «allegorische» Person in Betracht. Was ist unter einer allegorischen Person zu verstehen? Marx bezieht sich auf Rousseaus berühmtes Kapitel über den Gesetzgeber im *Contrat social*:[62] Um einem Volk eine Verfassung zu geben, müsste die menschliche Natur verändert werden und das unabhängige Individuum sich ins soziale Ganze einfügen, was nur möglich ist, wenn es seiner eignen Kräfte beraubt wird.[63] Dass dies weder möglich noch gar wünschbar ist, weiß auch Rousseau. Im Rahmen eines Gedankenexperiments führt er indes die fiktive oder eben allegorische Figur eines übermenschlichen Gesetzgebers ein, dem freilich keine andere als eine pädagogische Kompetenz zugestanden werden darf. Nimmt man das Gedankenexperiment ernst, lässt sich sagen, dass auch der pädagogisch verbesserte, aufs Gemeinwohl getrimmte *Citoyen* eine allegorische Gestalt ist. Marx kehrt indes die Empfehlung um. Wenn Rousseau den Menschen als ein von widerstreitenden privaten und politischen Interessen getriebenes Wesen beschreibt und das unabhängige Individuum zur moralischen Person des *Citoyen* erheben will, fordert Marx, die Menschen sollten sich ihre eignen politischen Kompetenzen aneignen; sie sollten die Spaltung zwischen dem Gesellschaftlichen und dem Politischen aufheben, um die gesellschaftlichen Verhältnisse «menschengerecht» zu gestalten. Menschengerecht heißt in diesem Kontext: Der Mensch wird nicht mehr bestimmt vom Widerstreit zwischen öffentlichem und privatem Interesse, wie dies bei Rousseau der Fall ist. Die moralische Disziplinierung des Individuums, die man in Rousseaus Konzeption gerne herausliest, wäre für Marx nicht menschengerecht.

Marx' Schrift *Zur Judenfrage I* ist nicht unbedingt leicht verständlich, die Argumentation vielschichtig und der Zusammenhang zur rechtlichen Diskriminierung der Juden nicht immer nachvollziehbar. Der verbreiteten Interpretation, wonach es Marx um eine Kritik der «bürgerlichen» Menschenrechte geht, steht die Tatsache entgegen, dass er für die Juden Menschen- und Bürgerrechte einschließlich des Rechts auf Besonderheit sowie auf freie Berufswahl fordert. Dass das von den Zwängen der Konkurrenzgesellschaft zu egoistischem Handeln gezwungene Individuum der Menschenrechte entraten kann, wird nirgends gesagt. Es entspricht der Logik des geschichtlichen Fortschritts, dass Individualrechte an die Stelle der ständischen und zunftmäßigen Privilegien treten. Schließlich stellt Marx eine radikale menschliche Emanzipation in Aussicht, eine künftige Gesellschaft, worin formale Gleichheit sich mit gleichen Handlungsfreiheiten verbindet.

Mit den widersprüchlichen Folgen der Französischen Revolution hat sich Marx in der *Heiligen Familie* ausführlicher auseinandergesetzt. Den Anlass liefert wiederum Bruno Bauer. Dieser begreift die Französische Revolution als gewaltsamen Versuch des Volks, sich als frei zu behaupten und mit der religiösen Tradition zu brechen. Für ihn findet das epochale Ereignis indes lediglich im Bereich des Symbolischen statt, das heißt auf der Ebene dogmatischer Einbildungen oder Konstruktionen. Ein Symbol ist ebenso der revolutionäre Staat als «das freie politische Wesen». Die Revolution war «gezwungen, den reinen Egoismus der Nationalität zu befriedigen» sowie mit der Anerkennung eines höchsten Wesens, einer republikanischen Gottheit, die «höhere Bestätigung des allgemeinen Staatswesens, welches die einzelnen selbstsüchtigen Atome zusammenhalten muss, zu zügeln.» Robespierre wollte mit der Einführung eines zivilreligiösen, patriotischen Kults die Einheit der Republik fördern, also in der Praxis leisten, was Rousseau in der Theorie mit dem *législateur* beabsichtigt hatte. Robespierres und St. Justs «kolossale Idee», ein freies Volk zu bilden, das nach den Regeln der Gerechtigkeit und Tugend lebt, «war ein Widerspruch, gegen welchen die gemeinen und selbstsüchtigen Elemente des Volkswesens in der feigen und heimtückischen Weise reagierten, die von ihnen nur zu erwarten war.»[64] Bauers Staatsidee resultiert aus einer Vulgarisierung von Hegels Not- und Verstandesstaat[65]; der Staat wird zum bloßen Instrument, zum Gegengift, mit dem der Gefahr der Atomisierung der Gesellschaft begegnet werden soll.

Marx macht sich über diese Metaphorik lustig. Die Mitglieder der bürgerlichen Gesellschaft als Atome zu bezeichnen, hält er für unsinnig. Atome haben keine Eigenschaften und keine Beziehung zu andern Wesen. «Das Atom ist bedürfnislos, selbstgenügsam; die Welt außer ihm ist die absolute Leere, d.h. sie ist inhaltslos, sinnlos, nichtssagend, eben weil es alle Fülle in sich selbst besitzt.» Das egoistische Individuum der bürgerlichen Gesellschaft mag sich in seiner «unlebendigen Abstraktion zum

Atom aufblähen, d. h. zu einem beziehungslosen, selbstgenügsamen, bedürfnislosen, absolut vollen, seligen Wesen.» Doch dabei handelt es sich um eine Einbildung. Die sinnliche Wirklichkeit nämlich zwingt die Menschen, an die Existenz der Welt und der anderen Individuen zu glauben. Die Welt der Individuen ist nicht leer, wie es die Welt der Atome ist, sie ist vielmehr das «eigentlich Erfüllende.» Marx argumentiert wie Hegel, und damit wie die Ökonomen Smith, Say und Ricardo, auf die Hegel sich beruft. Die bürgerliche Gesellschaft ist eine Kooperationsgemeinschaft; die Aktivitäten, die Eigenschaften, die Lebenstriebe erzeugen Bedürfnisse und Nöte. Die Selbstsucht des Individuums wandelt sich zur Sucht nach andern Dingen und Menschen. Individuelle Bedürfnisse sind verschieden, ihre Befriedigung ist nicht selbstverständlich, jedes Individuum muss «zum Kuppler zwischen dem fremden Bedürfnis und den Gegenständen dieses Bedürfnisses» werden. Es sind mithin die Interessen, welche die Mitglieder der bürgerlichen Gesellschaft zusammenführen und die Gemeinschaft erhalten, es ist das bürgerliche Leben, nicht die Politik. Nicht «der Staat hält die Atome der bürgerlichen Gesellschaft zusammen, sondern dies, dass sie Atome nur in der Vorstellung sind, im Himmel ihrer Einbildung – in der Wirklichkeit aber gewaltig von den Atomen unterschiedene Wesen, nämlich keine göttliche Egoisten, sondern egoistische Menschen.» Der «göttliche Egoist» lässt an Epikurs Götter denken; deren Göttlichkeit besteht eben darin, dass sie Atome sind, bindungslos, unfähig, mit anderen Atomen zu kommunizieren, und dessen auch nicht bedürftig. Der egoistische Mensch hingegen ist derjenige, der die von Kant beschriebene ungesellige Geselligkeit erfahren hat: Er weiß, dass er mit anderen in Konkurrenz treten muss, dass diese anderen ihm möglicherweise feindselig gegenüberstehen, er aber nichtsdestoweniger auf sie angewiesen ist, weil die Menschen nur gemeinsam eine die Rechte garantierende bürgerliche Gesellschaft schaffen können.[66] Für Marx wie für die liberale Staatsauffassung steht fest, dass der Staat vom bürgerlichen Leben zusammengehalten wird, nicht umgekehrt die Gesellschaft vom Staat.[67] Es sind die Interessen, welche die Individuen zwar zu Konkurrenten machen, sie aber zugleich aneinanderbinden. Eben weil sie in einer Konkurrenzordnung als auch notgedrungen in einer Kooperationsgemeinschaft leben, entsteht das Bedürfnis nach staatlich-rechtlicher Regulierung. Die bürgerliche Gesellschaft mit ihren widerstreitenden, mehr oder weniger eigensüchtigen Motiven spricht dem Staat die Existenzberechtigung zu, unter der Bedingung freilich, dass er ihr nützlich ist, ohne sie in ihrer Dynamik zu stören. So wäre denn der Staat ein bloßer Überbau, der auf der soliden Unterlage realer Interessen aufruht?

STURM UND DRANG DES BOURGEOIS

Marx verdankt seine Einsicht in das gewandelte Verhältnis von Staat und Gesellschaft dem Studium der Geschichte der Französischen Revolution. Die Vorstellung von Basis und Überbau gilt gemeinhin als Kernstück des Historischen Materialismus. Dieser Begriff bezeichnet eine Theorie, welche als die bewegende Kraft der menschlichen Geschichte die Art und Weise versteht, wie Menschen leben und Güter produzieren. Diese ihre «materielle» Existenz prägt ihr Bewusstsein und definiert ihre Ansprüche an die rechtlich-politischen Institutionen. Der Ausdruck «Historischer Materialismus» findet sich bei Marx selbst nicht. Vergleichbare materialistische Auffassungen werden freilich bereits in frühliberalen Theorien vertreten. Exemplarisch ist das Urteil von John Locke: Das eigentliche Ziel, weshalb Menschen einen Staat gründen und sich eine Regierung geben, ist die Erhaltung ihres Eigentums, die Garantie, es in Frieden und Sicherheit genießen zu können.[68] Ein Staat, der dies nicht garantieren kann, verliert seine Legitimationsbasis. Der staatliche Herrschaftsanspruch wird somit im Liberalismus nicht mehr als selbstverständlich hingenommen, sondern an Bedingungen geknüpft; das Eigenleben der Gesellschaft steht fortan im Vordergrund.

Der französische Staattheoretiker Benjamin Constant hat in *De la Liberté des Anciens comparée à celle des Modernes*[69] (Von der Freiheit der Alten verglichen mit jener der Modernen) die Gründe für den tiefgreifenden Wandel im politischen Denken erläutert. Franzosen, Engländer und Nordamerikaner genießen eine Freiheit, die der Antike unbekannt geblieben ist. Es handelt sich um das Recht, ausschließlich dem Gesetz zu gehorchen und keine willkürliche, illegitime Gewalt fürchten zu müssen. Freiheit ist das Recht, seine Meinung zu äußern, einen Beruf zu wählen, über sein Eigentum zu verfügen, es gar zu missbrauchen. Sie ist das Recht, sich frei zu bewegen, sich mit anderen zu versammeln. Ebenso umfasst sie das Recht, auf die Regierung mittels Wahl oder Petitionen Einfluss zu nehmen. In den antiken Republiken besaßen die Bürger das Recht, die politische Macht als Kollektiv direkt auszuüben, also an Gesetzgebung und Rechtsprechung zu partizipieren. Souverän in den öffentlichen Angelegenheiten, war das Individuum im privaten Bereich indes bloß Sklave, wie Constant meint. Dagegen ist der moderne Mensch zwar frei in seinem Privatleben, souveräner Teilnehmer an politischen Entscheidungen hingegen nur formell. Gezwungen zu arbeiten, fehlt ihm die für die politische Teilnahme nötige Muße. Angesichts der geringen Chance, Einfluss zu nehmen, vermag er das Recht auf Partizipation nicht mehr als Freiheit zu schätzen, umso mehr dafür den friedlichen Genuss privater Unabhängigkeit.

Den Unterschied zwischen diesen beiden Arten von Freiheit nicht begriffen zu haben, ist den französischen Revolutionären zum Verhängnis geworden. Vergeblich haben sie versucht, die Menschen zum Genuss eines Gutes, nämlich der politischen Teilnahme, zu zwingen, das sie nicht wollten, und ihnen jenes zu verweigern, das sie sich wünschten. Constant wirft den Jakobinern ihre Unfähigkeit vor, den historischen Augenblick in seiner Besonderheit zu begreifen, ihre Orientierung an alten Zeiten und Helden, ihren Glauben an die Souveränität der Gemeinschaft und ihr fehlendes Verständnis für die modernen Freiheiten.[70] Dennoch verurteilt er die Revolution nicht, verdankt sich ihr doch die repräsentative Regierung, die allein den Menschen eine gewisse Freiheit zusichert. Die Revolutionäre waren guten Willens, ihr Irrtum bestand im Glauben, der Wille der Gemeinschaft sei allmächtig und die Einschränkung individueller Rechte könne mit politischer Partizipation kompensiert werden.[71] Auch Constant sieht in der politischen Freiheit ein unentbehrliches Instrument zur Abwehr des Despotismus und warnt vor den Gefahren, die vom Genuss der modernen Freiheit ausgehen können. Je mehr das Individuum seinem privaten Glück nachrennt, je weniger es sich für die Politik interessiert, desto mehr sind die Inhaber der staatlichen Autorität versucht, die Grenzen ihrer Kompetenz zu überschreiten. Doch der Mensch sucht nicht das Glück allein, er will sich bilden und perfektionieren, zu diesem Zweck benötigt er die politische Freiheit, ist Constant überzeugt.[72]

Den Einfluss von Constant auf Marx dokumentiert das Kapitel über die Französische Revolution in *Die heilige Familie*. Marx sieht wie Constant die Revolutionäre in einer Illusion befangen, in der Illusion der Allmacht der Politik. Es geht ihm dabei nicht primär um die Bewertung revolutionärer Taten und Untaten, sondern um die Kritik von Bauers Interpretation der Revolution. Weshalb bezeichnet Bauer die Idee eines freien Volks als Widerspruch? Die Ideale von Robespierre und Saint-Just sind nicht widersprüchlich, vielmehr unzeitgemäß, wie Marx entgegnet. «Robespierre und Saint-Just sprechen ausdrücklich von der antiken, nur dem ‹Volkswesen› angehörigen ‹Freiheit, Gerechtigkeit, Tugend›.» Robespierre lobt die öffentliche, republikanische Tugend; sie wird, so erhofft er sich, Wunder bewirken in Frankreich. Saint-Just sieht in den alten Römern die wahrhaften Revolutionäre und klagt über eine Gegenwart, welche die Freiheit nicht mehr kennt. Robespierre und Saint-Just wollen nicht einsehen, dass die Franzosen auf die *libertés des modernes* aspirieren. Sie gingen mit ihrer Partei unter, weil ihnen diese Einsicht fehlte; sie verwechselten die antike Polis-Demokratie mit dem modernen Staat. Die athenische Demokratie erlaubte die unmittelbare Teilnahme der Bürger an den politischen Geschäften, die Mit- und Selbstbestimmung wiederum setzte die Sklaverei voraus. Der moderne Staat hingegen basiert auf der bürgerlichen Gesellschaft, auf der allgemeinen Geschäftigkeit aller Menschen. «Kolossal» war somit nicht, wie Bauer meint, Robespierres und Saint-Justs Idee, ein freies Volk zu bilden, kolossal war deren Täuschung: Sie glaubten, die *liberté des anciens* wiederauferstehen lassen zu können. Sie sahen nicht, dass der modernen Gesellschaft eine andere Form der Freiheit angemessen ist. Gezwungen, die Gesellschaft in den Menschenrechten, in den privaten Freiheiten, anzuerkennen, vermochten sie doch in der Einforderung dieser Freiheiten nur Verrat an der Republik zu erkennen und wollten die modernen «Lebensäußerungen [...] an einzelnen Individuen annullieren [...].» Nach dem Sturz der Jakobiner «beginnt die politische Aufklärung [...] sich prosaisch zu verwirklichen.» Die

Revolution hatte die bürgerliche Gesellschaft von den feudalen Banden befreit; der Terrorismus der Jakobiner war lediglich der vergebliche Versuch, sie einem «antik-politischen Leben» zu opfern. Nun bricht sie «in gewaltigen Lebensströmungen hervor. Sturm und Drang nach kommerziellen Unternehmungen, Bereicherungssucht, Taumel des neuen bürgerlichen Lebens, dessen erster Selbstgenuss noch keck, leichtsinnig, frivol, berauschend ist [...].» Die Befreiung der bürgerlichen Gesellschaft bewirkt, dass die Menschenrechte aufhören, bloß in der Theorie zu existieren; sie werden nun zum praktischen Bedürfnis, sie garantieren den ökonomischen Akteuren jene Freiheit, die sie für ihre Aktivitäten benötigen.[73] Marx stimmt hier geradezu eine Hymne an auf die Taten der Bourgeoisie, ihre Dynamik und ihre übermächtige Vitalität. Wie stark ihn das bourgeoise Treiben fasziniert hat, ist dann später im *Manifest der Kommunistischen Partei* nachzulesen. Keck, frivol, berauschend – so ist das Leben der Menschen, die sich befreit haben von den Zumutungen und Zwängen der Feudalordnung.

Für Marx wie für Constant war es nicht der Terror, der die Revolution charakterisierte, dieser war in ihrer Sicht ein fatales Missverständnis der Revolutionäre. Die wahre revolutionäre Triebkraft kam aus der Eigendynamik der bürgerlichen Gesellschaft. Napoleons Politik stellt in Marx' Sicht den letzten Kampf des revolutionären Terrorismus gegen die bürgerliche Gesellschaft dar, widerspricht doch die Gewalt der militärischen Unternehmungen ihrer Dynamik. Marx attestiert Napoleon immerhin die Einsicht, dass der moderne Staat auf der freien Bewegung der Privatinteressen als seiner Grundlage ruht. Doch Napoleon unterdrückte den Liberalismus der bürgerlichen Gesellschaft despotisch, er missachtete ihr Freiheitsbedürfnis und stellte seine politischen Interessen über die ökonomischen Interessen der

Gesellschaft, die dennoch schließlich die Oberhand gewann. Die liberale Bourgeoisie verwirklichte in der Julirevolution von 1830 ihre Wünsche; der Staat, in Gestalt der konstitutionellen Monarchie, galt fortan definitiv nicht mehr als Selbstzweck; er wurde Mittel zum Zweck der Realisierung privater und wirtschaftlicher Interessen, es galt die Devise «Enrichissez-vous!» (Bereichert euch!)[74] Marx verdankt Constant manche Einsichten, die ihm nützlich waren für seine Abrechnung mit den Junghegelianern. Dazu gehört die Einsicht, dass der Staat als «Überbau» nicht mehr das Gewicht hat, das ihm in den absolutistischen Monarchien zukam, dass die «Basis» der Gesellschaft fortan, indem sie ihre Interessen und Ansprüche artikuliert, die staatlichen Aufgaben festlegt.

Wenn schon die liberalen Rechtskonzeptionen der frühen Neuzeit tendenziell «materialistisch» sind, so weil die Ökonomie die Regeln definiert und die primäre Aufgabe des Rechts darin sieht, die Unverletzlichkeit des privaten Eigentums zu garantieren. Von Bodin und Hobbes bis zu Locke, Rousseau und Kant steht dieses Ziel im Zentrum. Die Analogie zwischen dem exklusiven Prinzip staatlicher Souveränität und dem ebenso exklusiven Recht auf Privateigentum ist offensichtlich. In beiden Fällen handelt es sich um ein Recht auf Ausschluss. Im ersten Fall wird bestimmt, wer ein Recht auf Staatsbürgerschaft einfordern darf und wer nicht, im zweiten Fall wird bestimmt, wer bestimmte Güter nutzen darf und wer nicht. Dabei ist klar, dass die Verfügung über privates Eigentum, anders gesagt: die ökonomische Unabhängigkeit Bedingung des Bürgerstatus ist. Die ökonomisch Abhängigen, also die Lohnarbeiter, verfügen über kein Privateigentum und daher auch nicht über politische Partizipationsrechte.

Die materialistische Rechtskonzeption findet sich bereits

bei Machiavelli und in den rationalistischen Staatstheorien von Hobbes und Spinoza. Danach ist nicht der Wille Grundlage des Rechts, sondern die Macht. Der Wille allein ist ohnmächtig, wie Marx anhand der Illusion der Allmacht der Politik erläutert hat. Dagegen bilden die Interessen und wirtschaftlichen Aktivitäten der Individuen in dem Sinne die Grundlage des Staats, als sie mächtige Sachzwänge schaffen, denen die Institutionen von Recht und Staat sich unterwerfen müssen. Die Menschenrechte verdanken sich dem gesellschaftlichen Wandel, sie sind ein notwendiger Bestandteil der bürgerlichen Gesellschaft. Der Bourgeois, der Handel und Gewerbe treibende Mensch, ist auf den Genuss solcher Rechte, auf die Sicherheit, die sie ihm verschaffen, angewiesen. Jede Rechtsordnung ist Ausdruck der spezifischen Regulierungs- und Schutzbedürfnisse einer Gesellschaft. Die sozialen und ökonomischen Verhältnisse schaffen die Staatsmacht; diese Einsicht legt eine materialistische Rechtstheorie nahe. Allerdings muss die herrschende Klasse ihre Macht als Staat konstituieren und ihren durch die ökonomischen Verhältnisse bedingten Willen in der Form des Gesetzes zum Staatswillen erheben. Die beherrschte Klasse mag wohl den Willen haben, das System der Konkurrenz abzuschaffen, hat aber nicht die Macht dazu.[75]

So wären Menschenrechte lediglich Regulierungsinstrumente, die eine kapitalistische Wirtschaftsordnung benötigt? Dies ist zumindest aus Marx' Bemerkung zu schließen, mit der beginnenden Herrschaft der Bourgeoisie hörten die Menschenrechte auf, bloß in der Theorie zu existieren. Gewiss ist, dass Marx in der *Deutschen Ideologie* die naturrechtliche durch eine rechtspositivistische Auffassung ersetzt. In den rationalistischen Konzeptionen von Hobbes und Spinoza wird die normative Idee des Naturrechts durch den wissenschaftlichen Begriff des Naturgesetzes ersetzt: Was die Natur dem Menschen zu tun ermöglicht, das liegt in seiner Macht. Wird die Macht zur Grundlage des Rechts erklärt, kann die Politik sich von der Moral emanzipieren. Es ist nicht mehr eine metaphysische oder naturrechtliche Idee, welche die Maßstäbe von Gut und Schlecht definiert, es sind die Institutionen von Staat und Gesetz, welche das Erlaubte und das Verbotene bestimmen.

III

DAS AUFGELÖSTE RÄTSEL DER VERFASSUNG ODER: THEORIE DER POLITIK

Was wir bis heute gemeinhin als Staat bezeichnen, ist historisch betrachtet eine relativ junge Institution. Seit den frühesten mesopotamischen Hochkulturen haben sich ganz unterschiedliche Formen politischer Organisation herausgebildet und über mehr oder weniger lange Zeitspannen behaupten können. Marx hat sich auch für diese Geschichte interessiert.[1] Seine besondere Aufmerksamkeit galt dem Übergang von der feudal-aristokratischen zur absolutistischen Ordnung. Es genügt hier, den entscheidenden Unterschied zwischen beiden zu erklären. Die feudal-aristokratische Ordnung war charakterisiert durch eine unübersichtliche Machtverteilung, die Existenz konkurrierender Machtzentren – Adel, Klerus, freie Städte – und entsprechend eine starke Konfliktanfälligkeit. Der moderne Staat hingegen, wie er sich seit dem 15. Jahrhundert herausbildet, zeichnet sich durch seine Souveränität aus. Staatliche Souveränität zielte auf die Entmachtung bislang mächtiger gesellschaftlicher Kräfte sowie auf eine neue Organisation der Herrschaft. Machtverhältnisse sollten so gestaltet werden, dass gesellschaftliche Konflikte besser kontrollierbar wurden. Gewalt sollte gezielt eingesetzt werden, um das durch diese Konflikte freigesetzte Gewaltpotenzial eindämmen zu können.[2] Die souveräne Staatsmacht steht über Adel und Kirche. Der König als Souverän beansprucht die Kompetenz, die eigenen Kompetenzen selbst zu wählen. Die Herausbildung des neuzeitlichen Souveränitätsprinzips ist vor dem Hintergrund des Aufstiegs des absolutistischen Staates zu verstehen. Es dient der Legitimation einer in der Hand des Monarchen konzentrierten, territorial eingegrenzten Staatsgewalt. Der französische Jurist Jean Bodin sieht im 16. Jahrhundert in der souveränen Herrschaft das einzige Mittel, die im Zuge der konfessionellen Bürgerkriege zerstörte gesellschaftliche Ordnung wieder aufzubauen und ihr Stabilität zu verleihen. Ihm zufolge ist die Aufspaltung der Herrschaft auf mehrere ständisch oder religiös legitimierte Träger die hauptsächliche Ursache der desolaten Verfassung Frankreichs. Weil insbesondere der Kompetenzenstreit zwischen kirchlichen und weltlichen Mächten ein gewaltiges Konfliktpotenzial enthält, muss der Staat die Kompetenz, die eigene Kompetenz zu bestimmen, gegen kirchliche Kompetenzansprüche durchsetzen. Was den Staat der Neuzeit zusätzlich definiert, ist die Säkularisierung, die Trennung von Kirche und Staat, die Entpolitisierung der Religion. Der primäre Zweck staatlichen Handelns sollte fortan in der Herstellung und Sicherung von Ordnung und Frieden mittels Ausgleich, Toleranz und Gleichbehandlung der Bürger bestehen.

Der moderne Staat bildet sich seit dem 15./16. Jahrhundert in den westeuropäischen Ländern – Italien, Spanien, Frankreich, England – heraus. Historisch gesehen hat er einen Anfang – ob er auch ein Ende haben wird, darüber zu spekulieren ist hier nicht der Ort. Hingegen ist es sinnvoll, daran zu erinnern, dass staatliche Institutionen einem steten Wandel unterliegen. Mehrere Faktoren spielen dabei eine Rolle: das Verhältnis von weltlicher und religiöser Autorität, die ökonomische Verfassung der Gesellschaft, die Interessen und Ansprüche der Untertanen, wie sie sich seit dem ausgehenden 17. Jahrhundert vermehrt in Forderungen nach mehr Freiheit, Rechtssicherheit und Mitbestimmung artikulieren. Mit den Revolutionen in England (1688) und Frankreich (1789), mit der Krise und dem Sturz der absolutistischen Monarchien, wird die bisherige Rechtfertigung der Staatsgewalt – Ordnung als Selbstzweck und monarchische Souveränität als Garantie der Ordnung – problematisch. Der Staat, nun in Gestalt der Republik, der Angelegenheit aller Bürger, verliert seine Legitimität nicht, doch bedarf diese einer neuen Begründung. Die Idee eines von Gott beauftragten Herrschers wird verdrängt von der Idee einer Herrschaft, die nicht mehr willkürlich agiert und den Anspruch der Bürger auf gleiche Rechte respektiert.

Im Streit um die Legitimität des modernen Staats lassen sich seit der Französischen Revolution grob drei Positionen unterscheiden. Da sind einmal die Revolutionsgegner, die Konservativen, Reaktionäre und Theokraten. Dazu kann man – bei allen Unterschieden – Edmund Burke (1730–1797) zählen, Johann Gottlieb Fichte[3] (1762–1814), Joseph de Maistre (1753–1821), Auguste Comte (1798–1857), Thomas Carlyle (1795–1881) und Friedrich Nietzsche (1844–1900). Burke ist überzeugt, die bloße Idee einer neuen Staatsverfassung sei hinreichend, um wahre Briten mit Ekel und Abscheu zu erfüllen. Die Französische Revolution hält er für die Ausgeburt rationalistischer Anmaßung; die menschliche Vernunft ist weder fähig noch ermächtigt, eine neue Ordnung zu begründen. Religion, Krone und Adel, Privilegien, Traditionen und die Natur schaffen und erhalten die gute

Ordnung. Fichte klagt die Aufklärung der Verabsolutierung von Materialismus und Individualismus an; das deutsche Volk will er sittlich verbessern. Der Staat wird dereinst absterben, so prophezeit er, an seine Stelle wird in ganz Europa eine christliche Theokratie treten. Comte will die «Krise» der Revolution mittels Etablierung einer neuen religiösen Macht überwinden, die schützend und ordnend über der Gesellschaft steht, alles Individuelle ausmerzt und das Recht auf Freiheit revoziert.[4] Der französische theokratische Denker de Maistre sieht in der Französischen Revolution eine Episode im Kampf zwischen Katholizismus sowie satanischer Aufklärung. Als Aufstand gegen den König ist sie zugleich ein Aufstand gegen die Schöpfung, gegen die ewigen Naturgesetze. Die höchste Macht auf Erden soll dem Papst zukommen, die Erziehung der Wissenschaft entzogen und den Priestern anvertraut werden. Wer die Souveränität dem Volk zuerkennt, spricht sie Gott ab, so verkünden die Anhänger der Theokratie. Carlyle ruft nach einem diktatorischen Regime; schließlich wird Nietzsche das Ende der Staatlichkeit verkünden; der demokratische Staat kann in seiner Sicht nur ein Übergang sein. An die Stelle des Staats soll eine planetare Züchtungspolitik treten, eine platonische Diktatur. Nur was den Menschen verborgen, unbegreiflich, mysteriös ist, vermögen sie als Autorität zu respektieren, so eine unter konservativen Denkern verbreitete Überzeugung. Nietzsche sucht nach Möglichkeiten eines Regierens ohne Staat, ohne demokratische Legitimation, ohne Auftrag von und ohne Verantwortung gegenüber den Betroffenen.[5]

Die zweite Position ist jene der Liberalen und Konstitutionalisten. Der Liberalismus ist in der Regel nicht staatsfeindlich eingestellt[6], doch gilt seine vorrangige Sorge der Kontrolle und Einschränkung staatlicher Macht. Lange vor Constant und Tocqueville hat Montesquieu (1689–1755) den Unterschied zwischen der politischen Macht des Volks und seinen negativen Freiheiten erläutert. Die Verfassung muss dafür sorgen, dass die Macht selbst der Macht Schranken setzt.[7] Verfassung, Gewaltenteilung, Rechtsstaatlichkeit, Grundrechte, Privateigentum und repräsentative Regierung vermögen dies zu garantieren. Indem der Staat in die Schranken gewiesen wird, verringert sich der Abstand zwischen Staat und Gesellschaft, der Staat ist ihr gegenüber zur Rechenschaft verpflichtet.

Die dritte Position ist jene der Sozialisten und Anarchisten. Der Begriff des Sozialismus, wie er in England und Frankreich im frühen 19. Jahrhundert verwendet wird, bezeichnet das Projekt zur Errichtung einer rationalen, auf Kooperation aufbauenden Gesellschaftsform. Die einflussreichsten französischen Frühsozialisten, Claude-Henri de Rouvroy de Saint-Simon (1760–1825) und Charles Fourier (1772–1837), verstehen ihre Reformpläne als Bollwerk gegen künftige Revolutionen und die damit einhergehende destruktive Gewalt. Saint-Simon, zunächst ein begeisterter Anhänger der Revolution, weist später die demokratische Gleichheitsidee zurück. Europa sieht er im Übergang von der feudal-theologischen zur industriell-wissenschaftlichen Epoche begriffen. Die von ihm diagnostizierte Krise, hervorgerufen durch die «negativen» Kräfte einer Aufklärung, welche die bisherigen Ordnungsvorstellungen in Frage stellt, sowie einer Revolution, welche die Ordnung zerstört hat, kann nur überwunden werden durch eine «positive» Kraft. Diese erkennt Saint-Simon im wissenschaftlichen und industriellen Fortschritt. Soll die Wissenschaft in der künftigen Gesellschaft zur sozialen Macht werden, kann sie allerdings nicht demokratisch organisiert werden. Die Überwindung der Krise erfordert dennoch eine soziale Umwälzung; die parasitäre Klasse des Adels, der Grundbesitzer, der Priester und des Militärs muss der produktiven Klasse weichen;

dazu zählen Industrielle, Unternehmer, Kaufleute und Bankiers, Arbeiter und Wissenschaftler. Die moderne Nation muss transformiert werden in ein produktives Unternehmen. Saint-Simon entwirft die Utopie einer Gesellschaft, in der die Regierung von Menschen über Menschen durch die Verwaltung der Sachen ersetzt wird. Fourier will ebenfalls die bestehende Ordnung durch eine bessere ersetzen. Dabei handelt es sich um einen minutiös durchdachten Verbund von Assoziationen, der die universelle soziale Harmonie garantiert. Ökonomische Grundlage dieser harmonischen Vereinigung ist für Fourier die freie und produktive Arbeit, vorzugsweise in der Landwirtschaft. Sozialisten wie Louis Blanc (1811–1882) in Frankreich und Ferdinand Lassalle (1825–1864) in Deutschland setzen hingegen ihre Hoffnungen in den Staat; dieser soll mittels wirtschafts- und sozialpolitischen Regulierungen die Lage der arbeitenden Unterschicht verbessern. Die Abschaffung des Staats beziehungsweise der politischen Regierung fordern hingegen anarchistische Denker wie William Godwin (1756–1836), Michail Bakunin (1814–1876) oder Max Stirner (1806–1856).

Wie der historische Exkurs zeigt, war die Frage nach den Aufgaben, der Legitimität und der Zukunft des Staates in der ersten Hälfte des 19. Jahrhunderts ein vieldiskutiertes Thema. Das ist nicht unwichtig, wenn wir die gängige Meinung, Marx wolle den Staat abschaffen, die Diktatur des Proletariats errichten und die Wirtschaft verstaatlichen, beurteilen wollen. Wer den Staat abschaffen will, kann freilich nicht zugleich die Wirtschaft verstaatlichen und eine Diktatur einführen. Gewiss hat Marx all diese Begriffe verwendet. Doch seine Aussagen kann man nicht isolieren von den damaligen Debatten, zu denen er Stellung beziehen musste und wollte. Der Staat ist im 19. Jahrhundert Gegenstand der Kritik geworden; Theokraten, Technokraten und

Anarchisten wollen ihn abschaffen, Liberale und Demokraten seine Kompetenzen beschränken. Marx vertritt in seinen frühen Schriften eine liberale Position, nimmt aber auch Kenntnis von der sozialistischen Staatskritik.

Marx' Bildungsweg ist geprägt vom Erbe der englischen und französischen Aufklärung. Er begreift den Staat als Verwirklichung der vernünftigen Freiheit, will ihn aus der Vernunft der menschlichen Verhältnisse herleiten. Damit ist die Aufgabe einer Philosophie der Politik umschrieben; genauso wie die Mathematik und die Naturwissenschaften soll sie zu einer rationalen Erkenntnismethode werden. Sie emanzipiert die Politik von der Theologie. «Gleich vor und nach der Zeit der großen Entdeckung des Kopernikus vom wahren Sonnensystem wurde zugleich das Gravitationsgesetz des Staats entdeckt, man fand seine Schwere in ihm selbst [...].» Der Staat muss sein Recht nicht mehr unter Berufung auf eine überirdische Instanz bekräftigen. Machiavelli, Hobbes, Spinoza, Grotius, Rousseau, Kant, Fichte, Hegel betrachten den Staat aus menschlichen Augen und entwickeln seine «Naturgesetze» aus Vernunft und Erfahrung statt aus der Theologie. Die Gegner der Aufklärung blamieren sich, wenn sie Montesquieu anklagen, die politische statt der kirchlichen Tugend zur höchsten Staatsqualität erklärt zu haben. Nicht aus dem Alten Testament ist der Code Napoléon hervorgegangen, sondern aus der Schule von Montesquieu, Voltaire, Rousseau, Condorcet und Mirabeau.[8] Die Autoritätsanmaßung staatlicher und kirchlicher Instanzen lässt sich nicht mehr aufrechterhalten – mit dieser liberalen, autoritätskritischen Denkhaltung folgt Marx den Aufklärern des 18. Jahrhunderts.

Vermag der Geist der Rebellion die Wissenschaft der Politik zu durchdringen? Was lehrt uns überhaupt diese Wissenschaft: was ein Staat ist und was Recht oder was ein guter Staat und legitimes Recht ist? Beide Fragen sind von Interesse. Auf die zweite konzentriert sich die politische Philosophie unserer Gegenwart, und vor ihr kann Marx offenbar nicht bestehen. Aus den normativen und politischen Aspekten seiner Theorie seien kaum neue Einsichten zu gewinnen, so meint ein moderner Kritiker: Marx vermöge die normativen Voraussetzungen seiner Kritik am Kapitalismus nicht selbst zu begründen, sondern übernehme sie aus der liberalen politischen Philosophie, bleibe dabei aber unter dem Niveau von Kants Rechts- und Staatsphilosophie.[9] Marx wird mithin vorgehalten, er habe sich von der liberalen Philosophie inspirieren lassen, sich aber nicht auf die intellektuelle Höhe von Kant zu erheben vermocht. Ein solches Urteil sagt mehr aus über die heutige politische Philosophie als über Marx.[10] Kant hat aufgenommen, was seine Vorgänger, Locke und Rousseau, ausgearbeitet haben. Wie diese war er überzeugt, ökonomische Unabhängigkeit, also der Besitz hinreichend großen Privateigentums, sei die Bedingung für den aktiven Bürgerstatus. Es gibt, wie er festhält, ein Recht auf Freiheit, nicht aber auf Glückseligkeit und Wohlergehen, die Armen materiell zu unterstützen ist nicht Aufgabe des Staats. Der Sozialkontrakt, den die neuzeitliche politische Philosophie seit Hobbes und Spinoza als Legitimationsgrundlage des Staats versteht, ist für Kant eine Idee der Vernunft, ein Probierstein, welcher dem Gesetzgeber den rechten Weg weisen soll. Sosehr er schließlich die Französische Revolution verteidigt hat, galt doch die Verteidigung nicht dem gewaltsamen Akt, den er für unmoralisch hielt, sondern dem Zweck, nämlich der republikanischen Verfassung.[11] Dass Menschen, die für Lohn arbeiten und daher von anderen Menschen abhängig sind, keine politische Mitbestimmung beanspruchen können, war eine auch im 19. Jahrhundert noch verbreitete Überzeugung, die man aus heutiger Sicht als «bürgerliches» Vorurteil bezeichnen kann. Doch der Wandel der gesellschaftlichen Verhältnisse, die Industrialisierung, das Arbeiterelend, die demokratischen Aufstände und schließlich die Anfänge der Sozialgesetzgebung stellen das politische Denken vor Probleme, deren Lösung nicht in den Schriften Kants zu finden ist. Marx vorzuwerfen, er habe dessen Niveau nicht erreicht, ist deshalb ein seltsames Argument.

Marx teilt mit Kant ein fundamentales normatives Prinzip, jenes der Selbstzweckhaftigkeit des Individuums: Jeder Mensch hat das Recht, sich selbst als höchsten Zweck zu setzen und nicht von andern instrumentalisiert, zum bloßen Mittel degradiert zu werden. Doch kritisiert Marx Kants *Kritik der praktischen Vernunft* als Idealismus des guten Willens. Kants Philosophie steht für die Ohnmacht der deutschen Bürger, für ihre Unfähigkeit, politisch zu handeln. Die französische Bourgeoisie hat eine kolossale Revolution zuwege gebracht und den europäischen Kontinent erobert, die englische hat die Industrie revolutioniert und die Welt kommerziell unterworfen. Die deutsche Bourgeoisie hat es dagegen nur zum guten Willen gebracht.[12] Laut Kant muss die Maxime des Handelns die Achtung fürs moralische Gesetz sein, nicht die zu erwartende Wirkung. Wer sich im Handeln von seinen Neigungen leiten lässt, handelt nicht autonom. Dies tut nur, wer in der Absicht handelt, das moralische Gesetz zu achten.[13] Der Mensch, der fähig ist, von all seinen Interessen abzusehen und nur seiner praktischen Vernunft zu gehorchen, ist freilich ein außergewöhnliches, ein jenseitiges Wesen. Im Diesseits der bürgerlichen Gesellschaft ist klar, dass Handeln von Interessen geleitet ist.

Marx stellt diese Überlegungen in der *Deutschen Ideologie* an.[14] Der eigentliche Adressat der Kritik ist indes nicht Kant, sondern der junghegelianische Philosoph Max Stirner.[15] Hegel und die «von ihm abhängigen Schulmeister» – Bauer, Stirner und andere – scheinen «selbst den verbürgerten Liberalismus nur in der sublimierten Gestalt zu kennen.» Doch dieser Liberalismus ist weder eine Theorie der moralischen Autonomie noch ein Bekenntnis zum Ideal des gemeinwohlorientierten Citoyen, vielmehr eine Doktrin, der materielle Interessen zugrunde liegen, eine Weltanschauung, die es dem Bourgeois erlaubt, seine Aktivitäten als moralisch korrekt und segensreich zu verstehen.[16] Stirner täuscht sich, wenn er dem Bürgertum die Aufopferung für den Staat als höchstes Ziel zuschreibt.[17] Der umtriebige Bourgeois an den Börsen von London, Paris und New York ist ihm unbekannt.

Was versteht Marx nun unter Liberalismus? Wie im ersten Kapitel gezeigt wurde, steht der Begriff zunächst für individuelle Freiheit, bürgerliche Rechte, die Kritik der absoluten Monarchie und demokratische Mitbestimmung. In Marx' Polemik gegen die Junghegelianer stehen Gewerbefreiheit, freie Märkte, Handel und Industrie sowie ebenfalls die Kritik der absoluten Monarchie im Vordergrund. Zwischen diesen beiden Arten des Liberalismus, dem «politischen» und dem «ökonomischen», bestehen Übereinstimmungen, es handelt sich nicht um einen radikalen Gegensatz; schließlich bewundert Marx die englische und französische Bourgeoisie. Dass allerdings die zweite Art des Liberalismus mit der ersten eben aufgrund des eigensüchtigen Interesses in Widerspruch geraten kann, demonstriert er anhand eines drastischen Beispiels: «Nach England kommt ein Yankee, wird durch den Friedensrichter daran gehindert, seinen Sklaven auszupeitschen, und ruft entrüstet aus: ‹Do you call this a land of liberty, where a man can't larrup his nigger?›»[18] Im Anspruch auf Freiheit verbirgt sich zuweilen die Absicht, die Freiheit der anderen im Namen des ökonomischen Interesses zu leugnen. Freiheit droht erneut zum Privileg zu werden.

Die Auseinandersetzung mit Stirner ist für die Entwicklung

des politischen Denkens von Marx insofern relevant, als er noch einmal die Weltfremdheit des junghegelianischen Idealismus anprangert. Stirner wie Marx argumentieren individualistisch, wo jedoch Stirner ein in seiner Einbildung allmächtiges Ich gegen die Ideen von Staat und Gemeinschaft aufbegehren lässt, fasst Marx Individuen mit ihren Aktivitäten und ihrem Verhalten unter vorgegebenen Verhältnissen und angesichts institutioneller Zwänge ins Auge.

Was ist der Gegenstand von Marx' politikwissenschaftlichem Interesse? Handelt es sich um empirische Staatsanalysen oder um normative Überlegungen? Um seine politische Theorie verstehen und beurteilen zu können, muss man sich von gängigen Vorstellungen befreien. Es geht in diesem Kapitel um Marx' Theorie der Politik. Dass Theorie und Praxis der Politik kaum je deckungsgleich sind, muss nicht ausgeführt werden. Im Folgenden werde ich Marx' Überlegungen zum Staat in seiner alten und neuen Gestalt sowie zur Legitimität des Staats vorstellen, um dann im nächsten Kapitel die Praxis der Politik zu beleuchten, eine Praxis, die offensichtlich im völligen Widerspruch zur Theorie steht. Marx' Verständnis von Staat, Recht, Verfassung und Politik ist komplexer, als die Kritik unterstellt. Es basiert auf ausgedehnten historischen, staats- und verfassungsrechtlichen Studien, auf der Lektüre der maßgeblichen politischen Theoretiker Machiavelli, Spinoza, Montesquieu, Rousseau, Constant, Hegel und Tocqueville. Die durch den industriellen Kapitalismus tiefgreifend veränderte Sozialordnung stellt das Staats- und Rechtsdenken des 19. Jahrhunderts vor neue Probleme. Die politische Philosophie kann von den sozialen Voraussetzungen und institutionellen Rahmenbedingungen, von den Zwängen, die der Handlungsfreiheit Grenzen setzen, wie von der Möglichkeit neuer Freiheiten nicht abstrahieren. Politisches Denken befasst sich mit Institutionen, Normen und Praktiken. Die Praxis der Menschen ist für ein Denken, das der Freiheit und demokratischen Selbstbestimmung verpflichtet ist, entscheidend. Menschen ringen um Macht und Einfluss, sie verfolgen ihre Interessen und bekämpfen eine Politik, die diesen zuwiderläuft. Soziale Konflikte, die Auseinandersetzungen zwischen Vermögenden und Besitzlosen sind Bestandteile der Praxis, genauso wie Wählen und Abstimmen. Politik als Gegenstand einer empirischen Wissenschaft ist eine prosaische Angelegenheit. Für viele Politikwissenschaftler sind die hehren Ideen des Gemeinwohls und des Staats, der – über den Konflikten der Menschen und den Interessen der einzelnen Gruppen – in einem imaginären Himmel segelt und das Heiligtum des Gemeinwohls verehrt, denn auch metaphysische Verirrungen.[19]

Marx' frühe rechts- und staatstheoretische Überlegungen gelten dem Wandel im Verhältnis von Staat und Gesellschaft, der Herausbildung einer bürgerlichen Gesellschaft, die sich vom obrigkeitlichen Staat zu emanzipieren sucht, dem neuen Verständnis politischer Gewalt und der demokratischen Verfassung. Es entspricht dem neuzeitlichen Staatsverständnis, dass politische Institutionen Mittel zum Schutz von Sicherheit, Freiheit und Eigentum der Bürger sind. Damit der Staat seine Aufgabe erfüllen kann, muss er die Gefahren und Unsicherheiten, die von der Gesellschaft ausgehen, erkennen und einschätzen. Doch Staaten sind in der Regel keine unparteiischen Instanzen; Obrigkeiten haben Interessen, die mit jenen der Bürger nicht zwingend identisch sind. Sie neigen dazu, Bedrohungslagen zu überzeichnen und als Vorwand zur Rechtfertigung von Einschränkungen der Freiheit ins Feld zu führen. Politiker wie Gelehrte müssen im frühen 19. Jahrhundert zur Kenntnis nehmen, dass sich die Dynamik der Gesellschaft grundlegend verändert hat, dass die traditionellen staatlichen, das heißt in der Regel monarchischen, teils auch kirchlichen, Kontrollmächte ihren Aufgaben nicht mehr gewachsen sind. Den demokratischen und frühen sozialistischen Emanzipationsbewegungen begegnen sie mit Misstrauen, ihnen werden destruktive Auswirkungen zugeschrieben. Den Institutionen von Recht, Staat sowie – immer noch – Religion wird die Macht zugetraut, den subversiven Kräften zu widerstehen und Ordnung in eine Welt zu bringen, die ansonsten anarchisch, chaotisch und furchterregend ist. Diese unordentliche Welt wird häufig mit dem Begriff der Atomisierung definiert.

VON ATOMEN UND INDIVIDUEN

Die Klagen sind bekannt: Der moderne Mensch leidet unter den Zwängen unerbittlicher Konkurrenz, welche die Menschen einander entfremdet; rücksichtsloser Egoismus, Bindungslosigkeit und Vereinsamung sind die Folgen. Solche Klagen sind nicht neu. Die «Atomisierung», die Desintegration der Gesellschaft, ist die große Sorge des 19. Jahrhunderts, das dominierende Thema, das Gelehrte und Politiker beschäftigt. Das griechische Wort *atomos*, unteilbar, ist gleichbedeutend mit dem lateinischen *individuum*, und doch bezeichnen die Worte Atom und Individuum im alltäglichen Sprachgebrauch nicht dasselbe. Mit der Bindungslosigkeit des Atoms wird im 19. Jahrhundert die Vorstellung der «Atomistik», des Ausgesetztseins des Menschen in einer ihm unheimlichen und feindlich gesinnten Umwelt, assoziiert. Mit dem Individuellen hingegen verbinden sich Vorstellungen von Autonomie, Verantwortung und schöpferischen Potenzialen. Das moderne Staatswesen hat die Privilegien der vormodernen, feudalen Gesellschaft aufgehoben, Handel und Industrie sind frei.

Die neue bürgerliche Gesellschaft resultiert aus der Auflösung der Gemeinschaftsformen, die den Individuen bislang Halt und Schutz geboten haben. Sie wird zum Kampfplatz, zum Krieg aller gegen alle, wie es schon Hobbes ausdrückte. Kein Privileg, keine Zugehörigkeit zu einer bestimmten Gruppe, einzig ihre Individualität, ihre Eigenart unterscheidet die Individuen voneinander. Die im Zuge der Überwindung der feudalen Gesellschaftsstrukturen neugewonnenen Freiheiten sind indes bloß Schein; der demokratische Repräsentativstaat beruht auf einer Gesellschaft, welche ein modernes Sklaventum voraussetzt und neue Aristokratien entstehen lässt, eine Ordnung, worin die Menschen in ihrer Mehrheit nur noch als Mittel zu fremden Zwecken in Betracht kommen.

Die ängstlich-pessimistische Stimmung, der sorgenvolle Blick auf Staat und Gesellschaft konnte Marx nicht entgehen, doch war er zunächst eher Beobachter als Kritiker, er nahm zur Kenntnis und kommentierte scharfsinnig, was die Zeitgenossen bewegte. Das politische Denken des frühen 19. Jahrhunderts sah sich mit zwei Herausforderungen konfrontiert. Die erste war die Französische Revolution, ein gewaltiges und gewalttätiges Ereignis, welches die Menschen zutiefst verunsicherte, ihnen ins Bewusstsein brachte, dass keine Ordnung von Dauer ist, ihnen aber auch ungeahnte Hoffnungen auf neue Freiheiten eingab. Die zweite Herausforderung, der Aufstieg des industriellen Kapitalismus, war weniger offensichtlich, und ihre Gefahren waren schwieriger einzuschätzen. Den Zeitgenossen erschien sie deshalb als umso größere Bedrohung. Sie vermochte die gesellschaftliche Ordnung weit brutaler umzustürzen, als dies einer politischen Revolution möglich war. Ob konservative, liberale oder sozialistische Beobachter – sie alle fürchteten, wenn auch nicht immer aus den gleichen Motiven, die unabsehbaren Folgen dieser Entwicklung. Tocqueville – beileibe kein Anhänger sozialistischer Programme – sah die Gesetzgebung in der Pflicht, sich mit den neuen ökonomischen Theorien, den Erkenntnissen über den Nutzen der Arbeitsteilung und der Konzentration des Kapitals auseinanderzusetzen. Er stellte fest, dass der Fabrikarbeiter seine Menschenwürde verliert, ebenso seine Freiheit, seine Bildungschancen und Entfaltungsmöglichkeiten. In der neuen Aristokratie der Industriellen konnte er bloß eine parasitäre, profitgierige und verantwortungslose Kaste sehen.[20] Aristokraten, Gelehrte, Schriftsteller pilgerten nach Manchester, um sich ein Bild zu machen von den menschenunwürdigen Zuständen; das Elend der neuen Unterschicht wie die verantwortungslose Gesinnung der neuen Oberschicht erfüllten sie mit Abscheu und Empörung. Die Fabriken von Manchester verglich Tocqueville mit der Hölle, die Unterkünfte der Arbeiter mit Kloaken. Die Überzeugung, dass der Reichtum der Minderheit das Elend der Mehrheit verursacht, war weit verbreitet.[21] Ebenso verbreitet war in gelehrten Kreisen freilich eine nostalgische, fortschrittsskeptische, reaktionäre Grundstimmung. Diese Kulturkritik glaubte die ärgste Gefahr für den Bestand der gesellschaftlichen Ordnung erkannt zu haben: den Menschen, der keine naturgewollten Formen von Autorität, Gemeinschaft und Unterordnung mehr kennt, dessen Verhalten einzig durch rücksichtslosen Egoismus, durch die aufs Materielle gerichtete Selbstsucht bestimmt wird.

Der industrielle Kapitalismus hatte im frühen 19. Jahrhundert viele Feinde, quer durch alle politischen und weltanschaulichen Lager. Er zerstört jene Bindungskräfte, welche die Unterschichten davon abhalten, sich gegen ihre Herren zu erheben; er gebiert mit dem Proletariat den Totengräber der heilen alten Welt, so sahen es konservative Autoren. Exemplarisch sind die Ansichten des englischen Schriftstellers und Historikers Carlyle. Der ökonomische Fortschritt ging in seiner Sicht notwendig einher mit moralischem Zerfall. Eine Gesellschaft, die bereit ist, alles dem Profit zu opfern, wird unvermeidlich dem Chaos anheimfallen, hieran kann auch die Demokratie nichts ändern. Das Heil konnte nur in einer neuen politischen Autorität, ausgeübt von charismatischen Führern, sowie einer religiös-moralischen Regeneration bestehen. Carlyles Kulturkritik war geprägt von einem christlich-romantischen Antikapitalismus. In seinem Geschichtsverständnis gaben Heroen den Ton an. Ob Politiker, Religionsstifter, Dichter, Erfinder oder Industrielle – es waren Träger einer göttlichen Botschaft, während das elementare «Recht» der einfachen Leute darin bestand, von großen, mächtigen und weitsichtigen Führern geleitet zu werden. Die Masse will nichts lieber als sich unterwerfen, so sah es Carlyle. In seinem rassistischen Weltbild war die teutonische Rasse zur Herrschaft berufen.

Die von Marx und Engels erstellten Exzerpte aus den ersten beiden Kapiteln der 1850 erschienenen *Latter-Day Pamphlets* geben Einblick in ein damals in Kreisen der Eliten ebenso erschreckendes wie populäres Weltbild.[22] Carlyles abenteuerliche Phantasien geben einen starken Eindruck von der in der gebildeten Oberschicht verbreiteten Angst vor der Demokratie. Befürchtet wird, die Demokratisierung werde der zahlreichsten, bildungsmäßig unterentwickelten Klasse alle Macht geben. Die Furcht war kaum begründet, es nahm bekanntlich geraume Zeit in Anspruch, bis der männliche Teil der arbeitenden Bevölkerung und sehr viel später die Frauen politische Rechte erhielten. Doch die Angst gebiert Gespenster wie jene des Kommunismus, sie nährt die Sehnsucht nach neuen Despoten, deren Autorität hinreicht, die Unterschichten in Schach zu halten. Carlyle setzte sein Vertrauen in eine starke Regierung, daher empörte ihn das «Geschrei nach Befreiung und Emancipation.» Dabei hatte er vor allem die Arbeiter vor Augen; sie wollen frei sein, «ohne Band oder Verschlingung», ausgenommen des durch Vertrag und das Gesetz von Angebot und Nachfrage festgesetzten Tagelohns. Die Ungerechtigkeiten zwischen Menschen sind auf diese Weise nicht zu lösen, wie Carlyle verkündet. Die vollständige Auflösung aller Verbindungen zwischen ihnen führt notwendig zur Anarchie, die ganz Europa droht. Carlyle vermischte in seinem blinden Hass auf die Moderne die vielfältigen Bewegungen, aus denen sie sich zusammensetzte, Sozialismus, Freihandel, Konkurrenz und Demokratie. Doch die Annahme, die Abschaffung des Feudalismus oder die freie Konkurrenz zerstörten alle Beziehungen zwischen den Menschen, ist absurd, wie Marx treffend bemerkt. Unverständlich ist ebenso, weshalb Carlyle, ungeachtet seiner Abneigung gegen die moderne Ökonomie, in der Klasse der Industrieführer die Aristokratie erblickt, welche die neue Zeit nötig hat. Sein stärkstes Motiv ist die Verachtung der Unterschicht, die Anlass gibt zu allerlei zynischen Ratschlägen. Arbeiter, Hungerleider, Vagabunden, Habe- und Taugenichtse, Verbrecher vermehren sich unaufhörlich. Ihre schiere Existenz ist skandalös; wie können sie leben wollen, wo es doch nicht für alle Arbeit gibt? Carlyle versetzte sich in die Rolle eines künftigen Premierministers, der kein Mitleid aufzubringen vermag für die arbeitende Klasse. Arbeiter gelten ihm als faul und trunksüchtig, Sklaven von Natur, ohne Anspruch auf Freiheit und Demokratie. In seinen wirren Größenphantasien malte Carlyle sich aus, wie er diese Menschen einem militärischen Zwangsregime unterwerfen, sie mit Stachel und Peitsche zur Arbeit – die ja doch knapp war – antreiben und die Renitenten erschießen würde.

Marx sieht in Carlyle den Genius, der die Infamien des Bourgeois phantastisch übertreibt. Er «klagt die Paupers des Hochverrats an, weil der Pauperismus den Pauperismus erzeugt.»

Wenn die kapitalistische Wirtschaftsweise nicht allen Bewerbern Arbeitsmöglichkeiten bietet, ist es eine Hypokrisie, den leer Ausgegangenen moralische Lektionen zu erteilen oder ihnen kriminelle Energien zu unterstellen. Bereits Locke hat freilich die Überzeugung vertreten, wer auf der Verliererseite stehe, habe sein Geschick selbst verschuldet. Wie abstrus diese Annahme ist, zeigt sich bei Carlyle, der sie bis zur äußersten Konsequenz karikiert.

Elitäre Ansichten vertrat auch der Junghegelianer Bruno Bauer, wie Marx in einer Schrift mit dem seltsamen Titel *Die heilige Familie* (1845) darlegt. Sie ist zum größten Teil von Marx verfasst worden, Engels hat nur wenige Kapitel beigesteuert. Die Autoren bezeichnen ihr Werk als Polemik, tatsächlich scheint es sich über weite Strecken der reinen Freude am Spott zu verdanken. Die «Heilige Familie», so titulieren die Autoren die Junghegelianer, allen voran Bruno Bauer. Weshalb «heilig»? Die Junghegelianer sind, so der Vorwurf, befangen im Spiritualismus, im spekulativen Idealismus. Gegenstand ihrer theoretischen Erörterungen sind nicht wirkliche Menschen; sie befassen sich mit dem Geist, dem Selbstbewusstsein. Bauers Philosophie der reinen Kritik stellt nur noch eine Karikatur der Spekulation dar, sie ist Ausdruck des christlich-germanischen Prinzips, so Marx' Verdikt. Die Junghegelianer haben von Hegel die metaphysische Seite seiner Philosophie übernommen, nicht die kritische. Bauer, der Theologe und Atheist, verwandelt die philosophische Kritik in eine transzendente Macht; doch der «fleischlose Geist» hat nur in seiner Einbildung Geist.[23]

In Bauers Philosophie wird der Mensch vom Akteur und Zeugen der Geschichte zur bloßen Kategorie. Doch die Geschichte tut nichts, sie kämpft keine Kämpfe. Nur Menschen sind imstande zu handeln und der Geschichte eine neue Richtung zu geben, wie Marx einwendet. Sie sind kein Mittel der Geschichte, diese ist kein Zweck, sondern die Summe der Handlungen, womit Menschen ihre je eigenen Zwecke verfolgen.[24] Ein Gegenstand der «Kritik» – so nennt Bauer seine Philosophie – ist die «Masse». Sie ist ihm das bedeutendste Ereignis der Revolution, das notwendige Produkt der Auflösung der Feudalordnung und ebenso der natürliche Gegner der Theorie. Man hat «neuerlich die Masse auf das Schild gehoben», wie er feststellt. Doch die Emanzipation der Masse ist so wenig wünsch- und realisierbar wie jene der Juden. Die Atome, welche die Masse bilden, können nicht aufsteigen zu den Atomen der «leitenden Menge», sie können nicht die Fähigkeit gewinnen, «ihre Irrtümer zu berichtigen und selbst zum Bewusstsein ihres Egoismus zu gelangen.» Die Masse «in ihrer Bestimmtheit als Proletariat» ist das Resultat der Auflösung der Gesellschaft in die «Unendlichkeit der konkurrierenden Interessen.»[25] Sie ist geistlos, bloße Materie, bestehend aus konkurrierenden Atomen, darüber erhebt sich die philosophische Elite.

Diese «kritische» Weisheit der Junghegelianer ist einer Teleologie verpflichtet, die sie die Realitäten der Moderne verkennen lässt. Dass Ideen Wirkung entfalten können, bestreitet Marx nicht, allerdings können sie dies nur tun, wenn ihnen ein Interesse zugrunde liegt. Je mächtiger dies Interesse ist, desto mehr ist es versucht, sich zur Idee zu erheben und mit dem menschlichen Interesse schlechthin zu verwechseln. So ist in der Französischen Revolution offenkundig geworden, dass das Interesse der besitzenden Klassen sich durchgesetzt, ja zur Idee erhoben hat, die Besitzlosen, deren Emanzipationsaussichten ungewiss sind, in dieser Idee ihre Interessen jedoch nicht erkennen konnten.

Wenn Marx sich über Bauer als Karikatur Hegels mokiert, ist die Kritik an Hegel unüberhörbar. Der absolute Geist, der laut

Hegel die Geschichte lenkt, ist eine Fiktion, wirklich ist nur das philosophierende Individuum, in dem der Weltgeist zum Bewusstsein kommt. Kein absoluter Geist «fabriziert» die Geschichte der Menschheit, wohl aber sucht jeder denkende Mensch die Geschichte zu interpretieren, um ihr einen Sinn abzugewinnen. Marx ruft das Selbstverständliche in Erinnerung, um zu illustrieren, wie Bauer Hegels Philosophie vulgarisiert und sich selbst die Rolle des Weltgeistes zuschreibt.

Die Kritik der idealistischen Geschichtsphilosophie führt Marx zur Ausarbeitung einer materialistischen Konzeption der Geschichte. Staaten erheben sich über einer «Naturbasis», darunter ist die Art und Weise zu verstehen, wie Menschen die für sie notwendigen Güter produzieren und verteilen. Die Grundlage und Voraussetzung moderner Staaten und Wirtschaftsordnungen ist der unabhängige, nur durch das Band des Privatinteresses und den Zwang der Konkurrenz mit anderen verbundene Mensch, Sklave der Erwerbsarbeit und der egoistischen Bedürfnisse. Der moderne Staat hat diese Naturbasis in den allgemeinen Menschenrechten anerkannt, er hat sie nicht geschaffen. Der Staat ist das Produkt einer neuen bürgerlichen Gesellschaft, die der Proklamation der Menschenrechte bedarf, der «Anerkennung der freien Menschlichkeit», konkret des Rechts auf Freizügigkeit und Gewerbefreiheit.[26] Solche Zusammenhänge bleiben einer idealistischen Betrachtung notwendig verborgen; überdies ist ihr Staats- und Verfassungsverständnis nicht auf der Höhe der Zeit, wie Bauers Philosophie exemplarisch zeigt. Nicht die konstitutionelle Monarchie, sondern der demokratische Repräsentativstaat stellt die vollendete Form des modernen Staats dar. Von einer modernen Verfassung kann erst gesprochen werden, wenn alle Privilegien, alle exklusiven Gemeinschaften in Bezug auf Gewerbe, Industrie, Grundeigentum, Handel und Religion aufgehoben sind. Marx ruft die klassisch liberale Sichtweise in Erinnerung. Wenn er in der modernen Gesellschaft die Verwirklichung von Hobbes' Naturzustand sieht, den permanenten, gnadenlosen Kampf Individuum wider Individuum, so greift er zwar das Thema der Atomisierung auf, ohne jedoch in die konservative Klage einzustimmen. Die Aufhebung der Privilegien und die Auflösung der exklusiven Gemeinschaften sind notwendige Voraussetzungen der Emanzipation des Individuums. Keine Form der Zugehörigkeit oder Einbindung, ausschließlich ihre Individualität definiert fortan die Menschen. Doch die notwendigen Voraussetzungen sind nicht hinreichend; die Unabhängigkeit des Individuums ist nur scheinbar vollendet, die alte Ordnung, worin eine privilegierte Elite der Mehrheit das Gesetz aufzwang, mag der Vergangenheit angehören, doch neue, weniger offensichtliche Formen der Fremdbestimmung haben die Handlungsfreiheit der Menschen eingeschränkt.

Das Gesetz der modernen, von der bisherigen Privilegien-Ordnung emanzipierten bürgerlichen Gesellschaft ist die Anarchie, die anarchische Gesellschaft wird zum Fundament der öffentlichen Ordnung. Mit Anarchie ist gemeint: Der Staat löst die politische Funktion von Religion und Eigentum auf und überlässt die Gesellschaft ihren eigenen Gesetzen. Die Aufhebung des Wahlzensus bedeutet, dass das Wahlrecht nicht mehr ans Eigentum gebunden ist, die Aufhebung der Staatskirche, dass sich keine religiöse Institution mehr in die Politik einmischen darf.[27] Mit dieser Einsicht steht Marx dem Liberalismus näher als der Staatsrechtsphilosophie Hegels. Dessen «trunkener Spekulation» will er die «nüchterne Philosophie» gegenüberstellen, die Philosophie der Aufklärung, welche die alte Metaphysik überwindet.[28]

Marx' Ausführungen zu Aufklärung und Materialismus sind kein philosophiegeschichtliches Meisterwerk; sie stützen sich auf

Renouviers *Manuel d'histoire de la philosophie moderne.* Die von Hegel initiierte Philosophie will Marx als Ausdruck der rückständigen intellektuellen Kultur Deutschlands mit den wissenschaftlich anspruchsvollen und politisch progressiven englischen und französischen Philosophien konfrontieren, lässt es aber bei einer oberflächlichen Zusammenfassung bewenden. Locke gilt ihm als Begründer einer materialistischen Richtung, die «vorzugsweise ein französisches Bildungselement» ist und direkt in den Sozialismus mündet. Bayle, der die Möglichkeit einer atheistischen Gesellschaft bejaht, Gassendi, der Epikur rehabilitiert, Bacons poetischer, Hobbes' pessimistischer und Mandevilles satirischer Materialismus werden erwähnt. Locke als dem Philosophen des gesunden Menschenverstands kommt die prominenteste Rolle zu.[29] Was hat Marx tatsächlich von diesen Lehren aufgenommen? Locke gilt gemeinhin als Begründer des Liberalismus, er hat die französische Aufklärung entscheidend mitgeprägt, als Sozialisten kann man ihn keineswegs bezeichnen. Marx bezieht sich auf Lockes empiristische Erkenntnistheorie, er konstruiert eine Genealogie, die über Condillac, Mandeville, Helvétius, Bentham bis zu den französischen Frühsozialisten führt.

Unter Materialismus versteht Marx in jener Zeit eine humanistische, nicht religiös begründete Ethik. Er zitiert die Ideen von der ursprünglichen Güte und gleichen Begabung der Menschen, von der Macht der Erfahrung, der sinnlichen Wahrnehmung, der Erziehung und den äußeren Umständen, ebenso die Bedeutung der Industrie sowie die Berechtigung des Genusses. Es gilt, die Welt so einzurichten, dass der Mensch das wahrhaft Menschliche darin erfährt. Insofern lässt sich Marx' ethischer Materialismus als Vorbereitung des Sozialismus verstehen. Das wohlverstandene Eigeninteresse ist das erste Prinzip der Moral, es soll das private mit dem menschlichen Interesse versöhnen. Marx unterscheidet zwei Weisen der Freiheit. Negative Freiheit besteht darin, etwas zu vermeiden. Die andere Freiheit ist die «positive Macht, seine wahre Individualität geltend zu machen.»[30] Ist der Mensch nicht frei, seine Individualität zu entfalten, müssen die sozialen Bedingungen neu gestaltet werden, damit den wesentlichen Lebensäußerungen nichts mehr im Weg steht. Wird der Mensch von den Umständen gebildet, müssen die Umstände menschlich gestaltet werden.

Marx' Lehrmeister sind Aufklärer, Liberale, Utilitaristen – Bayle und Locke, Mandeville und Holbach, Helvétius und Bentham. Es war vor allem Helvétius, dessen Lehre ihn überzeugt und worin er die ethische Voraussetzung des englischen und französischen Kommunismus entdeckt hat.[31] Marx hat diese ethische Variante des Materialismus später nicht systematisch weiterentwickelt, doch hat sie sein politisches Denken geprägt. Die politische Ethik von Rousseau[32] und Kant verlangt von den Menschen Verzichtleistungen. Weil private Interessen die Bürger «korrumpieren», also die von ihnen geforderte Orientierung am Gemeinwohl unterminieren, müssen sie sich moralisch disziplinieren; Privatinteresse und Gemeinwohl sind inkompatibel. Holbach, Helvétius und Bentham bestreiten diese Unvereinbarkeit. Selbstliebe, nutzenorientiertes Handeln und die Verfolgung individueller Interessen sind moralisch nicht verwerflich, vielmehr liegt es an der Moral zu beweisen, dass es unsinnig ist, die individuellen Interessen gegeneinander auszuspielen oder gar einem hypothetischen allgemeinen Interesse zu opfern. Marx teilt diese Ansichten; er findet darin Elemente einer liberalen und hedonistischen Ethik, in deren Rahmen Individualismus und Egoismus positive Werte darstellen.

Bauers philosophische Versuche sind für Marx hingegen «die kritisch karikierte Vollendung der Hegelschen Geschichtsauffassung, welche wieder nichts anderes ist als der spekulative Ausdruck des christlich-germanischen Dogmas vom Gegensatze des Geistes und der Materie, Gottes und der Welt.» Hinter dem Dogma verbirgt sich der elitäre Anspruch der Philosophie. In Hegels Geschichtsauffassung werden die wirklichen Menschen ausgetauscht gegen einen jenseitigen Geist der Menschheit.[33] Marx' praktischer Materialismus ist ein Gegenentwurf zu Hegels Idealismus; dieser droht bei dessen Schülern zu einer Ideologie zu verkommen, die den Geist mit der geistreichen Elite, die Materie mit der geistlosen Masse identifiziert.

Bruno Bauer hat in der zweiten Hälfte des 19. Jahrhunderts in Nietzsche einen würdigen Nachfolger gefunden. In seiner 1880 erschienenen Schrift *Orientierung über die Bismarck'sche Aera* äußert er sich mit höchstem Lob über den damals noch wenig bekannten Nietzsche.[34] Dieser hat seinerseits Bauer zu den wenigen Lesern gezählt, die ihm Ehre machen und ihn zu verstehen wissen.[35] Nietzsche gab der Kritik der demokratischen Moderne und der Sehnsucht nach neuen Herren nochmals wort- und bildreich Ausdruck. Er zeigte sich besorgt angesichts der «Atomisierung» der Gesellschaft, die der Kultur den Boden entziehe. Er fürchtete die zersetzende Auswirkung der Geldwirtschaft sowie die alle Gewissheiten in Frage stellende Wirkung der Wissenschaften. Zwischen den beiden subversiven Ereignissen, der politischen und der industriellen Revolution, erkannte er Zusammenhänge. In Erwartung fundamentaler Erschütterungen nahm er seine Gegenwart als Periode des atomistischen Chaos wahr. Untergründig kündigte sich eine Revolution an, die alle bisherigen Umwälzungen überbieten werde. Die Modernisierung erschien ihm als unaufhaltsamer Zerfallsprozess; die Gesellschaft musste auseinanderfallen, weil ihr die einigenden institutionellen Kräfte und moralischen Gewissheiten abhandengekommen waren. Die Demokratie bewirkte lediglich die Entfesselung der Privatperson, förderte mithin die Atomisierung und den Zerfall des Staats.[36] Eine neue Autorität in Gestalt einer Despotie der philosophischen Herrenrasse war für Nietzsche unausweichlich. Doch welches waren, politisch und soziologisch gesehen, die «Atome», die kleinsten unteilbaren Teile der Gesellschaft? Es waren bindungslose, aus allen sozialen und moralischen Bindungen herausgefallene, in die brutale Konkurrenzwelt gestoßene, einsame und egoistische Individuen.

Individualisierung und Atomisierung gehören zu den zentralen Themen des politischen Denkens, von Burke und Hegel bis zu Nietzsche und darüber hinaus. Der Ideologie des Atoms hielt Marx seine eigene, wohl auch vom verfemten Stirner beeinflusste Auffassung des natürlichen Egoismus entgegen. Im November 1844 schrieb Engels an Marx, «dass wir erst eine Sache zu unsrer eigenen, egoistischen Sache machen müssen, ehe wir etwas dafür tun können – dass wir also [...] auch aus Egoismus Kommunisten sind [...].» Engels beurteilte die Kritik ihres Mitstreiters Moses Hess an Stirner als idealistisch: Hess hasse den Egoismus und predige Menschenliebe, «was wieder auf die christliche Aufopferung herauskommt. Wenn aber das leibhaftige Individuum die wahre Basis, der wahre Ausgangspunkt ist für unseren ‹Menschen›, so ist auch selbstredend der Egoismus [...] Ausgangspunkt für unsere Menschenliebe, sonst schwebt sie in der Luft.»[37] In der *Deutschen Ideologie* heißt es dazu: Die Kommunisten wissen wohl, dass der Egoismus eine unter bestimmten Voraussetzungen notwendige Form der Durchsetzung der Individuen ist; sie wollen den «Privatmenschen» nicht dem sich für die Gemeinschaft aufopfernden Menschen zuliebe aufheben. Privates und allgemeines Interesse bilden keinen unversöhnlichen Gegensatz, vielmehr erzeugen und modifizieren die privaten Interessen fortwährend das allgemeine Interesse.[38] Das gemeinschaftliche Interesse wird in der realen Welt des Handelns und Tauschens insofern als Motiv anerkannt, als das Individuum sich einbilden kann, die Befriedigung seines «gegensätzlichen Eigeninteresses» sei die Verwirklichung des gemeinschaftlichen Interesses, wie Adam Smith lehrte.[39]

Lange vor Smith hatte allerdings Hobbes im notwendig egoistischen Verhalten der Menschen eine zerstörerische Kraft erkannt. Der von ihm beschriebene Naturzustand vermittelt einen Eindruck von den Problemen, mit denen sich eine frühkapitalistische Gesellschaft konfrontiert sah. Je mehr eine solche Gesellschaft den zentrifugalen Kräften konkurrierender Egoismen ausgesetzt ist, umso mehr ist sie auf eine Ordnung stiftende, durchsetzungsfähige souveräne Macht angewiesen.[40] Der Aufstieg des Kapitalismus hat seinen Niederschlag in einem neuen Verständnis der Funktion von Politik, Recht und Moral gefunden. Für das aristotelische, christliche und republikanische Denken ist egoistisches Gewinnstreben Ausdruck eines moralischen Defizits wie auch Ursache der Zerrüttung des Gemeinwesens. Wenn Hobbes sich jeder moralischen Verurteilung des Egoismus enthält, so leugnet er nicht dessen politisch schädliche Wirkung, lässt sie vielmehr in den grellsten Farben erscheinen. In dieser Hinsicht erscheint er als Vertreter einer Sichtweise, die im 18. Jahrhundert radikal in Frage gestellt wird. Bis in die frühe Neuzeit hinein gilt die Habgier als moralisch verdammenswert, als schlimmste der Leidenschaften und tödlichste der Todsünden. Später aber wird die Nützlichkeit des Erwerbstriebs entdeckt und unter der Bezeichnung des «Interesses» moralisch aufgewertet.[41]

Der Begriff des Egoismus ist bei Marx nicht negativ konnotiert, wie wir gesehen haben. Er kritisierte eine Ideologie, die den unvermeidlichen Egoismus der Marktgesellschaft als Sünde den Juden anlasten wollte statt der generellen Not. Die «freie Individualität des egoistischen Menschen ist [...] die notwendige Voraussetzung der menschlichen Emanzipation.»[42] Die gemäß Marx und Engels falsche Opposition von Egoismus und Kommunismus erklärt sich aus dem Umstand, dass tatsächlich einige kommunistische Gruppen und Sekten stark von christlich-asketischen Idealen inspiriert waren und Stirner, dessen Kenntnis des Kommunismus eher bescheiden war, sich ein falsches Bild gemacht hatte.[43] In den *Grundrissen* kommt Marx ausführlich auf das Thema der Konkurrenz und des Egoismus zu sprechen. Die Konkurrenz erscheint historisch als Auflösung des Zunftzwangs, der staatlichen Regulierung und des Protektionismus. Wer diese historische Seite nicht zur Kenntnis nimmt, begeht die «Albernheit», sie als Streit der «entfesselten, nur durch ihre eignen Interessen bestimmten Individuen – als Repulsion und Attraktion der freien Individuen in Beziehung aufeinander zu betrachten und so als die absolute Daseinsform der freien Individualität in der Sphäre der Produktion und des Austauschs.» Tatsächlich ist das Kapital dank der Konkurrenz frei, nicht die Individuen. Solange der Kapitalismus als angemessene Produktionsform akzeptiert wird, kann sich das Individuum frei fühlen, doch wäre es ebenso albern, die freie Konkurrenz als höchste Stufe individueller Freiheit zu verwirklichen.[44]

DIE POLITISCHE TIERWELT

Im vorigen Kapitel haben wir gezeigt, wie Marx der in gelehrten, politischen und kirchlichen Kreisen verbreiteten Angst vor der Atomisierung der Gesellschaft mit einer nüchtern-realistischen Analyse des gesellschaftlichen Wandels entgegentritt. Als Sozialwissenschaftler war er doch ebenso an einer normativen Theorie von Staat und Politik interessiert. Um in der Chronologie nochmals zurückzugehen: Im Frühjahr 1843 schrieb Marx an Ruge, der widerwärtigste Despotismus stehe in seiner ganzen Nacktheit aller Welt vor Augen. Die Rede war von der preußischen Monarchie, dieser «Unnatur unseres Staatswesens.» Ein Despot ist gemäß der klassischen Definition von Aristoteles ein Herrscher über Sklaven, über unfreie Menschen. Friedrich Wilhelm IV., der seit drei Jahren auf dem Thron saß, hatte zunächst eine liberale Politik verfolgt, rückte davon aber schon bald ab und besann sich auf das absolutistische Staatsverständnis. Preußens Despotismus empfand Marx zwar nur noch als eine Komödie, doch sei, wie er betonte, der Staat «ein zu ernstes Ding, um zu einer Harlekinade gemacht zu werden.» Einer neuen Welt den Weg zu bahnen, in der die Freiheit als edelstes Gut gilt, darin sah er seine Aufgabe. Die alte Welt gehöre dem Philister, dem saturierten, intellektuell und politisch anspruchslosen Spießbürger. In dieser Welt sei die Freiheit weder bekannt noch erwünscht. Marx versteht den Philister nicht als Vertreter einer bestimmten sozialen Schicht oder Klasse, Philister finden sich in allen Teilen der Gesellschaft. Philister ist auch, wer über Land und Leute verfügt, über Sklaven gebietet, nicht aber den Wunsch verspürt, frei zu sein. «Das Selbstgefühl des Menschen, die Freiheit, wäre in der Brust dieser Menschen erst wieder zu erwecken. Nur dies Gefühl [...] kann aus der Gesellschaft wieder eine Gemeinschaft der Menschen für ihre höchsten Zwecke, einen demokratischen Staat machen.» Ein neuer Aristoteles hätte aus der Betrachtung der deutschen Zustände den Schluss gezogen, der Mensch sei ein geselliges, wenn auch völlig unpolitisches Tier.[45]

Despotisch ist die preußische Monarchie; despotisch ist ein

Herrscher wie Friedrich Wilhelm IV., der «sein Herz und sein Gemüt für das künftige Staatsgrundgesetz der Domäne Preußen» erklärt. Damit erhebt er sich zur einzigen politischen Person, er beansprucht das Monopol des politischen Handelns und Entscheidens. Die «liberalen Reden und Herzensergießungen» können nicht darüber hinwegtäuschen, dass er weder die Absicht noch die Fähigkeit hat, «seine Leute zu freien, wirklichen Menschen» zu machen, die politische Tierwelt zu verlassen und den Weg «zur Menschenwelt der Demokratie» zu weisen. Unter Demokratie versteht Marx eine Gemeinschaft freier, politisch aktiver Menschen, worin keinem Oberhaupt das Monopol politischen Handelns zusteht.

Bei aller Bereitschaft, die bestehende Ordnung rücksichtslos zu kritisieren, will Marx doch nicht «eine dogmatische Fahne aufpflanzen.» Dogmatisch ist zum Beispiel der Kommunismus von Etienne Cabet. Dieser träumte nicht nur von einem Kommunismus der Gleichheit, von einer neuen christlichen Gemeinde, er versuchte in den Vereinigten Staaten mit der Gründung einer Gemeinschaft die Utopie zu verwirklichen. Es handelt sich im Urteil von Marx um einen Kommunismus, der sich auf das materielle Leben der Menschen beschränkt und ihre «theoretische Existenz» – Religion, Wissenschaft, Politik – vernachlässigt. Die Hoffnung, Aufklärung könne im Bereich der Theorie wirken, nährt sich aus der Überzeugung, die Vernunft habe «immer existiert, nur nicht immer in der vernünftigen Form.» Der moderne politische Staat muss die ideelle Bestimmung seines Zwecks mit seinen realen Voraussetzungen versöhnen, um die vernünftige Form zu finden. Er ist das Inhaltsverzeichnis der praktischen Kämpfe der Menschheit. Daher muss die Kritik sich mit politischen Fragen auseinandersetzen, sie kann sie nicht ignorieren, wie die Anhänger des Sozialismus glauben. Sie muss die Verfassungsfrage, jene nach dem Unterschied zwischen ständischem und repräsentativem System stellen. In Preußen sind immer noch die Stände politische Akteure, während der modernen Auffassung gemäß allein die repräsentative Demokratie, die Wahl der politisch Verantwortlichen durch das Volk legitim ist. Dem ständischen System entspricht die Herrschaft des Privateigentums, während im repräsentativen System die Herrschaft des Menschen realisiert ist. Letztlich ist es eine therapeutische Aufgabe, die Marx sich stellt: Er will zeigen, dass «die Welt längst den Traum von einer Sache besitzt, von der sie nur das Bewusstsein besitzen muss, um sie wirklich zu besitzen.»[46]

Eine andere Bedeutung erhält der Begriff des Politischen im 1844 publizierten Artikel *Kritische Randglossen zu dem Artikel «Der König von Preußen und die Sozialreform»*.[47] Die Rede ist von einem politischen Verstand, der nur innerhalb der Schranken der Politik zu denken, nicht aber die Ursachen der «sozialen Gebrechen» in der Einrichtung der Gesellschaft zu finden vermag. Das Prinzip der Politik ist der Wille, der politische Verstand glaubt an die Allmacht des Willens und ignoriert dessen Ohnmacht. Exemplarisch zeigt dies die Französische Revolution als die «klassische Periode des politischen Verstandes.» Die Revolutionäre waren guten Willens und überzeugt, dieser reiche hin, die sozialen Verhältnisse zu verbessern, und falls er sich nicht durchzusetzen vermöge, so trage ein böser Wille die Schuld. Marx verwies ebenso auf die englische Politik, die sich mit dem Problem des Pauperismus konfrontiert sah. Der Whig wollte in der Politik der Konservativen, im Großgrundbesitz und den Getreidezöllen die Ursache des Pauperismus entdeckt haben, der Tory lastete sie den Liberalen und ihrem Plädoyer für Konkurrenz und Freihandel an. Beide Parteien erkannten in der Armut ein ewiges Naturgesetz und in der Wohltätigkeit ein Mittel, die Armut zu verschlimmern. Das Elend der Arbeiter wurde als selbstverschuldet deklariert und auf deren schlechten Willen zurückgeführt. Aus dem Unglück der Armut wurde ein Verbrechen, das der Staat unter Strafe zu stellen hatte.

In Frankreich hatte der politische Wille eine Administration geschaffen, deren Aufgabe in der Verwaltung und Disziplinierung der Armut bestehen sollte. Napoleons Wille war es, die Bettelei auszutilgen, auf sein Drängen hin wurde ein Gesetz zu deren Unterdrückung erlassen; Bettler sollten in Strafanstalten gesperrt werden. Bereits während der Revolutionsjahre hatte der Konvent die Aufhebung der Armut angeordnet, der Wohlfahrtsausschuss nahm sich der Sache an – die Anordnung blieb folgenlos. Kurz: Der politische Wille ist ohnmächtig in dem Sinn, als er die «sozialen Gebrechen» nicht aus der Welt schaffen, sie lediglich verlagern kann.

Was bedeutet diese Erfahrung für die Politik? Der Staat kann nicht in der Einrichtung der Gesellschaft den Grund «sozialer Gebrechen» finden, weil er selbst diese Einrichtung ist, so Marx' Argument. Die Politik führt die Missstände auf unveränderliche Naturgesetze, private Laster oder das Versagen der Administration zurück. Der schlechte Wille der Armen gilt in England als Ursache der Armut, während der König von Preußen dem unchristlichen Gemüt der Reichen und der Französische Konvent der konterrevolutionären Gesinnung der Eigentümer die Schuld zuweist. «England bestraft daher die Armen, der König von Preußen ermahnt die Reichen, und der Konvent köpft die Eigentümer.» Schließlich sehen alle Staaten in der Administration, in der organisierenden Tätigkeit des Staats sowohl die Ursache wie auch die Lösung sämtlicher sozialer Probleme. Das Wesen des Staats beruht auf dem «Widerspruch zwischen der Bestimmung und dem guten Willen der Administration einerseits, und ihren

Mitteln wie ihrem Vermögen andrerseits», der Staat kann diesen Widerspruch zwischen öffentlichen und privaten, allgemeinen und besonderen Interessen nicht aufheben.[48] Die Administration beschränkt sich auf eine negative Tätigkeit, ihre Macht erstreckt sich nicht auf das bürgerliche Leben. Dessen unsoziale Natur manifestiert sich in einer Ökonomie, die auf Privateigentum, Handel, Industrie, Konkurrenz und wechselseitiger Plünderung basiert. Das Wesen des Staats wäre somit seine Ohnmacht angesichts der Übermacht der bürgerlichen Gesellschaft und der privaten Interessen. Er kann das Privatleben nicht aufheben, ohne sich selbst aufzuheben; er existiert nur als dessen Gegensatz, er ist Mittel zum Zweck der Regulierung dieser privaten Sphäre, doch fehlen ihm die für den Zweck geeigneten Mittel. Da er sich seine eigne Ohnmacht nicht eingestehen kann, sucht er die Ursache der sozialen Probleme in der Unvollkommenheit der Natur, dem Willen Gottes oder der Lasterhaftigkeit der Privatleute.

Der politische Verstand, personifiziert in Robespierre, sieht im Prinzip des Staats nicht die Quelle sozialer Mängel, sondern in den sozialen Mängeln die Quelle politischer Übelstände. Armut und Reichtum stehen der Verwirklichung der Demokratie im Weg, und sie wären mit hinreichend gutem Willen zu überwinden, wie Robespierre überzeugt ist. Er träumt von einer allgemeinen spartanischen Frugalität und appelliert an die Tugendhaftigkeit der Bürger; doch die Tugend kann gegen soziale Missstände wenig ausrichten.

Wenn die aufständischen Arbeiter in Lyon in den 1830er Jahren ebenfalls «in der Form der Politik» denken, wenn sie den Umsturz der Staatsform anstreben, werden sie vom politischen Verstand in die Irre geleitet. Sie glauben, politische Zwecke zu verfolgen, für die Republik zu kämpfen, während sie ihre Kraft an nutzlose, im Blut erstickte Aufstände vergeuden. Diese brechen aus, weil Menschen vom politischen Gemeinwesen isoliert sind. Doch die Arbeiter sind nicht nur vom politischen Gemeinwesen isoliert; die Arbeit trennt sie überdies von einem menschenwürdigen Leben. Ein erfülltes Leben, wozu die Befriedigung vitaler Bedürfnisse ebenso gehört wie die freie Aktivität und Selbstentfaltung, ist notwendig auch ein politisches Leben, geht aber darüber hinaus. Anders als die nur politische Revolution ist die soziale Revolution eine «Protestation des Menschen gegen das entmenschte Leben», ein Protest, der vom Standpunkt des «einzelnen wirklichen Individuums» ausgeht, nicht der Kampf einer Klasse um politischen Einfluss. Eine künftige Revolution hätte somit zwei Aufgaben zu bewältigen; als politischer Akt den Umsturz der alten Gewalt, als sozialer Akt die Auflösung der alten und den Aufbau einer neuen Gesellschaft.[49]

Marx' Schrift benennt ein Problem, das die Politik heute ebenso beschäftigt wie damals: die regulatorische Ohnmacht der politischen Institutionen angesichts der Gesetze der Märkte und der Sanktionsmacht privater Akteure. Im Folgenden möchte ich vier Staatstheorien vorstellen, die Marx beeinflusst haben.

SPINOZA – DIE MACHT DER NATUR

Baruch de Spinoza (1632–1677) wurde als Kind von Marranen – katholisch zwangsgetauften Juden, die aus Spanien geflohen waren – im jüdischen Viertel von Amsterdam geboren. Dank eines ausgedehnten Selbststudiums kam er früh mit rationalistischem und freigeistigem Denken in Berührung. Aufgrund seiner religionskritischen Auffassungen wurde er 1656 von der Amsterdamer Synagoge mit dem Bann belegt. Ungeheuerliche Ketzereien und Taten wurden ihm zur Last gelegt und allen Juden der Kontakt mit ihm untersagt. Der 1670 anonym veröffentlichte *Theologisch-Politische Traktat* ist ein wichtiges Dokument der frühen Aufklärung, die «bedeutendste Freiheitsschrift zu Beginn der Moderne»[50] und das erste neuzeitliche Plädoyer für einen säkularen, demokratischen Staat in der Geschichte des politischen Denkens. Marx hat den *Tractatus Theologico-Politicus* im Frühjahr 1841 ausführlich exzerpiert.[51] Spinoza zufolge liegt es im Interesse monarchischer Regierungen, die Menschen zu täuschen und mittels Instrumentalisierung der Religion zu bewirken, dass sie für ihre Knechtschaft kämpfen. Da er die Freiheit des Philosophierens gegen die Bevormundungsversuche der Theologie verteidigte, galt er als Materialist und Atheist.

Die menschliche Natur ist so beschaffen, dass die Menschen eher ihrer Begierde und ihren Gemütsaffekten gehorchen als der Vernunft, so lehrte er. Daher können Gesellschaften nur bestehen dank der Macht der Regierung und der Gesetze. Staat und Gesellschaft ermöglichen Sicherheit, Kooperation, die Entwicklung der Künste und Wissenschaften, damit die Vervollkommnung der menschlichen Natur. Die Regierung darf jedoch keine Gewaltherrschaft sein; nichts können die Menschen so wenig ertragen, wie sich von ihresgleichen regieren zu lassen. Daher muss entweder die ganze Gesellschaft die Regierung gemeinschaftlich übernehmen, sodass niemand einem andern dienen muss, oder eine Minderheit der Herrschenden muss das Volk von ihren außergewöhnlichen Qualitäten überzeugen. Schließlich müssen die Gesetze so verfasst sein, dass die Menschen nicht durch die Furcht motiviert sind, sie einzuhalten, sondern durch die Hoffnung auf ein begehrenswertes Gut. Die demokratische Alternative ist für Spinoza die sinnvollste und natürlichste. Wenn die Regierung in den Händen aller liegt und die Gesetze auf allgemeiner Zustimmung beruhen, bleibt das Volk frei, weil es keiner fremden Autorität gehorcht, sondern nur seinem eigenen Willen. Ebenso behalten die Individuen die Freiheit, nur nach eigenem Sinn zu handeln.

Die Untersuchung über die Grundlagen des Staats beginnt mit dem natürlichen Recht der Individuen. Spinoza versteht unter Recht und Gesetz der Natur die Regeln, gemäß denen jedes Individuum als natürliches, das heißt unter der Herrschaft der Naturgesetze stehendes Wesen existiert und wirkt. Das Recht der Natur erstreckt sich so weit, wie sich ihre Macht erstreckt. Da diese Macht identisch ist mit der vereinigten Macht der Individuen, folgt daraus, dass sich das Recht eines jeden so weit erstreckt, wie seine Macht reicht. Was jedes Wesen nach den Gesetzen seiner Natur tut, tut es mit Recht – es kann nicht anders handeln. Spinoza übernimmt diese Auffassung von Hobbes. Unter dem Recht der Natur versteht er die Freiheit jedes Menschen, seine Macht zur Erhaltung seines Lebens einzusetzen. Es existiert für Hobbes wie für Spinoza ein natürliches Recht des Menschen, das nicht in einem präskriptiven Sinn zu verstehen ist: das Recht, zu tun, was die eigne Macht zulässt beziehungsweise wozu die Natur den Menschen befähigt. Jeder Mensch handelt gemäß seiner Natur, was diese ihm erlaubt oder gebietet, kann nicht sündhaft sein. Der Mensch sucht von Natur seinen Nutzen zu mehren. Recht und Gesetz der Natur verbieten nichts, was in der Macht der Menschen liegt, nicht Hass, Zorn und Hinterlist, doch sollten die Menschen nach den Gesetzen jener Vernunft leben, die auf den wahren Nutzen aller zielt.

Um die Gefährdung ihrer Existenz zu vermeiden, werden die Menschen sich vereinigen und als politische Gemeinschaft das natürliche Recht ausüben. Die Vereinigung setzt voraus, dass sie ihre Begierde zügeln. Sie verpflichten sich vertraglich, nach der

Vorschrift der Vernunft zu handeln. Ihre Natur können sie freilich nicht überwinden; sie trachten weiterhin danach, Nutzen zu maximieren und Schaden zu minimieren. Ein Vertrag ist somit nur kraft seiner Nützlichkeit gültig, und der Vertrag, der dem Staat zugrunde liegt, bezieht seine Kraft aus dem staatlichen Machtmonopol. Die politische Gemeinschaft entsteht, wenn jeder seine Macht auf sie überträgt, derart erwirbt sie das höchste Recht der Natur auf alles. Das Recht einer derartigen Gesellschaft bezeichnet Spinoza als Demokratie, eine allgemeine Vereinigung von Menschen, die das höchste Recht zu allem hat, was sie vermag, somit souverän ist. Politische Herrschaft bedeutet zwar Beschränkung der Freiheit, doch wird, wie Spinoza glaubt, die unvernünftige Herrschaft, welche die Freiheit der Untertanen willkürlich einschränkt, erfolglos bleiben. Die Einschränkung der Freiheit kann nur legitim sein, wenn der Zweck der Herrschaft das Wohl des ganzen Volkes ist. Die demokratische Regierung hält Spinoza für die natürlichste, da sie der Freiheit, welche die Natur jedem Einzelnen gewährt, am nächsten kommt. Niemand überträgt sein Recht auf politische Mitbestimmung. Die Konzeption staatlicher Allmacht wird, wie Spinoza zu bedenken gibt, Theorie bleiben. Kein Mensch wird auf seine Macht und sein Recht verzichten, würde er doch sonst aufhören, ein Mensch zu sein. Die Staatsgewalt hat den Widerstand der eignen Bürger mehr zu fürchten als die Gefahr, die von Seiten äußerer Feinde droht. Sie kann die menschliche Natur nicht verändern. Will sie die Menschen ihrer Rechte berauben, macht sie sich diese zu potenziellen Feinden. Der Zweck des Staats ist die Freiheit, und die Demokratie ist die beste Garantie für eine freiheitliche Ordnung. Der Staat hat dafür zu sorgen, dass Geist und Körper ihre Kräfte entfalten und die Menschen frei ihre Vernunft gebrauchen können. In der Demokratie ist es zwar notwendig, dass die Bürger sich verpflichten, nach gemeinsamem Beschluss zu handeln, nicht aber ebenso zu urteilen und zu denken. Gefährdet ist das Staatswesen, wenn die Demokratie durch eine Monarchie ersetzt wird, wenn die Priester ein Recht auf Regierung und Gesetzgebung beanspruchen, wenn Gesetze erlassen werden, die spekulative Fragen regeln, und wenn die Freiheit der Meinungsäußerung als Verbrechen bestraft wird. Die Staatsgewalt ist auch in religiösen Angelegenheiten oberste Autorität, verliert jedoch ihre Legitimität, wenn sie die Freiheit der Gedanken verletzt und den Bürgern vorschreibt, was sie für wahr zu halten haben.[52]

Marx hat den gesamten *Tractatus* exzerpiert, sowohl die politischen wie die theologischen Kapitel; das Thema der Prophetie scheint ihn besonders interessiert zu haben. Spinozas Auffassungen von Mensch und Natur, sein Rationalismus, der die Vernunft in der Natur vorfindet, lässt sich mit Marx' frühem Verständnis von Materialismus durchaus verbinden. Spinoza zählt er zu den intellektuellen Heroen der Moral, welche von einem prinzipiellen Widerspruch zwischen der auf Autonomie beruhenden Moral und der auf Heteronomie beruhenden Religion ausgehen.[53] Spinoza beantwortet die Frage nach der legitimen und vernünftigen politischen Verfassung radikal anders, als es Hegel tun wird; in Marx' Kritik der Hegel'schen Rechtsphilosophie wird Spinozas Einfluss deutlich: Die Demokratie ist die Verfassung, die am ehesten geeignet ist, individuelle Freiheit zu schützen. Spinoza führt die Verfassung auf ihre wirkliche Grundlage zurück, auf die kollektive Entscheidung der Menschen. Sie ist somit ein «freies Produkt des Menschen». So entdeckte Marx bereits bei Spinoza die Demokratie als das «aufgelöste Rätsel aller Verfassungen».[54] In der Demokratie geben die Menschen sich eine Verfassung, sie sind nicht deren Geschöpfe. Das Volk allein ist konkret, es ist der wirkliche Staat und die Demokratie die allein wahre Verfassung, die Selbstbestimmung des Volks. Marx' hartnäckiges Verweisen auf die wirklichen Individuen und das wirkliche Volk ist von Spinoza inspiriert. Dessen Idee der Immanenz, der ausschließlich natürlichen Menschenwelt, kann Marx nur unterstützen; die Transzendenz und ihr volkstümliches Pendant, die Schöpfung, sind zu negieren; das «Durchsichselbstsein der Natur und des Menschen» ist zu akzeptieren. Der Mensch ist seine eigne Schöpfung, die Natur der unmittelbare Gegenstand der Wissenschaft vom Menschen.[55] Marx steht mit diesen Definitionen in der Tradition des Rationalismus. Hobbes wollte die Politik zum Gegenstand einer exakten Wissenschaft machen; Spinoza ist ihm darin gefolgt, wenn er auch im Gegensatz zu Hobbes demokratische Schlüsse gezogen hat. Zentrale Themen von Marx finden sich bei Spinoza: der Freiheitsanspruch der Menschen, die religiöse und politische Emanzipation, die Entfaltung der individuellen Kräfte und der Vernunftgebrauch. Spinoza ist mit seiner philosophischen und politischen Radikalität ein willkommenes Korrektiv zu Hegel, ein Korrektiv, auf das Marx sich in seiner Kritik der Hegel'schen Rechtsphilosophie stützen konnte.[56]

CONSTANT – DIE MACHT DES PRIVATEN

Marx – davon war schon die Rede – glaubte nicht, das bürgerliche Leben sei ein atomistisches Chaos, das vom Staat zusammengehalten werden müsse. Es ist dies eine liberale Überzeugung: Der Staat soll mit seinen Kompetenzen sorgsam umgehen und sich möglichst wenig in die gesellschaftlichen Belange einmischen; die bürgerliche Gesellschaft muss nicht vom Staat behütet werden, sie kann sich auf ihre eigenen Bindungs- und Regelungskräfte verlassen. Liberale Denker wie namentlich Constant haben das Verhältnis von Staat und Gesellschaft, von politischer und privater Sphäre, das sich im Übergang vom 18. zum 19. Jahrhundert tiefgreifend wandelte, analysiert. Benjamin Constant de Rebecque (1767–1830) war seit 1795, nach dem Sturz der Jakobiner, ein führender Politiker im revolutionären Frankreich. Als Moderater unterstützte er das Direktorium und später Bonapartes Staatsstreich, distanzierte sich vom ersten Konsul aufgrund von dessen Kriegspolitik, wurde dann aber 1815 von Napoleon als Berater beigezogen. Als Abgeordneter, Publizist und Verfasser politischer Werke spielte er in der Restauration bis zum Beginn der Julirevolution von 1830 eine führende Rolle.

Marx hat Constants mehrbändiges Werk *De la religion considérée dans sa source, ses formes et ses développements* intensiv studiert, davon zeugen umfangreiche Exzerpte.[57] In Constants politischen Schriften konnte er sich informieren über die Widersprüche der Französischen Revolution, das neue Verhältnis von Staat, Souveränität und Gesellschaft, über Verfassung und Gewaltenteilung, über die Opposition von Handel und Krieg. 1848 wird er Constant zu den Sprachführern der bürgerlichen Gesellschaft zählen[58], in jüngeren Jahren hat er offensichtlich Sympathien für ihn gehegt.[59] Von den politischen Schriften hat er *De l'esprit de conquête et de l'usurpation* sowie die *Principes de politique* gelesen. Die knappen Exzerpte zu beiden Schriften betreffen die Themen Zentralismus und Föderalismus, Repräsentation, die Fiktion des Volksganzen sowie das Zweikammersystem.

Constant hält es für bemerkenswert, dass in einer Revolution, die den Rechten und Freiheiten der Menschen zum Durchbruch verhelfen wollte, die *uniformité*, die Ein- oder Gleichförmigkeit, triumphieren konnte. Patriotismus, so meint er, gedeiht am besten im Kleinen, im Bereich lokaler Interessen und Gewohnheiten. Die jakobinischen Revolutionäre haben diese natürliche Quelle des Patriotismus versiegen lassen und durch eine künstliche Leidenschaft für ein abstraktes Wesen ersetzen wollen. Ihrer Idee des Gemeinwohls fehlt die Verankerung in den gesellschaftlichen Interessen. So haben sie dem Despotismus den Weg geebnet, sind es doch die Bindungen an die lokalen Gewohnheiten, die einen Keim des Widerstands enthalten. Bornierte und unterwürfige Geister mögen die Uniformität bewundern. Wo jedoch lokale Eigenarten zerstört werden, bildet sich im Zentrum des Landes ein Staat im Kleinen. In dieser Hauptstadt treffen alle Interessen und Ambitionen zusammen, in den anderen Landesteilen geschieht nichts. Die Individuen sind dort verloren in einer widernatürlichen Isolation. Ihrem Herkunftsort fremd geworden, ohne Verbindung zu ihrer Vergangenheit, sind sie ausschließlich in der Gegenwart zu Hause und gleich Atomen auf ein unendliches Flachland geworfen.

Marx hat sich diese Stellen notiert. Die Charakterisierung des Individuums als eines bindungslosen Atoms, verloren in einer gleichgeschalteten und ihm fremd gewordenen Welt, bezieht sich hier nicht auf die bürgerliche Konkurrenzgesellschaft, sondern auf die nivellierende Macht des modernen Staats. In einem solchen Staat wird das Volk zur apathischen Masse, die sich kraftlos dem Despotismus unterwirft.[60] Marx hat in den Revolutionsjahren von 1848 dennoch für den Zentralismus plädiert. Im *Manifest* beschreibt er, wie die Bourgeoisie das Land der Herrschaft der Stadt unterwirft; es ist dies Teil ihrer Mission. Sie hat die Zersplitterung der Produktionsmittel, des Besitzes und der Bevölkerung aufgehoben. Die ökonomische hat die politische Zentralisation zur Folge. Die Rede ist hier wohlverstanden nicht mehr von der absolutistischen Monarchie Frankreichs und ihrer zentralistischen Staatskonzeption; es geht um die in der Sicht von Marx und Engels historisch notwendigen Großtaten der Bourgeoisie, die Regierungsaufgaben und Gesetzgebung genauso bündeln will wie ihre Klasseninteressen.[61] In der von Marx und Engels verfassten *Ansprache der Centralbehörde an den Bund* vom März 1850 heißt es, die Arbeiter müssten in Opposition zu den föderalistisch gesinnten kleinbürgerlichen Demokraten und im Interesse radikaler Veränderungen auf die eine und unteilbare deutsche Republik hinarbeiten, die revolutionäre Tätigkeit könne «in ihrer ganzen Kraft nur vom Zentrum ausgehen.» Lokaler Eigensinn sei diesem Projekt hinderlich, besonders in Deutschland, wo «so viele Reste des Mittelalters zu beseitigen sind.» Es dürfe nicht geduldet werden, dass Formen vormodernen Eigentums wie das Gemeindeeigentum, das zu einem ewigen Streit zwischen armen und reichen Gemeinden führt, sowie das «Gemeindebürgerrecht mit seinen Schikanen gegen die Arbeiter» sich verewige.[62]

Jahrzehnte später, 1885, erklärt Engels, es sei «heute zu erinnern, dass diese Stelle auf einem Missverständnis beruht.» 1850 habe es – «dank den bonapartistischen und liberalen Geschichtsfälschern» – als ausgemacht gegolten, dass die französische zentralisierte Verwaltungsmaschine durch die Revolution eingeführt und vom Konvent als unumgängliche und entscheidende Waffe bei der Besiegung der royalistischen und föderalistischen Reaktion und des auswärtigen Feindes gehandhabt worden sei. Mittlerweile, so Engels, sei es aber eine bekannte Tatsache, dass während der Revolution bis zum 18. Brumaire die gesamte Verwaltung der Departements, Arrondissements und Gemeinden aus von den Verwalteten selbst gewählten Behörden bestanden habe, die im Rahmen der Gesetze sich mit vollkommener Freiheit bewegt hätten. Die der amerikanischen ähnliche provinzielle und lokale Selbstregierung sei der «allerstärkste Hebel der Revolution» geworden. Napoleon habe daher nach dem Staatsstreich vom 18. Brumaire sich beeilt, diese Formen der Selbstregierung durch eine präfektorale Verwaltung zu ersetzen, durch «ein reines Reaktionswerkzeug von Anfang an.»[63] 15 Jahre zuvor hatte Marx in seiner Analyse der Pariser Kommune bereits deren föderalistische Verfassung gelobt[64].

Constant legt in *De l'esprit de conquête* – «Vom Geist der Eroberung», gemeint ist Napoleons Kriegspolitik – dar, weshalb der Krieg in modernen Zeiten zum Anachronismus geworden ist. Die antiken Völker waren beseelt vom kriegerischen Geist und gezwungen, um ihre Unabhängigkeit zu kämpfen. Die Gesellschaften der Moderne sind homogener geworden, die Menschen sind zivilisiert und streben nach Frieden. Der Geist der Nationen und der Epoche hat sich neuen Tätigkeiten zugewandt, das Zeitalter des Handels ist angebrochen. Der Handel erlaubt es, Güter gewaltlos zu erlangen. Die Ordnung von Staat und Gesellschaft wird bestimmt von der Art und Weise, wie Menschen sich Güter aneignen. Der Krieg hat sich diesbezüglich als ineffizient erwiesen. Moderne Staaten benötigen Frieden, Gewerbe, geregeltes Arbeiten und geordneten Tausch.[65] Wollte eine Regierung in modernen Zeiten die römische Republik wieder aufleben lassen, müsste sie den Interessen des Volks zuwiderhandeln. Die Anspielung auf die Jakobiner ist unüberhörbar.[66] Die Argumentation zeigt, wie Constant «materialistisch» argumentiert, wenn er Produktion, Handel und Aneignung zur Basis von Staat und Gesellschaft erklärt. Die ökonomischen Aktivitäten erzeugen das Fundament, worauf sich politische Institutionen errichten lassen, die ihrerseits den ökonomischen Interessen dienen.

In den *Principes de politique* bekennt Constant sich zum Prinzip der Volkssouveränität, worunter er den Vorrang des Gemeinwillens vor jedem Partikularwillen versteht. Das Gesetz soll Ausdruck des Willens aller sein, nicht die Gewalt begründet das

Recht, sondern die freiwillige und wohlüberlegte Zustimmung – so weit folgt Constant Rousseau. Wird die Souveränität des Volks anerkannt, gilt es jedoch, deren Wesen zu begreifen und deren Ausmaß zu bestimmen. Die abstrakte Anerkennung des Prinzips allein erhöht die Summe individueller Freiheiten in keiner Weise; deutet man es zu großzügig, kann es zur Gefährdung der Freiheiten führen. In einer Gesellschaft, die auf dem Prinzip der Volkssouveränität beruht, hat kein Individuum und keine Klasse das Recht, die übrigen Bürger einem Sonderwillen zu unterwerfen.[67]

Constant schlägt eine erweiterte Fassung der Gewaltenteilung im Rahmen der konstitutionellen Monarchie vor. Sie umfasst die königliche Gewalt, die Exekutive, die repräsentative Gewalt der Dauer, die repräsentative Gewalt der Meinung sowie die Judikative. Die königliche Gewalt muss neutral sein, sie hat keine exekutive Kompetenz, diese kommt den Ministern zu, die der Nation gegenüber rechenschaftspflichtig sind, während der Monarch unantastbar ist. Es handelt sich um zwei unterschiedliche Formen der Autorität. Die königliche Gewalt, Constant spricht vom Staatschef, steht über den Parteien und Gewalten. Exekutive, Legislative und Judikative sind Zuständigkeiten, die kooperieren müssen, gelegentlich aber miteinander in Konflikt geraten. In solchen Fällen fungiert der Staatschef als Schiedsrichter. Die legislative Gewalt ist zweigeteilt, womit in Anlehnung an das englische Zweikammersystem gewisse Privilegien des Erbadels anerkannt werden.[68] In einer Erbmonarchie[69] ist ein Oberhaus, das auf der Vererbbarkeit des Amts beruht, unerlässlich, wie Constant überzeugt ist, weil der Monarch ohne die kontrollierende Gewalt des Adels zum Despoten entarten werde. Nur dem Adel traut er die Fähigkeit zu, Ordnung und Freiheit zu verbürgen. Die Erbkammer ist eine Körperschaft, die zu wählen das Volk und die aufzulösen der Monarch kein Recht hat. Sie repräsentiert mit dem Adel die Dauerhaftigkeit, während eine Kammer aus gewählten Volksvertretern die wechselnde Meinung repräsentiert.[70]

Dem Eigentum kommt bei Constant politisch-institutionelle Bedeutung zu. Abgeordnete wurden damals – also vor 1815 – in Frankreich von Wahlkollegien bestimmt, diese setzten sich zusammen aus den vermögendsten Bürgern. Sollte die Verfassung jedoch direkte Wahlen vorsehen, müssten die Kriterien im Hinblick auf das Eigentum neu definiert werden, wie Constant mahnt. Kein Volk habe je allen Menschen, die auf seinem Territorium leben, staatsbürgerliche Rechte zugestanden. Immerhin attestiert er der arbeitenden Klasse patriotische Gefühle, heroische Opferbereitschaft und eine Hingabe, die umso bewundernswürdiger sei, als sie auf keine Belohnung oder Anerkennung hoffen dürfe. Allerdings gibt es einen Patriotismus, der sich im Mut beweist, fürs Vaterland zu sterben, sowie einen Patriotismus, der in der Fähigkeit zum wohlverstandenen Eigeninteresse besteht. Allein der zweite ist politisch von Bedeutung und begründet ein Recht auf Mitbestimmung. Nur wer genügend Muße hat, sich zu bilden und richtig zu urteilen, wer über privates Eigentum verfügt, ist befähigt und berechtigt, politische Rechte auszuüben. Die Besitzlosen hingegen wollen sich Eigentum aneignen; gäbe man ihnen politische Rechte, würden sie diese ausschließlich zum Zweck nutzen, sich zu bereichern, statt – ihrer «natürlichen» Bestimmung gehorchend – zu arbeiten. Constant präzisiert, dass es sich beim Eigentum, welches politische Kompetenz verbürgt, um Grundeigentum handelt.[71] Dieses steht für Ordnung, Stabilität und Dauer, Besitzlosigkeit für Neid, Gier und Empörung, das Eigentum an industriellem Kapital steht vorderhand dazwischen als ein noch unberechenbares Potenzial.

Eigentum existiert allerdings nicht unabhängig von der Gesellschaft. Erst die Vereinigung zu einem Gemeinwesen vermag es zu garantieren, nicht das Recht der ersten Besitznahme. Constant folgt Locke und Rousseau: Der Schutz des Eigentums verdankt sich der gesellschaftlichen Übereinkunft, er gehört somit auch in den Zuständigkeitsbereich staatlicher Rechtsprechung. Das Gemeinwesen hat gegenüber dem Eigentum Rechte; in ihrem Status als Eigentümer sind die Menschen nicht frei, beliebig über «ihr» Eigentum zu verfügen. Da der Umgang mit Geld, sei es von staatlicher oder privater Seite, die Stabilität des Gemeinwesens gefährden kann, ist dieses verpflichtet und berechtigt, den Geldverkehr zu regulieren.[72] Als Anwalt von Föderalismus und Subsidiarität hält Constant fest, dass lokale Gewalten nicht von der nationalen Exekutive abhängig sein dürfen. Es ist ratsam, politisches Engagement auf Gemeindeebene zu fördern. Der Föderalismus verlangt jedoch eine Unterordnung der Teilstaaten in Fällen, in denen das Interesse der Gemeinschaft tangiert ist.[73]

Constants hauptsächliches Anliegen ist die Freiheit des Individuums. Diese ist, wie er beklagt, bislang noch von jeder französischen Verfassung garantiert worden und wird doch andauernd verletzt. Es braucht daher aktive Maßnahmen und mächtige Körperschaften, welche die Rechte der Individuen verteidigen und dem Gesetz Geltung verschaffen. Dazu gehören die Pressefreiheit, die Verantwortung der Minister und die politische Partizipation. Die Gefahren, denen die individuelle Freiheit ausgesetzt ist, gehen aus von der Willkür der Regierenden wie auch der Privaten; die Willkür ist omnipräsent, die Freiheit des Individuums ein stets gefährdetes Gut.

Constant hat die Revolution in mehreren Schriften verteidigt, so in *Des réactions politiques* und *Effets de la terreur*, beide verfasst 1797. Manche Gedankengänge von Marx zeugen von

Constants Einfluss.[74] Die Ausführungen zur Französischen Revolution, die Kritik des voluntaristischen Politikverständnisses der Jakobiner, die Überlegungen zur Relation von Institutionen, Ideen und Interessen sowie zum gesellschaftlichen Wandel und den Bedingungen moderner Politik haben ihm wertvolle Einsichten vermittelt. Die Stabilität politischer Institutionen hängt für Constant davon ab, ob sie mit den herrschenden Ideen in Einklang stehen. Ist dies nicht mehr der Fall, sind Revolutionen geeignete Mittel, diesen Einklang wieder herzustellen. Die Absichten der Revolutionäre mögen weitergehen, doch die Tendenz der Revolution setzt sich langfristig durch. Hat sie ihren Zweck erreicht, bleibt die Reaktion aus. Will sie jedoch beim erreichten Zustand der wiedergewonnenen Ruhe nicht stehen bleiben und Institutionen errichten, die im Widerspruch stehen zu den herrschenden Ideen, fordert sie die Reaktion heraus.

Viele französische Liberale der Revolutionszeit und des frühen 19. Jahrhunderts begrüßten die Revolution als eine Bewegung, welche die Privilegien des Adels abschaffte; ein Privileg allerdings galt ihnen als unantastbar, das Eigentum. Die Revolution überschritt mit dem Angriff auf das Privateigentum ihr Ziel, wie Constant bemerkt, die Reaktion konnte nicht ausbleiben, nun gelte es, die Restaurierung der feudalen Privilegien zu verhindern. War das Ziel der Revolution die Garantie von Gleichheit, Freiheit und Eigentum – wenn auch nur für die Angehörigen des Besitzbürgertums –, so rief der revolutionäre Übereifer die Reaktionäre auf den Plan, die das Ancien Régime zurücksehnten.[75]

Die Menschen schaffen die Umstände, doch die Umstände reißen die Menschen mit. Wer eine Bewegung initiiert, ist kaum in der Lage, sie zu leiten oder gar anzuhalten. Der Enthusiasmus der Revolutionäre macht sie blind für die Gefahren, denen sie sich aussetzen.[76] Die Reaktionäre ihrerseits sind flüchtige Gespenster, Imitatoren, die das untergegangene Reich wieder aufleben lassen wollen; ihre Ideen sind Vorurteile, private Präferenzen, die in der modernen Welt nichts mehr gelten.[77] Constant weist den Ideen und Prinzipien eine entscheidende Bedeutung zu. Es handelt sich dabei nicht um beliebig anwendbare abstrakte Theorien; Prinzipien durchdringen die soziale Realität und werden von dieser getragen. Das aristokratische Prinzip der Vererbung von Privilegien konnte sich nur behaupten dank einer Verkettung von Institutionen, Gewohnheiten und Interessen. Dem Prinzip der Gleichheit fehlte diese Basis, und doch sind Vererbung so gut wie Gleichheit zunächst nichts anderes als abstrakte Vorurteile. Wieso aber sollte nicht die Gleichheit zum ersten Ring der sozialen Kette werden, verbunden mit allen Interessen, Erwartungen und Regeln des privaten und öffentlichen Lebens? Wieso sollte sich nicht die Einsicht durchsetzen, dass das Prinzip der Vererbbarkeit ein bloßes Vorurteil ist?[78] Die Sklaverei und die Feudalordnung sind überwunden, der Aberglaube ist im Rückzug begriffen. Wenn das Erbprinzip immer noch zu Streit Anlass gibt, so weil die Notwendigkeit der Gleichheit noch nicht für alle Menschen evident ist. Dereinst wird man über die Adelsprivilegien so sprechen, wie man bereits über die Sklaverei spricht: Beides hat der Fortschritt überwunden. Die Absichten der Natur, die Zwangsläufigkeit allen Geschehens werden schließlich die Hoffnungen der Freunde der Freiheit erfüllen.[79]

Bereits 1796 wandte sich Constant mit *De la force du gouvernement actuel de la France et de la nécessité de s'y rallier* – (Von der Kraft der gegenwärtigen Regierung Frankreichs und der Notwendigkeit, sich ihr anzuschließen) – an die moderaten Anhänger der Revolution. In der Geschichte der Menschheit sieht er eine endlose Abfolge natürlicher, politischer und sozialer Umwälzungen. Dennoch maßen einige Menschen sich in ihrer Arroganz an, darüber zu entscheiden, was möglich ist und was nicht. Lächerlich ist die Anmaßung, wenn man bedenkt, dass die gleichen Argumente seit ewigen Zeiten unaufhörlich wiederholt worden sind, während die Welt sich fortlaufend verändert.[80] Constant setzt sein Vertrauen in die Macht der Ideen, sie haben die Kraft, die Verhältnisse zu gestalten. Ideen sind nicht zu verwechseln mit privaten Meinungen und Vorurteilen, wie Constant wohl etwas naiv annimmt. Sie sind unabhängig von den Menschen, bilden sich zwangsläufig aus den äußeren Umständen. Gewiss gibt es ebenso Ideen, die um des privaten Nutzens und der Erhaltung von Privilegien wegen in die Welt gesetzt werden, doch haben sie keinen Einfluss auf die Geschichte. Eine Revolution jedoch, die auf einer politischen, philosophischen, konsensfähigen Idee begründet ist, wird nicht scheitern; eine solch mächtige Idee ist für Constant jene der Gleichheit. Der Ursprung der Gesellschaften mag ein Rätsel bleiben, ihr Fortschritt ist einfach und gleichförmig; die Menschheit schreitet auf den Trümmern alter Institutionen wie dem Kastenwesen, der Sklaverei, der Feudalordnung und des Adels zielstrebig voran, der Gleichheit entgegen. Dass Revolutionen, die dies schrittweise bewirken, um das Wohl der Menschheit zu verwirklichen, das Übel mit einem neuen Übel bekämpfen, dass sie grausam sind, lässt sich nicht bezweifeln, dennoch sind sie notwendig. Constant ruft seine Mitbürger auf, den Lauf der Geschichte zu akzeptieren, sich ihm nicht mit sinnlosen und gewalttätigen Aktivitäten in den Weg zu stellen.[81]

Der Glaube an den Fortschritt, an eine eindeutige Richtung der Geschichte, den man Marx als Sünde wider den Geist liberaler Offenheit zum Vorwurf gemacht hat, ist ein tragendes Element von Constants liberalem Geschichtsverständnis. Er hat ein unverkrampftes Verhältnis zur Revolution – zur Französischen Revolution, als deren Akteur er sich verstehen konnte, wie zu

Revolutionen überhaupt. Die Geschichte der Menschheit ist eine Geschichte von Revolutionen, von unvereinbaren Interessen, die aufeinanderstoßen, von Ideen, die Traditionen und Privilegien in Frage stellen und neue Institutionen legitimieren. All dies hat Constant begriffen und konnte er als Liberaler akzeptieren. Marx entdeckte in den Schriften Constants aber auch die Ambiguität des Liberalismus. Constants Einstellung zum Adel ist widersprüchlich. Einmal rechtfertigt er dessen Existenz aus verfassungsrechtlichen Gründen, einmal lässt er die Geschichte darüber hinwegschreiten und definiert als ihr Ziel die Gleichheit. Doch auch Gleichheit ist im Liberalismus, aller feierlicher Bekenntnisse zum Trotz, kein eindeutiger Begriff. «Alle Menschen sind gleich» – vorausgesetzt, sie sind männlichen Geschlechts und verfügen über Privateigentum. Constant hat immerhin eingesehen, dass privates Eigentum öffentlicher Gesetzgebung unterliegt. Wenn der Staat das Eigentum garantiert, muss der Eigentümer im Sinn der Reziprozität akzeptieren, dass sein Verfügungsrecht geregelt werden muss. Schließlich sieht Constant im privaten Eigentum die Bedingung für das Recht auf politische Partizipation. Weshalb die arbeitende Bevölkerung keinen Anspruch darauf hat, wird von Liberalen unterschiedlich beantwortet. Constant macht fehlende Bildung geltend und unterstellt den Besitzlosen moralisch verwerfliche Absichten: Politische Gleichberechtigung würden sie einzig dazu nutzen, sich zu bereichern. Ein merkwürdiges Argument, das freilich liberalen Doktrinen eigen ist. Wenn das Eigentum für den Bestand der Gesellschaft so elementar ist und Bereicherung seit 1830 gar als Tugend gilt, weshalb sollten nicht auch Arbeiter sich in dieser Tugend auszeichnen?[82]

HEGEL – DIE MACHT DES MYSTERIUMS

Im Sommer 1843 schreibt Marx unter dem Titel *Zur Kritik der Hegelschen Rechtsphilosophie* eine längere Abhandlung, die zu einem großen Teil aus Exzerpten besteht. Hegel hat in der Nachfolge liberaler englischer und französischer Autoren die bürgerliche Gesellschaft – im Sinne der *société civile*, nicht der *société bourgeoise* – als Gegenstand der politischen Theorie entdeckt. Sein Staatsverständnis erreicht im Urteil von Marx dennoch nicht das Niveau der modernen Debatten. Hegel interpretiert den Staat und nimmt den preußischen Staat als Vorbild, anstatt dessen vormoderne Elemente der Kritik zu unterziehen.[83]

Der moderne Staat unterscheidet sich, wie Marx verstanden hat, vom alten absolutistischen Staat dadurch, dass er nicht mehr eine höhere Sphäre darstellt, die sich über das gesellschaftliche Ganze erhebt und ihm seine Regeln aufzwingt. Seine Legitimität leitet er nicht aus einer überirdischen Autorität her, sondern verdankt sie der Fähigkeit, mittels eines Systems individueller Rechte das gesellschaftliche Leben zu ermöglichen, zu schützen und zu fördern. Die Einsicht ist von Hobbes und seinen Nachfolgern vorbereitet worden: Die Legitimation der Herrschaft liegt in deren Nutzen für die Gesellschaft, in der Garantie der Individualrechte.

Hegel weist die Vertragsidee zurück, er sieht darin die Negation der gleichsam göttlichen Autorität und Majestät des Staats.[84] Die Aufgabe des Staats besteht für ihn darin, die vagabundierenden Atome in einer neuen Form der Gemeinschaft zu versammeln und die Entstehung des «Pöbels» zu verhindern. Für Marx ist Hegels Rechtsphilosophie der gescheiterte Versuch, eine Verfassungskonzeption auf der Höhe der Zeit zu entwerfen.[85] Auch Hegel sieht in der Französischen Revolution eine Herausforderung für die politische Theorie. Dem «Fanatismus» der Revolutionäre, der angeblich alle Unterschiede aufheben will, stellt er seine Staatskonzeption entgegen.[86] Zwar anerkennt er das Prinzip der Gewaltenteilung, gibt ihm aber eine eigenartige Definition: Die Gewalten sollen im Rahmen der begrifflichen Analyse unterschieden, aber nicht im Sinn ihrer «absoluten Selbständigkeit» und gegenseitigen Beschränkung missverstanden werden. Wenn Exekutive und Legislative sich verselbständigen, ist der Konflikt zwischen ihnen und damit die «Zertrümmerung des Staats» unausweichlich, wie die Französische Revolution demonstriert hat. Dem «negativen Verstand» bleiben diese Zusammenhänge verborgen. Der Staat ist als Schöpfung des Geistes Ausdruck einer höheren Vernunft; man muss ihn «wie ein Irdisch-Göttliches verehren und einsehen, dass, wenn es schwer ist, die Natur zu begreifen, es noch unendlich herber ist, den Staat zu fassen».[87]

Hegel will dem Staat die Würde zurückgeben, die ihm der vertragstheoretische Rationalismus abspricht; diesem zufolge ist der Staat Mittel zum Zweck des Schutzes individueller und gesellschaftlicher Ansprüche. Hegel sieht dagegen die vernünftige Bestimmung des Menschen darin, im Staat zu leben.[88] Einen Liberalismus, der aller vernünftigen Ordnung «das Prinzip der Atome», also des individuellen Willens, entgegensetzt, weist er zurück; er versteht darunter die demokratische Auffassung, jeder Bürger habe ungeachtet seiner sozialen Position und intellektuellen Kompetenz Anspruch auf politische Mitbestimmung. Eine stabile Ordnung kann unter dieser Voraussetzung nicht entstehen. Zwar sollen auch nach Hegel «vernünftige Rechte, Freiheit der Person und des Eigentums gelten», doch sollen die Verständigen Einfluss haben im Volk.[89]

Hegel teilt das Gemeinwesen auf in die Sphären der Familie, der bürgerlichen Gesellschaft und des Staats. Die Familie als Einheit und sittliches Ganzes gibt dem Einzelnen Schutz und Halt, in der bürgerlichen Gesellschaft dagegen «ist jeder sich Zweck, alles andere ist ihm nichts.» Die bürgerliche Gesellschaft ist das Reich des Egoismus, doch ist der Einzelne auf andere angewiesen, wenn er seinen Zweck verwirklichen will. Indem der Zweck sich befriedigt, sorgt er unbewusst für das Wohl aller. Hegel übernimmt Smiths Idee einer unsichtbaren Hand des Marktes,[90] sieht jedoch im egoistischen Handeln der Individuen eine zersetzende Kraft. Die bürgerliche Gesellschaft bietet «das Schauspiel ebenso der Ausschweifung, des Elends und des beiden gemeinschaftlichen physischen und sittlichen Verderbens.» Die «Verworrenheit dieses Zustandes kann zu seiner Harmonie nur durch den ihn gewältigenden Staat kommen.» Die Familie verliert ihre integrierende Kraft, die bürgerliche Gesellschaft reißt «das Individuum aus diesem Bande heraus, entfremdet dessen Glieder einander und anerkennt sie als selbständige Personen;» sie ist «die ungeheure Macht, die den Menschen an sich reißt, von ihm fordert, dass er für sie arbeite und dass er alles durch sie sei und vermittels ihrer tue».[91] Hegel spricht vom System der Atomistik, worin selbständige Extreme ihre Interessen verfolgen. Der Staat rettet den Zusammenhang des Ganzen.[92] Die Einheit der bürgerlichen Gesellschaft wird garantiert durch das Recht, die Polizei, die Korporationen und Berufsstände. Wenn Hegel die Ökonomie des Markts und der Arbeitsteilung für notwendig hält, sieht er in den Wohlstandsunterschieden und der Entstehung des «Pöbels» dennoch Gefahren für den Bestand des Gemeinwesens. Die Sorge um dessen Sittlichkeit erklärt seine zögerliche Anerkennung der modernen Staatskonzeption und sein Bemühen um die Rehabilitation traditioneller Institutionen.

Hegel behandelt die Sphären der Familie, der bürgerlichen Gesellschaft und des Staats im dritten Teil der Rechtsphilosophie. Marx kommentiert nur den Abschnitt über den Staat, stellt jedoch den Aufbau des gesamten letzten Teils, den Ausgang von der Familie, den Übergang zur bürgerlichen Gesellschaft und die Vollendung im Staat gleich zu Beginn in Frage. Laut Hegel ist es die Idee, welche die Sphären der Familie und der bürgerlichen Gesellschaft scheidet; sie teilt ihnen das Material, die «Individuen als die Menge» zu. Diese Konzeption hält Marx für unverständlich, bürgerliche Gesellschaft und Staat bilden sich als besondere Sphären im Prozess der sozialen Evolution heraus. Es ist nicht die Idee des Staats, welche die Sphären scheidet. Hegels Darlegung ist mystisch; liegt der Ordnung der Gesellschaft eine Idee zugrunde, eine Absicht? Was kann eine solche Idee anderes bewirken als das, was ohnehin der Fall ist? Weshalb soll man der Entwicklung von Staat und Gesellschaft ein übermenschlich wirkendes geistiges Prinzip zugrunde legen? Wenn Familie und bürgerliche Gesellschaft tatsächlich die *conditio sine qua non* des Staats sind, kehrt sich das Verhältnis in Hegels Spekulation um. Die reale Basis wird zum Ergebnis staatlichen Wirkens, während doch der Staat nur der Überbau einer Gesellschaft ist, die Regeln und Gesetze benötigt. Hegel definiert den Staat als eine Hieroglyphe der Vernunft; er will das bloß Nützliche von der philosophischen Behandlung ausschließen.[93]

Was ist Gegenstand von Marx' Kritik? Im Vordergrund stehen die Themen Monarchie, Souveränität und Gewaltenteilung (1); Staat, Gesellschaft, Stände (2); Bürokratie (3); Majorat und Eigentum (4), Demokratie (5).

(1) Die Staatsgewalt hat in der «Einheit des Staats als ihrem einfachen Selbst ihre letzte Wurzel», so versteht Hegel die Souveränität; sie ist ein konstitutioneller Zustand, die grundlose

Selbstbestimmung des Willens; dessen Träger ist ein Individuum, der Monarch. Der Begriff des Monarchen muss der reflektierenden Betrachtung unverständlich bleiben; er ist das schlechthin aus sich Anfangende. Insofern ist es nicht falsch, das Recht des Monarchen auf göttliche Autorität zurückzuführen. Volkssouveränität als Gegensatz zur monarchischen Souveränität ist dagegen ein verworrener Gedanke, dem die «wüste Vorstellung des Volkes» zugrunde liegt. Ohne den Monarchen und die Gliederung der Gesellschaft ist das Volk eine formlose Masse, kein Staat.[94]

Marx hält diese Konzeption von Souveränität für sinnlos; souverän ist das Selbstbewusstsein der vereinten Staatsbürger, eine Person kann nicht souverän sein. Die «grundlose Selbstbestimmung des Willens» ist ein Euphemismus für reine Willkür. Die personifizierte Souveränität gefällt sich in absolutistischer Arroganz: «L'Etat c'est moi».[95] Für Marx ist der Staat eine Abstraktion, das Volk ist der wirkliche Staat. In dem Sinn ist die Demokratie die wahre Verfassung, «das aufgelöste Rätsel aller Verfassungen», eine Verfassung, die nicht aus philosophischer Spekulation, sondern aus der Beratschlagung des versammelten Volks resultiert, als dessen Schöpfung und «freies Produkt».[96] Die Verfassung steht für die allgemeine politische Vernunft, von einer politischen Verfassung kann jedoch erst die Rede sein, wenn die Selbständigkeit der Privatsphäre anerkannt ist und Handel wie Grundeigentum frei sind.

Wenn Hegel für eine konstitutionelle Monarchie plädiert, muss er das Prinzip der Gewaltenteilung gutheißen. Dies tut er auf seine Weise, wenn er erklärt, im Staat seien «die unterschiedenen Gewalten zur individuellen Einheit zusammengefasst.» Die fürstliche Gewalt enthalte in sich «die Allgemeinheit der Verfassung».[97] Die Regierungsgewalt vereinigt exekutive, legislative, judikative, administrative und polizeiliche Kompetenzen; sie erstreckt sich auf Korporationen und Kommunen.[98] Von einer veritablen Gewaltenteilung, wie sie der Idee der konstitutionellen Monarchie entspricht, kann bei Hegel nicht die Rede sein.

(2) Marx findet es merkwürdig, dass Hegel die bürgerliche Gesellschaft als *bellum omnium contra omnes* definiert. Tatsächlich beklagt Hegel den Umstand, dass das «Untere, Massenhafte [...] unorganisch gelassen» worden ist. Es soll organisch werden, sonst ist es nur «eine Menge von zersplitterten Atomen». Das Verhältnis von bürgerlicher Gesellschaft und Staat, privaten und staatlichen Interessen ist bei Hegel asymmetrisch; der Staat steht über und außerhalb der bürgerlichen Gesellschaft.[99] Was kann dann die beiden Sphären verbinden? Hier kommt die dritte, gesetzgebende Gewalt ins Spiel. Die Verfassung ist für Hegel der feste Boden der Legislative, sie muss nicht erst gemacht werden. Sie hat sich doch aber nicht von selbst gemacht, eine Legislative muss vor der Verfassung bestanden haben, wie Marx einwendet. Wie kann Hegel den Staat als Verwirklichung der Freiheit verstehen und zugleich die blinde Naturnotwendigkeit als verfassende Macht walten lassen? Verfassungen lassen sich verändern, und jede neue Verfassung resultiert aus einer Revolution. Die gesetzgebende Gewalt hat die Französische Revolution initiiert; stets ist es die legislative Gewalt, welche Verfassungen revolutioniert. Hat das Volk das Recht, sich eine neue Verfassung zu geben? Marx bejaht die Frage. Hört die Verfassung auf, Ausdruck des Volkswillens zu sein, wird sie zur Illusion.[100]

In Hegels Konzeption sind die monarchische Gewalt, die Regierungsgewalt sowie die Stände in der Legislative repräsentiert. Eine echte Gewaltenteilung müsste unausweichlich zur Aufhebung der Staatseinheit führen, so fürchtet er. Um sie zu wahren, muss der Staat über das Relais der Zünfte oder Berufsstände in das subjektive Bewusstsein des Volks treten und sich dessen Loyalität versichern. Hegels Legislative ist mithin keine eigenständige, von den anderen unabhängige Gewalt, sondern vereinigt einerseits monarchische, exekutive und legislative Kompetenzen,[101] andererseits soll sie als Bindeglied zwischen Staat und Gesellschaft fungieren. Den Zünften kamen in der vorkapitalistischen Ökonomie, vor der Einführung der Handels- und Gewerbefreiheit, regulatorische Kompetenzen zu, sie vermochten die Konkurrenz einzuschränken. Hegel weist ihnen eine neue Aufgabe zu, doch die Vermischung der politischen Kompetenzen sowie die Verwischung der Trennung zwischen Staat und Zivilgesellschaft verleiht seiner Theorie etwas Januskopfiges, wie Marx bemerkt.[102] Die Stände sollen zwischen dem Monarchen und dem Volk vermitteln. Im ständischen Element der Legislative kommt dem Privatstand, also dem unpolitischen «Stand» der bürgerlichen Gesellschaft, politische Bedeutung zu, wie Hegel formuliert. Was ihm diese politische Qualität attestiert, ist der Umstand, dass er nicht als ungeschiedene Masse oder als eine in ihre Atome aufgelöste Menge erscheint; die Mitwirkung in der Legislative ist nicht zu verstehen als Teilnahme von Individuen. «Diese atomistische, abstrakte Ansicht verschwindet schon in der Familie wie in der bürgerlichen Gesellschaft, wo der Einzelne nur als Mitglied eines Allgemeinen zur Erscheinung kommt.» Im Staat als einer Organisation von Gliedern und Kreisen darf sich kein Moment als eine unorganische Menge zeigen. Das Volk als die Summe der Individuen ist «eine formlose Masse, deren Bewegung und Tun eben damit nur elementarisch, vernunftlos, wild und fürchterlich wäre.»[103] Ihm kommt mithin keine politische Kompetenz zu, nur der ständischen Repräsentation. Marx sieht darin die Verknüpfung von Staatsgesinnung und gesellschaftlichem Interesse.[104]

(3) Für Hegel ist das Volk jener Teil des Staats, «der nicht weiß, was er will. Zu wissen, was man will, und noch mehr, was der an und für sich seiende Wille, die Vernunft, will, ist die Frucht tiefer Erkenntnis und Einsicht, welche eben nicht die Sache des Volks ist.» Dagegen haben die höchsten Staatsbeamten «notwendig tiefere und umfassendere Einsicht in die Natur der Einrichtungen und Bedürfnisse des Staats.»[105] Die *res publica*, die öffentliche Angelegenheit, ist nicht Sache des Volks, sie kommt ohne dessen Zutun zustande. Das Staatsbewusstsein hat seinen Sitz in der Bürokratie, während das öffentliche Bewusstsein für Hegel eine bloße Ansammlung zufälliger Gedanken und Ansichten der Vielen ist. Wenn Marx die private von der öffentlichen Sphäre unterscheidet, hält Hegel an der Opposition von Volk und Elite fest.[106]

(4) Marx entdeckt in Hegels Staatskonzeption einerseits den Rückgriff auf das Mittelalter, in dem gesellschaftliche Stände eine politische Funktion innehatten, andererseits den misslungenen Versuch, im Sinne der modernen Staatsauffassung die Sphären des Sozialen und des Politischen zu trennen. Tatsächlich steckt Hegels Konzeption voller Widersprüche: Das Grundproblem, das sich der Politik stellt, ist der Konflikt zwischen Staat und Gesellschaft. Die Stände sind in Hegels Verständnis Ausdruck der Sphärentrennung, zugleich sollen sie eine Identität repräsentieren, die angesichts des Konflikts privater und öffentlicher Interessen illusionär ist. Hegel lehnt die Demokratie ab, erhofft sich aber vom ständischen Element der Verfassung eine Einbindung des Volks.

Welche politische Funktion bei Hegel einem Stand zukommen kann, lässt sich illustrieren am Beispiel von Grundbesitz und Majorat.[107] Der Stand der Grundbesitzer verfügt über Qualitäten, die für die Stabilität der Ordnung bedeutsam sind: Das Vermögen ist unabhängig vom Staatsvermögen, von der Unsicherheit des Gewerbes und der Veränderlichkeit des Besitzes. Mit dem Majorat wurde das ausschließliche Erbrecht des ältesten Sohnes gesichert. Der Besitz konnte auch nur schwer verkauft oder beliehen werden und war dem Geschäftsverkehr weitgehend entzogen. Zusätzlich zeichnen die Grundbesitzer sich durch die richtige Gesinnung aus, wie Hegel überzeugt ist. Zwar ist die Gesinnung nicht an das Vermögen gebunden, ökonomische Selbständigkeit ist jedoch die Voraussetzung für kompetentes politisches Handeln. Daraus folgt, dass die politische Verfassung und die richtige politische Gesinnung jene des Privateigentums sind. Grundeigentum wird zur Stütze von Thron und Gesellschaft. Marx stellt Hegels Bewertung vom Kopf auf die Füße: Der Grundbesitzer als Hüter konservativer Werte ist Sklave der Scholle; gegen die «Stupidität» des Privateigentums ist die Abhängigkeit vom Staatsvermögen sittlich. In diesem Fall ist der Mensch vom Menschen abhängig und zur Kooperation gezwungen. Bei Hegel dagegen erscheint die Wirklichkeit der sittlichen Idee als Religion des Privateigentums. Die Gesinnung des Grundbesitzers basiert auf dem Bewusstsein seiner Unabhängigkeit von anderen Menschen, seiner Freiheit vom Staat. Das Partizipationsrecht der Grundbesitzer begründet Hegel mit dem Argument, sie seien ohne die Zufälligkeit einer Wahl allein durch die Geburt dazu berufen und berechtigt. Wie aber kann ein ständisch gebundenes Partizipationsrecht als angeborenes Menschenrecht gelten, zumal die Gutsherren sich ohnehin nicht um Menschenrechte scheren? Die Wahl ist ein bewusster Akt, ein Produkt des bürgerlichen Vertrauens, kein bloßer Zufall wie die Geburt. Die Geburt gibt dem Menschen das individuelle Dasein, das nicht von einer Konvention abhängt, sie gibt ihm nicht den Anspruch auf ein Privileg. Die sozialen Konventionen dagegen, die «Geburten der

Sozietät» ermöglichen erst die Identifikation mit einer Funktion in Staat und Gesellschaft.[108] Hegel vermag die gesellschaftlichen Realitäten nur als Hierarchie zu begreifen. Die unterste Stufe der Gesellschaft, jene der Besitzlosigkeit und der konkreten Arbeit, bildet keinen Stand, lediglich den Boden der Gesellschaft.[109] Der Mittelstand ist mit seinen Aktivitäten – Handel, Gewerbe und Industrie – die «bewegliche Seite der bürgerlichen Gesellschaft, die […] wegen der Natur ihrer Bestimmung und Beschäftigung, nur durch Abgeordnete eintreten kann.» Wiederum vergisst Hegel nicht zu betonen, dass die Repräsentation «nicht als in die Einzelnen atomistisch aufgelöst», sondern «als in ihre ohnehin konstituierten Genossenschaften, Gemeinden und Korporationen gegliedert» zu verstehen ist. Was mithin repräsentiert werden soll, sind die Berufsinteressen.

Die «Atomistik», von der Hegel spricht, ist nichts anderes als eine Umschreibung der Demokratie. «Dass alle einzeln an der Beratung und Beschließung über die allgemeinen Angelegenheiten des Staats Anteil haben sollen, weil diese Alle Mitglieder des Staats und dessen Angelegenheiten die Angelegenheiten Aller sind», ist eine «Vorstellung, welche das demokratische Element ohne alle vernünftige Form in den Staatsorganismus» setzen will. Das Individuum als Mitglied des Staats zu verstehen, ist eine abstrakte Bestimmung.[110] Hegel verwechselt hier, wie Marx konstatiert, den isolierten Einzelnen mit der gemeinsamen Beratung und Entscheidung der versammelten Einzelnen, die «atomistische» Phantasie mit der praktischen Realität der Demokratie. Wenn alle Individuen politisch partizipieren wollen, so zeugt dies von ihrem Willen, sich ein politisches Dasein zu geben.

Hegel führt in der Rechtsphilosophie, im ersten Teil über das abstrakte Recht, aus, wie die Person sich mit dem Eigentum eine äußere Sphäre der Freiheit schafft; erst im Eigentum ist sie Vernunft; sie hat das Recht, in eine bestimmte Sache ihren Willen zu setzen und die Sache zu ihrer eigenen zu machen.[111] Hegel argumentiert hier «bürgerlich». Im dritten Teil über die Sittlichkeit fällt er zurück in eine feudalistische Sichtweise. Statt vom erarbeiteten Vermögen spricht er vom ererbten Eigentum. Soll das Grundeigentum nicht vertragsmäßig übertragbar sein, wie das beim Majoratseigentum der Fall ist, werden seine «sozialen Nerven» abgeschnitten, wie Marx zu bedenken gibt. Im Majorat wird das private Grundeigentum zum unveräußerlichen Gut, welches ein ständisches Selbstbewusstsein, eine Persönlichkeit mitsamt ihrer Willensfreiheit, Sittlichkeit und Religion ausmacht. Marx folgert, der «romantische Kitzel der Majoratsherrlichkeit» liege darin, dass das Privateigentum als Privatwillkür, dass der «bornierte, unsittliche, rohe Willen als die höchste Synthese des politischen Staates, [...] als der härteste, aufopferndste Kampf mit der menschlichen Schwäche erscheint.»[112]

(5) Wie steht es nun um die Demokratie? Hegel hat mit seiner hartnäckigen Kritik der Atomistik klargestellt, dass er nichts davon hält, Marx wirft ihm eben dies vor. Für ihn ist entscheidend, ob die Ausdehnung des aktiven und passiven Wahlrechts realisiert wird, ob also die Monarchien durch demokratische Verfassungen ersetzt werden. Frankreich und England streiten um die Demokratie, während in Deutschland noch immer eine Synthese von althergekommenen und modernen Institutionen propagiert wird. Hegel versteht die Trennung zwischen dem Privaten und Öffentlichen nicht, wie Marx bemerkt. Ihm zufolge ist freilich unter Demokratie die Politisierung der bürgerlichen, zivilen Gesellschaft zu verstehen. «Indem die bürgerliche Gesellschaft ihr politisches Dasein wirklich als ihr wahres gesetzt hat, hat sie zugleich ihr bürgerliches Dasein, in seinem Unterschied von ihrem politischen, als unwesentlich gesetzt; [...]. Die Wahlreform ist

also innerhalb des abstrakten politischen Staats die Forderung seiner Auflösung, aber ebenso der Auflösung der bürgerlichen Gesellschaft.» Der Akt der Wahl bildet das «hauptsächliche politische Interesse der wirklichen bürgerlichen Gesellschaft.»[113] Wohl nirgends in der umfangreichen Hegel-Kritik formuliert Marx sein eigentliches Anliegen so deutlich wie an dieser Stelle. Von Demokratie kann ihm zufolge nicht die Rede sein, solange die privaten und öffentlichen Interessen des Individuums miteinander in Konflikt geraten. Das Gesellschaftliche soll politisch, zum Gegenstand der politischen Verhandlung werden, da sonst der Zusammenprall privater und öffentlicher Interessen die Handlungsfreiheit jedes Individuums einschränkt. Hier bahnt sich an, was wir heute als soziale oder ökonomische Demokratie bezeichnen. Marx spricht ein Grundproblem an, das seit Hobbes das politische Denken beschäftigt: So vernünftig es ist, in der Hoffnung auf Sicherheit und Frieden sich politisch auf Regeln der gegenseitigen Achtung zu verpflichten, so schwierig ist es, sich gegenüber den Anreizsystemen von Markt und Wettbewerb auf eine Weise zu immunisieren, die es erlaubt, den Kampf um knappe Güter nicht zum Krieg ausarten zu lassen.

Der Staat hat, so findet Hegel, «das Objektive, nicht eine subjektive Meinung und deren Selbstzutrauen zu seiner Bestimmung; die Individuen können nur das für ihn sein, was an ihnen objektiv erkennbar und erprobt ist, […].» Marx kommentiert, die gedankenlose Inkonsequenz und der obrigkeitliche Sinn Hegels werde hier «wirklich ekelhaft.» Hegel sei angesteckt vom «elenden Hochmut der preußischen Beamtenwelt, die vornehm in ihrer Büroborniertheit auf das ‹Selbstzutrauen› der ‹subjektiven Meinung des Volks zu sich› herabsieht.» Die Abordnung in die Legislative darf nach Hegel nicht «durch Abstraktionen und die atomistischen Vorstellungen gestört» werden. In dem Fall ist die

Wahl freilich «etwas Überflüssiges oder reduziert sich auf ein geringes Spiel der Meinung und der Willkür», wie Marx notiert.[114]

In Marx' Kritik von Hegels Rechts- und Staatsverständnis zeichnen sich Elemente einer Theorie der Demokratie ab, doch überwiegt die kritische Intention. Hegel will das Volk beziehungsweise die bürgerliche Gesellschaft in die Staatsgemeinschaft eingliedern, daran aber nicht aktiv teilnehmen lassen. Bürger bleiben Untertanen, denen nicht zu trauen ist. Die politischen Gewalten stehen über der Gesellschaft, über den Egoismen und divergierenden Interessen, von denen Gefahren für die bestehende Ordnung ausgehen. Die Asymmetrie zwischen kontrollierender Staatsgewalt und kontrolliertem gesellschaftlichem Leben muss bestehen bleiben; die Individuen dürfen nur indirekt, vermittels Ständen und Korporationen, welche gleichsam die «Atome» binden und ihren Eigensinn zähmen, bescheidenen Einfluss nehmen.

Die Auseinandersetzung mit Hegel und Constant hat Marx' politisches Denken in zweierlei Hinsicht beeinflusst und ihm neue Einsichten vermittelt. Einerseits ist die moderne Politik im Gegensatz zur feudalen und absolutistischen Politik mit der Erfahrung konfrontiert, dass der Staat nicht mehr das allumfassende Ganze, schon gar nicht die Krönung dieses Ganzen sein kann, dass die bürgerliche oder Zivilgesellschaft Rechte beansprucht und autonome Handlungsräume fordert. Bei allen Unterschieden zwischen dem konservativen Hegel, der ein erklärter Feind der Demokratie ist, und dem liberalen Constant, der seines Bekenntnisses zur Volkssouveränität ungeachtet eine exklusive Konzeption von Demokratie vertritt, zeigen sich Gemeinsamkeiten. So pathetisch die Werte von Freiheit und Gleichheit verkündet werden – beide Denker sehen im Eigentum, im Grundeigentum der oberen Stände, die materielle Basis des modernen

Staatswesens, und beide sehen in den unteren Klassen eine potenzielle Gefahr für das Staatswesen. Die aristotelische Auffassung, wonach der arbeitende Mensch mangels Muße nicht fähig und daher auch nicht berechtigt ist, politisch zu partizipieren, bleibt im frühen 19. Jahrhundert immer noch weitgehend unhinterfragt.

TOCQUEVILLE – DIE UNAUFHALTSAME MACHT DER DEMOKRATIE

Marx erwähnt Tocqueville selten, gekannt hat er dessen Hauptwerk *De la démocratie en Amérique*. Übereinstimmungen in den politischen und historischen Betrachtungen von Tocqueville und Marx sind offensichtlich. Alexis de Tocqueville (1805–1859) entstammte einem alten Adelsgeschlecht, seine Eltern waren royalistisch gesinnt, er selbst hat das Bewusstsein seines Standes stets bewahrt. Seine politische Karriere begann 1839, eine führende Rolle spielte er seit 1848. Obgleich ein Gegner Bonapartes, wurde er 1849 dessen Außenminister, widersetzte sich dann aber dessen Staatsstreich. Im Auftrag der französischen Regierung bereiste er 1831 zusammen mit Gustave de Beaumont Nordamerika, um das nordamerikanische Justiz- und Strafsystem zu studieren. Mehr als das Juristische interessierten ihn die politischen und sozialen Verhältnisse in der Neuen Welt. Der französische Aristokrat entdeckte die Demokratie als neue Staatsform und erkannte in der zunehmenden Gleichheit der gesellschaftlichen Bedingungen deren entscheidendes Merkmal. Es handelt sich dabei um ein soziologisches eher denn um ein rechtliches Faktum. In der Demokratisierung sah Tocqueville eine unaufhaltsame, schicksalhafte Bewegung, die in Nordamerika und Europa freilich nicht den gleichen Verlauf nahm. Die Gleichheit der Chancen, sich in der Gesellschaft einen Platz zu sichern, war für Tocqueville das schöpferische Prinzip, die geheime Logik des Fortschritts. Die Anfänge der demokratischen Revolution situierte er im Mittelalter. Frankreich war im 12. Jahrhundert eine feudale Aristokratie, alle Macht gehörte wenigen Familien von Großgrundbesitzern. Mehrere Faktoren führten in den folgenden Jahrhunderten zur Nivellierung der Gesellschaft, nicht zuletzt die monarchische Herrschaft, welche die Nivellierung und damit unbewusst die Demokratisierung der Gesellschaft vorantrieb. Nachdem diese Prozesse die Feudalordnung zerstört und die Könige besiegt haben, wird sie die Bürger – *les bourgeois* – und die Vermögenden nicht verschonen. Die Demokratisierung entspricht dem natürlichen Gang der Dinge, dem widerstehen zu wollen wäre eine Anmaßung der Menschen.[115]

Tocqueville ist dennoch nicht bereit, jede Art von Demokratie zu akzeptieren. In der amerikanischen Demokratie erblickt er zahlreiche Mängel. Die Wahlverfahren führen nicht zwingend zur Selektion der Fähigsten. Die Angehörigen der unteren Klassen verfügen nicht über die erforderliche Bildung und Urteilskraft. Die Leidenschaft für die Gleichheit fördert den Neid. Gefährlicher noch ist die Tendenz der Demokratie, in eine Tyrannei der Mehrheit auszuarten; diese ist so instabil, wie die Wünsche der Menschen unbeständig sind. Die Überzeugung, der Mehrheit sei in politischen Angelegenheiten alles erlaubt, hält Tocqueville für gottlos; ein übergeordnetes Gesetz der Gerechtigkeit begrenzt das Recht jedes Volks. Wer sich auf dies höhere Gesetz beruft und sich weigert, einem demokratisch zustande gekommenen, aber ungerechten Gesetz zu gehorchen, appelliert an die Souveränität der Menschheit. Die Teilung der Gewalten ist nötig, doch ist schwer abzusehen, wie sie angesichts der Allmacht des Mehrheitsverfahrens garantiert werden kann. Gegengewichte zur Tyrannei der Mehrheit bilden neben der Gewaltenteilung Föderalismus und lokale Selbstverwaltung. Letztlich vermag jedoch nur die Religion, nicht die Politik die in der Demokratie angelegten destruktiven Kräfte zu bändigen. Ein demokratisches Gesetz, das dem Volk die Allmacht verspricht und es ermächtigt, alles zu tun, was es im Interesse der Gesellschaft für geboten erachtet, führt es in die Gottlosigkeit, während die Religion es davon abhält, alles zu ersinnen, und ihm verbietet, alles zu wagen. Da die Menschen, sei es im Religiösen, sei es im Politischen, eine Autorität nötig haben, kann vollständige politische Freiheit nur gläubigen Menschen zugestanden werden.[116]

Die Demokratisierung fördert den Individualismus, die Neigung, sich im Rückzug auf Familie und Freunde eine private Gesellschaft zu schaffen. Tocqueville setzt Individualismus mit Isolation und Egoismus gleich und sieht darin die Voraussetzung für eine despotische Regierung. Wer nur den Profit im Auge hat, ist bereit, auf die Freiheit zu verzichten und sich einem Herrn zu unterwerfen. Ein Land, das von seiner Regierung nichts anderes erwartet als Ruhe und Ordnung, ist sklavisch gesinnt und wird dem Mann, der es in Ketten legen wird, keinen Widerstand leisten.[117] Tocquevilles Vision eines demokratischen Despotismus hat auf das politische Denken großen Einfluss ausgeübt. Er entwirft das Bild einer Gesellschaft von Egoisten, die unaufhörlich ihren Vergnügungen nachrennen und die Sorgen ihrer Mitbürger ignorieren. Darüber erhebt sich eine paternalistische Macht, welche die ihr Anvertrauten sowohl schützt wie entmündigt. Sie ist milde und fürsorglich, bietet den Menschen Sicherheit und ist auf ihr Glück bedacht, zugleich regelt sie ihren Alltag bis ins kleinste Detail und unterwirft ihn starren Normen. Indem sie den Menschen jede Verantwortung abnimmt, negiert sie ihre Freiheit. Diese Macht stellt den Despotismus in seiner neuen, demokratischen Gestalt dar.[118]

Der Aristokrat Tocqueville hat im Gegensatz zu vielen seiner Standesgenossen die Französische Revolution nicht als Anmaßung der Vernunft oder Abfall von Gott verdammt. Wenn die Akteure von 1789 glaubten, die alte Ordnung radikal überwunden zu haben und die Revolutionsgegner diese Illusion aufgrund ganz anderer Motive teilen, will Tocqueville mit seiner 1856 erschienenen Schrift *L'ancien régime et la révolution* zeigen, dass die Revolution einen Prozess vollendet, dessen Ursprung in früheren Jahrhunderten zu suchen ist. Sie hat einen notwendigen Transformationsprozess beschleunigt, die feudalen Institutionen abgeschafft und an ihrer Stelle eine soziale und politische Ordnung der Gleichheit errichtet. Das alte Gesellschaftssystem ist in ganz Europa dem Untergang geweiht. Die Französische Revolution hat die Welt überrascht, doch ihre Radikalität wird überschätzt; sie ist die Vollendung einer langen Arbeit, der gewaltsame Abschluss eines Werks, an dem Generationen von Menschen gearbeitet haben.[119]

Die Gemeinsamkeiten zwischen Tocqueville und Marx gehen tief.[120] Marx sieht in der Geschichte eine Abfolge von sozialen Konflikten, die er als Klassenkämpfe bezeichnet; Tocqueville meint, allein die Klassen sollten die Geschichte beschäftigen.[121] Tocqueville wie Marx begreifen die Französische Revolution lediglich als Phase eines langfristigen Prozesses. Beide halten die Eigentumsordnung für den wichtigsten Gegenstand des politischen Streits. Während Tocqueville jedoch mit der Einebnung der Klassengegensätze die Gefahr einer Zerstörung der Individualität verbindet, verspricht Marx sich davon einen Gewinn an Freiheit. Näher stehen sich beide Denker in ihrem Verständnis der Triebkräfte geschichtlicher Prozesse. Marx wie Tocqueville weisen auf den politischen Charakter der mittelalterlichen Gesellschaften und auf den durch den Absolutismus vorangetriebenen Prozess der Entpolitisierung der Gesellschaft hin. Beide lenken die Aufmerksamkeit auf die Zentralisierung der Staatsgewalt, auf Bürokratisierung und Nivellierung der Gesellschaft. Das komplizierte Verhältnis von Individualisierung und Atomisierung ist für beide ein grundlegendes Thema, und schließlich warnen beide vor den Gefahren eines modernen Despotismus. Ähnlich wie Constant und Tocqueville, wenn auch dezidierter, betont Marx, dass die (privaten) *libertés des modernes* ohne die (politischen) *libertés des anciens* wertlos sind.

Mit sozioökonomischen Ungleichheiten hat Tocqueville sich in mehreren Schriften befasst. Ihm war bewusst, dass die modernen Lohnarbeiter den Zwängen von Angebot und Nachfrage auf Gedeih und Verderb ausgeliefert waren und sich in einer permanenten Situation der Unsicherheit befanden.[122] Ebenso war er überzeugt, man könne den Menschen nicht im politischen Bereich vollständige Gleichheit versprechen und sie im sozialen Bereich weiterhin unter extremen Formen der Ungleichheit leiden lassen. Die gefährlichste Form der Ungleichheit sah er im Grundbesitz. Die Ungleichheit der Bedingungen gefährde die demokratische Ordnung, da sie die Besitzenden in Unsicherheit, die Proletarier in Abhängigkeit bringt.[123] Trotz eines gewissen Verständnisses für die Sorgen der lohnarbeitenden Bevölkerung war für Tocqueville im Revolutionsjahr 1848 klar, wo sein Platz war. Die Leidenschaften der französischen Arbeiter waren nicht mehr politisch, sondern sozial, wie er erkannte. Sie wollten nicht Gesetze ändern oder Regierungen auswechseln, sie stellten die Eigentumsordnung in Frage. Damit drohten sie die Grundlagen der Zivilisation zu erschüttern und eine Revolution vorzubereiten, die alles Bisherige in den Schatten zu stellen drohte.[124] Die sozialistischen Forderungen verwarf Tocqueville als lächerlich, grotesk und monströs; er weigerte sich, das Aufbegehren der arbeitenden Klassen gegen ihre Arbeits- und Lebensbedingungen als legitim anzuerkennen, er sah darin den Ausdruck reiner Habgier. In der Polemik gegen den Sozialismus berief er sich auf die französischen Revolutionäre und lobte deren Tugendhaftigkeit. Entscheidend war für ihn, dass die Revolution dem individuellen Eigentum den höchsten Verfassungsrang eingeräumt und den freien Wettbewerb eingeführt hatte. In Robespierre erkannte er den konsequenten Anwalt des Liberalismus.[125] Wenn jedoch die Revolution von 1789 der Bourgeoisie zur Emanzipation verholfen hatte, war die Februarrevolution von 1848, der Aufstand der republikanisch gesinnten Arbeiter, eine Revolution gegen die Bourgeoisie.

Letztlich war Tocqueville sich seiner Sache nicht sicher. Er hätte es vorgezogen, wider die Reaktion statt wider die Sozialisten zu streiten, so bekannte er in seinen Memoiren. Sieht die demokratische Revolution sich nicht notwendig mit sozialen Aufgaben konfrontiert? Zwar verstand er als legitimes Ziel der Revolution die Abschaffung rechtlicher und faktischer Klassenprivilegien, nicht nur eine hypothetische Gleichheit der Bedingungen. Ebenso sah er freilich die Notwendigkeit, mittels materieller Besserstellung den unterprivilegierten Klassen zu ermöglichen, die formal garantierte Freiheit zu nutzen. Er räumte ein, die Grenze zwischen politischen und sozialen Reformen sei nicht klar zu ziehen.[126]

Im Oktober 1847, zu einer Zeit, da die sozialistische Bedrohung noch kaum wahrgenommen wurde, entwarf er ein politisches Programm sozialliberalen Inhalts. Die Geschichte Frankreichs von 1789 bis 1830 war eine Geschichte der Klassenkämpfe zwischen Adel und bürgerlichem Mittelstand. Mit dem Sieg des Mittelstands in der Revolution von 1830 erschlaffte das politische Leben, doch dieser Zustand konnte nicht von Dauer sein. Die Revolution hatte alle Privilegien abgeschafft, alle exklusiven Rechte zerstört – bis auf das letzte Privileg: das private Eigentum. Der siegreiche Mittelstand mochte sich der Illusion hingeben, das Eigentum sei eine uneinnehmbare Feste, doch die neue Zeit gleicht keiner anderen, wie Tocqueville nun warnt. In künftigen Konflikten wird das Eigentum das Schlachtfeld sein, als letzte Festung gegen den Ansturm der demokratischen Bewegung wird es einen schweren Stand haben.[127]

UNIVERSELLES LEIDEN – UNIVERSELLE EMANZIPATION

Zum Abschluss dieses Kapitels verweise ich auf einen der bekanntesten Texte des jungen Marx, auf die 1844 verfasste *Einleitung zur Kritik der Hegelschen Rechtsphilosophie*.[128] Vielzitiert ist die Definition der Religion als Seufzer der bedrängten Kreatur, Gemüt einer herzlosen Welt, Geist geistloser Zustände und Opium des Volkes. Die Kritik der Religion – «im Keim die Kritik des Jammertales» – soll eine notwendige und aufklärende Enttäuschung bewirken, die Befreiung nicht nur von der Illusion, sondern von jedem Zustand, welcher der Illusion bedarf. Erst der enttäuschte, zu Verstand gekommene Mensch vermag sich um seine wirkliche Sonne zu bewegen. Marx verkündet allerdings gleich zu Beginn, für Deutschland sei die Kritik der Religion «im Wesentlichen beendigt».[129] Ein Jahr später wird Georg Jung Marx schreiben, den Kampf mit der Religion könne man füglich dem größeren Publikum überlassen, was aber Politik und Nationalökonomie betreffe, so fehle hierin jeder bestimmte Anhaltspunkt.[130] Die Kritik des Himmels soll nach Marx zur Kritik der Erde werden, die der Religion zu der des Rechts und die der Theologie zur Kritik der Politik. Diese Kritik beginnt damit, dass man das Volk lehrt, vor sich selbst zu erschrecken, um ihm Courage zu machen, und sie endet mit der Lehre, dass der Mensch das höchste Wesen für den Menschen ist, mit dem «kategorischen Imperativ, alle Verhältnisse umzuwerfen, in denen der Mensch ein erniedrigtes, ein geknechtetes, ein verlassenes, ein verächtliches Wesen ist.»[131] Kant hat es wie folgt formuliert: «Handle so, dass du die Menschheit, sowohl in deiner Person, als in der Person eines jeden andern, jederzeit zugleich als Zweck, niemals bloß als Mittel brauchest.»[132] Die Freiheit, die Kant wie Marx postulieren, ist die Fähigkeit des Menschen, sich selbst als Zweck zu setzen und als solcher respektiert zu wissen. Um die Verhältnisse zu revolutionieren, bedarf es für Marx indes einer materiellen Grundlage. Grundlegend ist die Bedürftigkeit des Menschen, seine Situation in der Gesellschaft. Die Philosophie muss zur Praxis werden, zur Anwältin der unbefriedigten Bedürfnisse nach Bildung, Freiheit und Demokratie.

Die von Marx postulierte Radikalität der Revolution, die Bereitschaft, die Sache an der Wurzel zu fassen, bleibt unerreichbar, solange nur eine bestimmte soziale Klasse «von ihrer besonderen Situation aus die allgemeine Emanzipation der Gesellschaft unternimmt.» Diese – bürgerliche – Klasse glaubt, die ganze Gesellschaft befreien zu können, sie vergisst, dass Geld und Bildung Privilegien sind, von deren Genuss ein großer Teil der Gesellschaft ausgeschlossen ist. Der Irrtum ist verzeihlich, keine Klasse kann diese Rolle spielen, «ohne ein Moment des Enthusiasmus in sich und in der Masse hervorzurufen, ein Moment, worin sie mit der Gesellschaft im allgemeinen fraternisiert und zusammenfließt, mit ihr verwechselt und als deren allgemeiner Repräsentant empfunden und anerkannt wird [...].» Damit die Emanzipation einer Klasse mit der Revolution des ganzen Volkes zusammenfallen kann, müsste eine «besondre soziale Sphäre für das notorische Verbrechen der ganzen Sozietät gelten, so dass die Befreiung von dieser Sphäre als die allgemeine Selbstbefreiung erscheint.»[133] Diese besondere Sphäre ist jene des Proletariats, das im Zuge der Industrialisierung Deutschlands wächst und an dem das notorische Verbrechen begangen wird: die menschenunwürdigen Verhältnisse in den Produktionsstätten. Die Befreiung von den darin herrschenden Zuständen würde der gesamten Gesellschaft die Selbstbefreiung ermöglichen.

Es fehlt in Deutschland jene «revolutionäre Kühnheit, welche dem Gegner die trotzige Parole zuschleudert: Ich bin nichts, und ich müsste alles sein.» Die Anspielung auf Sieyès ist unüberhörbar. Der Abbé Emmanuel-Joseph Sieyès hatte sich kurz vor Ausbruch der Revolution als Anwalt des dritten Stands profiliert.[134] Dieser Stand hatte bisher den oberen Ständen – Adel und Klerus – als nichts gegolten, doch ist er alles, wie Sieyès verkündet, ohne ihn könnte Frankreich nicht existieren. Dabei hatte er allerdings nur die bürgerliche Oberschicht im Blick, nicht die unteren Klassen, welche die Mehrheit des drittens Stands ausmachen. Marx will daher die Pflicht zur Revolution einer Klasse der bürgerlichen Gesellschaft überantworten, die keine Klasse der bürgerlichen Gesellschaft ist, einem Stand, welcher die Auflösung aller Stände ist. Die Rede ist wiederum vom Proletariat, ohne dessen Aktivität die bürgerliche Gesellschaft nicht existieren könnte und das doch als gleichberechtigter Partner darin nicht geduldet ist. Was indes in Frankreich, das eine gewaltige Revolution gewagt hat, möglich zu sein scheint, ist in Deutschland, das noch nicht in der Moderne angekommen ist, unmöglich. Hier ist der Stand der Arbeiter, wie vormals in Frankreich der bürgerliche Stand, nichts. In Frankreich – und schließlich in ganz Europa – kann die Rolle des universellen Emanzipators nur von einer Klasse besetzt werden, welche «alle Bedingungen der menschlichen Existenz unter der Voraussetzung der sozialen Freiheit organisiert.» Nur die Klasse, die «einen universellen Charakter durch ihre universellen Leiden besitzt und kein besondres Recht in Anspruch nimmt», nur die Sphäre, welche sich nicht emanzipieren kann, ohne alle übrigen Sphären der Gesellschaft zu emanzipieren, kann die Rolle besetzen. Die Negation des Privateigentums ist notwendig das Ziel der Revolution gegen eine Gesellschaft, welche darin ihr Prinzip gefunden hat. Wenn in Deutschland der König das Volk für sein Privateigentum erklärt, spricht das nur aus, dass der Privateigentümer in dieser Welt der König ist. Die «einzig praktisch mögliche Befreiung Deutschlands» ist dann folgerichtig die Befreiung auf dem Standpunkt der Theorie, welche den Menschen für das höchste Wesen des Menschen erklärt und nicht akzeptiert, dass ein Mensch Besitztum eines anderen sein kann.[135]

Das Grundproblem des politischen Denkens hatte für Hobbes in der Einsicht bestanden, dass der Mensch nicht von Natur ein politisches, sondern ein egoistisches Wesen ist. Menschen leben in einer Situation steter Unsicherheit und Angst; Mitmenschen fürchten sie als Konkurrenten und potenzielle Feinde. Hannah Arendt sah in Hobbes den Philosophen, der die Weltanschauung der Bourgeoisie in ihrer reinen, egoistischen und nihilistischen Form antizipiert hat.[136] Arendt zeichnet freilich von der Bourgeoisie ein weitaus negativeres Bild, als Marx es tut. Generell lässt sich sagen, dass die intellektuelle Stimmungslage im Europa des 19. Jahrhunderts von Hobbes' Pessimismus geprägt gewesen ist. Einer Überzahl von Konservativen, religiös Gesinnten, Sozialreformern und Utopisten steht eine Minderheit liberaler Denker entgegen. Während die einen Atomisierung und Konkurrenz in den grellsten Farben malen, sehen die anderen in den neuen Freiheiten des Individuums die Verheißung einer glücklicheren Zukunft. Marx gehört zur liberalen Seite; die Emanzipation des Individuums stellt für ihn den notwendigen und wichtigsten Fortschritt der Geschichte dar. Dass die «atomistische» Konkurrenz für die freie Entfaltung der Individualität eine Gefahr darstellt, ist freilich für ihn ebenso klar. Die Frage, wie angesichts der Vielfalt individueller Interessen ein Staat ein Gemeinwohl definieren und fördern kann, musste sich auch Marx stellen. Der von Helvétius, Holbach und Bentham vertretene Materialismus, auf den er sich beruft, ist ein Humanismus, der mit der Betonung der Selbstliebe, des Nutzens und des individuellen Interesses liberale Werte vertritt. Der Rhetorik des Gemeinwohls bedienten sich zwar auch Liberale zuweilen gerne, doch waren sie diesbezüglich eher skeptisch. Constant und Tocqueville vertreten spezifische Klasseninteressen, die nicht identisch sind mit jenen des Adels oder der arbeitenden Klassen. Marx wird sich in den kommenden Jahren hauptsächlich mit den Konflikten zwischen sozialen Klassen auseinandersetzen; die Frage, ob erfolgreiche Revolutionen gegensätzliche Interessen im Rahmen eines Gemeinwohls versöhnen können, bleibt offen. Dem Gemeinwohl müsste ein vernünftiger Wille zugrunde liegen, das steht auch für Marx fest, doch fügt er hinzu, dies sei eigentlich «Sache des Wissens und nicht des Willens.»[137] Die Hoffnung auf eine Verbesserung der politischen und sozialen Verhältnisse nährt sich vorerst aus der Tatsache, dass «alle denkenden und alle leidenden Menschen zu einer Verständigung gelangt sind.»[138]

IV

DAS UNLÖSBARE RÄTSEL DER VERFASSUNG ODER: PRAXIS DER POLITIK

Auf die Theorie der Politik, auf die Verfassungslehre, folgt ihre Praxis, doch die Theorie scheint sich angesichts der Praxis zu blamieren. Woran liegt das? Eine kurze Antwort könnte lauten: Es liegt am Klassenkampf. Das neuzeitliche politische Denken fragt nach der Legitimität politischer Herrschaft und bestimmt die Rechtsgleichheit der Bürger als Legitimitätskriterium. Bürger haben Rechte gegenüber dem Staat, allerdings sind Staatsbürgerrechte noch im 19. Jahrhundert an Besitz gebunden. Besitzlose sind ausgeschlossen, sie dürfen im Staat nicht mitbestimmen, was zur Folge hat, dass ihre Anliegen politisch irrelevant bleiben. Die arbeitende Bevölkerung ist im Alltag von willkürlicher Machtausübung in vielfältigen Formen betroffen, die, weil sie als privat gilt, nicht in den Kompetenzbereich des Staats fällt und in der Praxis nur selektiv sanktioniert wird. Die politische Handlungsfreiheit der arbeitenden Bevölkerung beschränkt sich daher auf den Bereich jenseits der Institutionen. Politisches Handeln, das auf materielle Besserstellung, größere Freiheit, besseren Schutz vor der Willkür der Arbeitgeber und vor allem politische Partizipation zielt, ist auf Praktiken angewiesen, welche die Verfassung nicht vorsieht. So wird in der Französischen Revolution den Arbeitern das Assoziationsrecht, das Recht auf gewerkschaftliche Organisation, 1791 von der Nationalversammlung abgesprochen und als Attentat auf Freiheit und Menschenrechte definiert. In Großbritannien verfassen die Chartisten, die organisierten Arbeiterbewegungen, eine Volkscharta und fordern das allgemeine Wahlrecht. Die Teilung der politischen Gewalten soll den Bürgern Schutz und Sicherheit bieten, doch die Interessen der arbeitenden Bürger sind in der Legislative nicht repräsentiert. Was gemeinhin als Klassenkampf bezeichnet wird, ist der Kampf der Besitzlosen um jene Rechte, die den Besitzbürgern selbstverständlich zustehen.

Historischer Materialismus, Klassenkampf, Revolution – die Begriffe werden mit dem Denken von Marx assoziiert. Klassenkampf sei inhuman, so urteilen Kritiker und loben die humane Auffassung von Adam Smith.[1] Smith wusste freilich so gut wie Marx, dass die arbeitende Bevölkerung in der neuen Wirtschaftsordnung stets benachteiligt ist. Im Gegensatz zu Marx hielt er dies für notwendig. Zahlreiche Autoren – Historiker, Ökonomen und Staatstheoretiker – haben vor Marx den Kampf der Klassen analysiert, wie ich in der Folge anhand einiger Beispiele dokumentieren möchte; sie haben beschrieben, was sie aus der Geschichte gelernt haben und in ihrer eigenen Zeit studieren konnten. Theorien können helfen, die Welt besser zu verstehen; wieso sollte eine Analyse der Verhältnisse inhuman sein? Manche der Autoren, die Marx der Inhumanität beschuldigen, haben über die brutale Realität der Kämpfe zwischen vermögenden und besitzlosen Klassen oder über inhumane Arbeitsbedingungen kein

Wort verloren. Sie haben die Inhumanität jener guten Bürger schlicht vergessen, welche bei mehreren Gelegenheiten Tausende von Menschen massakriert haben, sei es in Europa, sei es in anderen Ländern und Kontinenten, Menschen, die dummerweise in die falsche Klasse hineingeboren worden sind. Dies ist kein Grund, die oft viel schlimmeren Verbrechen, die im Namen des Kommunismus begangen worden sind, zu vergessen. Dass jedoch Konflikte zwischen Klassen seit der Antike die Geschichte der Menschheit – nicht ausschließlich, aber doch zu einem guten Teil – bestimmen, ist alles andere als eine ideologische Marotte.

Marx hat den Klassenkampf nicht in die Welt gesetzt, er hat ihn in der Geschichte vorgefunden und in den Büchern von Smith und zahlreichen weiteren Autoren studiert.[2] Was den Historischen Materialismus betrifft, so ist der Ausdruck bei ihm nicht zu finden, die Sache selbst schon – wie bereits bei vielen seiner Vorgänger. Im Vorwort *Zur Kritik der politischen Ökonomie* von 1859 schreibt er: «Meine Untersuchung mündete in dem Ergebnis, dass Rechtsverhältnisse wie Staatsformen weder aus sich selbst zu begreifen sind noch aus der allgemeinen Entwicklung des menschlichen Geistes, sondern vielmehr in den materiellen Lebensverhältnissen wurzeln, deren Gesamtheit Hegel, nach dem Vorgang der Engländer und Franzosen des 18. Jahrhunderts, unter dem Namen ‹bürgerliche Gesellschaft› zusammenfasst, dass aber die Anatomie der bürgerlichen Gesellschaft in der politischen Ökonomie zu suchen sei.»[3]

Smith ging in seiner berühmtesten Schrift – *An Inquiry into the Nature and Causes oft the Wealth of Nations* – wie vor ihm schon Locke und Rousseau, davon aus, dass politische und richterliche Gewalt erst nötig wird, wenn es gilt, privates Eigentum zu schützen. Wird es akkumuliert, verleiten Habgier und Ehrgeiz die Reichen, Arbeitsscheu, Faulheit und Vergnügungssucht die

Armen zu Übergriffen auf fremdes Eigentum. Großes Vermögen bewirkt große Ungleichheit; der Überfluss weniger setzt die Armut bei vielen voraus, dieser elementaren Einsicht konnte sich auch Smith nicht verschließen. Der Reichtum der Besitzenden reizt die Habenichtse zur Empörung. Durch Not gezwungen oder durch Neid getrieben, trachten sie nach dem Eigentum der Reichen. «Nur unter dem Schutz einer staatlichen Behörde kann der Besitzer eines wertvollen Vermögens, Frucht der Arbeit vieler Jahre oder sogar vieler Generationen, auch nur eine einzige Nacht ruhig und sicher schlafen.»[4] Der Zweck des Staats ist kein anderer als der, den Erwerb und Erhalt großer Vermögen zu ermöglichen. Die ungleiche Verteilung der Reichtümer und Chancen bewirkt unausweichlich soziale Konflikte, die ganz unterschiedliche Gestalt annehmen können. Zu veritablen Auseinandersetzungen zwischen den besitzenden und den besitzlosen Klassen ist es erstmals im frühen 19. Jahrhundert in England und Frankreich gekommen.

Der schottische Jurist und Historiker John Millar (1735–1801) schrieb in *The Origin of the Distinction of Ranks*, die Ursachen der verschiedenen Rechts- und Regierungsformen seien in den Lebensumständen der Menschen zu suchen, den verfügbaren natürlichen Ressourcen, den für die Beschaffung der Subsistenzmittel erforderlichen Arbeitsweisen, der Qualität des Handwerks und der Möglichkeiten des Handels.[5] Auch für Millar stand fest, dass erst die Institution des Privateigentums die Ungleichheiten zwischen den Menschen erzeugt. Die wichtigste Anregung aus den Reihen der schottischen Aufklärung verdankte Marx jedoch dem Historiker Adam Ferguson (1723–1816). Geprägt von Montesquieu und Rousseau, stand er dem ökonomischen Fortschritt wesentlich kritischer gegenüber als Smith. In seinem *Essay on the history of civil society* stellte er dem griechischen und römischen

Patriotismus den Geist eines Handelsstaats entgegen, worin der Mensch sich als losgelöstes und einsames Wesen fühlt. Gezwungen, mit seinen Mitmenschen in Konkurrenz zu treten, handelt er mit ihnen, wie er mit Vieh handelt: ausschließlich um des Gewinns willen. «Die mächtige Maschine, von der wir annehmen, dass sie die Gesellschaft gebildet hat, die dient hier nur dazu, ihre Mitglieder zu entzweien oder ihren Verkehr fortzusetzen, nachdem die Bande der Zuneigung zerrissen sind.»[6] Die Individualität ist gefährdet, das Individuum ist nicht mehr Selbstzweck, es muss zugunsten der Gesellschaft auf sein Glück und seine Freiheit verzichten. Tatsächlich aber sollte der Endzweck der Gesellschaft das Glück der Individuen sein.[7] Was den Staatszweck betrifft, so knüpfte Ferguson direkt an Rousseau an: Derjenige, der sich zuerst ein Stück Land aneignet, schafft damit unbewusst die Grundlagen bürgerlicher Gesetze und politischer Institutionen. Wer sich als Erster einem Führer unterwirft, schafft unbewusst das Beispiel für dauernde Unterordnung, «unter dessen Vorwand der Raffgierige seinen Besitz an sich reißen und der Hochmütige seine Dienste beanspruchen würde.»[8] Ähnlich wie Machiavelli sieht Ferguson im politischen Streit die sicherste Garantie der Freiheit, diese wird «durch die beständigen Meinungsverschiedenheiten und Gegensätze der vielen aufrechterhalten, nicht etwa durch ihren gemeinsamen Eifer für eine unparteiische Regierung.»[9] Dass die hauptsächliche Funktion von Sozialvertrag und Gesetz der Schutz des Eigentums ist, versteht sich auch für ihn. Vergeblich sucht der demokratische Geist materielle Gleichheit zu schaffen; die selben Institutionen, welche die Schwachen vor Unterdrückung schützen sollen, sichern das Eigentum, die ungleiche Verteilung der Güter und die Übermacht jener, von denen Machtmissbrauch zu befürchten ist.[10] Mit Sorge beobachtet Ferguson die Folgen der Arbeitsteilung. Die gewerblichen

Tätigkeiten erfordern keine intellektuellen Fähigkeiten; Gefühl und Vernunft werden unterdrückt; Unwissenheit ist die Mutter des Gewerbefleißes. Das Gewerbe gedeiht dort am besten, wo die Fabrik als Maschine verstanden wird, deren einzelne Teile Menschen sind. Die Arbeitsteilung ist neben den unterschiedlichen natürlichen Talenten und der ungleichen Verteilung des Eigentums der dritte Grund für die Unterordnung von Menschen unter ihresgleichen. Ferguson konstatiert, dass die modernen Gesellschaften eine Nation von Heloten, aber keine freien Bürger mehr hervorbringen.[11] Es sind die Gesetze des Wettbewerbs, die Menschen korrumpieren, doch die Freiheit ist ein Recht, das jedem Individuum zusteht, keine Gunst, die verliehen wird.[12]

Man sieht: Marx musste den Historischen Materialismus und den Klassenkampf nicht erst erfinden.[13] Der Mensch als arbeitendes, produzierendes Wesen ist Subjekt und Antrieb der Geschichte. Weil die Arbeitswelt unterteilt ist in besitzende und nichtbesitzende Klassen, deren Interessen sich widersprechen, wird der Klassenkonflikt zum bestimmenden Motor. Der Klassen- oder besser Ständekampf nimmt bereits im Werk von Machiavelli breiten Raum ein. Der Florentiner Staatsmann hatte sich in den *Discorsi* mit den Konflikten zwischen Volk und Adel, in den *Istorie Fiorentine* auch mit dem ersten Arbeiteraufstand der frühen Neuzeit befasst. Wer Macht und Reichtum akkumuliert, ist müßig, parasitär, lebt von der Arbeit anderer. Die negativen Folgen des eignen Handelns werden nicht selbst getragen, sondern auf andere abgewälzt.[14] Diese Einsicht in die Funktionsweise der Macht hat viele politische Denker beeinflusst, auch Marx. Er hat aus den *Discorsi* zentrale Abschnitte exzerpiert. Machiavelli sieht im Konflikt zwischen Volk und Adel eine Chance; aus Tumult und Agitation entstehen die Gesetze, welche die Freiheit fördern. Mit diesem Befund widerspricht er der Tradition des politischen Denkens, die seit Platon und Augustinus Ordnung und Harmonie für das höchste Ziel der Politik hält. In der Ungleichheit der Bürger erkennt er eine Gefahr für die Republik und die Freiheit. Im Adel sieht er eine habgierige und aufrührerische Schicht, den ärgsten Feind der bürgerlichen Gesellschaft. Den abschätzigen Urteilen über das Volk, die bei so manchen Philosophen zu finden sind, widerspricht er entschieden: Die Geschichte hat gezeigt, dass das Volk über größere politische Kompetenz verfügt als der Adel; es will seine Freiheit bewahren, während das Verhalten des Adels von Herrschsucht bestimmt wird.[15] Bei Machiavelli zeichnet sich ab, was dann im 18. Jahrhundert den Klassendiskurs beherrschen wird: Es gibt nützliche und nutzlose, parasitäre Klassen.

Der Konflikt zwischen parasitären und produktiven Klassen führt notwendig zur Revolution, auch dies ist eine liberale Einsicht. In allen Revolutionen stehen sich zwei Parteien gegenüber, die Partei jener, die von ihrer eignen Arbeit leben wollen, sowie jener, die von der Arbeit der anderen leben wollen, so hält der liberale Ökonom Adolphe Blanqui in der Einleitung zu seiner *Histoire de l'économie politique en Europe* fest.[16] Die Quellen, welche die Theorien der materialistischen Geschichtsauffassung und des Klassenkampfs antizipiert haben, sind zahlreich. An prominente Akteure der Französischen Revolution wie Barnave, an Saint-Simon, Tocqueville, Hamilton und Lorenz von Stein ist zu erinnern. Doch was sind Klassen? Als Kriterium der Klassendifferenzierung setzte sich zu Beginn des 19. Jahrhunderts der Nutzen durch. Der Unternehmer wurde zum neuen Helden, der Achtung verdient, war er doch im Gegensatz zu Soldaten, Politikern und Klerikern der Gesellschaft nützlich. So unterschiedliche Autoren wie Sieyès oder Saint-Simon argumentierten ähnlich. Sieyès erklärte in seiner 1789 erschienenen Schrift *Qu'est-ce que le tiers état?* den dritten Stand zur wirklichen Nation. Adel und Klerus haben sich mit ihrem Anspruch auf Privilegien selbst aus der politischen Gemeinschaft ausgeschlossen, während die Angehörigen des dritten Standes alle für die Nation unverzichtbaren Arbeiten verrichten und die wichtigen öffentlichen Funktionen ausfüllen.[17] Faktisch beschränkte sich das «Volk», dessen Interessen in der Gesetzgebung repräsentiert werden sollen, allerdings auf die vermögende Oberschicht. Saint-Simon unterscheidet die unproduktive von der produktiven, arbeitenden Klasse, wozu er Kapitalisten und Bankiers zählt. Die parasitären Klassen, Adel, Grundbesitzer, Klerus und Militär, müssen der produktiven Klasse weichen, die moderne Nation transformiert werden in ein produktives Unternehmen.[18] Der frühe Liberalismus sieht in der Geschichte der Menschheit eine Geschichte von Konflikten zwischen privilegierten Klassen parasitärer Ausbeuter, wozu die Mitglieder des Staatsapparats gehören, und aktiven Klassen. Marx widerspricht dieser Auffassung nicht, auch in seinem Urteil ist der Staat selbst eine ausbeuterische Macht.

1852 schreibt Marx an seinen Freund Joseph Weydemeyer, die «Herrn Demokraten» täten gut daran, sich in die «Bourgeoisliteratur» zu vertiefen, bevor sie die Gegenseite anbellten. Er riet ihnen, die Schriften von Thierry, eines ehemaligen Mitarbeiters von Saint-Simon, sowie von Guizot zu studieren. Der Historiker und konservative Politiker Guizot sah die französische Geschichte als einen dreizehn Jahrhunderte dauernden Krieg zwischen dem Volk der Sieger und jenem der Besiegten, der 1789 mit dem Sieg der bislang Besiegten endet. In seinen *Essais sur l'histoire de France* formuliert er das Grundmotiv des Historischen Materialismus bereits klar: Bislang haben die meisten Schriftsteller und Historiker die politischen Institutionen in der Hoffnung studiert, auf diesem Weg etwas über den Zustand der Gesellschaft zu erfahren. Es wäre klüger gewesen, genau umgekehrt zu verfahren und zuerst die Gesellschaft selbst zu studieren, um dann ihre politischen Institutionen verstehen zu können. Noch bevor sie zu einer Ursache werden, sind die Institutionen Wirkung. Die Gesellschaft erzeugt sie, bevor sie durch sie verändert wird. Anstatt im System oder den Formen der Regierung danach zu suchen, in welchem Zustand das Volk sich befindet, muss man zuerst den Zustand des Volks untersuchen, um dann herauszufinden, was die Regierung sein muss oder sein kann.[19]

Die Historiker und Ökonomen des frühen 19. Jahrhunderts stehen noch ganz im Banne jenes Ereignisses, das gezeigt hat, wie tiefgreifend der Konflikt zwischen privilegierten und benachteiligten Klassen die Welt verändern kann. Antoine Barnave (1761–1793), als Abgeordneter der Generalstände und danach Vertreter des dritten Stands ein aktiver Teilnehmer der Revolution, hatte eine *Introduction à la Révolution française* verfasst, die nach seinem Tod veröffentlicht wurde.[20] Es sei, so schrieb er, eine Illusion zu glauben, Gesetze seien das Produkt des freien menschlichen Willens. Die Natur der Dinge, die soziale Entwicklungsstufe eines Volks, sein Reichtum, seine Bedürfnisse, Gewohnheiten und Sitten bestimmten die Verteilung der Macht. Barnave war überzeugt, dass die jeweils Mächtigen Gesetze in der Absicht erlassen, Macht auszuüben und zu bewahren. Doch der Zivilisationsfortschritt verändert die Kräfteverhältnisse. Die Geschichte der Menschheit beginnt, so Barnave, mit Demokratie, Gemeineigentum, Unabhängigkeit und Gleichheit. Danach erst bilden sich monarchische und aristokratische Elemente heraus. Werden die Menschen sesshaft und müssen ihre Produktionsweise anpassen, beginnt das Eigentum die Institutionen zu prägen. Reichtum verbindet sich mit Macht, Demokratie und Gemeineigentum gehen unter. Das Land wird privatisiert; das

Eigentumsrecht definiert fortan die Machtverteilung und begünstigt die Aristokratie. Die Armen werden von den Reichen abhängig, verschulden sich, werden in Sklaverei gezwungen. Mit der Unfreiheit geht die Unwissenheit einher, der Arme weiß sich nicht zu helfen und sinkt auf die niederste Stufe der menschlichen Natur hinab. Die Privilegierten, die Macht, Reichtum und Bildung besitzen, vereinigen alle Macht in ihren Händen. Doch Aufklärung, Handel, Gewerbe und Industrie können den Fortschritt herbeiführen. Kommt die arbeitende Klasse zu Reichtum und Bildung, ist die Revolution unausweichlich, damit auch eine neue Machtverteilung. Jetzt ist die Zeit der kultivierten Demokratie herangereift.

Bereits Barnave erkannte, dass jede Regierungsform bedingt ist durch ihre materielle Basis. So ermöglicht Grundbesitz die Aristokratie, bewaffnete Macht die Monarchie, beweglicher Reichtum die Demokratie. In Europa hat die gewerbetreibende Klasse die Herrschaft des Adels beendet und sich von jener der katholischen Kirche emanzipiert. Das Feudalregime verdankte seine Macht der Ohnmacht des Königs, der Unwissenheit und Versklavung der armen Volksschichten. Doch die Natur sorgt dafür, dass die arbeitende Bevölkerung sich durchsetzt und dem Fortschritt von Aufklärung, Wohlstand und Freiheit nichts mehr im Wege steht. Der dritte Stand, welcher der Monarchie lange Zeit im Kampf gegen den Adel zur Seite gestanden ist, kann schließlich beim Ausbruch der Revolution nicht mehr akzeptieren, weiterhin aus der politischen Macht ausgeschlossen zu sein.

Über die französische Geschichte war Marx bestens informiert, wie die einschlägigen Exzerpte zeigen. Was die nordamerikanischen Zustände betrifft, so hatte er – wie im 2. Kapitel ausgeführt – die Werke von Tocqueville, Beaumont und Hamilton konsultiert. *Die Menschen und die Sitten in den vereinigten*

Staaten von Nordamerika von Thomas Hamilton war für ihn eine wichtige Fundgrube.[21] Ähnlich wie Tocqueville hatte Hamilton die nordamerikanische Gesellschaft studiert, im Gegensatz zu diesem aber erkannt, dass die arbeitende Bevölkerung nicht im gleichen Maß von der «Gleichheit der Bedingungen» profitiert wie die besitzenden Klassen. Sind die Vereinigten Staaten tatsächlich ein Land der Freiheit und Gleichheit? Die Sklaverei ist in den nördlichen Staaten abgeschafft, doch die Freigelassenen können trotz formaler Gleichberechtigung keinen Gebrauch von den Gaben machen, die ihnen die Natur verliehen hat, die Gesetze haben ihre Lage verschlimmert und sie zu Sklaven ohne Herren gemacht. Gleichheit bedeutet, dass kein Stand privilegiert ist, diese Gleichheit ist längst nicht in allen Staaten garantiert.

Hamilton stellt jedoch auch fest, dass die Masse des einfachen Volks den Sieg über die Eigentümer und den Geldreichtum davongetragen hat und als einzige Quelle der Macht und der Ämterverteilung anerkannt ist. Die Regierung schmeichelt dem Pöbel und nimmt seine Ansprüche zur Richtschnur der Gesetzgebung. In New York hat sich die bürgerliche Gesellschaft in zwei Teile gespalten, die arbeitende Bevölkerung und jene, die nicht gezwungen sind, ihren Lebensunterhalt durch harte Arbeit zu verdienen. Tagelöhner und Handwerker – *Workies* – organisieren sich, publizieren ihre Zeitschriften und fordern gleiche Bildungschancen wie die bürgerlichen Klassen, da sie nur unter dieser Bedingung die Chance haben, politisch mitzubestimmen. Eine radikalere Fraktion verlangt neue Agrargesetze, die eine gleiche Verteilung des Eigentums garantieren. Hamilton befürchtet eine bildungsmäßige Nivellierung und wachsende Unsicherheit für die besitzenden Klassen. Die Herrschaft des Volks steht unmittelbar bevor, wie er glaubt.

Schließlich hat in Deutschland Lorenz von Stein mit seinem

1848 publizierten Artikel *Die socialen Bewegungen der Gegenwart*[22] die Aufmerksamkeit auf die Lage der Arbeiter gelenkt. Die Französische Revolution hat die staatliche Ordnung nicht zerstören können. Nach 1815 aber sind «ganz unzweifelhaft die Zeichen einer durchaus neuen Zeit an dem Horizont des menschlichen Lebens erschienen.» Stein meint damit die sozialen Bewegungen der europäischen Völker. Die Gesellschaft entsteht aus den Verhältnissen zwischen Menschen, die sich aufgrund von Vermögen, Bildung, geistiger und materieller Arbeitskraft unterscheiden. Maß und Natur der verfügbaren Güter und des persönlichen Besitzes entscheiden über die Lebensaussichten jedes einzelnen Menschen. Die Gesellschaft ist eine Verteilungsordnung, darin sind nun die «heftigsten, furchtbarsten Bewegungen» entstanden, welche die Geschichte der Menschheit kennt; diese Bewegungen sind der «herrschende Grundzug des innern Lebens der Völker.»

Die Menschen sind «ihrem abstracten Begriffe nach gleich», doch die Gesellschaft macht sie ungleich. Jeder Mensch ist zur Vervollkommnung seiner Persönlichkeit fähig und bestimmt. Voraussetzung ist der Besitz von Gütern, die Bildung und die Entwicklung von Fähigkeiten ermöglichen. Die zufällige Verteilung beherrscht nun aber das «Höchste der Welt», das Gesetz der persönlichen Entwicklung. Eine politische Gemeinschaft ist reich und mächtig, wenn darin jeder einzelne Mensch es ebenfalls ist. Die Gesellschaft verunmöglicht einen solchen Zustand. Damit wenige viel besitzen, müssen viele wenig besitzen. Die wenigen Vermögenden haben Macht und Einfluss, so liegt es in der Natur der Sache, dass «sich der Besitz entweder direct oder indirect der Staatsgewalt bemächtigt.» Die vermögende Klasse instrumentalisiert die Staatsgewalt zum Zweck der Erhaltung und Vermehrung ihres Besitzes sowie der Unterdrückung jeder

Opposition. Das Volk spaltet sich auf in zwei Klassen, die Herrschaft der Vermögenden wird diktatorisch, während die Benachteiligten das Gefühl der Freiheit verlieren.

Stein beschreibt die gewandelten Arbeitsbedingungen seit Beginn der Industrialisierung, den Umstand, dass die Arbeiter nunmehr auf sich selbst angewiesen sind. Während der Handwerker in vorindustriellen Verhältnissen Urheber seines eigenen Glücks oder Unglücks war, hat der Arbeiter «nichts als seine Arbeit und kann nie mehr als sie gewinnen.» Er ist durch die Natur seiner Tätigkeit dazu bestimmt, vom Kapitalerwerb ausgeschlossen zu bleiben. Die Arbeit wird zur Ware, deren Preis wird bestimmt durch die Gesetze von Angebot und Nachfrage. Die Arbeiter werden, ausgeschlossen von der politischen Partizipation, zur reinen Untertanenklasse. Man hat, wie Stein darlegt, dem Kapital ein Recht zugestanden, das Recht auf Schutz und freie Verfügung über das Privateigentum, ein entsprechendes Recht steht der Arbeit genauso zu. Dass der «Widerspruch» in der Lage des Proletariats eine Lösung erfordert, ist für Stein evident. Die bloße Erhöhung des Lohns wird indes nur zur Verteuerung der Waren führen und am eigentlichen Problem nichts ändern. Es ist die Unlösbarkeit des Problems, die eine soziale Gefahr darstellt. Was tun? Entweder suchen die Arbeiter «auf ruhigem und vernünftigem Wege den Ausweg, den wir allerdings bis jetzt noch nicht erkennen», oder aber sie wollen «von vorherein das Unmögliche», eine neue Güterverteilung. Dies aber würde das persönliche Eigentum aufheben. Es bleibt somit nur ein Mittel: «die volle und ehrliche Aufklärung des Volkes über Das, was möglich ist und Das, was unmöglich ist.»

Die Auswahl einiger Schriften, die materialistisch argumentieren, die Aufmerksamkeit auf die ökonomischen Voraussetzungen von Staat und Gesellschaft, Recht und Freiheit sowie auf die unvereinbaren Klasseninteressen richten, zeigt, wie dringlich das Thema zu Marx' Zeiten gewesen ist. Der nordamerikanische Ökonom Carey hatte die gesamte europäische Zunft der wohlgemerkt «bürgerlichen» Ökonomen angeklagt, mit ihren Schriften, mit der bloßen Erwähnung des wachsenden Klassenantagonismus, die bürgerliche Ordnung zu unterminieren und den Bürgerkrieg heraufzubeschwören. Zu den Schuldigen gehörte selbst Ricardo, den Marx – bei aller Hochschätzung für dessen wissenschaftliche Leistungen – als den klassischsten Vertreter der Bourgeoisie und stoischsten Gegner des Proletariats charakterisierte. Marx war sich vollständig im Klaren: «Was mich nun betrifft, so gebührt mir nicht das Verdienst, weder die Existenz der Klassen in der modernen Gesellschaft noch ihren Kampf unter sich entdeckt zu haben. Bürgerliche Geschichtsschreiber hatten längst vor mir die historische Entwicklung dieses Kampfes der Klassen [...] dargestellt.»[23]

Was Marx sah in seiner Zeit, das sahen viele seiner gelehrten Zeitgenossen ebenso, sie deuteten es allerdings unterschiedlich, nüchtern-wissenschaftlich die einen, welche die Probleme nicht ignorierten, moralisierend-anklagend jene, die dem Proletariat selbst die Schuld an seiner Lage zuschieben wollten. Eine gewisse Unredlichkeit kommt in vielen Schriften zum Ausdruck. Steins Empfehlung, die Arbeiter möchten doch selbst den Ausweg suchen, der ihm, dem anerkannten Gelehrten, verborgen blieb, ist exemplarisch. Die «Unlösbarkeit» des Problems erklärt sich schlicht aus der Tatsache, dass das private Eigentum als sakrosankt gilt und weiterhin gelten soll, stellt es doch die sicherste Grundlage für die staatliche und soziale Stabilität dar.

Was Marx und Engels im *Manifest der kommunistischen Partei* schreiben, unterscheidet sich als Analyse der damaligen Verhältnisse nicht allzu sehr von anderen Zeitdiagnosen, als Aufruf zur Veränderung und Formulierung eines politischen Programms hingegen schon. Dass die Geschichte aller bisherigen Gesellschaft die Geschichte von Klassenkämpfen ist, hatten aufmerksame Beobachter in England, Frankreich und selbst Deutschland längst erkannt. Bauern-, Bürger- und Konfessionskriege, Auseinandersetzungen zwischen Adel und Unterschicht gab es in Europa auch in der frühen Neuzeit. Politische Unterdrückung und ökonomische Ausbeutung der mittellosen Klassen bedingten sich stets gegenseitig. Was Marx beschäftigt, ist die mit dem Aufstieg des industriellen Kapitalismus einhergehende neue Form der Konfrontation zwischen zwei Klassen.

Die erste Botschaft des *Manifests* ist die von der Zuspitzung der Klassengegensätze: Zwei große feindliche Lager stehen sich gegenüber, Bourgeoisie und Proletariat. Seefahrt, Entdeckungen, ferne Märkte und Kolonisation eröffnen der Bourgeoisie neue Möglichkeiten, Handel und Industrie erleben einen Aufschwung, der Zerfall der feudalen Gesellschaft beschleunigt sich, die Manufaktur verdrängt das Zunftwesen, die industrielle Produktion die Manufaktur und eine neue Oberschicht der Kapitaleigner den Mittelstand. Die moderne Bourgeoisie ist sozusagen das Produkt der Verdrängung aller traditionellen Stände, Klassen und ökonomischen Organisationsformen. Ihr Siegeszug geht einher mit einem kontinuierlichen politischen Fortschritt, der im modernen Repräsentativstaat gipfelt. Kurz: Die moderne Bourgeoisie hat in der Geschichte eine höchst revolutionäre Rolle gespielt. Bei aller Ironie bringt das *Manifest* die Faszination angesichts dieser revolutionären Kraft zum Ausdruck. Die Bourgeoisie hat die feudalen, patriarchalen, idyllischen Verhältnisse zerstört. Sie hat die «natürlichen» Herrschaftsbeziehungen der Feudalordnung aufgesprengt und kein anderes Band zwischen Menschen bestehen lassen als das nackte Interesse. Sie hat jede Art von Nostalgie im eiskalten Wasser egoistischer Berechnung ertränkt, jedes überkommene Freiheitsrecht durch die Handelsfreiheit ersetzt.[24] Sie hat, so kann man ergänzen, Hobbes' Befund zur Regel erhoben, der Wert eines Menschen reduziere sich auf den Preis, den man für die Nutzung seiner Arbeitskraft zu zahlen bereit sei, er sei mithin abhängig von Angebot und Nachfrage.[25] Alles, was bislang als ehrwürdig gegolten hat, hat die Bourgeoisie ihres Heiligenscheins entkleidet. Ärzte, Juristen, Priester, Poeten und Wissenschaftler verwandelt sie in bezahlte Lohnarbeiter und reduziert die Familienverhältnisse auf reine Geldverhältnisse. Sie hat überdies bewiesen, was die menschliche Aktivität zustande bringt, sie hat Wunderwerke vollbracht, gewaltiger als ägyptische Pyramiden oder gotische Kathedralen, sie hat Züge unternommen, weiter als Völkerwanderungen und Kreuzzüge. Unermüdlich revolutioniert sie die Produktionsverhältnisse und damit sämtliche gesellschaftlichen Verhältnisse. Nichts Althergebrachtes kann ihr widerstehen, alles Ständische und Stehende verdampft, alles Heilige wird entweiht. Sie zwingt die Menschen, die Welt und ihre gegenseitigen Beziehungen nüchtern zu betrachten. Die ganze Erdkugel ist ihr Betätigungsfeld, überall beutet sie Rohstoffe aus; dank der Exploitation des Weltmarkts sind Produktion und Konsumption aller Länder kosmopolitisch gestaltet.

Schon Marx versteht den Kapitalismus als schöpferische Zerstörung, als fortwährende Vernichtung alter und Einführung neuer Industrien. Der weltweite Verkehr bewirkt eine allseitige Abhängigkeit der Nationen voneinander. Die Globalisierung erfasst auch die Bereiche von Wissen und Kultur. Noch die barbarischste Nation muss sich dem Zwang zur Zivilisation unterwerfen. Die Zentralisierung der Produktionsmittel, die Konzentration des Eigentums sowie der politischen Gewalt gehen ebenso auf das Schaffen der Bourgeoisie zurück. In kurzer Zeit hat sie mehr geleistet als alle früheren Generationen zusammen. Um dies zu erreichen, musste sie die Fesseln der feudalen Produktionsweise und Eigentumsverhältnisse sprengen und an deren Stelle die freie Konkurrenz und eine ihr angemessene politische Verfassung setzen. Gleich dem Hexenmeister, der die von ihm heraufbeschworenen Gewalten nicht mehr zu beherrschen vermag, verliert die Bourgeoisie indes die Kontrolle über die Folgen ihres Wirkens. Die Produktivkräfte empören sich gegen die bürgerliche Eigentumsordnung; Handelskrisen und Überproduktion versetzen die Gesellschaft in einen Zustand momentaner Barbarei. Der wichtigste Krisenfaktor ist das Privateigentum an Produktionsmitteln, welches der gewaltigen Entwicklung der Produktivkräfte nicht mehr angemessen ist, sondern diese hemmt. Alles, was die Bourgeoisie zwecks Krisenbekämpfung unternimmt, hat bloß den Effekt, neue Krisen vorzubereiten.

Es ist die Bourgeoisie, die den modernen Arbeiter, die Klasse der Proletarier geschaffen hat, Menschen, die nur so lange leben, wie sie Arbeit finden, und nur so lange Arbeit finden, wie diese das Kapital vermehrt. Die Arbeiter sind eine Ware wie jeder Handelsartikel und als solche den Schwankungen des Markts ausgesetzt. Ihre Tätigkeit hat jeden selbständigen Charakter verloren, sie sinken herab zum bloßen Zubehör der Maschine. Zusammengepfercht in der Fabrik, werden sie militärisch organisiert und beaufsichtigt von einer menschlich-maschinellen Hierarchie, geknechtet von einer kleinlich-gehässigen Despotie. Die moderne Ökonomie kümmert sich nicht um Individuen und ihre Eigenart, Unterschiede von Alter und Geschlecht sind ihr gleich. Handwerker, Bauern und Kleinunternehmer, die sich in der Konkurrenz nicht behaupten können, vermehren das Proletariat, das im gleichen Ausmaß wächst, wie die Konkurrenz brutaler wird.

Den Klassenkampf versteht Marx als politischen Kampf. Aufgrund der Konkurrenz unter den Arbeitern fällt es dem Proletariat zwar schwer, zur politischen Macht zu werden, doch immerhin führt der Anstieg des Bildungsniveaus zu einer Politisierung, überdies schließen sich «Bourgeoisideologen», welche die geschichtliche Bewegung richtig zu deuten wissen, dem Proletariat an. Revolutionär gesinnt sind die Arbeiterinnen und Arbeiter schon allein deshalb, weil die Werte der alten Welt für sie bedeutungslos geworden sind; sie besitzen kein Eigentum, bürgerliche Familienwerte, Nationalstolz, Gesetz, Moral und Religion sind für sie Vorurteile, hinter denen sich Interessen verstecken. Als herrschende Klasse hat die Bourgeoisie versagt, sie ist unfähig, der beherrschten Klasse eine menschenwürdige Existenz zu garantieren. Die kommunistische Bewegung, in deren Namen das *Manifest* verkündet wird, will den Prozess fördern, der die Konkurrenz zwischen den Arbeitern durch deren Assoziation verdrängt und die internationale Solidarität der arbeitenden Klassen stärkt; sie will sich das Wissen um die Bewegungsgesetze der Geschichte aneignen.

Marx stimmt im ersten Teil des *Manifests* ein veritables Loblied auf den Kapitalismus und die Bourgeoisie an. Die bürgerlich-kapitalistische Ordnung ist eine notwendige Stufe der Zivilisationsgeschichte, sie ermöglicht eine nüchterne, rationale, aufgeklärte Sicht auf die Welt. Ermöglicht sie ebenso mehr Freiheit? Auf den ersten Blick ja: Handels- und Gewerbefreiheit, freie

Konkurrenz, freie Arbeitsmärkte, Schutz des Privateigentums, Vertragsfreiheit. Was Letzteres betrifft ist freilich bekannt, dass das Recht auf Abschluss eines privaten Vertrags zwischen zwei Personen in der Regel nicht für beide gleich vorteilhaft ist.[26] Wie kann der Kommunismus daran etwas ändern? Er will die bisherigen Eigentumsverhältnisse abschaffen; solche Verhältnisse unterliegen ohnehin einem steten Wandel. Der Kommunismus will allerdings nicht das Eigentum schlechthin, wohl aber das bürgerliche Privateigentum abschaffen. Was hingegen ausdrücklich weiterbestehen soll, ist das persönliche, selbsterarbeitete Eigentum, das die Grundlage aller persönlichen Freiheit, Tätigkeit und Selbständigkeit bildet.[27] Die Gegner des Kommunismus unterstellen diesem fälschlich eine bestimmte Variante der Eigentumsfeindlichkeit und verdrängen im gleichen Zug ihre eigne Variante: die Vernichtung des selbsterarbeiteten Eigentums. Lohnarbeit schafft kaum Chancen zum Erwerb von Eigentum. Die Gegner des Kommunismus vergessen, dass das Kapital nicht aus individueller, sondern aus gemeinsamer Anstrengung hervorgeht, es kann nur durch die Aktivität aller genutzt werden. In der ideologischen Täuschung wird das Kapital zum selbständigen, persönlichen Akteur, das arbeitende Individuum hingegen zum unselbständig-unpersönlichen Zubehör. Privates Eigentum ist zum Privileg weniger geworden. Die Kommunisten negieren nicht die Macht und das Recht, sich mittels Arbeit Güter anzueignen, wohl aber die Macht und das Recht, sich die Produkte fremder Arbeit anzueignen. Aufhebung des Privateigentums heißt somit im Wesentlichen: Aufhebung der Trennung zwischen zwei Klassen, von denen die eine arbeitet, ohne zu erwerben, die andere erwirbt, ohne zu arbeiten.[28] Zu den Gütern, die zu erwerben alle die Chance haben müssen, gehört vorrangig die Bildung. Was die Stellung der Frauen betrifft, so soll ihre in der bürgerlichen Ordnung übliche Instrumentalisierung durch die Männer überwunden werden.

Das Programm der Kommunisten fordert die Realisierung der Demokratie, die Zentralisierung der Produktionsmittel sowie des Kredits, eine Progressivsteuer, öffentliche und unentgeltliche Erziehung, Abschaffung der Kinderarbeit, ebenso Nationalfabriken und gleichen Arbeitszwang für alle. Die Erwähnung von Arbeitszwang und industriellen Armeen klingt angesichts von späteren, ganz andersartigen Äußerungen von Marx seltsam. In einem Vorwort von 1872 wird manches relativiert. Auf die Grundsätze wird kein besonderes Gewicht mehr gelegt, die Geschichte ist vorangeschritten, die Demokratie kann, wie die Erfahrungen der Kommune lehren, nicht einfach den alten Staat übernehmen.[29] Mit der Konzentration der Produktion in den Händen der assoziierten Individuen werde die öffentliche Gewalt ihren politischen, das meint: parteiischen Charakter verlieren und nach der Überwindung der Klassenspaltung Herrschaft überflüssig, so hält das *Manifest* bereits 1848 fest. An die Stelle der bürgerlichen Gesellschaft tritt dann eine «Assoziation, worin die freie Entwicklung eines jeden die Bedingung für die freie Entwicklung aller ist».[30] Was die vieldiskutierte «Diktatur des Proletariats» betrifft, ist daran zu erinnern, dass der Begriff «Diktatur» im 19. Jahrhundert noch die Bedeutung besaß, die er im alten Rom hatte, nämlich die einer zeitlich beschränkten Herrschaft in einer Krisensituation. Im Revolutionsjahr 1848 rechneten viele mit einem demokratischen Umsturz, dessen unmittelbare Folge in einer «Diktatur» der Volksmehrheit, also einer Demokratie, bestehen würde.[31]

Im dritten Teil des *Manifests* werden verschiedene Strömungen des Sozialismus analysiert und evaluiert. Kategorisch zurückgewiesen wird jede Art von antimodernem, antiliberalem

Sozialismus oder Kommunismus. Der religiöse Sozialismus predigt Asketismus und Gleichmacherei. Scharf kritisiert wird die deutsche Variante des «wahren» Sozialismus. Er verkündet die «überlieferten Anatheme», die Bannflüche gegen Liberalismus, Repräsentativstaat, Konkurrenz, Pressefreiheit, bürgerliches Recht und bürgerliche Freiheit. Er vergisst, dass der französische Sozialismus, deren «geistloses Echo» er ist, die moderne bürgerliche Gesellschaft mit den entsprechenden materiellen Lebensbedingungen und der angemessenen politischen Verfassung voraussetzt.[32] Bedeutsamer erscheinen den Autoren des *Manifests* – trotz des Utopismus – Saint-Simon, Fourier und Owen. Ihr Verdienst besteht darin, die Ursachen der sozialen Krise erkannt zu haben, hingegen sind sie nicht fähig gewesen, das Proletariat als selbständigen politischen Akteur wahrzunehmen.

Wie ernst es Marx mit der Aussage ist, die sozialistische Revolution sei nur auf dem Fundament der bürgerlich-liberalen Gesellschaft möglich, belegt ein Artikel vom Dezember 1848.[33] Den revolutionären Umtrieben in Preußen setzt er die bürgerlichen Revolutionen in den Niederlanden, England und Frankreich entgegen. In diesen Revolutionen war die Bourgeoisie der Hauptakteur und führte den Kampf gegen Absolutismus, Adel und Kirche. Es waren Revolutionen europäischen Stils, nicht der Sieg einer bestimmten Klasse über die alte politische Ordnung, sondern Proklamationen der politischen Ordnung für die neue europäische Gesellschaft. Der Sieg der Bourgeoisie war der Sieg einer neuen Gesellschaftsordnung, der Sieg des bürgerlichen über das feudale Eigentum, der Konkurrenz über die Zunft, der Aufklärung über den Aberglauben, des Fleißes über die Faulheit, des Rechts über das Privileg. Die Revolutionäre von 1648 und 1789 hatten das Selbstgefühl, an der Spitze der Schöpfung zu stehen. Die Argumentation erinnert wiederum an Constant, an seine Geringschätzung von reaktionären Ideen, die bloße Vorurteile sind, private Präferenzen, die in der modernen Welt nichts mehr gelten.

Das *Manifest* ist Ausdruck einer Zeit und Situation, in der die Hoffnung auf eine europaweite demokratische Revolution einigermaßen realistisch war. In den 1850er Jahren verflüchtigten sich die Hoffnungen, Marx gab nicht nur die Erwartung auf einen baldigen Umsturz auf, er gab auch dem Begriff der Revolution eine neue Bedeutung. Wenn die Produktivkräfte der Gesellschaft in Widerspruch geraten mit den Produktions- oder Eigentumsverhältnissen, tritt eine Epoche sozialer Revolution ein.[34] Mit dem Begriff der Revolution ist nun der mehr oder weniger rasche Prozess ökonomischer, sozialer und politischer Umwälzungen gemeint, das heißt: Eine Revolution in diesem Sinn kann nicht einfach geplant, organisiert und durchgeführt werden.

DER BÜRGER ALS BETROGENER ZUSCHAUER

Die *Klassenkämpfe in Frankreich 1848 bis 1850* berichten vom Scheitern der Revolution von 1848 in Frankreich. Die Wochen zwischen Februar und Juni verliefen für die arbeitende Bevölkerung katastrophal. Nicht die Revolution, sondern die vorrevolutionären Traditionen und Illusionen seien in jener Zeit untergegangen, so kommentiert Marx. «Nicht in seinen unmittelbaren tragikomischen Errungenschaften brach sich der revolutionäre Fortschritt Bahn, sondern umgekehrt, in der Erzeugung einer geschlossenen, mächtigen Kontrerevolution, in der Erzeugung eines Gegners, durch dessen Bekämpfung erst die Umsturzpartei zu einer wirklich revolutionären Partei heranreifte.»[35] Dass die politischen Akteure sich bezüglich ihrer Aufgaben täuschen, ist unvermeidlich. Die sich bekämpfenden Parteien, Gruppen oder Klassen suchen nach Strategien, die es ihnen erlauben, ihre Ziele zu verwirklichen, doch sind sie sich über ihre eigentlichen Interessen und die Absichten der Gegner nicht im Klaren. Die alltäglichen Querelen, das unvermeidliche Geplänkel um Nebensächliches verwirren sie; erst wenn der Gegner sein wahres Gesicht zeigt – wenn er es jemals tut –, vermögen sie sich zur Wehr zu setzen und den Zweck ihres Handelns zu verstehen.

Marx ruft zunächst die Vorgeschichte der Revolution von 1848 in Erinnerung: Nach der Julirevolution von 1830 leiteten die Bankiers, die sogenannte Finanzaristokratie, faktisch die Staatsgeschäfte und bereicherten sich am Staatsdefizit. Die Reaktionen der von der Teilhabe an der Macht ausgeschlossenen Klassen blieben nicht aus: Die industrielle Bourgeoisie sah ihre Interessen gefährdet, das Kleinbürgertum war moralisch entrüstet, die Volksphantasie empört, Paris «wird von Pamphlets überflutet – ‹La dynastie Rothschild›, ‹Les juifs rois de l'époque› etc. – worin die Herrschaft der Finanzaristokratie mit mehr oder weniger Geist denunziert und gebrandmarkt wurde.»[36]

Nach der Julirevolution von 1830 blieb die industrielle Bourgeoisie in der Opposition, die unteren Volksklassen waren von der politischen Macht völlig ausgeschlossen. Die Monarchie steckte seit 1830 permanent in Finanznot und war abhängig von den Bankiers – ein Teufelskreis. Die Staatsverschuldung lag im Interesse der herrschenden Kreise. Die Julimonarchie war denn auch für Marx nichts als eine Aktienkompanie zur Exploitation des französischen Nationalvermögens. 1848 verschlimmerten ökonomische Krisen die Lage, die oppositionelle Bourgeoisie forderte eine Wahlreform. Im Februar revoltierte das Volk in Paris, die Julimonarchie musste einer provisorischen Regierung weichen, worin gegensätzliche Interessen repräsentiert waren; zu den ersten Maßnahmen gehörte die Einführung des allgemeinen Wahlrechts. Während kurzer Zeit beherrschten die Arbeiter die politische Bühne, die Regierung sprach ihnen zwar zunächst das Recht ab, die Republik zu proklamieren, doch sah sie sich bald gezwungen, nachzugeben. Ende April wurde die verfassunggebende Versammlung gewählt, Anfang Mai trat sie zusammen und proklamierte die Republik. Mit dem allgemeinen Wahlrecht für Männer, das sämtlichen Klassen zumindest formell ermöglichte, politisch mitzubestimmen und «in eigener Person auf der revolutionären Bühne mitzuspielen»,[37] eroberten die Arbeiter einen Handlungsspielraum für die Einforderung ihrer Ansprüche. Die Republik sah sich gezwungen, der Forderung nach sozialen Institutionen zu entsprechen und ein Recht auf Arbeit zu attestieren. Von der faktischen Macht blieben die Arbeiter jedoch weitgehend ausgeschlossen; sie mussten sich mit einer Kommission begnügen, einem «Ministerium der frommen Wünsche.»[38] Über politische Autonomie konnten sie auch deshalb nicht verfügen, weil, so Marx, die Entwicklung des industriellen Proletariats gebremst wurde von der zögerlichen Entwicklung der industriellen Bourgeoisie, die immer noch der revolutionäre Hauptakteur war und das Terrain bereiten musste, worauf allein eine proletarische Revolution möglich war.

Nachdem die Armee im Gefolge der Februarrevolution Paris hatte verlassen müssen, bildete die Nationalgarde die einzige militärische Macht, die sich indes gezwungen sah, auch Arbeiter in ihre Reihen aufzunehmen. Die Bildung von Mobilgarden, rekrutiert aus dem von Marx sogenannten Lumpenproletariat[39], sollte dem Zweck dienen, die Arbeiter gegeneinander auszuspielen. Eine weitere Maßnahme der provisorischen Regierung bestand in der Schaffung von Nationalateliers, die Arbeitslose gegen ein geringes Entgelt unproduktive Arbeiten erledigen ließen. Die Ateliers diskreditierten die Idee des Sozialismus, musste doch den verschuldeten Kleinbürgern diese Art finanzieller Unterstützung als Beleidigung erscheinen. Die konservativ dominierte Nationalversammlung widerrief die sozialen Maßnahmen. Zunehmende Schikanen gegen die arbeitende Bevölkerung führten im Juni zu einem Aufstand, der blutig niedergeschlagen wurde und auf Seiten der Arbeiter Schätzungen zufolge fünftausend Opfer forderte; weit über zehntausend wurden zu Gefängnis oder Verbannung verurteilt. Die Herrschaft des Kapitals setzte sich durch als neue Form des Terrorismus, wie Marx bemerkt. Die konstituierende Versammlung stellte die aufständischen Arbeiter faktisch *hors la loi* und widerrief das Recht auf Arbeit. Das probateste Mittel, etwas zum gesellschaftlichen Zusammenhang beizutragen und die Staatsschuld zu vermindern, die Progressivsteuer, lehnte sie dagegen kategorisch ab. Hingegen wurde nach den Juniereignissen der Belagerungszustand ausgerufen und später gesetzlich verankert. Militärische Instanzen wurden mit weiten Kompetenzen ausgestattet, die Einschränkung der bürgerlichen Freiheiten und die Aufstandsbekämpfung wurden im Namen der Staatssicherheit gerechtfertigt.

Im Dezember 1848 wurde Louis Bonaparte mit großer Mehrheit zum ersten Präsidenten gewählt; ein Grund für den Sieg war seine Popularität bei den Bauern, die in ihm den Nachfolger des Onkels erblickten. Marx erkannte in Bonaparte indes nur die Parodie von Napoleon, so wie die Republikaner von 1848 nur die Parodie jener von 1793 darstellten, die «leblosen Zerrbilder der großen Wirklichkeiten […], deren Namen sie trugen.»[40] Alle höheren Staatsstellen wurden in der Folge den Republikanern entzogen und mit Royalisten besetzt. «In einem Nu verwandelte sich die offizielle Szene – Kulissen, Kostüme, Sprache, Schauspieler,

Figuranten, Statisten, Souffleure, Stellung der Parteien, Motive des Dramas, Inhalt der Kollision, die gesamte Situation.»[41]

Unter dem Druck der Regierung musste die Legislative Anfang 1849 ihre Auflösung beschließen. Zur Wahl in die neue Legislative stellten sich im Mai 1849 die vereinigten monarchistischen Parteien – Legitimisten, Orleanisten, Bonapartisten – als Repräsentanten der Bourgeoisie und Garanten ihrer Werte Eigentum, Familie, Religion und Ordnung. Sie errangen die absolute Mehrheit der Sitze. Die Partei der Republikaner wurde stark dezimiert. Auf der Linken bildete sich eine sozialistisch-demokratische Partei, die beträchtliche Erfolge erzielte. In Paris wurde ein neuer Aufstand im Keim erstickt. Fortan herrschte in der Versammlung ein «parlamentarischer Despotismus»,[42] die Rechte der Abgeordneten wurden massiv eingeschränkt, neue repressive Gesetze erlassen, jede Berufung auf Konstitution und Republik als subversiv diskreditiert. Gleichzeitig spitzten sich die Konflikte zwischen Monarchisten und Bonaparte zu. Im von Bonaparte neu gebildeten Ministerium waren die Interessen der Finanzaristokratie wiederum gut vertreten, die Staatsverschuldung wuchs weiter. Die Staatsaufgaben in einer Situation zu reduzieren, in der die unzufriedene Unterschicht eine stete Bedrohung darstellte, lag nicht im Interesse der Ordnungspartei; die wohlhabenden Klassen steuerlich zu belasten ebenso wenig. In Frankreich waren es vor allem die Bauern, die aufgrund der fiskalischen Belastungen zu einer oppositionellen Kraft wurden. Ironischerweise fällt ausgerechnet in diesem Kontext Marx' berühmtes Diktum, wonach die Revolutionen die Lokomotiven der Geschichte sind. Die repressiven Maßregeln gegen die Bauern hatten zur Folge, dass der Geist der Revolution jedes Dorf ergriff.[43] Teile des Mittelstands schlossen sich ebenfalls der Opposition an. Es bildete sich eine sozialistisch-demokratische

Partei, die vom bürgerlichen Liberalismus bis hin zum revolutionären Terrorismus ganz unterschiedliche Positionen umfasste. Auf die Wahlerfolge der Linken reagierten Legislative und Regierung erneut mit einer Verschärfung der Repression, Appellen an konservative Werte und Warnungen vor einem Sozialismus, der die Gesellschaft zu zerstören drohe. Die Ordnungspartei sah sich von einer durch die Republik ausgeübten «erstickenden Legalität»[44] umzingelt. Das allgemeine Wahlrecht als Grundlage der Konstitution bedeutete für die herrschenden Klassen eine permanente Aufhebung und Neukonstituierung der Staatsmacht, eine Anarchie, die jede Autorität vernichten musste. Der Angriff auf das Wahlrecht verlieh wiederum den revolutionären Bewegungen einen neuen Vorwand.

Angesichts der erstarkten Linken schränkte die Versammlung das allgemeine Wahlrecht wieder ein. Die Bourgeoisie war in ihrer großen Mehrheit nicht republikanisch, sondern royalistisch gesinnt. Während in den parlamentarischen Debatten die republikanische Partei – in Erinnerung an die große Revolution als *Montagne* bezeichnet – sich im Sinne eines «anständigen und gebildeten Humanismus» auf das geltende Recht berief, verwies die Ordnungspartei «auf den Boden, worauf das Recht wächst, auf das bürgerliche Eigentum.»[45] Die Abschaffung des Wahlrechts, die sich auch gegen den in der Wahl erfolgreichen und im Volk beliebten Bonaparte richtete, wurde ergänzt durch eine Verschärfung des Pressegesetzes, des Vereins- und Versammlungsrechts. Auf die liberale Gesetzgebung der Februarrevolution folgte 1850 die konservativ-klerikale Wende. Die laizistisch gesinnten Republikaner gerieten in die Defensive, die Universitäten erneut unter die Autorität der katholischen Kirche. Bonaparte selbst, in jungen Jahren in der revolutionären Carbonari-Bewegung aktiv, nahm nun Partei für den Vatikan, dessen weltliche Macht gerettet werden sollte, und gegen die Aufständischen, die in Rom eine Republik gründen wollten. Die militärische Intervention französischer Truppen in Rom war jedoch verfassungswidrig. Der Sozialdemokrat Ledru-Rollin hatte daher im Juni 1849 in der Versammlung den Antrag gestellt, Bonaparte und seine Minister wegen Verfassungsbruchs anzuklagen; es ging im weiteren Sinn um die Einforderung des Selbstbestimmungsrechts der Völker in einem Europa, in dem die reaktionären Mächte sich überall wieder durchzusetzen vermochten. Der Antrag wurde mit großer Mehrheit abgelehnt.

Die Ordnungspartei war auf eine starke Exekutive angewiesen und nahm aus diesem Grund die weitere Stärkung Bonapartes in Kauf. Die von der Verfassung vorgesehene Abdankung Bonapartes nach einer Amtszeit und die Wahl eines neuen Präsidenten lagen nicht in ihrem Interesse. War die Republik, wenn auch mit ausgewechseltem Personal, einmal konstituiert, so war die Konstituante – die verfassunggebende Versammlung – überflüssig geworden, vergeblich versuchte sie, den Lauf der Dinge aufzuhalten. Bonaparte repräsentierte jetzt die konstituierte bourgeoise Republik gegenüber ihren Schöpfern, die darin ihre republikanischen Ideale nicht wiederfinden konnten. Indem er sich vom Gesetz zur Einschränkung des Wahlrechts distanzierte, vermochte er sich überdies als Volksfreund zu profilieren. Gemäß Verfassung konnte er allerdings als Präsident nicht wieder gewählt werden, es sei denn, drei Viertel der Abgeordneten stimmten dafür. Im Juli 1851 lehnte das Parlament die von Bonaparte gewünschte Verfassungsrevision knapp ab. Dieser reagierte mit einem Staatsstreich und führte damit die Entscheidung im Konflikt mit den monarchistischen Kräften herbei. Zwar kam es in vielen Teilen Frankreichs zu Widerstandsaktionen. Bonaparte, der das allgemeine männliche Wahlrecht wieder eingeführt hatte, wurde jedoch in einem Plebiszit mit großer Mehrheit bestätigt. Ende 1852 wurde die Republik definitiv vom zweiten *Empire* abgelöst, Bonaparte ließ sich als Napoleon III. zum Kaiser krönen.

DER GLÜCKSRITTER AN DER MACHT

Die *Klassenkämpfe* sind trotz des oft sarkastischen Stils eine nüchtern-prosaische Analyse und Darstellung der politischen Entwicklungen in Frankreich. Marx hat dem gleichen Thema einen zweiten Text gewidmet, der dieselbe Geschichte erzählt, darüber hinaus grundsätzliche Fragen der Rationalität und Irrationalität politischen Handelns erörtert. *Der achtzehnte Brumaire des Louis Bonaparte* gehört zu den schönsten Texten von Marx. Das Scheitern der Revolution wird nun erzählt als Komödie, als Farce, in der mehr oder weniger alle Akteure den falschen Part spielen. Marx erinnert an eine Bemerkung von Hegel, wonach alle weltgeschichtlichen Tatsachen und Personen sich sozusagen zweimal ereignen. Hegel habe vergessen hinzuzufügen: das eine Mal als Tragödie, das andere Mal als Komödie oder Farce.[46] Hegel meinte, eine Staatsumwälzung werde im Dafürhalten der Menschen gleichsam sanktioniert, wenn sie sich wiederholt. Zweimal ist Napoleon unterlegen, zweimal sind die Bourbonen vertrieben worden. «Durch die Wiederholung wird das, was im Anfang nur als zufällig und möglich erschien zu einem Wirklichen und Bestätigten.»[47] Von der Tragödie der großen Revolution war bereits die Rede; die Jakobiner mussten scheitern, weil sie von der antiken Republik, vom heroischen Patriotismus träumten, statt zu versuchen, ihre eigne Zeit zu begreifen. 1848 betreten neue Schauspieler die Bühne; wenn sie sich die Rollen von Danton, Robespierre oder Napoleon zumuten, können sie sich nur blamieren. Der sozialistische Politiker Caussidière hat nicht die Statur von Danton, Louis Blanc ist nicht Robespierre, die Montagnards von 1848[48] sind nicht zu verwechseln mit jenen von 1793, der «Londoner Konstabler» – Louis Bonaparte – nicht mit dem «kleinen Korporal» – Napoleon. Der 18. Brumaire (9. November 1799) des «Genies» Napoleon[49] ist nicht zu vergleichen mit dem Staatsstreich des «Idioten»[50] Louis Bonaparte, der den Onkel auf lächerliche Weise zu imitieren sucht. Die ironische Einleitung macht sogleich einer ernsteren Betrachtung Platz, es lohnt sich, den ganzen Abschnitt zu zitieren:

«Die Menschen machen ihre eigene Geschichte, aber sie machen sie nicht aus freien Stücken, nicht unter selbstgewählten, sondern unter unmittelbar vorgefundenen, gegebenen und überlieferten Umständen. Die Tradition aller toten Geschlechter lastet wie ein Alp auf dem Gehirne der Lebenden. Und wenn sie eben damit beschäftigt scheinen, sich und die Dinge umzuwälzen, noch nicht Dagewesenes zu schaffen, gerade in solchen Epochen revolutionärer Krise beschwören sie ängstlich die Geister der Vergangenheit zu ihrem Dienste herauf, entlehnen ihnen Namen, Schlachtparole, Kostüm, um in dieser altehrwürdigen Verkleidung und mit dieser erborgten Sprache die neue Weltgeschichtsszene aufzuführen. [...] die Revolution von 1789–1814 drapierte sich abwechselnd als römische Republik und als römisches Kaisertum, und die Revolution von 1848 wusste nichts besseres zu tun, als hier 1789, dort die revolutionäre Überlieferung von 1793–1795 zu parodieren. So übersetzt der Anfänger, der eine neue Sprache erlernt hat, sie immer zurück in seine Muttersprache, aber den Geist der neuen Sprache hat er sich nur angeeignet [...], sobald er sich ohne Rückerinnerung in ihr bewegt [...].»[51]

Von politischen Akteuren wird erwartet, Neues zu schaffen,

eine bessere Zukunft vorzubereiten. Sie fürchten, dieser gewaltigen Aufgabe nicht gewachsen zu sein, ist doch die Zukunft ein wüstes Land ohne Kompass und Wegweiser. Um sich zurechtzufinden, nehmen sie Zuflucht zum Bekannten und Vertrauten. Um den Geist der neuen Welt zu begreifen und eine ihm angemessene Politik zu praktizieren, müssten sie die Vergangenheit vergessen, stattdessen üben sie sich in Imitation und Parodie. Marx mokiert sich aber nicht einfach über die Darsteller, vielmehr weist er darauf hin, dass politisches Handeln keine *creatio ex nihilo* sein kann. Menschen machen ihre Geschichte nicht aus freien Stücken, sie können die vorgefundenen Umstände nicht ignorieren. Die Täuschung, die Selbsttäuschung ist unvermeidlich und in gewisser Hinsicht nützlich. Marx korrigiert sein früheres Urteil über die Akteure der ersten Revolution. Wenn Desmoulins, Danton, Robespierre, Saint-Just und Napoleon sich römischer Kostüme und römischer Rhetorik bedient haben, hat sie dies nicht davon abgehalten, die Aufgaben ihrer Zeit zu verstehen und die Entfesselung der modernen bürgerlichen Gesellschaft anzugehen. Die Revolutionäre «schlugen den feudalen Boden in Stücke und mähten die feudalen Köpfe ab, die darauf gewachsen waren.»[52] Napoleon schuf die Bedingungen für die freie Konkurrenz, die Ausbeutung des parzellierten Grundeigentums, die Nutzung der entfesselten industriellen Produktion sowie die Modernisierung der umliegenden europäischen Staaten. 1848 jedoch musste der Versuch, Roms große Zeiten nochmals aufleben zu lassen, lächerlich wirken. In der Periode der Restauration hießen die wahren Sprecher der neuen Gesellschaft Say, Cousin, Royer-Collard, Constant und Guizot – Ökonomen, Philosophen, Historiker, Politiker, die für eine bürgerliche Politik standen. Absorbiert von der Produktion des Reichtums und vom friedlichen Kampf der Konkurrenz, vermochte diese Gesellschaft nicht mehr zu begreifen, dass die Gespenster der Römerzeit ihre Wiege gehütet hatten.[53] Heroische Aufopferung galt nichts mehr in dieser bürgerlichen Gesellschaft, und doch waren Heroismus, revolutionäre Politik, Terror, Bürgerkrieg und die Kriege Napoleons ihre Geburtshelfer. Die Helden von 1789 hatten in den Überlieferungen der römischen Republik die Ideale und Selbsttäuschungen gefunden, die es ihnen erlaubten, das Prosaische ihrer Aufgabe, den «bürgerlich beschränkten Inhalt ihrer Kämpfe» zu verdrängen und ihre Leidenschaft auf der Höhe der geschichtlichen Tragödie zu halten. Vergleichbares hatte sich früher schon in England zugetragen. Cromwell und das englische Volk entlehnten dem Alten Testament «Sprache, Leidenschaften und Illusionen für ihre bürgerliche Revolution.» Als jedoch das Ziel erreicht und die bürgerliche Umgestaltung der englischen Gesellschaft vollbracht war, «verdrängte Locke den Habakuk.»[54] Die Totenerweckung dient in den Revolutionen dazu, neue Kämpfe zu verherrlichen, nicht die alten zu parodieren. Die Revolutionäre mussten sich Mut zusprechen, sie benötigten Phantasie, einen Mythos, der es ihnen erlaubte, sich selbst eine heldenhafte Rolle zuzuschreiben.

In den Revolutionsjahren von 1848–1851 ging jedoch nur das Gespenst der alten Revolution um. Dem französischen Volk, das eine neue Revolution zu erleben meinte, wurde ein veraltetes Stück präsentiert, es fand sich in eine verstorbene Epoche zurückversetzt. Doch die soziale Revolution des 19. Jahrhunderts kann ihre Poesie nur aus der Zukunft schöpfen, wie Marx meinte. «Sie kann nicht mit sich selbst beginnen, bevor sie allen Aberglauben an die Vergangenheit abgestreift hat. Die früheren Revolutionen bedurften der weltgeschichtlichen Rückerinnerungen, um sich über ihren eigenen Inhalt zu betäuben. Die Revolution des neunzehnten Jahrhunderts muss die Toten ihre Toten begraben lassen, um bei ihrem eignen Inhalt anzukommen.»[55]

Die Februarrevolution von 1848 war nicht, wie von vielen Menschen erhofft, der Beginn einer neuen, freieren Epoche. Der Staatsstreich vom Dezember 1851 dagegen zauberte die republikanische Revolution gleichsam hinweg, er war das Werk eines Falschspielers und Glückritters, der für Marx jenes – unverantwortliche und korrumpierte – «Lumpen»-Element, das in jeder gesellschaftlichen Klasse einschließlich der obersten zu finden ist, auf reinste Weise personifizierte. Die verfassungswidrige Machtergreifung des Präsidenten war eine «Revolution» nicht mehr gegen die Monarchie, sondern vielmehr gegen die liberalen Konzessionen, die ihr während Jahrhunderten abgetrotzt worden waren. Die Gesellschaft hatte es nicht geschafft, sich einen neuen Inhalt zu geben, der Staat hingegen war zu seiner ältesten Form zurückgekehrt, zur «unverschämt einfachen Herrschaft von Säbel und Kutte», von Militär und Kirche. Die Gesellschaft sollte eigentlich die Bedingungen bereitstellen, «unter denen allein die moderne Revolution ernsthaft wird.» Marx konstatiert einen Unterschied zwischen bürgerlichen und proletarischen Revolutionen. Die ersten stürmen rasch voran, sind aber kurzlebig, auf den Triumph und die Ekstase folgt der Katzenjammer, die Gesellschaft muss lernen, die Resultate ihrer Drang- und Sturmperiode sich nüchtern anzueignen. Die zweiten sind zögerlich, selbstkritisch, unentschieden und unsicher; sie «schrecken stets von neuem zurück vor der unbestimmten Ungeheuerlichkeit ihrer eigenen Zwecke, bis die Situation geschaffen ist, die jede Umkehr unmöglich macht [...].»[56]

Die republikanischen Politiker gaben sich falschen Hoffnungen hin, sie verschlossen die Augen vor den politischen Realitäten, obgleich für nüchterne Beobachter längst klar war, dass der Revolution eine unerhörte Blamage bevorstand. Bonapartes Staatsstreich traf die demokratischen Kräfte völlig unvorbereitet. Die Februarrevolution von 1848 hatte zunächst bloß eine Wahlreform durchsetzen und den Kreis der politisch Berechtigten innerhalb der besitzenden Klassen erweitern sollen. Es war dann aber das einfache Volk, das auf die Barrikaden stieg und die Republik erkämpfte – die soziale Republik. Damit wurde der «allgemeine Inhalt der modernen Revolution angedeutet, der in sonderbarstem Widerspruch stand zu allem, was [...] unter den gegebenen Umständen und Verhältnissen zunächst unmittelbar ins Werk gesetzt werden konnte.»[57] Die bürgerlichen Klassen erhielten den Großteil der Regierungsmacht. Bei den Maiwahlen erzielte die Linke nur bescheidene Erfolge. Die Revolution sollte auf den bürgerlichen Maßstab zurückgeführt werden, die Forderungen der arbeitenden Bevölkerung wurden übergangen. Die Arbeiter antworteten mit dem Juniaufstand, «dem kolossalsten Ereignis in der Geschichte der europäischen Bürgerkriege.»[58] Die hohe Zahl der Opfer – im Kampf getötet, standrechtlich erschossen, ohne Verfahren zu Gefängnis oder Deportation verurteilt – wurde erwähnt.[59] Die bürgerliche Republik siegte, doch ihr Sieg war mit einem beispiellosen Massaker erkauft. Das Proletariat spielte fortan nur noch eine periphere Rolle. Der Aufstand und seine Niederschlagung hatten indes ganz Europa vor Augen geführt, dass die entscheidende politische Frage nun nicht mehr nur die Alternative Monarchie oder Republik betraf, dass es ebenso um die Emanzipationsforderungen der arbeitenden Bevölkerung ging.

Die Republik kann eine durchaus exklusive Angelegenheit sein und der Mehrheit Partizipationsrechte verwehren. Doch die Exklusivität rächte sich, sie hatte zur Folge, dass die Republik die Mehrheit der Gesellschaft als Feinde, als stete Bedrohung der Werte von Eigentum, Familie, Religion und Ordnung von sich absondern musste. Unter dem Vorwand der Rettung der Gesellschaft vor der «Anarchie» wurde eine reaktionäre Wende vorbereitet, liberale Regungen wurden unterdrückt, der Kreis der faktisch Herrschenden enger. Fortwährend setzte sich ein exklusives Interesse dem inklusiven gegenüber durch. «Jede Forderung der einfachsten bürgerlichen Finanzreform, des ordinärsten Liberalismus, des formalsten Republikanertums, der plattesten Demokratie, wird gleichzeitig als ‹Attentat auf die Gesellschaft› bestraft und als ‹Sozialismus› gebrandmarkt.»[60] Zuletzt fiel noch auf die konservativsten Ordnungshüter ein Verdacht, und die ordnungsliebende Bourgeoisie konnte sich während Bonapartes Staatsstreich angesichts des Treibens einer disziplinlosen Soldateska ihres Lebens nicht mehr sicher sein. Schließlich bildete der «Auswurf der bürgerlichen Gesellschaft» – die Clique um Bonaparte – die «heilige Phalanx der Ordnung» ohne freilich den Anspruch der Bourgeoisie auf Eigentum, Religion, Familie und Ordnung gebührend zu respektieren. Napoleon III. zog in die Tuilerien ein als Retter der Gesellschaft.

Die Kapitulation der Legislative und ihrer Parteien hatte mehrere Gründe. Die bei den Wahlen vom Mai 1849 siegreiche royalistische Ordnungspartei erhielt die Macht über Regierung, Legislative und Armee. Die sozialdemokratische Linke errang ein Drittel der Sitze. Es zeichnete sich damit ein Konflikt zwischen Reaktionären und Republikanern ab. Die eine Seite wollte die Freiheitsrechte suspendieren, die andere sie verteidigen. Doch die Gründe des Konflikts lagen auch in materiellen Bedingungen, in Fragen des Eigentums, seiner unterschiedlichen Formen und ihrer gesellschaftlichen Bedeutung. Grundeigentum war die ökonomische Basis der Legitimisten, der Anhänger des Hauses Bourbon, Kapitaleigentum jenes der Orleanisten. Die Abgeordneten konnten sich der Illusion hingeben, sie agierten im Namen eines vergangenen Ideals, doch entscheidend war, was sie in ihrer

Gegenwart tun und welche Interessen sie dabei leiten würden. Es ist laut Marx zu unterscheiden zwischen dem, wofür ein Mensch sich hält, und dem, was er wirklich ist.

Arbeiter und Kleinbürger, Republikaner und Sozialisten schlossen sich in einer sozialdemokratischen Partei zusammen. Ihr Führer Ledru-Rollin konnte sich im Juni mit der Anklage gegen Bonapartes verfassungswidrige Interventionspolitik allerdings nicht einmal in der eigenen Partei durchsetzen; diese verlor innerhalb kurzer Zeit ihren Einfluss. Der als schmetternde Ouvertüre angekündigte Feldzug wich dem kleinlauten Protest, die Schauspieler hörten auf, sich ernst zu nehmen. Die Demonstration vom 13. Juni 1849 gegen Bonapartes Politik wurde unterdrück; viele Führer der Partei flüchteten ins Ausland. Die Niederlage der sozialdemokratischen Partei wurde von der Ordnungspartei genutzt. Sie führte eine neue Form der parlamentarischen Herrschaft ein, indem sie die Unterordnung der Verfassung unter die Beschlüsse der Nationalversammlung beschloss – ein weiterer Schritt auf dem Weg zur Aushebelung der Gewaltenteilung. Mit der Bildung eines neuen Ministeriums im Oktober 1849 signalisierte Bonaparte seinen Anspruch, künftig von der Nationalversammlung und der sie dominierenden Partei unabhängig zu sein. Der kaiserliche Prätendent verschmolz mit dem heruntergekommenen Glücksritter, wie Marx es formuliert.[61] Er war überzeugt, berufen zu sein, das Empire zu restaurieren, das Volk aber sei berufen, seine Schulden zu zahlen. Die Exekutivgewalt verselbständigte sich nun endgültig, die Ordnungspartei verlor ihren Einfluss auf Staat und Verwaltung. Die Nationalversammlung diente ihr lediglich noch als Instrument, jede fortschrittliche Gesetzgebung zu verhindern. Ob Petitionsrecht oder Weinsteuer, Pressefreiheit oder Freihandel, Parteien oder Munizipalverfassung, Schutz der persönlichen Freiheit oder

Regelung des Staatshaushalts – alles wurde verworfen unter dem Vorwand, es sei sozialistisch. «Für sozialistisch wird selbst der bürgerliche Liberalismus erklärt, für sozialistisch die bürgerliche Aufklärung, für sozialistisch die bürgerliche Finanzreform. Es war sozialistisch, eine Eisenbahn zu bauen, wo schon ein Kanal vorhanden war, und es war sozialistisch, sich mit dem Stocke zu verteidigen, wenn man mit dem Degen angegriffen wurde.»[62] Die Bourgeoisie hatte begriffen, dass ihre liberalen Bemühungen ihre eigene Herrschaft unterminieren mussten. Die Waffen, womit sie den Feudalismus bekämpft hatte, richteten sich nun gegen sie selbst, sie waren «sozialistisch» geworden in dem Sinne, als das parlamentarische Regime ein Regime der Unruhe, der Unberechenbarkeit geworden war, ein Regime, das die Werte von Eigentum, Familie, Religion und Ordnung nicht mehr zu garantieren vermochte.

Die Praxis von Parlamenten – Kritik, Diskussion, Konflikt, Opposition, Majoritätsentscheidungen – musste den Hütern der Ordnung als anarchisch erscheinen. Indem die Bourgeoisie ihre eigene Liberalität nun als sozialistisch verketzern musste, gab sie zu, ihr Interesse gebiete es ihr, sie vor den Gefahren der Selbstregierung, der Demokratie in Schutz zu nehmen. Die soziale Ordnung ist so lange gefährdet, als der Bourgeois sich nicht in seine private Sphäre zurückzieht und sich damit bescheidet, seine Interessen wahrzunehmen und seine politische Nichtigkeit zu akzeptieren. Als das Parlament mehrheitlich die Abschaffung des allgemeinen Wahlrechts forderte, reagierte die Linke kaum. In den Nachwahlen vom März 1850 konnte sie dann zwar wichtige Erfolge verbuchen, doch die sozialdemokratische Partei wusste diese nicht zu nutzen, sie war politisch nicht handlungsfähig.

Der *18. Brumaire* ist eine Studie zu Fragen der Souveränität, der Verfassung und der Gewaltenteilung. Er ist ebenso eine Analyse der politischen Praktiken in einem Staat, dessen politischer Betrieb korrumpiert, dessen Verfassung regelmäßig verletzt und dessen Gewaltenteilung faktisch außer Kraft gesetzt wird. Es ist eine Studie zu den Verhaltensweisen und Strategien von Parteien, beispielsweise zur republikanischen Bewegung, die in der Julimonarchie als offizielle Opposition anerkannt war und über beträchtlichen Einfluss verfügte. Ihre Vertreter lehnten die Monarchie ab, hielten die Erinnerung an die große Revolution hoch, waren nationalistisch gesinnt, standen der Finanzaristokratie feindlich gegenüber, waren jedoch bei den demokratischen und sozialistischen Gruppen wenig populär. Ihr politisches Gewicht verdankte die republikanische Partei denn auch nicht einer liberalen Revolution, sondern der Niederschlagung des Juniaufstands, wie Marx meint. Die von ihr ausgearbeitete Verfassung vom November 1848 proklamierte das allgemeine Wahlrecht, beließ aber in Administration, Justiz und Militär alles beim Alten. Zwar erhielten die Freiheitsrechte eine verfassungsmäßige Grundlage, doch jedes – unbedingt garantierte – Recht war an die Bedingung geknüpft, dass es nicht die öffentliche Sicherheit gefährden durfte. Die Verfassung versprach künftige Gesetze, welche die «unbeschränkten» Freiheiten sicherheitskonform regulieren sollten. Konservative Ordnungsfreunde wie oppositionelle Demokraten konnten sich mit gleichem Recht auf die Verfassung berufen, enthielt doch jeder Paragraph seine eigne Antithese, «in der allgemeinen Phrase die Freiheit, in der Randglosse die Aufhebung der Freiheit.» Solange der Name der Freiheit respektiert und nur ihre Ausführung verhindert wurde, blieb ihr konstitutionelles Dasein unangetastet, «mochte ihr gemeines Dasein noch so sehr totgeschlagen sein.»[63]

Verwundbar war die Verfassung, weil die Gewaltenteilung zwischen Legislative und Präsident nicht klar geregelt war. Die

Verfassung von 1848 beschränkte die Kompetenzen des Präsidenten, dieser war der Nationalversammlung untergeben, die wiederum den Präsidenten verfassungsmäßig absetzen konnte. Die Auflösung der Versammlung durch den Präsidenten wäre verfassungswidrig gewesen. Bonaparte konnte bei seiner ersten Regierungsbildung nicht auf eine eigene Partei zurückgreifen, die Minister waren mehrheitlich Anhänger der Ordnungspartei. Diese wiederum sah sich von der verfassunggebenden Nationalversammlung in ihrem Handlungsspielraum eingeschränkt und drängte auf deren Auflösung. Die Versammlung löste sich im Januar 1849 selbst auf, eine neue Legislative wurde im Frühjahr 1849 gewählt, die Ordnungspartei konnte sich die Mehrheit der Sitze sichern. Nachdem die republikanische Partei ihr Gewicht weitgehend verloren hatte, spitzte sich der Konflikt zwischen Bonaparte und der Ordnungspartei zu.

Formell verfügten Legislative und Exekutive über weite Kompetenzen, eine gegenseitige Kontrolle war nicht vorgesehen. Während aber die Legislative dem Tageslicht der Kritik ausgesetzt war, agierte der Präsident im Verborgenen, in den elyseeischen Gefilden[64], wie Marx es ausdrückt. Ihm legte die Verfassung die faktische Macht bei, während die Nationalversammlung die bloß moralische Macht verkörperte. Der vom Volk gewählte Präsident war der Erwählte der Nation, und im Wahlakt kam die Souveränität des Volks zum Ausdruck. In Bonaparte inkarnierte sich der Nationalgeist.[65] Sein Problem bestand allerdings darin, dass er nicht für eine zweite Amtszeit kandidieren durfte. Hierzu wäre eine Verfassungsrevision nötig gewesen, die er in die Wege leiten wollte. Zu diesem Zweck suchte er erfolgreich die Versammlung – damit die Ordnungspartei – zu schwächen. In den parlamentarischen Verhandlungen erklärte Tocqueville, der als Abgeordneter und dann Außenminister Bonapartes manche seiner liberalen Überzeugungen vergessen musste, die Versammlung habe nicht das Recht, die Abschaffung der Republik zu beantragen. Die Revision wurde verworfen – wenn auch die Unterstützung für den Antrag ungleich größer war als die Opposition dagegen, das erforderliche Quorum aber verfehlt wurde. Bonaparte handelte, so sah es Marx, im – uneingestandenen – Sinn des Parlaments, wenn er eine Verfassung verletzte, welche der Versammlung, vor allem ihrem konservativen Teil, als Käfig erschien, und er handelte im Sinne der Verfassung, wenn er das Parlament auseinanderjagte, welches sich über die Verfassung gestellt hatte.

Die bürgerliche Ordnungspartei bewies, «dass der Kampf um die Behauptung ihres öffentlichen Interesses, ihres eigenen Klasseninteresses, ihrer politischen Macht, sie als Störung des Privatgeschäfts nur belästige und verstimme.»[66] Sie erklärte die politische Herrschaft der Bourgeoisie für unverträglich mit der Sicherheit der Bourgeoisie, sie sah in der parlamentarischen Politik nur noch eine Gefährdung des Handels und sehnte sich nach einer uneingeschränkten Regierung. Wie Bonaparte anlässlich einer Industrieausstellung in einer begeistert aufgenommenen Rede die «Demagogen» wie die «monarchischen Halluzinationen» kritisiert, klatscht die industrielle Bourgeoisie dem Staatsstreich, «der Vernichtung des Parlaments, dem Untergang ihrer eignen Herrschaft, der Diktatur Bonapartes ihr serviles Bravo zu.»[67] Tocqueville hatte in *De la Démocratie en Amérique* geschrieben: Ein Land, das von seiner Regierung nichts anderes erwartet als Ruhe und Ordnung, ist sklavisch gesinnt und wird dem Mann, der es in Ketten legen wird, keinen Widerstand leisten.[68]

Paris befand sich wie erwähnt während der Revolutionsjahre periodisch im Belagerungszustand. Nicht nur der Arbeiteraufstand vom Juni 1848 und die Demonstration vom Juni 1849 gegen die französische Interventionspolitik in Rom wurden gewaltsam unterdrückt, selbst die parlamentarischen Institutionen sahen sich militärischen Drohgebärden ausgesetzt. Der Staatsstreich von Bonaparte und die Auflösung der Versammlung verdankten sich der Armee, und es stellte sich die Frage, ob diese nicht besser ein für alle Mal die Gesellschaft retten, ihr eigenes Regime zum obersten erklären und die bürgerliche Gesellschaft ganz von der Sorge befreien sollte, sich selbst zu regieren. Bonapartes Machtübernahme wäre also nur die Konsequenz der Politik der bürgerlichen Republikaner; sie hatten die Pflanzschule angelegt, worin die Prätorianer wachsen konnten. Marx erinnert beiläufig an ein wenig bekanntes Detail. Gemäß Verfassung musste der Präsident französischer Bürger sein; Bonaparte war Schweizer Bürger, doch niemanden hatte das damals gestört.

Wenn die bürgerlichen Republikaner nach der Wahl Bonapartes zum Präsidenten ihren Einfluss zusehends verloren, so auch deshalb, weil die bürgerlichen Kreise in ihrer Mehrheit immer noch monarchistisch gesinnt waren; die im Mai 1849 gewählte neue Legislative wurde dominiert von royalistischen Kräften, die innen- wie außenpolitisch eine stramm konservative Politik verfolgten. Die alte verfassunggebende Versammlung, der konstitutionell organisierte Ausdruck des Volkswillens, wie Marx formuliert, löste sich unter Androhung militärischer Gewalt auf. Schließlich musste – oder wollte – selbst die monarchistische Ordnungspartei vor Bonaparte kapitulieren.

Marx erinnert daran, dass in der ersten Französischen Revolution auf eine dominierende Partei stets eine radikalere folgt, die Revolution bewegte sich in aufsteigender Linie.[69] In der Revolution von 1848 war das Umgekehrte der Fall; die progressivste Partei, jene der Sozialisten, machte den Anfang, musste sich aber auf die weniger radikalen Demokraten stützen, von denen sie dann verraten wurde. Der Prozess wiederholte sich: Die Demokraten stützten sich auf die Republikaner, diese auf die monarchistische Ordnungspartei und diese schließlich auf die Urheber des Staatsstreichs. Die Parteien mussten mit dieser opportunistischen Strategie notwendig scheitern; die Revolution bewegte sich in absteigender Linie. Die Republik war das Produkt des Kompromisses zwischen zwei monarchistischen Fraktionen, die Bühne von Kämpfen, die schon nicht mehr ausgetragen wurden. Währenddessen wurde das Gesamtgenie Frankreichs von der pfiffigen Dummheit eines Individuums zuschanden gemacht, wie Marx es auf den Begriff bringt.

Dem Staatsstreich von Bonaparte ging, wie es Marx nennt, ein Staatsstreich der Bourgeoisie voran, hatte doch die Ordnungspartei ein Gesetz zur Abschaffung des allgemeinen Wahlrechts eingebracht.[70] Bonaparte seinerseits schuf als neues Instrument seiner Macht die Gesellschaft des 10. Dezember, eine Art neuer Partei, rekrutiert aus ganz unterschiedlichen, mehr oder weniger vertrauenswürdigen Kreisen. Marx spricht vom Lumpenproletariat, wozu er entlassene Soldaten, Sträflinge, Gauner und Gaukler, Taschendiebe und Taschenspieler, Zuhälter, Bordellhalter, Lumpensammler, Bettler und weitere Kategorien zählt, «die ganze unbestimmte, aufgelöste, hin- und hergeworfene Masse, welche die Franzosen *la bohème* nennen.»[71]

Bonaparte war eine Gestalt, die Marx fasziniert hat, er war, was man heute einen Populisten nennt, ein Abenteurer ohne klares politisches Programm, oft am Rande der Legalität agierend, in undurchsichtige Geschäfte verwickelt, stets in Geldnot und darauf bedacht, von seiner Popularität im Volk profitieren zu können. Wenn es eine Art des politischen Handelns gibt, die mit Lust und Absicht alle Regeln, die dem politischen Getriebe eine gewisse Rationalität, Berechenbarkeit und Legitimität verleihen, außer Kraft zu setzen sucht, so hat Napoleons Neffe, der nicht zuletzt seines Namens wegen an die Macht gelangt war, sie vorgelebt. «Als durchtriebener Roué fasst er das geschichtliche Leben der Völker und die Haupt- und Staatsaktionen derselben als Komödie im ordinärsten Sinn auf, als eine Maskerade, wo die großen Kostüme, Worte und Posituren nur der kleinlichsten Lumperei als Maske dienen.» Wenn die Bourgeoisie selbst Komödie spielte, wenn auch in ernsthafter Absicht, wenn sie halb geprellt, halb überzeugt war von der Feierlichkeit ihrer Haupt- und Staatsaktion, hatte der Abenteurer, der die Komödie schlicht als Komödie nahm, leichtes Spiel. Hatte er aber die Gegner besiegt und nahm seine eigne Rolle ernst, meinte gar den echten Napoleon zu verkörpern, wurde er das Opfer seiner Weltanschauung, «der ernsthafte Hanswurst, der nicht mehr die Weltgeschichte als eine Komödie, sondern seine Komödie als Weltgeschichte nimmt.»[72] Mit den offiziellen Redensarten von Ordnung, Religion, Familie und Eigentum trat er vor die Bürger, während er im Rücken seine Gesellschaft vom 10. Dezember wusste, die Gesellschaft der Unordnung, der Prostitution, des Diebstahls.

Die Republik war gescheitert. Als soziale Republik konnte sie von der Bourgeoisie nicht toleriert werden, als demokratische Republik war sie mit dem republikanischen Umsturzversuch vom Juni 1849 und der Unterdrückung der Linken an ihr Ende gekommen, als parlamentarische Republik dankte sie nach dem Staatsstreich Bonapartes und die darauf folgende brutale Repression ab. Der von Marx als Historiker geschätzte konservative Politiker Guizot glaubte in den Ereignissen den vollständigen und endgültigen Triumph des Sozialismus, die definitive Niederlage der Bourgeoisie erkannt zu haben.[73] Offenbar nahm Marx ebenfalls an, der Sturz der Republik enthalte im Keim bereits die proletarische Revolution und die Diktatur sei gleichsam ein notwendiges Übel, eine unvermeidliche Zwischenphase, welche die Bedingungen für die Revolution reifen lasse. Zunächst aber war die Diktatur nichts anderes als die Aufhebung der Gewaltenteilung, ein Sieg der willkürlichen Gewalt. Marx glaubte einen Plan der Geschichte entdeckt zu haben. Die Revolution ist erst bis ins Fegefeuer gelangt; der Diktator hat ihr die Aufgabe abgenommen, die Legislative zu stürzen, nun kann sie die exekutive Gewalt auf ihren reinsten Ausdruck vollkommener Willkür reduzieren, sie isolieren und ihre Zerstörungskräfte gegen sie richten. Der Abenteurer und letzte Monarch Frankreichs hat, wohl eher unbewusst, die modernen Verfassungsideen ad absurdum geführt, er ist zu jenem Despoten geworden, vor dem liberale Autoren und in ihrer Nachfolge Marx gewarnt haben: kein Sklavenhalter[74], aber doch insofern ein Herrscher über Unfreie, als er die Freiheit der politischen Partizipation für unnötig und als demokratisches Verfahren das Plebiszit für hinreichend hält. Wenn die Revolution diese letzte illegitime Macht besiegt hat, «wird Europa von seinem Sitze aufspringen und jubeln: Brav gewühlt, alter Maulwurf!» Die Prophezeiung war zu optimistisch, Bonaparte herrschte bis 1870, eine neue Republik setzte ihn ab und hatte danach wiederum nichts Eiligeres zu tun, als die im Entstehen begriffene proletarische Republik im Blut zu ertränken.

Es ist bislang die Rede gewesen von der Gewaltenteilung und deren «Störung» durch die Konflikte zwischen gegensätzlichen Klasseninteressen, schließlich von deren Zerstörung durch Bonaparte. In der von der Französischen Republik im November 1848 angenommenen Verfassung ist das ziemlich umständliche Verfahren festgehalten, das bei einer Verfassungsänderung zu beachten war. Dem Paragraphen vorangestellt ist eine spezielle Verordnung, die festhält, die Nationalversammlung vertraue die Verfassung der Aufsicht und dem Patriotismus des ganzen Volkes an. Der Präsident und die Minister sind für all ihre Handlungen rechenschaftspflichtig; Einmischungen in die Kompetenzen der Legislative sind strafbar und gelangen vor die *Haute Cour de Justice*, den obersten Gerichtshof. Natürlich konnte diese Institution den Staatsstreich nicht rückgängig machen; sie hatte sich, wie Marx in Erinnerung ruft, hingegen profiliert, als es darum ging, die Aufständischen vom Juni 1848 und Juni 1849 zu verurteilen. Bonaparte ließ nach seinem Staatsstreich in aller Eile eine neue Verfassung entwerfen, die seinen Vorstellungen absoluter Macht einen legalen Boden verleihen sollte. Die Aufgabe der *Haute Cour* bestand jetzt neu darin, Attentate gegen den Staatschef und die öffentliche Sicherheit zu sanktionieren.[75]

Marx interessiert nicht ausschließlich die Logik der Klassenkämpfe. Das große Thema, das ihn bereits in seiner Auseinandersetzung mit Hegel beschäftigt hat, nimmt er wieder auf. Es geht um die Entstehung des modernen Staats. Die Exekutivgewalt mit ihrem hypertrophen administrativen und militärischen Apparat ist ein Parasitenkörper, der sich um den Leib der französischen Gesellschaft schlingt und ihr alle Poren verstopft. Die Herrschaft Bonapartes, der selbst kaum klare Vorstellungen vom Staatszweck gehabt hatte, ist eben deshalb von Interesse, weil sie die in der französischen Monarchie vorbereitete Verabsolutierung der Staatsmacht nochmals kraftvoll fördert. Die ursprüngliche Aufgabe des modernen Staats hatte in der Überwindung der feudalen Ordnung bestanden. Aus alten Privilegien wurden Attribute der Staatsgewalt, aus feudalen Würdenträgern Beamte, aus den unübersichtlichen und widersprüchlichen Gesetzen der feudalen Verfassung der geregelte Plan einer Staatsmacht, «deren Arbeit fabrikmäßig geteilt und zentralisiert ist.»[76] Die französische Revolution war gezwungen, das Werk der Verstaatlichung und Zentralisierung fortzusetzen. Napoleon vollendete das Werk, die nachfolgenden Monarchien fügten nur wenig hinzu. Die Verstaatlichung der Politik hatte zur Folge, dass sich der Staat das in der Gesellschaft sich artikulierende gemeinsame Interesse aneignete, es als allgemeines Interesse der Selbsttätigkeit der Menschen in der Gesellschaft entriss und zum Gegenstand der Regierungstätigkeit erhob. Herrschen hieß auch für republikanisch Gesinnte nichts anderes, als den Staatsapparat in Besitz zu nehmen und die Zentralisierung fortzusetzen. Unter Napoleon III. hatte sich der Staatsapparat verselbständigt; dass ein Glücksritter zusammen mit seiner korrupten Soldateska die Geschicke Frankreichs leiten konnte, ohne über die erforderlichen Kompetenzen zu verfügen, dass nicht einmal die vornehmen Bürger vor seinen Streitkräften in Sicherheit waren, erklärte das Gefühl der Demütigung, «das die Brust Frankreichs beklemmt und seinen Atem stocken macht.»[77]

Nicht nur Legitimisten und Orleanisten repräsentierten bestimmte soziale und ökonomische Interessen, auch Bonaparte tat dies, seine Basis waren die Parzellenbauern. Was erklärte ihre Begeisterung für Bonaparte, wenn nicht die Erinnerung an den Onkel? Sie waren die vernachlässigte Klasse, hatten kaum eigene Interessenvertreter, waren aufgrund ihrer Produktionsweise voneinander isoliert. Arm, wie sie waren, wurden sie obendrein von einem veralteten und ungerechten Steuersystem ausgebeutet. Die Parzelle ließ keine Arbeitsteilung zu, keine Nutzung wissenschaftlicher Erkenntnisse, keine Mannigfaltigkeit der Entwicklung, keine Verschiedenheit der Talente, keinen Reichtum der gesellschaftlichen Verhältnisse. Der Bauer verdankte seine Existenz dem Austausch mit der Natur, nicht dem Verkehr mit der Gesellschaft. In Bonaparte glaubten sie ihren Repräsentanten und Retter gefunden zu haben. Die Enttäuschung konnte nicht ausbleiben. Das Parzelleneigentum war unter Bedingungen der freien Konkurrenz kein sicherer Wert. Die von Napoleon I. eingeführte neue Form bäuerlichen Grundeigentums bewirkte zunächst zwar eine Befreiung der Bauern, erwies sich später aber als Gesetz der Sklaverei und Armut. Die im Feudalsystem übliche Form der Ausbeutung landwirtschaftlicher Arbeit wurde ersetzt durch die kapitalistische Form. Die Parzelle erlaubte dem Kapitalisten, Profit, Zinsen und Rente vom Acker zu ziehen und den Bauern selbst zusehen zu lassen, wie er seinen Lohn herausschlägt; hinzu kam die steuerliche Belastung. Kurz: Die Lebens- und Arbeitsbedingungen der französischen Bauern waren miserabel. Es waren vornehmlich die konservativ gesinnten Bauern, die in Bonaparte ihren Heiland zu finden meinten. Dieser repräsentierte nicht die «Aufklärung, sondern den Aberglauben des Bauern [...] nicht seine Zukunft, sondern seine Vergangenheit.»[78]

Bonaparte hätte sich gerne in der Rolle des Wohltäters von Frankreich gesehen, doch keiner kann geben, ohne anderen zu nehmen. Er hätte am liebsten ganz Frankreich gestohlen, um es dann an Frankreich zu verschenken, wie Marx maliziös kommentiert. Umgeben von einer geräuschvollen, anrüchigen, plünderungslustigen Bohème, sah er sich gezwungen, durch beständige Überraschung die Aufmerksamkeit des Publikums zu gewinnen und jeden Tag einen Staatsstreich *en miniature* zu veranstalten. Damit brachte er die ganze bürgerliche Wirtschaft in Wirrwarr, tastete alles an, was der Revolution von 1848 als unantastbar galt, und erzeugte die Anarchie im Namen der Ordnung. Marx erweist sich mit diesen Analysen als weitsichtiger Theoretiker des Populismus *avant la lettre*. Eine Konsequenz, die er aus der Rekonstruktion der Geschichte von 1848 bis 1852 zieht, lautet, dass das so sorgfältig und raffiniert ausgedachte Konzept einer repräsentativen Regierung, einer republikanischen Verfassung mit Teilung der Gewalten und der Garantie von Menschen- und Bürgerrechten in Frankreich vollständig gescheitert ist. Diese Einsicht wird er später anlässlich der Schrift zur *Commune* von Paris in Erinnerung rufen. Marx' Aufmerksamkeit gilt aber ebenso den Problemen politischen Handelns. Politische Akteure können sich dem Druck, eine bestimmte Rolle zu spielen, kaum entziehen. Als Schauspieler werden sie unvermeidlich in einem gewissen Sinn korrupt, sie können sich in jede Rolle fügen und innerhalb kürzester Zeit die Rolle wechseln. Man muss solche Befunde nicht als moralische Verurteilung verstehen, sie sagen vielmehr etwas aus über das politische Geschäft generell. Zusammen mit den regelmäßigen Rechtsverletzungen und Verfassungsbrüchen dokumentieren sie, wie stark die Praxis der Politik ihrer Theorie widerspricht.

Marx erzählt – ironisch und detailgerecht – das absurde Spiel einer Verfassung, die formell die Gewaltenteilung hochhält, diese aber immer dann verletzt, wenn demokratische sowie sozialistische Forderungen und Bewegungen als allzu bedrohlich für den Erhalt der Ordnung erachtet werden. Die bürgerlichen Klassen spielen in diesem Spiel eine wenig gloriose Rolle. Konfrontiert mit den Aspirationen der Unterschicht einerseits, zunehmender despotischer Anmaßung einiger Politiker – nicht nur allein Bonapartes – andererseits, entschließen sie sich letztlich für die Diktatur, und das heißt, dass sie frei- und bereitwillig auf ihre Rechte auf politische Mitbestimmung verzichten – ganz so wie es Constant, Tocqueville und Marx vorausgesehen haben.

Um an dieser Stelle nochmals auf die «Abschaffung des Staats» zu sprechen zu kommen: Es ist klar, dass sie in den Überlegungen von Marx einhergehen soll mit jener der Klassenunterschiede. Im Fall der französischen Revolution von 1848 hat er gezeigt, wie die Angst der Bourgeoisie vor dem Sozialismus zu einer verfassungsmäßig nicht vorgesehenen und nicht legitimierbaren grandiosen Aufblähung der Staatsmacht und zur Abschaffung der Gewaltenteilung geführt hat. Marx' Überlegungen zur Legitimität des Staats sind stets im Kontext von dessen Instrumentalisierung für die Durchsetzung partikularer Interessen zu verstehen. Unter der Abschaffung des Staats kann man sich Unterschiedliches vorstellen, so etwa «die Zurückführung der Staatsgewalt auf den Maßstab von Nordamerika.»[79] Es gibt verschiedene Grade von Staatlichkeit, und es scheint auch für Marx und Engels Grade zu geben, die durchaus sinnvoll und nötig sind. Entscheidend ist für sie, dass es eine klare Trennung gibt zwischen den notwendigen Funktionen des Staats und der Verwaltung einerseits und dem Staat als dem Repräsentanten von politischen Interessen einer Klasse der Gesellschaft, die nicht vereinbar sind mit den Interessen der Gesellschaft insgesamt.

V

DIE ENDLICH ENTDECKTE POLITISCHE FORM

Die Frage, welche politische Verfassung Marx denn nun für legitim hält, bleibt zu beantworten. In Kapitel III wurden Marx' staatstheoretische Studien resümiert und die Werke von Spinoza, Constant, Hegel und Tocqueville vorgestellt. Hatte Spinoza seine radikale Auffassung von Freiheit, Demokratie und Souveränität im 17. Jahrhundert noch naturgesetzlich fundiert, so sehen Constant, Hegel und Tocqueville sich im Gefolge der revolutionären Umwälzungen – 1688 in Großbritannien, 1789 und 1830 in Frankreich – mit der Aufgabe konfrontiert, die Kriterien legitimer Herrschaft neu zu bestimmen. Besonderes Gewicht kommt in ihren Überlegungen der Gewaltenteilung sowie dem Erwachen der bürgerlichen Gesellschaft zu – «bürgerlich» im zweifachen Sinn des Bürgers als Citoyen und als Bourgeois. Die Gewaltenteilung hat wie bereits bei Locke und Montesquieu den Zweck, den Bürgern Freiheit, Sicherheit und Eigentum zu garantieren. Sie ist aber in gewisser Hinsicht ein Relikt der Ständegesellschaft. Bei Locke, Montesquieu, Constant und Hegel spielen pragmatische Erwägungen eine Rolle: Wird eine Klasse nicht mit einer verfassungsmäßig garantierten Funktion im System der politischen Gewalten belohnt, hat sie kein Motiv, das Gemeinwesen zu unterstützen. Das bedeutet, wie Montesquieu gesehen hat, dass eine in zwei Kammern – in England das *House of Commons* und das *House of Lords* – aufgeteilte Legislative nicht einfach nur zwei politische Gewalten repräsentiert, sondern auch zwei gesellschaftliche Mächte und Interessen. Angesichts dieser Sachlage wäre es denkbar gewesen, 1830 in Frankreich ein System mit einer Kammer der bürgerlichen Klasse und einer der arbeitenden Klasse zu schaffen. Dies war nicht der Fall, der *Tiers État* war ein exklusiver Kreis, sodass davon bald ein vierter Stand unterschieden wurde. Eine verfassungsmäßig festgesetzte Ständerepräsentation hätte jedoch der Gleichheitsidee der Französischen Revolution widersprochen. So sahen sich denn die vermögenden Klassen gezwungen, Repräsentanten der arbeitenden Bevölkerung in der Konstituante und der sie ablösenden legislativen Nationalversammlung zu tolerieren, doch wurden die Kriterien der Zuerkennung des Wahlrechts mehrmals willkürlich verändert.

Die Trennung und gegenseitige Kontrolle der Gewalten sollte eine verfassungstreue Politik gewährleisten. Marx hat die im November 1848 angenommene Verfassung der Französischen Republik[1] genau studiert, er hat sich die Paragraphen gemerkt, welche die proklamierten Prinzipien von Freiheit, Gleichheit und Volkssouveränität relativierten. Interessiert haben ihn ebenso die effektiven Verfassungsbrüche wie die militärische Intervention gegen die Römische Republik 1849.[2] Im Kapitel IV wurde gezeigt, wie er im Bemühen, die Chancen und das Scheitern einer Revolution der arbeitenden Klasse zu begreifen, die Strategien der bürgerlichen, «republikanischen» Politik studieren und dabei feststellen konnte, wie wenig verfassungskonform sie war.

Frankreich war Marx' bevorzugtes Studienobjekt: «The future is pregnant with great events, and the present of France is one of the most interesting studies history affords.»[3]

Marx wollte schon seit 1843 die Entstehungsgeschichte des modernen Staats anhand der französischen Geschichte und Revolutionen studieren. Gemäß den erhaltenen Notizen beabsichtigte er, politische Themen umfassend zu behandeln: die Selbstüberhebung des politischen Wesens und die Verwechslung mit dem antiken Staat, Menschenrechte und Verfassung, individuelle Freiheit und öffentliche Macht, Volkssouveränität, Staat und bürgerliche Gesellschaft, Gewaltenteilung, Zentralisation und Föderalismus, richterliche Gewalt, politische Parteien und Wahlrecht. Hätte er die Zeit gefunden, das Projekt zu realisieren, wäre daraus eine veritable Staatstheorie entstanden. Marx konnte sich bei seinen Studien auf Zeugnisse unmittelbar beteiligter Akteure der Revolution stützen, so insbesondere auf jene von Camille Desmoulins. Der Anwalt Desmoulins (1760–1794) machte sich als Redner und Journalist einen Namen und gehörte zu den führenden Revolutionären. Zunächst ein Verbündeter Robespierres, distanzierte er sich später von dessen extremistischer Politik und wurde als Mitstreiter des mit Robespierre verfeindeten Danton 1794 hingerichtet.

Marx trug sich mit der Absicht, eine Geschichte des Konvents zu schreiben.[4] Die Aufgabe des 1792 gewählten Konvents hatte darin bestanden, eine neue Verfassung auszuarbeiten. Als Reaktion auf ausländische Kriegsandrohungen hatte sich im August 1792 in Paris eine Kommune gebildet, ein spontaner Aufstand der Unterschichten, die eine Art von Basisdemokratie praktizierten. Die bürgerlich orientierte Legislative stand nun einer radikalen Gegenmacht gegenüber, die das einfache Volk repräsentierte. Dabei handelte es sich selbstverständlich nicht um die verfassungsmäßig vorgesehene Gewaltenteilung, vielmehr reflektierte die Opposition die gegensätzlichen Interessen und Ansprüche der sozialen Klassen. Als bürgerliche Parteien standen sich gegenüber die moderaten *Girondins* und die radikalen *Montagnards*, die sich ihrerseits von Fall zu Fall mit der Kommune der *Sansculottes*, der unteren Gesellschaftsklassen, verbünden konnten. Die spontan gebildete und agierende Kommune war ein Gegengewicht zu den gewählten republikanischen Gremien.

Pierre Vergniaud, ein führender Politiker der Gironde, hatte festgehalten, die Gleichheit sei für die Menschen in der Gesellschaft ausschließlich die Gleichheit der Rechte, nicht jene des Vermögens, der Größe und Kraft, des Verstandes, der Aktivität, des Fleißes und der Arbeit.[5] Damit war die Aufspaltung der Gesellschaft in zwei Klassen zum unumstößlichen Gesetz erklärt. Man darf überdies nicht vergessen, dass der Begriff der Demokratie noch im 18. Jahrhundert oft negativ konnotiert war. Er wurde mit der athenischen Demokratie, mit Anarchie und Willkür assoziiert, mit Utopie bei Rousseau, fehlender Gewaltenteilung bei Kant. Noch die französischen Revolutionäre zogen es vor, sich als Republikaner eher denn als Demokraten zu definieren.

Desmoulins gab seit Beginn der Revolution die *Révolutions de France et de Brabant* heraus, eine Zeitung, die zu einem der wichtigsten Sprachrohre der Revolution wurde. Desmoulins setzte sich für die Freiheitsrechte ein, insbesondere für die Pressefreiheit; unvermeidlich geriet er damit in Gegnerschaft zu Robespierre. Der Buchdruck hat das Geschick Europas verändert, er wird das Geschick der ganzen Welt verändern, so schrieb er in den *Révolutions*. Der Buchdruck und die Verbreitung der Zeitungen übernehmen in der Neuzeit die Aufgaben, die in Athen und Rom den Rhetoren zukamen. Desmoulins war überzeugt, dank der neuen Medien seien Freiheit und Demokratie nicht mehr das Privileg kleiner republikanischer Gemeinschaften, sie dehnten sich nun aus über Königreiche und Imperien. Der Gedanke des Genies verbreite sich in Windeseile und erreiche die universelle Gemeinschaft des Menschengeschlechts. Montesquieu, Rousseau und andere haben behauptet, politische Freiheit sei nur in kleinen Ländern möglich; der Fortschritt der Zivilisation widerlegt dies, wie Desmoulins verkündet.[6]

Desmoulins hat sich intensiv mit den Verfassungsfragen befasst, die später auch Marx beschäftigen werden. Grundsätzlich geht es ihm um die Frage, was unter der Souveränität des Volks zu verstehen ist, eines Volks, das naturgemäß nicht als Einheit entscheiden und agieren kann. Desmoulins spricht von der Macht der Nation, diese findet ihren Ausdruck in der Nationalversammlung als der legislativen Gewalt und in den Gemeinderegierungen als der exekutiven Gewalt. Wenn konservative Politiker von einem (monarchischen) *pouvoir exécutif suprême*, einer höchsten Exekutivgewalt, sprechen, ist diese für Desmoulins nichts weiter als eine parasitäre Macht, die gerade noch geduldet wird, gleichsam eine Art Horsd'œuvre zur Verfassung, welche das majestätische Gefährt der Verfassung nicht aus der Bahn werfen kann.[7]

Wie sein Mitstreiter Danton war Desmoulins kein Anhänger spartanischer Frugalität und aufgezwungener Gleichheit. Athens Niedergang sah er nicht durch Kunst, Luxus, Aufklärung, Handel und Reichtum verursacht. Er erblickte darin vielmehr die notwendigen Bedingungen der Freiheit. Die politische Freiheit blieb Athen erhalten, solange die Bürger selbst die militärische Macht bildeten.[8] Marx hat Desmoulins' *Révolutions* studiert; unter den führenden Revolutionären war Desmoulins wohl derjenige, der ihn – als Autor wie als Politiker – am meisten interessiert hat. Wer Desmoulins' Schriften liest, wird in dessen ironisch-polemischem Stil eine Inspirationsquelle für Marx' eignen Stil entdecken. So haben ihn vor allem Desmoulins' satirische Schilderungen der eigenartigen Aktivitäten des Juristen, monarchistischen Politikers und Anhängers des Mesmer'schen Magnetismus, Nicolas Bergasse, Mitglied der Konstituante, beeindruckt.[9] Im Hinblick auf das Problem der Souveränität des Volkes ist folgende, von Marx notierte Stelle besonders aufschlussreich. «Hätte ich die Ehre gehabt, in der Nationalversammlung als Abgeordneter zu sitzen, so hätte ich verlangt, der Thron, worauf sich Herr Capet gesetzt hat, solle leer bleiben und an erhöhter Stelle sichtbar sein als Repräsentation der nationalen Souveränität.» Unterhalb des Throns hätten die beiden Gewalten ihren Platz auf gleicher Höhe eingenommen.[10] Desmoulins spricht hier einen sehr modernen Gedanken aus.[11] In einer Monarchie ist die Macht in der Person des Königs verkörpert. Wird die Idee der Demokratie in einem radikalen Sinn verstanden, so darf es darin keine Asymmetrien geben, keine Über- und Unterordnung; das Volk als Ganzes verkörpert die Macht. Dies ist für das politische Denken in seiner Abstraktheit ein plausibler Gedanke, doch was bedeutet er konkret? Es handelt sich um eine Grundfrage der modernen Politik, die auch Marx beschäftigen musste.

Marx hat die Geschichte des Konvents nie geschrieben, seine Reflexionen über Politik und politische Institutionen sind jedoch hauptsächlich von den Studien der französischen Geschichte beeinflusst. Sie konnten ihm zeigen, wie in revolutionären Perioden spontan neue Institutionen geschaffen werden, die von der Theorie der Verfassung nicht vorgesehen sind, und wie es unvermeidlich zu Konflikten zwischen diesen Institutionen kommt. Unter dem Eindruck des Pariser Aufstands von 1871 und der Institution der *Commune* stellt Marx die Frage nach der vernünftigen, legitimen Verfassung erneut. Was stellt man sich unter der Souveränität des Volks, unter der Herrschaft des *demos* vor? Ist Desmoulins' Empfehlung, der Thron oder besser der Ort der Macht müsse leer bleiben, ein Plädoyer für die Anarchie? Schließlich bleibt die Frage, wie eine Demokratie funktionieren kann, wenn die Interessengegensätze zwischen Vermögenden und Besitzlosen nicht überwunden werden können.[12]

DER AUFSTAND DER ZIVILGESELLSCHAFT

Nach den militärischen Niederlagen Frankreichs im französisch-deutschen Krieg wurde im September 1870 das Regime Napoleons III. gestürzt und eine Republik errichtet. Eine provisorische Regierung, geleitet von Adolphe Thiers, dominiert von gemäßigten Monarchisten, sollte die Kapitulation vorbereiten und eine Revolte der widerstandsbereiten Pariser Bevölkerung verhindern. Überstürzt, aber durch die Kapitulation erforderlich, wurde die Wahl einer Nationalversammlung anberaumt; noch einmal vermochten die monarchistischen Kräfte sich durchzusetzen; die Versammlung tagte zunächst in Bordeaux, später in Versailles, in sicherer Distanz vom revolutionären Paris. Dort waren die Republikaner in der Mehrheit, und sie widersetzten sich der Kapitulation. Die Regierung musste vor den deutschen Truppen kapitulieren, wollte sie den Krieg gegen die Pariser Republik beginnen. Da Paris sich weigerte, die Waffen niederzulegen, wurde der Bürgerkrieg unvermeidlich.

Der Aufstand vom 4. September und die Ausrufung der Republik hatten, so Marx, Frankreich eine neue Legitimität verschafft. «Die Pariser Arbeiterrevolution vom 4. September war der einzige Rechtstitel der Nationalversammlung in Bordeaux und ihrer vollziehenden Gewalt.» Paris, belagert, ausgehungert und doch willens, den deutschen Truppen wie den reaktionären Kräften im eignen Land zu widerstehen, war die «wahre Verkörperung» der Revolution. Paris «musste vortreten als der selbstopfernde Vorkämpfer Frankreichs, dessen Rettung vom Untergang und dessen Wiedergeburt unmöglich waren ohne den revolutionären Umsturz der politischen und gesellschaftlichen Bedingungen, die das zweite Kaisertum erzeugt hatten [...].»[13] Mit der Machtübernahme des Zentralkomitees der Nationalgarde und den anschließenden Wahlen begann die radikale Phase der Revolution, die *Commune.* Dem radikaldemokratischen Experiment waren freilich nur wenige Wochen beschieden; Ende Mai unterdrückten die Streitkräfte der Versailler Regierung den letzten Widerstand mit größter Brutalität. Die Repression gegen die Aufständischen war ein Massaker, das noch die Ereignisse während der Junirevolution 1848 in den Schatten stellte. Rund 30 000 *communards* wurden getötet, zahllose Gefangene standrechtlich erschossen.

Mit seiner Schrift *Der Bürgerkrieg in Frankreich* legte Marx eine Analyse der Pariser Kommune vor.[14] «Was ist die Kommune, diese Sphinx, die den Bourgeoisverstand auf so harte Proben setzt?» Mit der Frage beginnt das zentrale Kapitel der Bürgerkriegsschrift, die Analyse der Kommune als einer neuen Form der politischen Institution. Im März 1871 wies das Zentralkomitee der Nationalgarde, eine Art provisorischer Regierung, den Proletariern von Paris die Verantwortung zu, angesichts des Versagens und Verrats der Versailler Regierung die Leitung der öffentlichen Angelegenheiten in die eignen Hände zu nehmen, um die Lage zu retten. Nachdem sie bislang alles produziert und dennoch inmitten so vieler akkumulierter Güter elend gelebt hätten, sei es nun ihre Pflicht und ihr Recht, sich zu Herren ihres eignen Geschicks zu machen und die Regierungsgewalt zu übernehmen.[15]

Marx bemerkte hierzu, die Arbeiterklasse könne nicht einfach die «fertige Staatsmaschinerie», das heißt den von Napoleon I. vollendeten zentralistischen Staat in Besitz nehmen und für ihre eignen Zwecke instrumentalisieren. Bereits im *Achtzehnten Brumaire des Louis Bonaparte* hatte er den staatlichen Zentralismus kritisiert.[16] Jetzt nahm er das Thema nochmals auf. Die zentralisierte Staatsmacht war in Frankreich das Werk der absoluten Monarchie, sie diente der aufstrebenden bürgerlichen Klasse als Waffe in den Konflikten mit der Feudalaristokratie. Der «riesige Besen der französischen Revolution [...] fegte alle diese Trümmer vergangner Zeiten weg und reinigte so gleichzeitig den gesellschaftlichen Boden von den letzten Hindernissen, die dem Überbau des modernen Staatsgebäudes im Wege gestanden.» Nach dem Sturz Napoleons I. wurde die Regierung unter parlamentarische Kontrolle gestellt, im Urteil von Marx: unter die Macht der besitzenden Klassen. Sie entwickelte sich zum «Treibhaus für kolossale Staatsschulden und erdrückende Steuern» und wurde zum «Zankapfel für die konkurrierenden Fraktionen und Abenteurer der herrschenden Klassen.» Ihr politischer Charakter passte sich den ökonomischen Veränderungen der Gesellschaft an. Mit den zunehmenden Konflikten zwischen Kapital und Arbeit traten die repressiven Funktionen der Staatsmacht deutlicher hervor. 1830 ging die Regierungsgewalt von den Grundbesitzern auf die Kapitaleigner über, 1848 verhinderten die bürgerlichen Republikaner die Revolution der Arbeiter. Daraufhin formierte sich als «Ordnungspartei» eine Koalition, «gebildet aus allen konkurrierenden Fraktionen und Faktionen der aneignenden Klassen in ihrem jetzt offen erklärten Gegensatz zu den hervorbringenden Klassen.»[17]

Die parlamentarische Republik mit Louis Bonaparte als Präsident war die angemessene Regierungsform zur Unterdrückung der ärmeren Volksklassen. Sie vermochte die oberen Gesellschaftsklassen zu vereinigen und gegen die Unterschicht zu mobilisieren. Marx' Befund betrifft zunächst die Ebene des sozialen Konflikts. Doch dieser Konflikt fand seinen politischen Ausdruck in der radikalen Trennung zwischen der staatlichen Sphäre und den «dünngesäten Reihen» ihrer Profiteure einerseits sowie der außerhalb dieser Sphäre existierenden Gesellschaft, deren Mehrheit keine Teilnahmerechte besaß. Kurz: Es ging um die Opposition zwischen Staat und Zivilgesellschaft. Der Staat war allmächtig geworden, unabhängig von der Gesellschaft, zugleich wurde er herabgestuft zum bloßen Instrument, dessen sich die besitzenden Klassen in ihrem Abwehrkampf gegen die arbeitenden Klassen bemächtigen konnten. Sie sahen sich gezwungen, die Exekutive in ein reines Repressionsmittel zu verwandeln und mit der schrittweisen Beschränkung der parlamentarischen Kompetenzen die Gewaltenteilung aufzuheben. Louis Bonapartes zunächst gloriose Karriere als Präsident und danach als Kaiser hatte zur Folge, dass mit dem *Empire*, dem Kaiserreich, eine anachronistische Staatsform zu Ehren kam, doch war gerade sie «die einzige mögliche Regierungsform zu einer Zeit, wo die Bourgeoisie die Fähigkeit, die Nation zu beherrschen, schon verloren und wo die Arbeiterklasse diese Fähigkeit noch nicht erworben hatte.»[18] Bonapartes Herrschaft fiel in eine Zeit der forcierten Industrialisierung, des starken Wirtschaftswachstums und der allgemeinen Prosperität. Die bürgerlichen Klassen profitierten davon und waren aller politischen Sorge enthoben. Mit dem Luxus der begüterten Klassen kontrastierte das Elend der ärmeren Klassen. Nur scheinbar erhob sich die Staatsmacht über der Gesellschaft, sie war «selbst der skandalöseste Skandal dieser Gesellschaft und gleichzeitig die Brutstätte aller ihrer Fäulnis.» Der Imperialismus – das *Empire* – war die «prostituierteste [...]

Form jener Staatsmacht, die von der entstehenden bürgerlichen Gesellschaft ins Leben gerufen war als das Werkzeug ihrer eignen Befreiung vom Feudalismus und die die vollentwickelte Bourgeoisgesellschaft verwandelt hatte in ein Werkzeug zur Knechtung der Arbeit durch das Kapital.»[19]

Die konsequente Alternative zum *Empire* glaubte Marx in der *Commune* entdeckt zu haben, es war dies die «bestimmte Form der sozialen Republik.» Als erste Maßnahme dekretierte sie die Abschaffung des stehenden Heeres und dessen Ersetzung durch eine Volksmiliz. Die Kommune setzte sich zusammen aus den auf der Basis des allgemeinen Stimmrechts gewählten Bezirksräten. Diese waren rechenschaftspflichtig und jederzeit absetzbar. Die Kommune funktionierte als arbeitende Körperschaft und vereinigte legislative und exekutive Kompetenzen. Polizei und Administration durften fortan nicht mehr als Regierungsinstrumente funktionieren, sondern mussten als Werkzeuge der Kommune jederzeit absetzbar sein, waren sie doch bislang von Parteiinteressen instrumentalisiert und als Repressionsorgane missbraucht worden. Was die Entlohnung betraf, so war für Amtsinhaber ein Arbeiterlohn bestimmt. Öffentliche Ämter durften nicht weiterhin das «Privateigentum der Handlanger der Zentralregierung» sein, Kirchen nicht mehr als geistliches Unterdrückungswerkzeug fungieren. Schulen sind fortan unentgeltlich zugänglich sowie frei von staatlicher und kirchlicher Bevormundung, ebenso die wissenschaftlichen Institutionen. Da die Unabhängigkeit der Richter bisher laut Marx bloß eine scheinbare gewesen war und nur dazu gedient hatte, «ihre Unterwürfigkeit unter alle aufeinanderfolgenden Regierungen zu verdecken», mussten die Richter sich nun der Wahl stellen und der Kommune gegenüber rechenschaftspflichtig sein.[20]

Das Pariser Rätesystem war, wie Marx ausführt, dazu bestimmt, allen Städten Frankreichs als Modell zu dienen; die zentralistische Verfassung sollte der dezentralen Selbstregierung der Produzenten weichen. Marx verwies auf einen von der Kommune mangels Zeit nicht ausgearbeiteten Verfassungsentwurf.[21] Was Marx hier als Vorbild vor Augen hatte, war die Funktionsweise einer Rätedemokratie: Die Bewohner sämtlicher Gemeinden bestimmen Abgeordnete, diese versammeln sich in der Bezirkshauptstadt, um ihre gemeinsamen Angelegenheiten zu regeln; die Bezirksversammlungen wiederum wählen die Abgeordneten für die Nationalversammlung. Die Abgeordneten sind jederzeit absetzbar und an das imperative Mandat gebunden. Marx hielt explizit fest, das Ziel der Kommunalverfassung bestehe keineswegs in der Abschaffung des Staats oder der Auflösung der Nation. Die «wenigen, aber wichtigen» staatlichen Funktionen sollten an kommunale, rechenschaftspflichtige Beamte übertragen, die Einheit der Nation durch die Kommunalverfassung garantiert und gefestigt werden. Die Staatsmacht hingegen, die beansprucht, die nationale Einheit zu verkörpern, tatsächlich jedoch über ihr stehen will, obgleich sie bloß ihr «Schmarotzerauswuchs» ist, habe ausgedient. Sind die repressiven Organe der alten Regierungsmacht überflüssig geworden, so gibt es doch nach wie vor die berechtigten Funktionen der Staatsgewalt. Allerdings dürfen diese Gewalten nicht mehr über der Gesellschaft stehen, sondern müssen deren «verantwortlichen Dienern» zurückgegeben werden. Statt in regelmäßigen Abständen zu entscheiden, «welches Mitglied der herrschenden Klasse das Volk im Parlament ver- und zertreten soll, sollte das allgemeine Stimmrecht dem in Kommunen konstituierten Volk dienen, wie das individuelle Stimmrecht jedem andern Arbeitgeber dazu dient, Arbeiter, Aufseher und Buchhalter in seinem Geschäft auszusuchen.»[22] Gesellschaften seien ebenso gut wie Individuen fähig, in «Geschäftssachen» den rechten Mann zu finden, wie Marx hinzufügt.

Die Organisationsform der *Commune* hat das Vorbild abgegeben für die Räterepubliken, wie sie spontan im frühen 20. Jahrhundert in Russland, Deutschland, Italien und anderswo, dann 1956 noch einmal in Ungarn gebildet worden sind. Rechenschaftspflicht von Amtsinhabern und Beamten, imperatives Mandat, Amtsenthebung bei Nichtbefolgung der Weisungen, politische Versammlungen auf jeder Verwaltungsebene, Delegation der Beschlüsse von unten nach oben, Abbau der politisch-administrativen Hierarchien – all dies sind typische Merkmale der Räterepublik. Natürlich kann man die von Marx beschriebene Verfassung auch schlicht als radikale Demokratie bezeichnen. Bemerkenswert ist, dass er die in der Unternehmenswelt üblichen Verfahren als Vorbild einer demokratischen oder räterepublikanischen Politik empfahl. Es ging ihm offensichtlich darum, die strenge Trennung zwischen der politischen und der ökonomischen Sphäre aufzuheben. Der Nationalstaat sei als mächtiger Faktor der gesellschaftlichen Produktion aus ökonomischen Gründen erforderlich, mit der dezentralen Selbstregierung jedoch durchaus kompatibel. Die Kommunalverfassung wird dem «gesellschaftlichen Körper alle die Kräfte» zurückgeben, die bisher der «Schmarotzerauswuchs ‹Staat›, der von der Gesellschaft sich nährt und ihre freie Bewegung hemmt, aufgezehrt hat.»[23] Die Kommune verwirklichte die von den bürgerlichen Revolutionen geforderte «wohlfeile», sparsame Regierung, indem sie den höheren Rängen von Armee und Verwaltung ihre Privilegien entzog. Sie sprach der Monarchie, die «der regelrechte Ballast und der unentbehrliche Deckmantel der Klassenherrschaft» ist, die Berechtigung ab und schuf mit den demokratischen Institutionen die nötigen Grundlagen für die Republik.

Im Urteil von Marx war die Kommune wesentlich eine «Regierung der Arbeiterklasse, das Resultat des Kampfs der hervorbringenden gegen die aneignende Klasse, die endlich entdeckte politische Form, unter der die ökonomische Befreiung der Arbeit sich vollziehen konnte.»[24] «Arbeiterklasse» ist im weiten Sinn zu verstehen; Lohnabhängige beiderlei Geschlechts, Unternehmer, Händler, Kaufleute, Handwerker, freiberuflich Tätige, Wissenschaftler, generell der vom imperialen Regime ökonomisch ruinierte Mittelstand und die Kleinbürger bildeten die soziale Basis. Marx ging es in diesem Zusammenhang wesentlich um die Behauptung, die politische Herrschaft der Produzenten, der arbeitenden Bevölkerung, habe deren Befreiung aus gesellschaftlicher Knechtschaft und damit den Umsturz der ökonomischen Grundlagen zur Bedingung. Produktive Arbeit soll fortan nicht mehr das exklusive Merkmal einer Klasse sein.

Wenn der Kommune vorgeworfen wurde, sie wolle das Eigentum und damit die Grundlage der Zivilisation abschaffen, so replizierte Marx, es gehe um die Abschaffung jenes Klasseneigentums, welches die Arbeit vieler in den Reichtum weniger verwandle. Es gelte, das individuelle Eigentum zu restituieren und zu diesem Zweck die Produktionsmittel in Werkzeuge der freien und assoziierten Arbeit zu verwandeln. Die arbeitende, produzierende Klasse habe die Elemente der neuen Gesellschaft freizusetzen.

Eine weitere Aufgabe, die sich die Kommune gestellt hatte, bestand darin, den permanenten Streit zwischen Schuldnern und Gläubigern, der den Mittelstand gespalten und die Bauern gedrückt hatte, zu beenden. Ebenso sollten die Urheber des Kriegs verpflichtet werden, für dessen Kosten aufzukommen und sie nicht den unteren Klassen aufzubürden. Im weiteren setzte die Kommune sich zum Ziel, die Menschen vor jeder Art willkürlicher Behandlung und Besteuerung dadurch zu beschützen, dass sie ausschließlich vom Volk gewählten Beamten das Recht zusprach, Amtshandlungen zu vollziehen. Die Kommune verstand sich als kosmopolitische Gemeinschaft, was darin zum Ausdruck kam, dass sie deutschen und polnischen Flüchtlingen wichtige Ämter anvertraute. Sie erließ eine Reihe von Maßregeln, welche die sozialen Bedingungen und die rechtliche Sicherheit der arbeitenden Bevölkerung verbessern sollten. So wurde etwa die lange Zeit übliche willkürliche Lohnreduktion mittels Geldstrafen unter Strafe gestellt, eine Praxis, die, wie Marx maliziös darlegte, aufs deutlichste illustrierte, wie im Arbeitsleben das Prinzip der Gewaltenteilung nichts gelte, sei doch der Arbeitgeber in einer Person Gesetzgeber, Richter und Vollstrecker.

Was schließlich die Finanzpolitik der Kommune betraf, so war aufgrund der massiven Veruntreuung öffentlicher Gelder während der Zeit des zweiten *Empire* der Spielraum der Kommune trotz aller Sparanstrengungen eng. Angesichts der brutalen Repression und der Suspendierung vieler Freiheitsrechte durch die Versailler Regierung hätte allerdings die Kommune «ihre Stellung schmählich verraten, wenn sie alle Anstandsformen des Liberalismus, wie im tiefsten Frieden, beobachtet hätte.»[25] Die Pariser Aufständischen wollten die soziale Republik verwirklichen, wie Marx in Erinnerung ruft; er selbst bekennt sich zu einigen Prinzipien des liberalen Staatsverständnisses, vom Sozialismus ist nicht die Rede, und der Kommunismus, die freie und assoziierte Arbeit, wird mit dem Genossenschaftssystem gleichgesetzt. Was hingegen die Gewaltenteilung betrifft, so ist die Empfehlung, sie ganz einfach abzuschaffen, überraschend und nur nachzuvollziehen, wenn man annimmt, die Räteverfassung könne funktionieren als ein System gegenseitiger Kontrolle.

Wie der von ihm bewunderte amerikanische Präsident Lincoln verstand Marx unter Demokratie «Government of the people, by the people, for the people.»[26] Liberal sind Marx' Bemerkungen zum Staat. Dieser ist zu mächtig, maßt sich zu viele Kompetenzen an, er ist ein Schmarotzer, nützt der Gesellschaft nichts, schadet ihr im Gegenteil dadurch, dass er viel zu teuer und permanent verschuldet ist und daher die Bürger mit hohen Steuern schikaniert. Anstatt sich auf seine Aufgaben zu konzentrieren – Gesetzgebung, Rechtssicherheit, Ermöglichung des Wirtschaftswachstums –, ist er ein repressives Instrument in den Händen einer herrschenden Klasse. Er muss indes auch verstanden werden im Hinblick auf seine Funktion im Prozess der Modernisierung; war er doch zunächst ein notwendiges Instrument zum Zweck der Überwindung der Feudalordnung. Jede Revolution und jede Konterrevolution – Marx spricht von Frankreich – war bislang gezwungen, sich dieses Instruments zu bedienen, erst die Kommune war eine Revolution gegen den Staat.[27] Marx hat allerdings betont, es gehe nicht um die Abschaffung des Staats. Er sah in der Kommune die Institution, die am ehesten geeignet war, zu verhindern, dass der Staat erneut zum Instrument einer privilegierten Gruppe wird.

Marx' Rhetorik erinnert zuweilen an libertäre Auffassungen: Der (alte) Staat wird als Parasit und Schmarotzer diskreditiert; dem gesellschaftlichen Körper sollen die Kräfte zurückgegeben werden, die der Staat aufgezehrt hat; die freie Bewegung der Gesellschaft wird von ihm gehemmt. Die zentralisierte Staatsmaschinerie umklammert die lebenskräftige bürgerliche Gesellschaft wie eine Boa constrictor.[28] Es sind dies zwar anschauliche Bilder, doch die Ideen dahinter sind nicht ganz klar. Mit der Gesellschaft sind offensichtlich vor allem deren ökonomische Aktivitäten gemeint; es ist die Produktivität der Gesellschaft, die nicht gehemmt werden darf – wie dies im Ancien Régime der Fall gewesen ist. Doch den Triumph der Bourgeoisie über die alten Zustände hat Marx im *Manifest* bereits gefeiert – ist es dieselbe Bourgeoisie, welche der ökonomischen Produktivität jetzt im Weg steht? Gilt es, Regulierungen abzubauen, um die Handlungsspielräume der Produzenten, in dem Fall also der Arbeiter, zu erweitern? Identifiziert Marx die Zivilgesellschaft mit einer Produktionsgenossenschaft? Offenbar sieht er in der Räterepublik das geeignete Mittel, um die Spaltung zwischen der zentralisierten Staats-, Verwaltungs- und Militärmacht einerseits und der unpolitischen Zivilgesellschaft andererseits zu überwinden und die Wiederaneignung der politischen Kompetenz durch die Gesellschaft zu ermöglichen. Um diese Aufgabe zu bewältigen, muss die Republik der Räte in einem umfassenden Sinn souverän sein; sie kennt weder eine Gewaltenteilung, noch akzeptiert sie die Trennung zwischen dem Politischen, dem Sozialen und Ökonomischen. Freiheit und Demokratie setzen für Marx revolutionäre Veränderungen voraus, die nicht bloß eine Regierungsform durch eine andere ersetzen, sondern die Trennung zwischen der privaten und wirtschaftlichen sowie der öffentlichen Existenz des Menschen aufheben. Was die Gewaltenteilung betrifft, so deutet Marx immerhin an, dass sie nicht nur in Frankreich bislang ihren Zweck des Schutzes der Bürger nicht erfüllt hat, sondern dass sie im Bereich der Produktion, worin die Kapitaleigner als Arbeitgeber und selbsternannte Richter quasi allmächtig sind, völlig fehlt. Wenn die Kommune eine Revolution gegen den Staat war, gegen diese «übernatürliche Fehlgeburt der Gesellschaft», so war es ihre Aufgabe, dem Volk durch das Volk und für das Volk das eigne gesellschaftliche Leben zurückzugeben, das heißt schließlich: die Zivilgesellschaft zum obersten politischen Akteur zu machen.

Was kann man sich unter einer Revolution gegen den Staat vorstellen, wenn nicht die Anarchie? Maximilien Rubel, ein anerkannter Marx-Spezialist und Vertreter des Rätekommunismus, hat diese Ansicht vertreten; Marx habe zwar kaum Sympathien gehabt für die Anarchisten, doch habe er mit ihnen das Ziel des Verschwindens des Staats geteilt und überdies als Erster der anarchistischen Utopie eine rationale Grundlage geliefert.[29] Anarchie heißt Herrschaftslosigkeit; da Menschen, wie dies Spinoza in Erinnerung gerufen hat, Herrschaft nur in Maßen oder gar nicht ertragen, ist davon auszugehen, dass anarchische Neigungen weit verbreitet sind. Was hingegen ein Anarchist ist, darüber gehen die Meinungen auseinander. Ist es ein Mensch, der sich nicht an die Regeln hält, oder einer, der den Staat zerstören will? Marx hat sich mit diesen Fragen auseinandergesetzt, zunächst einmal, weil die von Bakunin angeführten Anarchisten in der Internationalen Arbeiterassoziation eine Krise heraufbeschworen hatten, dann aber vor allem, weil er die Praktiken der angeblich antiautoritären Anarchisten als freiheitsfeindlich entlarven wollte.

Marx hat eine Zusammenfassung von Bakunins Buch *Staatlichkeit und Anarchie* (1873) erstellt.[30] Der ehemalige Mitstreiter und spätere Gegner von Marx hatte diesem und seinen Anhängern eine staatsfreundliche, gar staatsdespotische Haltung unterstellt. Offensichtlich schrieb er Marx fälschlich die Auffassungen von Lassalle und Liebknecht zu. Er hielt ihn für den Hauptpropagandisten des Sozialismus in Deutschland und wollte diese «bemerkenswerte Persönlichkeit» mit einigen wahren Zügen zeichnen. Als «Hebräer» vereinige Marx in sich «alle Eigenschaften und alle Mängel dieses begabten Stamms.» Er sei nervös, feige, ehrgeizig, eitel, zanksüchtig, intolerant und «absolut wie Jehova, der Herrgott seiner Vorfahren.» Im schlechten Wortsinn sei er ein durchaus politischer Mensch, zugleich sehr klug und vielseitig gelehrt. Marx' wissenschaftliche Verdienste stellte Bakunin nicht in Abrede. Als «Hegelianer, Hebräer und Deutscher» sei er jedoch ein Staatsanbeter und strebe eine Regierung der Gelehrten an.

Zum Konflikt war es wegen Bakunins Machenschaften in der Internationalen Arbeiterassoziation (IAA) gekommen. Um die Strategie der anarchistischen Geheimbünde zu dokumentieren, verfassten Marx und Engels den Bericht über *Ein Komplott gegen die Internationale Arbeiterassoziation.*[31] Damit lenkten sie die Aufmerksamkeit auf die autoritäre, intransparente, die Mitglieder manipulierende und instrumentalisierende Organisationsform einer Bewegung, die im Namen der Anarchie agierte. Unter der Maske des radikalsten Anarchismus richten Bakunin und die von ihm ins Leben gerufene *Allianz der sozialistischen Demokratie* ihre Angriffe nicht gegen Regierungen, sondern gegen Revolutionäre, die sich nicht ihrer Orthodoxie und ihrer Leitung unterwerfen wollen, so der Vorwurf. In Russland begehe die Allianz unter dem Namen der IAA Mord und andere Verbrechen, womit sie zur Diskreditierung der demokratischen und sozialistischen Bewegungen beitrage. Ihr Vorbild finde sie im Jesuitenorden und der ihm zugeschriebenen Devise, der gute Zweck heilige jedes Mittel.[32]

Der Konflikt zwischen Marx und Bakunin wird häufig auf die Opposition zwischen einem autoritären, staats- und wissenschaftsgläubigen sowie einem libertär-antiautoritären Sozialismus innerhalb der Ersten Internationale zurückgeführt. Diese Sicht der Dinge ist zu einfach. Auch Bakunin plädiert für die freie Assoziation und die rätedemokratische Föderation. Unterschiede gibt es augenfällig in Stil und Rhetorik, damit auch im Inhalt. Bakunin will die «radikale Auflösung» aller Institutionen, die «radikale Abschaffung» der Religion, den absoluten Ausschluss jedes Prinzips von Autorität und Staatsraison. Die Rhetorik lässt auf missionarischen Eifer und voluntaristische Selbstüberschätzung schließen.[33] Marx dagegen analysiert historische Entwicklungen und fragt nach Bedingungen und Chancen des Wandels.

Marx und Engels mokierten sich über Bakunins «Phantasie-Sozialismus» und die postulierte «Gleichmachung der Klassen und Individuen.»[34] Bemerkenswert war insbesondere, dass der Anarchist Bakunin eine Vorliebe hatte für streng hierarchisch gegliederte Organisationen und Geheimhaltungsgebote. Die «Allianz» verstand er als eine Art heiliger Bruderschaft, worin ein absolutes Geheimhaltungsverbot gelten sollte. Die Brüderlichkeit schloss eine mysteriöse «Auslöschung der Möglichkeit», also die Eliminierung Abtrünniger nicht aus.[35] Die Organisation existierte, wie die Autoren des Berichts mutmaßten, wohl eher in Bakunins Phantasie als in der Realität. Ein selbsternanntes Zentralkomitee und eine ebensolche Zentralsektion, welche die Allianz leiten sollten, übertrugen Bakunin die alleinige Vollmacht; dieser sah sich offenbar bereits als Präsident einer Föderativrepublik.[36] Der Anarchist träumte von der Diktatur, wie seine Gegner ahnten. Tatsächlich malte er sich recht eigenartige Regeln aus, die sein imaginiertes Machtmonopol sichern sollten.

Das Programm der Assoziation sah eine gleichzeitig soziale, philosophische, ökonomische und politische Revolution vor, die bewirken sollte, dass «von der gegenwärtigen Ordnung der Dinge [...] kein Stein auf dem andern bleibe.» Alle Staaten, Kirchen, alle politischen, sozialen, ökonomischen und wissenschaftlichen Institutionen und Gesetze sollten vernichtet werden. Doch ist nicht die Abschaffung des Staats ein Autoritätsakt, wie die Berichterstatter bemerken?[37] Für sie steht lediglich fest, dass mit der Abschaffung der Klassengegensätze eine Staatsgewalt, welche die arbeitende Bevölkerung unterdrückt, notwendig verschwindet und die Regierungsfunktionen sich in einfache Verwaltungsfunktionen verwandeln.[38] Wenn Bakunin jedoch eine Revolutionsgewalt organisieren will, was naturgemäß mit einem Umsturz einhergeht, kommt er nicht darum herum, öffentliche, politische Gewalten zu rechtfertigen. Er verfängt sich unweigerlich in Widersprüchen, wenn er einerseits vom ersten Tag der Revolution an jede Staatseinrichtung vernichten und andererseits einen neuen revolutionären Staat gründen will.[39]

Dem unheimlichen Treiben der Allianz in Russland galt die größte Aufmerksamkeit im Bericht – präziser: dem Prozess Netschajew. Sergej Netschajew war zeitweilig ein Verbündeter Bakunins und spielte in Russland als vorgeblicher Organisator des Umsturzes eine unrühmliche Rolle. Auf ihn ist einzugehen, weil sein Agieren für Marx all das verkörpert, was den Anarchismus unglaubwürdig macht: hierarchisch aufgebaute Geheimorganisationen, fehlende Transparenz, leere Rhetorik, Zynismus, Bereitschaft zum Verbrechen sowie ein Machtanspruch, der sich um Freiheit und Individualität nicht schert. Netschajew hatte eine terroristische Organisation gegründet, im Namen der IAA mehrere Verbrechen verübt und mit seinen Aktionen zahlreiche junge Leute hinter Gitter gebracht. Seine eher kriminellen denn politischen Aktivitäten dienten der Polizei als Vorwand zur Unterdrückung der in Russland aktiven demokratisch-sozialistischen Bewegungen. Im ersten öffentlichen politischen Prozess in Russland wurden 1871 über achtzig Studentinnen und Studenten zu Zwangsarbeit und Gefängnis verurteilt. Ihr Verbrechen bestand darin, einer Geheimgesellschaft angehört zu haben. Ein obskurer Emissär eines internationalen revolutionären Komitees hatte sie zu kriminellen Aktivitäten verleitet und einige gezwungen, ihn bei der Ausführung eines Mordes zu unterstützen. Iwanow, ein engagierter, politisch einflussreicher Student und Mitglied der Geheimgesellschaft, hatte begonnen, der Sache zu misstrauen, und wollte die Organisation verlassen – er wurde von Netschajew ermordet; der Mord brachte die Polizei auf die Spuren der geheimen Gesellschaft. Der angebliche Emissär, Netschajew, der sich im Rahmen seiner «revolutionären» Tätigkeit großzügig bereichert hatte, war indes verschwunden und wurde verdächtigt, selbst seine Genossen denunziert zu haben.

Die Verurteilten stammten aus einer breiten Protestbewegung gegen fiskalische und repressive Maßnahmen, die sich vor allem gegen die mittellose Jugend richteten und ihnen jede Chance auf ein universitäres Studium verbauten. Sozialistische Ideen waren in diesen Kreisen verbreitet und der Wunsch noch Bildung groß. Bakunin und seine Jünger hielten indes Universitäten und Wissenschaften für Werkzeuge der Staatsmacht; sie predigten einen «Kultus der Unwissenheit», den Verzicht auf Bildung.[40] Das Volk soll nicht unterrichtet, vielmehr aufgewiegelt, zur Empörung veranlasst werden. Im Milieu der Räuber glaubte Bakunin die eigentlich revolutionäre Energie entdeckt zu haben; der Kosakenhauptmann Stepan Rasin, der im 17. Jahrhundert einen Aufstand gegen die zaristische Herrschaft angeführt hatte, wurde zum Urbild des wahren Revolutionärs. In seiner romantischen Einbildung sah er im Räuber den Beschützer und Rächer des Volks, den unversöhnlichen Feind des Staats, den wahren Revolutionär, den Volksrevolutionär, nicht einen «politischen», zur Macht drängenden Revolutionär.

Die Anarchisten sollten alles zerstören und den vollständigen Amorphismus, die Gestaltlosigkeit, erzeugen, wie Bakunin ihnen auftrug; die Revolution heiligte alles, sogar den Massenmord, wie Marx den Druckschriften entnehmen konnte.[41] Glücklicherweise war diese Auffassung von Revolution nicht in die Tat umzusetzen und hatte wohl für Bakunin nur rhetorischen Wert. Die Widersprüche der anarchistischen Theorie konnten Marx und Engels nicht entgehen. Bakunin lehnte explizit jede Art von Führung ab, wollte aber mit Hilfe unsichtbarer Akteure und geheimer Organisationen das Volk revolutionieren, der Jugend Reflexion und Wissenschaft austreiben, Gegner, welche eine andere Vorstellung von Revolution hatten, umbringen und in den geheimen Organisationen absoluten Gehorsam gegenüber den anonymen Instanzen erzwingen. Geradezu leidenschaftlich war er vom Gedanken besessen, alles «kalt und unerbittlich» zu zermalmen.[42] «Zermalmt» werden sollten allerdings primär andere revolutionäre Organisationen; sein besonderer Hass galt dem von Marx hochgeschätzten sozialistischen Schriftsteller Tschernyschewski.[43]

Ungeachtet seines fanatischen Zerstörungsdrangs, hatte Bakunin sich durchaus mit der Gestaltung der künftigen Ordnung beschäftigt. Alles Eigentum sollte Gemeingut werden, Arbeitergesellschaften gegründet, die Arbeit verteilt und geregelt werden. Einzelgänger und Arbeitsverweigerer sollten das Recht auf Zulassung zu Kosthäusern, Schlafstellen sowie generell jeden Zugang zu Existenzmitteln verlieren, ganz nach dem Grundsatz: Arbeit oder Tod. Vom familiären Bereich über die Erziehung bis zu den wirtschaftlichen Tätigkeiten wird alles streng reglementiert. Des Anarchisten geheime Phantasien kommen zum Vorschein, wie Marx kommentiert: «Ein prachtvolles Probestück von Kasernenkommunismus! Da haben wir alles, gemeinsame Schlafräume und Kosthäuser, Taxatoren und Kontors zur Bevormundung der Erziehung, der Produktion, der Konsumtion, mit einem Worte jeder sozialen Tätigkeit, und hoch über dem allem die Oberleitung unseres namenlosen und unbekannten Komitees. Reiner ‹*Anti-Autoritarismus*› vom reinsten Wasser!»[44]

Ein von Bakunin verfasster Revolutionskatechismus[45] gibt genaueren Aufschluss über seine Vorstellung von Anarchie. Die «allzerstörenden Anarchisten» führen die Anarchie in der Moral ein, wie Marx bemerkt. Die Dogmen dieser neuen Moral sind christlichen Ursprungs, inspiriert von der Moral der Jesuiten.[46] An die «Stelle der heiligen, katholischen, apostolischen und römischen Kirche» tritt das heilige Werk der erzanarchistischen und allzerstörenden Revolution.[47] Im Folgenden seien einige der zahlreichen Pflichten der Revolutionäre – gegen sich selbst, gegen seine Genossen, gegen die Gesellschaft und gegen das Volk – genannt.[48]

Der Revolutionär ist ein geweihter Mensch ohne persönliche Interessen, Angelegenheiten, Gefühle oder Neigungen, ohne Eigentum und Namen. Seine Leidenschaft gilt einzig der Revolution. Er hat gebrochen mit der bürgerlichen Ordnung und der zivilisierten Welt, er lebt darin nur noch, um sie zu vernichten. Er hält nichts von den Wissenschaften, kennt nur jene der Zerstörung. Die öffentliche Meinung verachtet er und hasst die gesellschaftliche Moral. Streng gegen sich, ist er es ebenso gegen andere. Empfindungen von Verwandtschaft, Freundschaft, Liebe oder Dankbarkeit kennt er nicht. Gegenüber seinen Genossen hat er ebenfalls Pflichten. Zuneigung ist nur zulässig zu Genossen, deren Nutzen für die Revolution erwiesen ist. «Revolutionäre zweiter oder dritter Ordnung» dienen ihm als revolutionäres Kapital, mit dem er ökonomisch wirtschaftet, um den optimalen Nutzen zu erzielen. Er selbst ist gleichfalls bloßes Kapital, über das er nicht selbständig verfügen darf. Schließlich hat der Revolutionär Pflichten gegenüber der Gesellschaft. Er tritt in die Welt und lebt darin einzig deshalb, weil er an ihre Vernichtung glaubt. Er ist kein Revolutionär, wenn er noch an irgendetwas hängt. Alles und alle muss er hassen. Die «unflätige» Gesellschaft, der er den Kampf auf Leben und Tod angesagt hat, setzt sich aus mehreren Kategorien zusammen. Die erste Kategorie besteht aus Menschen, die unverzüglich dem Tod geweiht sind. Andere lässt man «provisorisch» am Leben, auf dass sie durch ihre Taten das Volk zum Aufstand treiben. Wieder andere muss man umgarnen, um sie ausbeuten und von ihrer Macht und ihrem Reichtum profitieren zu können. Die Liberalen muss man einbinden und bewirken, dass sie sich kompromittieren und Unruhen im Staat provozieren. Verschwörer und schwatzhafte Revolutionäre sind zu gefährlichen Aktionen zu bewegen in der Hoffnung, dass sie dabei umkommen. Den Frauen kommt, von den perfekten Revolutionärinnen abgesehen, bloß instrumenteller Wert zu.

Endlich hat die Assoziation[49] Pflichten gegen das Volk. Dessen Glück ist zwar ihr Zweck, doch muss sie mit allen Mitteln darauf hinwirken, sein Leiden zu verschärfen, um es zum Aufstand zu provozieren. Dem Volk soll aber keine Organisation aufgedrängt werden; die Revolutionäre beschränken sich auf die Zerstörung und überlassen den Aufbau künftigen Generationen. Um ihr Werk zu vollenden, müssen sie sich mit den einzig wahren Revolutionären Russlands verbinden, mit den Räubern.

Solch ein Meisterwerk kritisiert man nicht, wie Marx ironisch bemerkte. Bakunin und Netschajew gefielen sich in der Rolle der über- und unmenschlichen Helden der französischen und deutschen Literatur des 19. Jahrhunderts wie Dumas' Graf von Monte-Christo oder Schillers Karl Moor. Es ist nicht leicht zu verstehen, wie Bakunin, philosophisch gebildet und einer Adelsfamilie entstammend, solche Texte verfassen, wie der angebliche Freund der Freiheit seinen revolutionären Genossen all diese entwürdigenden und zynischen Vorschriften zumuten konnte. Es ist, wie er in seinem Aufruf an die russischen Offiziere die jesuitische Doktrin deutet, nicht «das Individuum, welches denkt, will und handelt, sondern die Gesamtheit.»[50] Wer der Organisation einmal beigetreten ist, darf sie nicht mehr verlassen, er gehört ihr fortan mit Haut und Haar.

Marx und Engels hatten gute Gründe, die Worte und Taten von Bakunin und Netschajew der Öffentlichkeit mitzuteilen. Die IAA verstand sich als eine Organisation, die öffentlich wirken und Einfluss gewinnen wollte, jede Verwechslung mit anarchistischen und terroristischen Geheimorganisationen konnte ihr nur schaden. Marx ging es aber zweifellos auch darum, die Widersprüche der anarchistischen Theorie und Praxis zu demonstrieren. Bakunin verkündigte im Namen der Anarchie, der Herrschaftslosigkeit, einen absurd-autoritären Kommunismus, ein bevormundendes Gemeinschaftsideal und verlangte von seinen Mitstreitern totale Unterwerfung unter eine mysteriöse Instanz sowie die Auslöschung der Individualität. Die Internationale versuchte er unter dem Vorwand der Bekämpfung autoritärer und zentralistischer Tendenzen zu spalten. Er wollte aus der Internationalen Arbeiterassoziation das Bild der zukünftigen Gesellschaft machen. Wenn aber, so schloss Marx, «die künftige Gesellschaft nach dem Muster der Allianz, russischer Sektion, eingerichtet würde, dann würde sie das Paraguay der Ehrwürdigen Jesuiten-Patres weit überbieten.»[51] Marx dokumentiert anhand mehrerer Schriften Bakunins dessen Wankelmut, ja Opportunismus, der ihn zeitweilig den Zaren Alexander II. hochleben lässt.[52] Das für Marx fundamentale Prinzip der Freiheit und Selbstzweckhaftigkeit jedes Menschen wurde von den Anarchisten bewusst missachtet, das Individuum instrumentalisiert und dem Zweck einer künftigen Revolution geopfert. Der Konflikt zwischen Marx und Bakunin lässt sich nicht auf persönliche Animositäten reduzieren; die Netschajew-Episode ist aufschlussreich, weil sie Marx dazu motivierte, im Namen demokratischer Organisationsformen und des Öffentlichkeitsprinzips die von den Anarchisten propagierten Aktionsformen einschließlich der romantischen Verklärung des Verbrechens zurückzuweisen. Im Gegensatz zu Bakunin hielt Marx die Beschäftigung mit institutionellen Fragen nicht für überflüssig oder gar konterrevolutionär. Er hatte die Verfassung der Kommune studiert und darin nach Antworten auf die Frage gesucht, welche politischen Institutionen den modernen Staat ersetzen oder zumindest in seiner Kompetenz einschränken könnten. Diese Fragen bezogen sich auf die Chancen der politischen und sozialen Emanzipation der arbeitenden Klassen, sie beinhalteten aber ebenso die Frage nach der Legitimität und Funktion des Staats. Der von den Anarchisten – und heute zuweilen auch von neoliberaler Seite – vorgebrachte Vorwurf des Etatismus gegen Marx trifft so wenig zu wie umgekehrt die Ansicht, er habe den Staat abschaffen wollen. In der Pariser Kommune sah er die Chance einer Politisierung der Zivilgesellschaft: Die Kommunalverfassung wollte die legitimen, Ordnung schaffenden und Rechte schützenden Funktionen der politischen Gewalt beibehalten, zugleich aber der Zivilgesellschaft die politischen Kompetenzen übergeben, die bisher der Staat als Instrument der jeweils herrschenden Schicht monopolisiert hatte. Die Kommune war die «Rücknahme des eignen gesellschaftlichen Lebens des Volkes durch das Volk und für das Volk».[53]

In Bakunins Polemiken gegen Marx nehmen nationalistische, selbst rassistische Vorurteile beträchtlichen Raum ein. Marx' Argumente sind eher sachlicher Art. Es geht ihm um die Sache der Freiheit, um die Einsicht, dass nicht jeder Zweck die Mittel heiligt, insbesondere dann nicht, wenn diese Mittel unvereinbar sind mit liberalen und demokratischen Prinzipien. Die von Bakunin behauptete Gleichsetzung von demokratischem und despotischem Staat ist unsinnig; Asymmetrien wird es weiterhin geben, doch wird im demokratischen Staat die Herrschaft der Verwaltung weichen, was notwendig mit einer Verflachung der Hierarchien einhergeht. Geheimgesellschaften aber sind, so die Kritik von Marx, zwingend autoritär strukturiert. Was Bakunin betrifft, so ist er im Urteil von Marx allenfalls in seiner Rhetorik Anarchist, tatsächlich aber sind seine Ideale eher von den Jesuiten inspiriert als vom Geist der Freiheit – ein Vorwurf übrigens, den Bakunin später an die Adresse Netschajews richten wird. Disziplin, absoluter Gehorsam, Geheimhaltung und inquisitorische Methoden sind dem Wesen der Geheimgesellschaft eigen. Bakunins Absichten zielen auf einen, wie Marx formuliert, entmündigenden Kasernenkommunismus. Der Konflikt zwischen Marx und Bakunin lässt sich mithin nicht auf die Opposition von Staat und Freiheit reduzieren. Terroristische Aktionen sowie die totale Bevormundung der eignen Anhänger sind als Mittel zur weltverändernden Praxis denkbar ungeeignet. Die Verknüpfung von Konspiration und Kommando macht jede Art intransparenter Organisation bedrohlicher als den Staat, der, zumindest der Idee nach, eine öffentliche Angelegenheit ist.[54]

KOMMUNISMUS – ODER KOMMUNION?

Zu Beginn dieses Kapitels wurde der französische Revolutionär Desmoulins zitiert; er hatte sich über die von einigen Revolutionären, namentlich von Robespierre, idealisierte spartanische

Verfassung mokiert. Danton und Desmoulins mochten ähnliche revolutionäre Ziele haben wie Robespierre, in ihren Vorstellungen vom guten Leben unterschieden sie sich radikal von ihm. Robespierre war tief religiös, er hasste die Orgien der Atheisten, und er hasste vielleicht jeden, der witzig war und gern lachte, so hatte es Heinrich Heine prägnant formuliert. Die Anhänger von Robespierre und Saint-Just predigten wie die christliche Religion den Hass gegen die Sinnenfreude und suchten religiöse Stimmungen wieder aufkommen zu lassen.[55] Ähnlich wie sein Freund Heine urteilte Marx über Robespierre. Dieser hielt das spartanische Ideal hoch, sein ganzes Denken und Handeln war Ausdruck der Sinnenfeindschaft, des Puritanismus und der moralischen Selbstgerechtigkeit. Er wünschte eine allgemeine spartanische Frugalität zu etablieren.[56] Für Heine und Marx verstand sich von selbst, dass das Ziel der Revolution nicht in Asketismus und moralischer Rigidität bestehen konnte. Die Befreiung von der Religion war für sie die Voraussetzung für politische und soziale Emanzipation wie für die Befreiung der Sinnlichkeit. Die Religion entwertet die Sinnlichkeit, sie hat die Sünde und damit auch die Hypokrisie in die Welt gebracht sowie dem sozialen Elend und der politischen Unterdrückung die Rechtfertigung geliefert.[57]

Heine hielt dem Spiritualismus den Sensualismus und dem Asketismus den Hedonismus entgegen. Revolutionen resultieren aus dem Widerspruch zwischen den vielfältigen Bedürfnissen eines aufgeklärten Volks und den staatlichen Institutionen.[58] Ihr Ziel ist die Heilung von der asketischen Krankheit, von Hundedemut und Engelsgeduld, die erotische und ästhetische Emanzipation. Nicht tugendhafte und frugale Bürger, sondern schönere und glücklichere Menschen werden die Welt der Zukunft bevölkern, so formulierte Heine seine Hoffnungen.[59] «Wir wollen keine Sansculotten sein, keine frugale Bürger, keine wohlfeile Präsidenten: wir stiften eine Demokratie gleichherrlicher, gleichheiliger, gleichbeseligter Götter.»[60]

Marx' politische Liberalität findet ihre Entsprechung in einem hedonistischen Ethos. Wie im dritten Kapitel gezeigt worden ist, handelt es sich bei seinem Materialismus um eine humanistische, lebensbejahende Ethik. Die antike Auffassung des guten Lebens, wie sie namentlich Aristoteles in der *Nikomachischen Ethik* vorstellt, ist keine Moral des Gebietens und Verbietens, sie handelt nicht vom Gesollten, sondern vom Erstrebten, vom glücklichen, erfüllten Leben. In diesem Sinne lässt sich sagen, dass Marx keine Morallehre vertritt, wohl aber eine Ethik, die jede Art der religiösen und staatlichen Bevormundung des Individuums als anmaßend zurückweist, die den Menschen rät, ihr Sein und Tun nicht an den Abstraktionen von Gut und Böse, sondern an ihrer eignen Individualität zu messen. Wie Heine mokiert er sich über eine Moral, welche die menschliche Natur totschlagen will, um ihre Krankheiten zu heilen; die Idee der Sündhaftigkeit des Menschen begreift er als Ausdruck psychischer Erkrankung.[61] Er lobt die freie und starke Gesinnung einer Romanheldin, die den «stoischen und epikureischen, den menschlichen Grundsatz» ausspricht, das Geschehene sei zu akzeptieren. Obwohl sie aber «sich zu einer liebenswürdigen, menschlichen Individualität zu bilden wusste», wird sie von den «Sklaven der Religion» über ihr christliches und darum unerträgliches Bewusstsein unendlicher Verworfenheit belehrt und somit zur Leibeigenen des Sündenbewusstseins.[62]

Wenn der junge Marx im Kommunismus ein reaktionäres Ideal erkennt, so lehnt er auch nach seiner Hinwendung zu dieser Richtung jede Form von Kommunitarismus ab.[63] Er hat nach eigenem Bekunden nie ein sozialistisches System aufgestellt, vielmehr Systeme generell verworfen und an ihre Stelle die kritische Einsicht in den Gang der gesellschaftlichen Bewegung gesetzt.[64] Der Kommunismus wird von manchen seiner Anhänger zu einer phantastischen Gemütsschwärmerei umgedichtet und in Liebesduselei verwandelt, wie Marx angesichts des Schreibens und Treibens neuer Propheten festgestellt hat. Dieser Kommunismus wendet sich vornehmlich an die Frauen als Mütter, Priesterinnen der Liebe und Vorkämpferinnen einer besseren Welt. Er versteht sich als liebender Gegensatz zum hässlichen Egoismus, als Verteidiger von Familie, Heimat und Volkstum. Die weltgeschichtlich bedeutsame revolutionäre Bewegung wird reduziert auf den elementaren Gegensatz von Liebe und Hass, Kommunismus und Egoismus.

In Marx' Visier steht hier namentlich Hermann Kriege, ein deutscher Revolutionär und Kommunist, der seit 1845 den Bund der Gerechten in Nordamerika zu organisieren suchte und sich an sozialreformerischen Projekten beteiligte. Kriege wolle, so konnte Marx dessen Schriften entnehmen, das Individuelle aus künftigen Gesellschaften verbannen; der kommunistische Mensch müsse sich ganz und gar der Gattung und ihrem Zweck hingeben. Des Menschen heiligstes Bedürfnis sei es, sich mit seiner ganzen Individualität aufzulösen in die Gesellschaft liebender Wesen. Kriege verlangte die «vollständige Aufopferung und Selbstdemütigung vor einem phantastischen Nebelbilde.» Die kommunistische Bewegung verwandelte er in die Suche nach dem heiligen Geist der Gemeinschaft; er verwechselte den Kommunismus mit der Kommunion. Doch der Glaube an den heiligen Geist der Gemeinschaft war für Marx eine denkbar ungeeignete Voraussetzung für die Verwirklichung des Kommunismus. Kriege suche «sämtliche Infamien des Christentums unter dem Wirtshausschilde des Kommunismus an den Mann zu bringen […].» Doch die Forderungen der «Religion der Liebe» seien «seit 1800 Jahren bis zum Ekel und ohne den geringsten Erfolg wiederholt worden […].»

Marx hält den religiösen Kommunismus wie jede Religion für intolerant, er muss die Feinde, die sich ihm nicht anschließen mögen, hassen, verfolgen und verteufeln. Seine Propheten pflegen zu ihren Jüngern, «die hier in einer merkwürdigen Unwissenheit über ihre eigenen Interessen auftreten», ein paternalistisches Verhältnis, sie lehren sie, sich in die Gemeinschaft einzufügen, damit «einige Phantasten vor 1800 Jahren nicht umsonst prophezeit haben.» Der religiöse Kommunismus endet wie jede Religion in Selbstverleugnung und sklavischer Demut.[65] Hermann Krieges Auffassungen zeigen bei allen Unterschieden in den Praktiken Affinitäten zu denjenigen von Bakunin. In beiden Fällen gilt die Individualität als das feindliche Prinzip, das es auszumerzen gilt – einmal im Namen der universellen Liebe, einmal im Namen der universellen Zerstörung. In beiden Fällen werden die Mitglieder der Vereinigung bevormundet und zum Verzicht, zur Enthaltsamkeit aufgefordert. In beiden Fällen wird Bezug genommen auf religiöse Traditionen und Praktiken. Schließlich ist beiden Tendenzen ein untergründiges Motiv gemeinsam: die Absage an die liberale Moderne. Bakunins «amorphe» Anarchie wie Krieges Gemeinschaftsideal haben etwas Trostloses an sich; die Entfaltung des Individuums ist darin nicht vorgesehen. die Räterepublik dagegen ist seit ihren Anfängen zum Inbegriff einer radikalen Demokratie geworden, worin erst die Freiheit des Individuums mit seiner politischen Handlungsfähigkeit und Verantwortung einhergeht.

VI

LOCKE UND DER APFEL

ODER: DER ÖKONOMISCHE SÜNDENFALL

Laurence Sterne gehörte, wie im ersten Kapitel erwähnt, zu Marx' Lieblingsautoren. In Sternes *Leben und Ansichten von Tristram Shandy, Gentleman* erzählt der Held von seinem Vater: «er hob eine Meinung auf, Sir, wie ein Mensch im natürlichen Zustand einen Apfel aufhebt. – Sie wird sein eigen – und wenn er ein Mann von Geist ist, wird er eher sein Leben lassen, als sie aufgeben.»[1] Wie wird irgendetwas, sei es nun eine Meinung, ein Apfel, ein Stück Land oder ein großes Unternehmen, «mein eigen»? Die Frage hat das Denken seit frühesten Zeiten beschäftigt, in der Neuzeit sucht die Rechts- und Staatstheorie sie zu beantworten. Die «eigene» Meinung von Mr. Shandys Vater ist ein ironischer Hinweis auf den Unwillen der Philosophen, ihren Standpunkt zu wechseln, doch schon das Aufheben des Apfels erweist sich als seriöses philosophisches Problem, was sich darin zeigt, dass Mr. Shandy den großen Zivilrechtler Didius herbeizieht. Hinter Didius verbirgt sich der englische Philosoph und

Staatstheoretiker John Locke, für den die Frage, wie der Mensch sich einen Teil der Natur aneignen kann, von höchstem Interesse ist. Wer einen Apfel vom Baum pflückt, hat sich diesen angeeignet; er gehört ihm nicht erst dann, wenn er ihn sich einverleibt, sondern bereits dann, wenn er ihn gepflückt oder aufgelesen hat. Weshalb? Weil Pflücken und Auflesen Arbeit bedeutet, was einen Rechtsanspruch begründet.[2]

Die Staatstheoretiker der Neuzeit, Bodin, Hobbes, Locke, Rousseau, Kant, Hegel, sehen im Schutz des privaten Eigentums eine erstrangige Staatsaufgabe; Eigentum ist die notwendige Ergänzung der Freiheit. So wird ironischerweise das private Eigentum zur wichtigsten politischen Institution. Bodin vergleicht die staatliche Souveränität mit dem Recht auf privates Eigentum: Wird die Macht dem König unter Vorbehalten und auf Zeit übertragen, kann von Souveränität nicht die Rede sein. Entsprechend gilt für das private Eigentum der Bürger, dass es unantastbar bleiben muss. Mit der Definition beider Bedingungen gerät Bodin freilich in eine Argumentationsschwierigkeit: Wenn der König das private Eigentum nicht antasten darf, ist seine Macht nicht absolut. Tatsächlich ist er dem göttlichen Gesetz und dem Naturrecht unterworfen, nach deren Grundsätzen kein Fürst der Welt die Macht besitzt, den Bürgern ihr Eigentum zu nehmen.[3] So wurde das private Eigentum der Bürger zur Legitimationsgrundlage des Staats und begründete später den Anspruch der Besitzbürger, in der legislativen Gewalt repräsentiert zu werden.

Offen blieb dabei die Frage, wie das Eigentum selbst, dem der Akt der Aneignung notwendig vorangeht, legitimiert werden kann. John Locke war überzeugt, diese Frage endgültig beantwortet zu haben. Wie im Kapitel III erwähnt, hat Marx in jungen Jahren Locke als Wegbereiter des Sozialismus verstanden, später musste er diese Einschätzung revidieren: Locke sei ein «ganz spezieller Patron des Durchpeitschens der Vagabunden und Paupers.»[4] Locke gilt als Begründer des Liberalismus. Er rechtfertigt das private Eigentum wie vor ihm schon Bodin unter Berufung auf Gottes Willen und das Recht der Natur. Von Natur sind die Menschen gleich und haben ein Recht auf Freiheit und Eigentum, so hält er in der *Zweiten Abhandlung über die Regierung* fest. In der weiteren Darlegung rückt er dann aber von diesem egalitären Credo ab. Was ist ein Recht auf Eigentum? Es kann sich dabei um das Recht handeln, vorhandenes Eigentum zu behalten, oder aber um das Recht der Eigentumslosen, es zu gewinnen. Für Locke steht fest, dass das Recht nur im ersten Sinn zu verstehen ist. Wer über kein Eigentum verfügt, hat keinen Anspruch darauf. Mitglied der bürgerlichen Gesellschaft (*civil society*, die politische Gemeinschaft) kann nur sein, wer zu Eigentum fähig ist. Der Endzweck der bürgerlichen Gesellschaft ist denn auch kein anderer als die Erhaltung des Eigentums.[5] Mit dieser Klarstellung führt Locke allerdings eine Rangordnung ein, die sich naturrechtlich nur schwer begründen lässt. Bürger sind die freien Eigentümer, Sklaven die Feinde der Gesellschaft, die Leben, Freiheit und Besitz verwirkt haben, Knechte *(servants)* schließlich die eigentumslosen Freien, die lediglich ihre Arbeitskraft besitzen. Sie können vertragsmäßig ihre Arbeitskraft verkaufen; damit verpflichten sie sich, für eine bestimmte Zeit eine begrenzte Gewalt zu respektieren und dem Herrn zu gehorchen.[6]

Es bleibt die Frage, wie es zur Trennung in zwei Klassen[7] von Menschen, zum Verlust der ursprünglichen Gleichheit kommen konnte. Die Welt ist den Menschen von Gott gemeinsam übertragen worden, um sie zur Annehmlichkeit ihres Lebens zu nutzen. Doch das ursprüngliche Gemeineigentum ist ökonomisch nicht sinnvoll. Da die Güter der Natur den Menschen zum Gebrauch und Verzehr dienen sollen, muss deren individuelle oder private Aneignung möglich sein. Nur was ausschließlich einem Menschen gehört, was ein Teil von ihm wird, kann ihm nützlich sein, so glaubt Locke. Jeder Mensch hat ein Eigentum an seiner Person, folglich auch an den Produkten seiner Arbeit. Hätte Locke sich mit diesem Argument begnügt, wäre seine Zuordnung zum Sozialismus nicht abwegig, doch das Argument geht weiter. Als Arbeit gilt bereits die Aneignung eines natürlichen Guts wie das Aufheben eines Apfels; diese «Arbeit» begründet ein Recht, welches das kollektive Nutzungsrecht ausschließt. Es handelt sich um eine *privatio*, eine Beraubung; der Privateigentümer beraubt seine Mitmenschen der Chance, das Gut zu nutzen, auf das er exklusiven Anspruch erhebt. Das Recht auf Aneignung gilt allerdings nicht unbeschränkt. Die Menschen dürfen nur so viele Güter anhäufen, wie sie konsumieren können, überdies ist darauf zu achten, dass genug für alle übrig bleibt. Bei diesen Gütern geht es natürlich nicht um Äpfel, sondern um Grundbesitz. Locke schränkt zwar das Aneignungsrecht ein, hebt diese Einschränkung dann aber wieder auf. Dass zahllose Menschen in England nicht über Grundeigentum und ausreichende Subsistenzmittel verfügten, konnte ihm nicht verborgen geblieben sein. Wie lässt sich dies erklären? Dass, wer tatsächlich arbeitet, wenig oder nichts besitzt, vor allem kein Land, wohlhabende Bürger ihre Tage aber nicht zwingend mit harter Arbeit verbringen, widerspricht in Lockes Urteil nicht dem Naturrecht. Unter Arbeit versteht er nicht vorrangig eine Leistung, die dem Arbeiter Anspruch auf das erarbeitete Gut verschafft; wer seinen Knecht Torf stechen lässt, darf dies als seine eigne Arbeitsleistung verstehen.[8] Was hingegen jene betrifft, die bei der Verteilung der Güter leer ausgegangen sind, so trifft sie selbst die Schuld; gab Gott doch die Welt «dem Fleißigen und Verständigen zur Nutznießung [...], nicht aber dem Zänkischen und Streitsüchtigen für seine Launen und Begierden.»[9] Wichtiger ist ein anderer Grund. Die Erfindung des Geldes und die «stillschweigende Übereinkunft der Menschen, ihm einen Wert beizumessen», hat die Regel, wonach ein Mensch sich nur so viel aneignen darf, wie er nutzen kann, hinfällig gemacht. Die Grenzen rechtmäßigen Eigentums werden überschritten, wenn Güter verderben, Geld aber verdirbt nicht. Locke glaubt aus der Tatsache, dass die Menschen das Geld als allgemeines Zahlungsmittel verwenden, folgern zu dürfen, sie hätten «stillschweigend» in die ungleiche Güterverteilung eingewilligt, mit einer «stillschweigenden Übereinkunft» lässt sich freilich alles Mögliche rechtfertigen.[10]

Die moralische Diskreditierung der Besitzlosen hat im Liberalismus Tradition. Wie kommt es, dass der Lohnarbeiter, der frei ist und über das Eigentum an seiner Arbeitskraft verfügt, dennoch kein materielles Eigentum akkumulieren kann, wenn dieses doch aus Arbeit resultiert? Landlose können sich als Tagelöhner ihren Lebensunterhalt verdienen, wie Locke meint. Die Unterschiede zwischen Landbesitzern und Tagelöhnern betreffen allerdings nicht nur das wirtschaftliche Wohlergehen. Der Lohnarbeiter ist kein vollwertiges Mitglied der bürgerlichen Gesellschaft. Es fehlt ihm an Verstand. Durch die Zwangslage seines Standes geknechtet, wird sein Leben vollständig vom Erwerb des Lebensunterhalts beansprucht. Ihm fehlen die intellektuellen Fähigkeiten, die den mündigen Bürger auszeichnen. Tagelöhner und Händler, ledige Frauen und Milchmädchen können nur auf klare und einfache Befehle hören.[11] Arbeiter leben notgedrungen von der Hand in den Mund. Was sie verdienen, reicht gerade fürs Überleben. Dennoch wird sie kaum ein großes Unglück dazu bringen, den Respekt zu vergessen und sich gegen die Reichen zu erheben.[12]

Die Armen könnten arbeiten, wenn sie nur wollten, so ist

Locke überzeugt. Die Ursachen wachsender Armut sieht er weder in der Knappheit der Lebensmittel noch im Mangel an Arbeitsmöglichkeiten, sondern in mangelnder Disziplin und moralischer Korruption. Den Ausschweifungen gilt es ein Ende zu setzen und die parasitären Armen zur Arbeit zu zwingen, damit die Fleißigen sie nicht mehr unterstützen müssen.[13] Wer das Pech hat, bloß von seiner Hände Arbeit zu leben, ist unfähig, sich am eigenen Schopf aus dem Sumpf zu ziehen, um Vernunft und Eigentum zu gewinnen, wie Locke klarstellt. Seine Einstellung wird im politischen Denken bis ins frühe 19. Jahrhundert kaum in Frage gestellt. Das Gedeihen einer Volkswirtschaft hängt von der Existenz einer großen Klasse besitzloser Arbeiter ab, die gerade genug verdienen, um überleben zu können.

Der Müßiggang der wenigen beruht auf der Bereitschaft der vielen, sich für die wenigen zu opfern, so sieht es Mandeville, der ironische Apologet des Lasters. Marx, der ihn sehr geschätzt hat, zitiert ihn im *Kapital*: «Wo das Eigentum hinreichend geschützt ist, wäre es leichter, ohne Geld zu leben als ohne Arme, denn wer würde die Arbeit tun? ... [...] Diejenigen, die ihr Leben durch ihre tägliche Arbeit gewinnen, haben nichts, was sie anstachelt, dienstlich zu sein außer ihren Bedürfnissen, welche es Klugheit ist zu lindern, aber Narrheit wäre zu kurieren. Das einzige Ding, das den arbeitenden Mann fleißig machen kann, ist ein mäßiger Arbeitslohn. [...] Aus dem bisher Entwickelten folgt, dass in einer freien Nation, wo Sklaven nicht erlaubt sind, der sicherste Reichtum aus einer Menge arbeitsamer Armen besteht. [...] Um die Gesellschaft [...] glücklich und das Volk selbst in kümmerlichen Zuständen zufrieden zu machen, ist es nötig, dass die große Majorität sowohl unwissend als arm bleibt. Kenntnis erweitert und vervielfacht unsere Wünsche, und je weniger ein Mann wünscht, desto leichter können seine Bedürfnisse befriedigt werden.»[14]

Der Satiriker Mandeville entlarvt die Heuchelei der Gesellschaft, wenn er ihre Rechtfertigungsversuche zu Ende denkt. Eine Gemeinschaft kann nicht bestehen, wenn sie zu viele Müßiggänger duldet, es sei denn, es sei eine große Masse von Individuen vorhanden, die sich durch rastlose Arbeit daran gewöhnen, im Interesse anderer zu arbeiten.[15] Da harte und schmutzige Arbeit im Übermaß geleistet werden muss, ist es nötig, die Kinder der Armen frühzeitig daran zu gewöhnen, sind sie doch dafür am ehesten geeignet.[16]

Noch für Jeremy Bentham ist klar, dass in einer ökonomisch entwickelten Gesellschaft die Mehrheit der Bürger außer ihrer Arbeit keine Einnahmequelle hat und dazu verurteilt ist, am Rande der Armut zu leben. Die wirtschaftliche Prosperität wäre gefährdet, würde die Klasse der arbeitenden Menschen sich von diesem Rande entfernen, etwa dank eines Gesetzes zur Unterstützung der Armen, das sie von jenem Druck und jener Angst befreit, denen sie laut Bentham ihre Arbeitsmotivation verdanken. Ein solches Gesetz würde unausweichlich ihren Arbeitswillen unterhöhlen.[17] Die prekäre Situation der arbeitenden Bevölkerung lässt sich rechtlich, utilitaristisch oder moralisch rechtfertigen: Man darf diese Menschen materiell nicht unterstützen, weil sonst Eigentumsrechte tangiert würden und der Wohlstand gefährdet wäre, man muss sie nicht unterstützen, weil sie die Schuld an ihrem Los tragen. Der Gegensatz von Reich und Arm ist gottgewollt.

Adam Smith hatte ein halbes Jahrhundert früher eine andere Sichtweise eingebracht. Als Leser und wohlwollender Rezensent Rousseaus verweist er auf eine Frühzeit «vor der Landnahme und der Ansammlung von Kapital.» Damals hatte dem Arbeiter der ganze Ertrag seiner Arbeit gehört; weder mit Grundbesitzern noch Unternehmern musste er teilen. Wäre dieser Zustand von

Dauer gewesen, hätte sein Einkommen mit jeder Zunahme der Produktivkräfte zugenommen, die Güter wären billiger geworden. Der Boden wurde jedoch privatisiert, der Grundherr verlangte «seinen» Teil vom Ertrag des Arbeiters, der Pächter oder Kapitaleigner einen weiteren Abzug. Arbeiter, die Produktionsmittel besitzen und unabhängig sind, Kleinunternehmer sozusagen, bilden eine Minderheit. Die abhängigen Arbeiter jedoch werden zu Opfern unternehmerischer Strategien. Die Unternehmer wollen die Löhne tief halten oder gar unter das bestehende Niveau senken. So kommt es unvermeidlich zu Konflikten zwischen Unternehmern und Lohnabhängigen. Bezüglich des Lohnniveaus spricht Smith von einem Existenzminimum, das mit der allgemeinen Vorstellung von Humanität gerade noch verträglich ist.[18]

Marx nimmt das Stichwort der *simple humanité*, des den Menschen geschuldeten Minimallohns, in den *Ökonomisch-philosophischen Manuskripten* von 1844 auf. Es geht darin um die Entfremdung, die sich aus der Abhängigkeit der Lohnarbeiter ergibt. Entfremdung meint den Verlust der für die Autonomie und Perfektionierung des Menschen unverzichtbaren Qualitäten. Marx wird später von diesem Begriff abrücken; an die Stelle der Entfremdung, verstanden als Verlust des menschlichen Wesens, tritt die Fremdbestimmung, die Unterwerfung unter Gesetze und Zwänge, die der Mensch nicht zu kontrollieren und zu verändern vermag. Marx' Kritik der Lage der arbeitenden Bevölkerung und der kapitalistischen Ökonomie ist von Smith inspiriert. Es war Smith, der auf das grausame Leiden der Arbeiter in einer Gesellschaft, die vom Privatinteresse regiert wird, hingewiesen hatte.

Für Marx ergibt sich aus der Darstellung von Smith, dass die Gesellschaft auseinanderfällt in eine Klasse der Eigentümer und eine Klasse der Eigentumslosen. Die Nationalökonomie geht vom Faktum des Privateigentums aus, sie kann es jedoch weder erklären noch rechtfertigen oder begreifen. Sie flüchtet sich in abstrakte Formeln, die ihr als Gesetze gelten. So bleibt das Privateigentum ein Mysterium, woraus sich indes alle sozialen und ökonomischen Trennungen ergeben. Die Nationalökonomie begnügt sich in ihrer intellektuellen Anspruchslosigkeit damit, Habgier und Konkurrenz zu Wirkursachen zu erklären, was Marx für unwissenschaftlich hält. Wissenschaftlich ebenso unbrauchbar ist die Hypothese eines Urzustands, worin isolierte Individuen sich um die Aneignung oder Produktion der lebensnotwendigen Güter kümmern. Die Nationalökonomie soll die Gegenwart im Blick haben, diese lehrt, dass mit der Verwertung der Sachenwelt die Entwertung der Menschenwelt zunimmt. Der Arbeiter produziert einen Gegenstand, der ihm als fremdes Ding und unabhängige Macht gegenübertritt. Der nicht entfremdete Mensch dagegen verhält sich zu sich selbst als zu einem «universellen, darum freien Wesen.»[19] Der arbeitende Mensch steht unter einer fremden Macht, die aber doch stets nur ein anderer Mensch ist. Schließlich meint Entfremdung jene des Menschen vom Menschen. Das Privateigentum resultiert aus dieser Entfremdung, aus dem Umstand, dass die Aktivität des Arbeiters nicht mehr ihm selbst gehört. Die Nationalökonomie sieht in der Arbeit die Seele der Produktion, dennoch «gibt sie der Arbeit nichts und dem Privateigentum alles.»[20]

Wiederum ist es Smith, dem Marx das Verdienst zuerkennt, die Arbeit als Prinzip der Nationalökonomie und die Bedeutung des Privateigentums erkannt zu haben. Doch das Lob ist vieldeutig; nur scheinbar anerkennt die Nationalökonomie den selbständigen, selbsttätigen Menschen. Je mehr das Privateigentum zum dominierenden ökonomischen Faktor wird, desto mehr tritt ihr Zynismus zutage. Als positiven Ausdruck des aufgehobenen Privateigentums führt Marx den Kommunismus ein, distanziert sich aber sogleich davon, handelt es sich doch um einen «noch ganz rohen und gedankenlosen Kommunismus», worin alles von allen besessen werden soll, Talent keine Rolle spielt, die individuelle Persönlichkeit negiert wird und das Verhältnis der Menschen zur Sachenwelt von Neid und Nivellierung bestimmt wird. Die Welt der Bildung und Zivilisation wird negiert, Einfachheit und Bedürfnislosigkeit bestimmen die Existenz.[21] Marx kritisiert den «primitiven» Kommunismus, der den Menschen Selbstbestimmung und persönliche Entfaltung versagt, mit Argumenten, die später von Kritikern des «real existierenden Kommunismus» aufgenommen werden. Marx' eigne Kritik dieser Art des Kommunismus wird meist ausgeblendet. Eine höhere Stufe des Kommunismus überwindet Privateigentum und menschliche Selbstentfremdung, befreit den Menschen aus den ihn beengenden Institutionen. Dieser Kommunismus ist zwar die «notwendige Gestalt und das energische Prinzip der nächsten Zukunft», nicht aber das Ziel der menschlichen Gesellschaft.[22] Wie man sieht, bleibt die Idee des Kommunismus bei Marx in den *Manuskripten* noch eine abstrakte Konstruktion.

Was die Nationalökonomie betrifft, so ist sie nicht nur Wissenschaft des Reichtums, sondern auch des Entsagens und Darbens; «sie kömmt wirklich dazu, dem Menschen sogar das Bedürfnis einer reinen Luft oder der physischen Bewegung zu ersparen.»[23] Sie ist die Lehre von Austausch und Arbeitsteilung. Marx zitiert ausführlich Smith und weitere Ökonomen wie Jean-Baptiste Say (1767–1832) und James Mill (1773–1836). Laut Say vermehrt die Arbeitsteilung die Produkte der Gesellschaft, ist aber der Entfaltung individueller Fähigkeiten abträglich – ein Punkt, den Marx hervorhebt. Mill rät dazu, im Interesse der optimalen Kombination von Menschen und Maschine individuelle Tätigkeiten auf ein Minimum zu beschränken.[24]

Es handelt sich bei den *Manuskripten* um eine Ansammlung von Exzerpten, Notizen und Überlegungen, größere Teile sind verloren; die Schrift war nicht zur Publikation bestimmt. Der leitende Gedanke wird dennoch klar: Die Nationalökonomie ist im Urteil von Marx in wissenschaftlicher wie ethischer Hinsicht defizitär. Sie versteht sich als Wissenschaft der Gesellschaft, geht methodisch vom Individualismus aus, erklärt aber den ethischen Individualismus, die Entfaltung der Individualität, als mit der Arbeitsteilung unvereinbar.

Die ebenfalls 1844 verfassten Exzerpte von James Mills *Eléments d'économie politique* befassen sich im ersten Teil mit dem Geld. Mill, dessen zynische Schärfe und Klarheit in der Analyse von Angebot und Nachfrage Marx schätzt, definiert das Geld als Mittler des Austauschs, Marx nimmt die Definition auf und erweitert sie: Geld ist das entfremdete Wesen des Privateigentums. Selbst die menschliche Individualität wird zum Handelsartikel.[25] Die Nationalökonomie versteht das zwischenmenschliche Verhältnis als Verhältnis zwischen Privateigentümern. Unter der Entfremdung des Privateigentums ist zu verstehen, dass das Produkt der Arbeit als Ausdruck der Persönlichkeit zum bloßen Tauschgut wird. Im Prozess von Tausch und Produktion kann nach Marx eine zwischenmenschliche Beziehung als Wertschätzung der Arbeit nicht entstehen. «Ich habe für mich produziert und nicht für dich, wie du für dich produziert hast und nicht für mich. [...] Als Menschen sind wir nicht für unsere wechselseitigen Produktionen vorhanden.»[26] Jeder Mensch versteht sein Produkt als seinen vergegenständlichten Eigennutz; der Tausch schafft Abhängigkeiten zwischen Konsumenten und Produzenten und schränkt die Autarkie des Individuums ein. Der wechselseitige Wert ist bloß der Wert wechselseitiger Gegenstände. «Also ist der Mensch selbst uns wechselseitig wertlos.»[27] Menschen achten sich im Akt des Tausches gegenseitig nicht als Menschen, sie geben sich einen bloß instrumentellen Wert. Würde der Mensch als Mensch produzieren, hätte er seine Individualität vergegenständlicht und seine individuelle Lebensäußerung genossen. Unter der Voraussetzung des Privateigentums aber ist die Arbeit bloß Lebensentäußerung, die Individualität wird verneint. Erst durch die Aufhebung des Privateigentums könnte Arbeit «wahres, tätiges Eigentum» werden.[28] Die Selbstzweckhaftigkeit und Autonomie des Individuums wird in der modernen Ökonomie negiert, so die Quintessenz von Marx' Kritik.

Wenn das *private* Eigentum zur wichtigsten *politischen* Institution wird, so ist doch die Unterscheidung zwischen öffentlicher und privater Sphäre nicht hinfällig. Staat und Gesetz stehen zwar als politische Gewalten über dem Eigentum. Sie agieren mittels Steuern, Konfiskationen, Privilegien, Regulierung von Handel und Industrie. Marx ist indes überzeugt, das private Eigentum werde zur herrschenden Institution und die Staatsgewalt Mittel zum Zweck seines Schutzes, sobald die Bourgeoisie sich als Klasse konstituiert hat. Im 19. Jahrhundert wird denn auch die Eigentumsfrage zur Lebensfrage der Arbeiterklasse. Marx führt dies am Beispiel Nordamerikas aus. Er erwähnt die Zunahme der Armut und zitiert den Nationalökonomen Thomas Cooper, der empfiehlt, den Besitzlosen das Heiraten zu verbieten sowie das allgemeine Wahlrecht abzuschaffen. Er ruft in Erinnerung, die Gesellschaft sei errichtet zum Schutz des Eigentums. Wer nach ewigen ökonomischen Gesetzen ewig eigentumslos sein werde, könne keinen vernünftigen Anspruch auf politische Partizipation machen; er könne nicht mittels Gesetzgebung über das

Eigentum der andern verfügen. Zwischen Besitzlosen und Besitzern gäbe es kein gemeinsames Interesse.[29]

Die Eigentumsfrage und die dadurch verschärfte soziale Frage können nicht dadurch gelöst werden, dass der Staat materielle Güter gleich verteilt, so stellt Marx klar. Es geht nicht darum, den einen zu nehmen und den andern zu geben oder Minima und Maxima des Vermögens zu bestimmen. Das Privateigentum besteht in der Gesamtheit der bürgerlichen Produktionsverhältnisse, somit kann eine Veränderung der Eigentumsformen nur im Rahmen einer Veränderung dieser Verhältnisse sowie der wechselseitigen Beziehung der Klassen bewirkt werden.

DIE VERSPRECHEN DES FREIHANDELS

Dass der Kapitalismus als Inbegriff der Modernisierung eine zweideutige Angelegenheit ist, haben Marx und Engels im *Kommunistischen Manifest* deutlich gemacht. Marx hat einem zentralen Aspekt dieser Zweideutigkeit, dem Freihandel, 1848 eine Rede gewidmet. In England waren 1846 die Kornzölle abgeschafft worden. Damit hatten sich die industriellen Interessen gegen jene der Großgrundbesitzer durchgesetzt, der Freihandel hatte triumphiert. Seine Anhänger versprachen höhere Löhne und billigere Nahrungsmittel. Sie wollten den Eindruck erwecken, es gehe ihnen zuerst um die Verbesserung der Lage der arbeitenden Klassen, doch diese misstrauten den Versprechungen. Der Konflikt zwischen Liberalen und Demokraten war in England in jener Zeit hauptsächlich eine Auseinandersetzung zwischen Freihändlern und Chartisten, das heißt der organisierten Arbeiterbewegung. Ein drittes Lager bildeten die von den Freihändlern als mittelalterliche Aristokraten gescholtenen

Großgrundbesitzer, denen aufgrund ihrer Zollpolitik die Schuld an den steigenden Lebensmittelpreisen zugeschrieben wurde. Die Arbeiter wiesen die Fabrikanten darauf hin, dass trotz Wirtschaftswachstum die Löhne stärker gesunken seien als der Preis des Getreides. Die Fabrikanten räumten ein, dass der Lohn von den Gesetzen der Konkurrenz bestimmt wurde. Sie erhofften sich von der Abschaffung der Zölle Konkurrenzvorteile. Pächter und Landarbeiter wiederum befürchteten den Ruin der einheimischen Landwirtschaft.

Die Arbeiter opponierten gegen die Unternehmer vor allem deshalb, weil diese ein Gesetz zur Herabsetzung des Arbeitstags von zwölf auf zehn Stunden bekämpften. Marx rief in diesem Zusammenhang die berüchtigten Fabrikordnungen in Erinnerung: Unternehmer waren berechtigt, in den Fabriken eine eigene Art von Strafgesetzen einzuführen. Für die geringsten «Vergehen» der Arbeiter wurden Bußen festgesetzt, die höher waren als der – absichtlich oder nicht – verursachte Schaden. Diese auf Willkür beruhende Privatgesetzgebung verschaffte den Unternehmern zusätzliche Einnahmequellen auf Kosten der Arbeiter; Quellen, die der missionarisch betriebenen Freihandelspropaganda dienten. Marx zitierte den von ihm hochgeschätzten Ricardo als Apostel der Freihändler und klügsten Ökonomen des Jahrhunderts. Ricardo hatte demonstriert, wie die Entdeckung neuer Märkte, die Getreide zu niedrigeren Preisen anboten, die Löhne in Industrie, Landwirtschaft und Handel sinken und die Profite steigen ließ. Marx bestritt nicht, dass der Freihandel Preissenkungen bewirkte, wies hingegen darauf hin, dass der Arbeiter davon kaum profitierte. Werden die Waren im Durchschnitt billiger, wird es auch die Ware Arbeit. Marx räumte ein, Freihandel fördere das Wachstum und könne für die Arbeiter vorteilhaft sein. Zugleich habe jedoch die Konzentration des Kapitals zur Mechanisierung der Produktion, Entwertung der Arbeit und stärkerer Konkurrenz unter den Arbeitern geführt und Arbeitsplätze vernichtet.

Marx zitierte aus einer Rede von John Bowring, einem führenden Politiker der Freihändler. Bowring hatte auf die internationalen Auswirkungen von ungleichem Wirtschaftswachstum und Freihandel hingewiesen, auf das Elend unzähliger indischer Weber und die Überschwemmung der dortigen Märkte mit englischen Produkten. Andrew Ure, ein weiterer Freihändler, hatte in einer Abhandlung über die Philosophie der Manufaktur freimütig dargelegt, wie das Ziel der Mechanisierung darin bestehe, die menschliche Arbeit entbehrlich zu machen, hochqualifizierte durch wenig qualifizierte Kräfte, Männer durch Frauen und Kinder, Handarbeiter durch einfache Handlanger zu ersetzen. Die Weisheit der Freihändler erschöpfte sich in der Aussage, der Wohlstand der bürgerlichen habe das Leiden der Arbeiterklasse zur Bedingung. Schließlich gab Marx zu bedenken, dass die Überwindung aller Handelsschranken längst schon im Gange war. Die Konkurrenz reduzierte den Preis jeder Ware auf das Minimum der Produktionskosten, das Lohnminimum wurde zum natürlichen Preis der Arbeit. Der industrielle Fortschritt verbilligte überdies die Existenzmittel mittels Verschlechterung ihrer Qualität. Marx' Konklusion war eindeutig: Freihandel bedeutet unter den bestehenden Verhältnissen die größere Handlungsfreiheit des Kapitals. Dass die Arbeiter davon zeitweilig profitieren können, hielt er für möglich, doch grundsätzlich – und angesichts der Gesetze der Konkurrenz notgedrungen – gilt die Sorge der Unternehmer dem Profit und nicht der Besserstellung der arbeitenden Bevölkerung. Freihandel bringt weder die Klassen einer Nation noch die Nationen einander näher. Seine destruktive Dynamik zeigt sich auf internationaler Ebene noch brutaler als auf nationaler. Marx hielt auch die Idee der internationalen Arbeitsteilung, die jedem Land eine mit seinen natürlichen Vorteilen harmonierende Produktion zuweist, also Ricardos Theorie der komparativen Kostenvorteile, für falsch. Die Produktion von Kaffee und Zucker sei keineswegs die natürliche Bestimmung von Westindien; die Natur habe dort weder Kaffeebäume noch Zuckerrohr gepflanzt, und es werde nicht lange dauern, bis dieser Anbau dort nicht mehr profitabel sei.

Marx bekräftigte am Schluss seiner Rede, dass seine Kritik der Freihandelslehre nicht als Apologie des Protektionismus missverstanden werden dürfe. Er rief die – auch heute gerne verdrängte – Tatsache in Erinnerung, dass die Kritiker des Protektionismus häufig Länder sind, die ihre Industrialisierung und ihre internationale Bedeutung dem Protektionismus zu verdanken haben. Das Schutzzollsystem sei konservativ, das Freihandelssystem aber destruktiv. Es beschleunige die soziale Revolution – und nur in diesem revolutionären Sinn stimme er für den Freihandel. Mit dieser doch recht vieldeutigen Aussage schloss Marx seine Rede.[30]

DIE GROSSE ENTEIGNUNG

«Dass das kapitalistische Wirtschaftssystem in seinen Anfangsstadien eine Arbeits- und Elendshölle in die Welt setzte, dergleichen jedenfalls die europäischen Völker nie gekannt hatten, ist bekannt genug. Und dies erste Stadium der absoluten Verelendung und erbarmungslosen Ausbeutung der *‹labouring poor›*, der Enteigneten, die den uralt-heiligen Schutz des Lebens durch Familie und Eigentum, die Stätte für das Leben selbst und alle mit ihm verbundenen Tätigkeiten, verloren hatten, hat lange genug gewährt.» Das Zitat stammt nicht von Marx, sondern von Hannah Arendt. Sie hat den Prozess der Enteignung, der ursprünglichen Akkumulation – «dass nämlich gewisse Bevölkerungsschichten ihres Platzes in der Welt beraubt und dem Kampf um das nackte Leben ausgesetzt werden» – in den düstersten Farben gezeichnet.[31] Im Gegensatz zu Marx war sie nicht bereit, die Leistungen der industriellen Bourgeoisie zu würdigen. Sie hat mit ihren eignen politischen und philosophischen Begriffen in Erinnerung gerufen, was Historiker systematisch und detailliert analysiert haben: Der Aufstieg des industriellen Kapitalismus hat im Verbund mit der liberalen Wirtschaftsordnung zahllose Menschen ins Elend gestürzt. Gewiss hat sich diese Ordnung Reformen gefallen lassen müssen, hat seit Ende des 19. Jahrhunderts in vielen Staaten die Sozialgesetzgebung das Los der arbeitenden Bevölkerung verbessert. Ebenso gewiss ist, dass es immer wieder gegenläufige Entwicklungen gibt. Heute spricht man von «neoliberalen» Reformen; diese zielen hauptsächlich auf die Deregulierung der Arbeitsmärkte und erzeugen damit neue Formen von Armut und Abhängigkeit. In der Allgemeinen Erklärung der Menschenrechte von 1948 werden in den Artikeln 22–29 soziale und ökonomische Rechte aufgelistet, die jedoch bis heute längst nicht für alle arbeitenden Menschen einklagbar sind. Während Organisationen wie der Internationale Währungsfonds oder die Welthandelsorganisation über veritable Sanktionsinstrumente verfügen, ist dies bei der Internationalen Arbeitsorganisation nicht der Fall. So kann denn auch heute wieder das global mobile Kapital von zahlreichen Ausbeutungsarten bis hin zur Sklaverei profitieren.

Das Kapital. Kritik der politischen Ökonomie gilt als Marx' Hauptwerk; 1867 erschien der erste Band.[32] Dieses monumentale Werk ist, wie so vieles, was Marx geschrieben hat, unabgeschlossen. Er hat für den zweiten und dritten Band «Forschungsmanuskripte» verfasst, die nicht zur Publikation bestimmt waren;[33] die Zeit, alles in eine übersichtliche Ordnung zu bringen, hat er nicht mehr gehabt. Engels hat sich bemüht, dem Werk eine verständliche Form zu verleihen, seine redaktionellen Eingriffe, Veränderungen, Verkürzungen und Vereinfachungen sind vielfach auf Kritik gestoßen. Die im Rahmen der MEW erschienenen Bände 2 und 3 sind von Engels redigiert worden. Für eine systematische Auseinandersetzung mit Marx' *Kapital* ist daher die MEGA zu empfehlen.[34]

Marx verstand seine Abhandlung explizit als wissenschaftliches Werk; er wollte analysieren, nicht agitieren. «Zur Vermeidung möglicher Missverständnisse» hielt er fest, zwar zeichne er die Gestalten von Kapitalist und Grundeigentümer keineswegs in rosigem Licht. Doch handle es sich um Personen nur, soweit sie die Personifikation ökonomischer Kategorien seien, Träger von bestimmten Klasseninteressen. «Weniger als jeder andere kann mein Standpunkt, der die Entwicklung der ökonomischen Gesellschaftsformation als einen naturgeschichtlichen Prozess auffasst, den einzelnen verantwortlich machen für Verhältnisse, deren Geschöpf er sozial bleibt, sosehr er sich auch subjektiv über sie erheben mag.» Marx zeigte sich im Vorwort überzeugt davon – und konnte zur Bestätigung Aussagen namhafter Politiker ins Feld führen –, dass in der zweiten Hälfte des 19. Jahrhunderts eine Umwandlung der Verhältnisse von Kapital und Arbeit in Europa und Nordamerika auf der Agenda bevorstehe und die «soziale Frage» immer deutlicher zu einer vordringlichen Aufgabe der Politik werden müsse. Ebenso war ihm freilich klar, dass seiner Epoche noch der Atheismus als lässliche Sünde gelten musste – verglichen mit der Kritik der Eigentumsverhältnisse.[35]

Der kapitalistische Produktionsprozess meistert den Menschen, der Mensch hingegen nicht den Prozess.[36] Mit diesem Befund ist das Grundproblem angesprochen; um etwas zu meistern, muss man es verstehen. Marx interessiert sich für die Logik der Konflikte, für die Macht oder Ohnmacht von Institutionen in der kapitalistischen Wirtschaft. In ihr wird die menschliche Arbeitskraft, der «Inbegriff der physischen und geistigen Fähigkeiten, die in der Leiblichkeit, der lebendigen Persönlichkeit eines Menschen existieren», zur Ware, deren Wertbestimmung im Gegensatz zu anderen Waren ein «historisches und moralisches Element» enthält: Der Kaufpreis muss hoch genug sein, damit die Arbeitskraft reproduziert, natürliche und soziale, kulturelle und intellektuelle Bedürfnisse befriedigt werden können.[37] Die Höhe des Preises wird jedoch durch Angebot und Nachfrage bestimmt. Es stoßen mithin zwei unvereinbare Kriterien aufeinander, die Marktgesetze kümmern sich nicht um die Bedürftigkeit des arbeitenden Menschen. «Von ganz elastischen Schranken abgesehen, ergibt sich aus der Natur des Warentausches selbst keine Grenze des Arbeitstags, also keine Grenze der Mehrarbeit.» Der Kapitalist beharrt auf seinem Recht als Käufer der Arbeitskraft, den Arbeitstag möglichst zu verlängern. Die spezifische Natur der verkauften Ware schließt hingegen eine Schranke ihres Konsums durch den Käufer ein; der Arbeiter beharrt auf seinem Recht als Verkäufer, den Arbeitstag zu beschränken. Marx spricht von einer Antinomie, zwei Rechtsansprüche stehen sich gegenüber, beide berufen sich auf das Gesetz des Warenaustausches. Zwischen gleichen Rechten entscheidet die Gewalt. Die Geschichte der kapitalistischen Produktion ist eine Geschichte des Kampfs um die Schranken des Arbeitstags. Es handelt sich dabei nicht um ein spezifisch kapitalistisches Problem. Besitzen einige Menschen das Monopol der Produktionsmittel, in welcher

Wirtschaftsordnung auch immer, müssen Arbeiter oder Sklaven über das zur Selbsterhaltung Notwendige hinaus zusätzliche Arbeit leisten, um die Lebensmittel für die Reichen zu produzieren. Marx kann zur Bestätigung dieser Behauptung den konservativen englischen Philosophen Edmund Burke anführen.[38] Gründlich studiert hat er Rapporte der Fabrikinspektoren, die dokumentieren, mit welcher Phantasie und welchen Tricks Unternehmer die Arbeitszeit regelwidrig verlängerten. Rechnet man die Auswirkungen der oft extrem ungesunden Arbeitsbedingungen hinzu, muss man von einer eigentlichen Enteignung von Lebenszeit sprechen. Die Kontrollmöglichkeiten der Inspektoren waren beschränkt, die den Fabrikanten auferlegten Geldstrafen gering. Marx zitiert einen englischen Richter, der die Fabrikarbeit mit der Sklaverei in Nordamerika gleichsetzt; er zitiert den Ökonomen Postelthwayt, der den Politikern in Erinnerung ruft, dass zur Sklavenarbeit verdammte Menschen auf Dauer ohne Freizeit nicht produktiv sein können; er zitiert Arztberichte über die gesundheitlichen Folgen der Beschäftigung von Menschen beiderlei Geschlechts und fast jeden Alters. Ein Arzt hatte vor dem Unterhaus erklärt, die Gesetzgebung sei notwendig, um dem vorzeitigen Tod in allen Formen vorzubeugen; der Fabrikmodus sei die grausamste Form des vorzeitigen Tods.[39] Fabrikinspektoren antworteten auf die Einwände der Unternehmer gegen die legale Beschränkung der Arbeitszeit mit dem «großen Grundsatz der Rechte der Arbeit», demzufolge das Recht des Unternehmers auf die Arbeit seines Arbeiters nach einem bestimmten Zeitpunkt aufhört.[40] Die hohe Sterblichkeit in verschiedenen Industriezweigen, die Verfälschung, Verunreinigung und willkürliche Verteuerung von Nahrungsmitteln werden in mehreren ärztlichen Berichten erwähnt. In den Argumenten der Verteidiger der Unternehmerseite kommt ein bemerkenswerter

Zynismus zum Ausdruck. Der Autor eines 1770 erschienenen *Essay on Trade and Commerce* rät zur Ausrottung von Faulenzerei, Ausschweifung und romantischer Freiheitsduselei; Arbeiter, die von öffentlicher Unterstützung leben, sollen in ein «ideales Arbeitshaus» gesperrt werden, in ein veritables «Haus des Schreckens», worin 14 Stunden täglich gearbeitet wird.[41]

Dem Arbeiter fehlt die Zeit zur Bildung, zur geistigen Entwicklung, zu sozialen Aktivitäten, geselligem Verkehr und dem freien Spiel der physischen und geistigen Lebenskräfte. In seinem blinden Trieb nach Mehrarbeit überrennt das Kapital fortwährend die moralischen und physischen Schranken des Arbeitstags. Es raubt die Zeit, die Möglichkeit, freie Luft und Sonnenlicht, gar das Sonnenlicht der Vernunft zu genießen. Das Leben eines Arbeiters gilt nichts, die Verkürzung seiner Lebenszeit mittels Intensivierung der Arbeit ist für den einzelnen Unternehmer ökonomisch profitabel. So hat nach den Worten eines Parlamentsmitglieds die Baumwollindustrie in drei Generationen neun Generationen von Baumwollarbeitern verspeist.[42] Die Person wird nie als Selbstzweck, stets nur als Mittel gebraucht, sie wird konsumiert. Entsprechend dieser Warenlogik gilt denn auch ein Arbeiter, der sich einen Augenblick ausruht, als Dieb, der den Unternehmer bestiehlt.[43]

Bemühungen, die Arbeitszeit gesetzlich zu regeln, wie es das britische Fabrikgesetz von 1833 versuchte, war aufgrund des Widerstands der Fabrikanten und fehlender Kontrollmöglichkeiten wenig Erfolg beschieden. Größere Wirkung zeitigten das Gesetz von 1844 zur Beschränkung der Arbeitszeit von Kindern und Frauen sowie die Zehnstundenbill von 1847. Die Radikalisierung der Chartisten-Bewegung in Großbritannien sowie die revolutionären Ereignisse von 1848 lieferten den Fabrikanten dann aber den Vorwand, die arbeitsgesetzlichen Regelungen zu bekämpfen. Sie setzten die Regierung unter Druck und hatten Erfolg, die Fabrikinspektoren wurden zu größerer Zurückhaltung aufgefordert. Diese wehrten sich, konnten aber, da die zuständigen Gerichte – gesetzwidrig – meist aus Fabrikanten zusammengesetzt waren, wenig ausrichten. Das Urteil eines hohen Gerichtshofes führte 1850 faktisch zur Abschaffung der Zehnstundenbill. Erst in den 1860er Jahren kam es zu Fortschritten in England und anderen Ländern.

Das Kapitel über den Arbeitstag im *Kapital* ist eine veritable Anklageschrift; Marx zeigt anhand zahlreicher Quellen die Inhumanität der kapitalistischen Produktionsweise, bleibt aber seiner Devise treu, nicht moralisch zu urteilen. Das Vorgehen der Unternehmer widerspricht allen Kriterien der Humanität, wird ihnen jedoch von den «Gesetzen» der Konkurrenz aufgezwungen. Diese Gesetze sind unvernünftig in dem Sinne, dass sie die Lebens- und Bildungsaussichten unzähliger Menschen ruinieren. Wie die Geschichte der Konflikte um die Länge des Arbeitstags zeigt, wurden immer wieder Stimmen laut, die den ökonomischen Widersinn der schrankenlosen Ausbeutung menschlicher Arbeitskraft, die gesundheitlichen Folgen und die moralische Bedenklichkeit betonten. Die Politik war aber nicht willens oder nicht fähig, diese Stimmen ernst zu nehmen. Faktisch war etwas entstanden, was Marx als das erste Menschenrecht des Kapitals bezeichnet, als Recht auf die «gleiche Exploitation der Arbeitskraft.»[44]

Man müsse gestehen, dass der Arbeiter anders aus dem Produktionsprozess herauskomme, als er in ihn eintrat, so schließt Marx das Kapitel über den Arbeitstag. Auf dem Markt tritt er als Besitzer seiner Arbeitskraft anderen Warenbesitzern gegenüber. Der Arbeitsvertrag, womit er dem Kapitalisten seine Arbeitskraft verkauft, beweist, dass er frei über sich selbst verfügt. Nach Vertragsabschluss allerdings stellt er fest, dass diese Freiheit eine Illusion ist. Sein Vertragspartner bestimmt die Bedingungen, vor allem die Arbeitszeit. Wie die Fabrikinspektoren festhalten, ist die Beschränkung des Arbeitstags Grundvoraussetzung jeder Reform; an die Stelle der angeblich unveräußerlichen Menschenrechte soll eine bescheidene Magna Charta treten, die bestimmt, wann die dem Arbeiter zustehende freie Zeit beginnt. Mit verhaltener Ironie, so bemerkt Marx, weisen die Inspektoren darauf hin, dass nun auch die Unternehmer Zeit gewinnen, die sie dazu nutzen sollten, sich Bildung anzueignen.[45]

Die kapitalistische Wirtschaftsweise beruht auf den Sphären der Zirkulation und der Produktion. Die «Konsumtion der Arbeitskraft» vollzieht sich außerhalb des Marktes, gleichsam im Verborgenen, in einer Sphäre der Rechtlosigkeit. Anders als in den Schriften *Zur Judenfrage* unterzieht Marx im *Kapital* die Menschenrechte nun einer expliziten Kritik. Was sind seine Motive? Hat der Arbeiter mit dem Unternehmer einen Vertrag geschlossen, tritt er in die Sphäre der Produktion ein, worin er faktisch rechtlos ist, der Willkür des Unternehmers ausgeliefert. Dagegen geht in der Sphäre der Zirkulation alles rechtens zu. Der Markt ist sogar «ein wahres Eden der angebornen Menschenrechte.» Was sind Menschenrechte? Es sind Rechte auf Freiheit, Gleichheit und Eigentum. Marx fügt den Namen Bentham hinzu, er steht für Eigennutz.[46] Der Markt wird zur idealen Welt der absoluten Rechtsgleichheit. Alle Menschen sind frei, so sind Käufer und Verkäufer der Ware Arbeitskraft beim Abschluss des Vertrags nur durch ihren freien Willen bestimmt; beide sind rechtlich ebenbürtig. Im abgeschlossenen Vertrag geben sie ihrem Willen einen gemeinsamen Rechtsausdruck. Sie sind gleich, wenn sie Äquivalent für Äquivalent tauschen. Sie besitzen Eigentum, jeder verfügt über das Seine. Schließlich sind beide egoistisch gesinnt, jedem ist es nur um sich zu tun. «Die einzige Macht, die sie zusammen und in ein Verhältnis bringt, ist die ihres Eigennutzes, ihres Sondervorteils, ihrer Privatinteressen. Und eben weil so jeder nur für sich und keiner für den andren kehrt, vollbringen alle, infolge einer prästabilierten Harmonie der Dinge oder unter den Auspizien einer allpfiffigen Vorsehung, nur das Werk ihres wechselseitigen Vorteils, des Gemeinnutzens, des Gesamtinteresses».[47]

Die «allpfiffige Vorsehung» ist eine witzige Umschreibung von Smiths unsichtbarer Hand des Marktes. Warum ist nun aber im Alltag der Arbeiter der Markt alles andere als ein Eden der Menschenrechte? Die Antwort liegt auf der Hand: Tatsächlich sind Unternehmer und Arbeiter rechtlich gleichgestellt; beide haben das Recht, einen Vertrag zu schließen. Das heißt jedoch in der Regel nicht, dass beide Parteien die gleiche Verhandlungsmacht auf die Waage legen. Wer über Kapital und Produktionsmittel verfügt, überdies mit einem großen Angebot an Arbeitskraft rechnen kann, hat bessere Chancen, aus dem Vertragsabschluss Vorteil zu ziehen als jener, der lediglich seinen Hunger und die bescheidenen Bedürfnisse seiner Familie in die Waagschale zu werfen hat. Dass beide notgedrungen egoistisch handeln, versteht sich, doch sie sind in mehrfacher Hinsicht ungleich. Ein freiwilliger, für Käufer und Verkäufer der Arbeitskraft im gleichen Maß vorteilhafter Tausch findet in der realen Wirtschaft in der Regel nicht statt. Die Handlungsoptionen des Arbeiters sind weitaus geringer als jene des Unternehmers. Der Mangel an Subsistenz- oder Produktionsmitteln zwingt ihn zum Abschluss eines unvorteilhaften Vertrags, er steht dem Käufer der Arbeitskraft nicht als ebenbürtiger Vertragspartner gegenüber.

Wie Max Weber später darlegen wird, schaffen die für Marktwirtschaften unverzichtbaren Rechte auf Privateigentum und

Vertragsfreiheit eine neue Art von Privilegien. Nur wer über Eigentum verfügt, kann diese Rechte im freien Konkurrenzkampf nutzen. Die Vertragsfreiheit eröffnet die Chance, durch kluge Verwendung von Güterbesitz auf dem Markt diesen faktisch unbehindert durch Rechtsschranken als Mittel zur Erlangung von Macht über andere zu nutzen, wogegen das formale Recht, einen Arbeitsvertrag einzugehen, für den Arbeiter faktisch Unfreiheit bedeutet. Da die freie Verfügung des Einzelnen über seinen Besitz oder seine Arbeitskraft nicht beschränkt werden darf, gilt jeder gesetzliche Schutz des Arbeiters als Eingriff in seine Vertragsfreiheit.[48]

Der Aufstieg des modernen Kapitalismus wird im *Kapital* als eine Geschichte von Gewalt und willkürlicher Instrumentalisierung des Rechts rekonstruiert. Adam Smith war davon ausgegangen, dass zunächst Kapital akkumuliert werden muss und diese Akkumulation dann die Teilung der Arbeit ermöglicht.[49] Die Frage, wie die Akkumulation vor sich geht, war damit nicht beantwortet. Gewiss ist es möglich, dass Menschen dank Fleiß und Verstand, wie Locke meinte, dank Erfindungsgabe und kaufmännischem Geschick zu Reichtum gelangen, dieser also völlig legal akkumuliert wird. Doch – so Marx' Frage – kann auf diese Weise das Faktum der ungleichen Verteilung von Eigentum, die Aufspaltung der Gesellschaft in zwei Klassen erklärt werden? Die ursprüngliche Akkumulation spiele in der politischen Ökonomie dieselbe Rolle wie der Sündenfall in der Theologie: «In einer längst verflossenen Zeit gab es auf der einen Seite eine fleißige Elite und auf der andern faulenzende Lumpen. So kam es, dass die ersten Reichtum akkumulierten und die letzteren schließlich nichts zu verkaufen hatten als ihre eigne Haut.» Die Armut der großen Masse datiert somit von einem nicht mehr theologischen, sondern ökonomischen Sündenfall. Die Theologie kann allerdings nicht begründen, wieso einige Menschen es nicht nötig haben zu arbeiten. «In der wirklichen Geschichte spielen bekanntlich Eroberung, Unterjochung, Raubmord, kurz Gewalt die große Rolle. In der sanften politischen Ökonomie herrschte von jeher die Idylle.»[50] Marx folgt dem Gang der englischen Geschichte seit dem 14. Jahrhundert. Die ursprüngliche Akkumulation setzte die Existenz einer Klasse der Besitzer von Geld und Produktionsmitteln sowie einer Klasse rechtlich freier Arbeiter voraus. Letztere waren «frei» von jedem Eigentum, außer dem an ihrer Arbeitskraft, aber ebenso frei im rechtlichen Sinn, freie Verkäufer ihrer Arbeitskraft, nicht Sklaven oder Leibeigene. Entscheidend in der Geschichte der Trennung «sind die Momente, worin große Menschenmassen plötzlich und gewaltsam von ihren Subsistenz- und Produktionsmitteln geschieden und als vogelfreie Proletarier auf den Arbeitsmarkt geschleudert werden.»[51]

Die ursprünglichen Produktions- oder Subsistenzmittel waren Grund und Boden. Noch im 15. Jahrhundert bestand die englische Bevölkerung mehrheitlich aus selbständigen Bauern. Zu Beginn des 16. Jahrhunderts setzte der Prozess der Enteignung ein. Kleinbauern wurden von den Feudalherren widerrechtlich von ihrem Land vertrieben, die Institution des Gemeindeeigentums wurde abgeschafft, Ackerland in Weideland verwandelt, das dem Staat oder der Kirche gehörige Land privatisiert. Die Reformation führte zu einem kolossalen Diebstahl der Kirchengüter; das gesetzlich garantierte Eigentum armer Bauern an einem Teil des kirchlichen Bodens wurde aufgehoben. Die ihrer Subsistenzmittel beraubten Menschen waren fortan gezwungen, ihre Arbeitskraft zu verkaufen oder mangels Nachfrage danach Gesetze zu brechen. «Die Gesetzgebung erschrak vor dieser Umwälzung.»[52] Zunächst versuchte die staatliche Autorität erfolglos, der privaten Aneignung von Land durch die Feudalherren gesetzlich Einhalt zu gebieten, später wurden stattdessen die Opfer mittels repressiver Gesetze gegen Betteln und Vagabundieren kriminalisiert. Neue Gesetze begünstigten Grundeigentümer und Kapitaleigner, andere erzwangen tiefe Löhne und lange Arbeitszeiten. Kurz: Die Politik beugte sich den Ansprüchen der dominierenden Klasse, was katastrophale Auswirkungen auf Wirtschaft und Gesellschaft hatte. Marx zitiert häufig den radikalen Publizisten Richard Price.[53] Price warnte davor, dass die englische Gesellschaft sich immer stärker polarisieren werde und die private Aneignung von landwirtschaftlich genutztem Land zu einer Minderung der Erträge, einer Erhöhung der Lebensmittelpreise und langfristig einem Bevölkerungsrückgang führen müsse.[54] Die Bauern müssten fortan ihren Unterhalt durch Arbeit für andere gewinnen und für alles, was sie brauchen, zu Markt gehen.

Wie wenig «idyllisch» der Aufstieg des industriellen Kapitalismus gewesen ist, zeigt ein Blick auf die «Blutgesetzgebung wider Vagabundage. Die Väter der jetzigen Arbeiterklasse wurden zunächst für die ihnen angetane Verwandlung in Vagabunden und Paupers gezüchtigt. Die Gesetzgebung [...] unterstellte, dass es von ihrem guten Willen abhänge, in den nicht mehr existierenden alten Verhältnisse fortzuarbeiten.» Die Strafen für jede Art der Arbeitsverweigerung waren äußerst brutal, sie reichten von einfachen Körperstrafen über öffentliche Demütigung, Brandmarkung und Verstümmelung bis zur Sklaverei.[55] Im Laufe der Zeit erzielten solche Maßnahmen die gewünschte Wirkung, es entwickelte sich «eine Arbeiterklasse, die aus Erziehung, Tradition, Gewohnheit die Anforderungen jener Produktionsweise als selbstverständliche Naturgesetze anerkennt. Die Organisation des ausgebildeten kapitalistischen Produktionsprozesses bricht jeden Widerstand, [...] der stumme Zwang der ökonomischen

Verhältnisse besiegelt die Herrschaft des Kapitalisten über den Arbeiter.»[56] Die rechtliche Situation der Arbeiter war desolat, Koalitionen waren gesetzlich verboten. Dies änderte sich 1825. 1871 wurden die Gewerkschaften gesetzlich anerkannt, zugleich jedoch wurde das Streikrecht unter eine besondere Strafgesetzgebung gestellt, welche die Fabrikanten in ihrer Eigenschaft als Friedensrichter interpretieren durften. Noch im revolutionären Frankreich wurden 1791 Arbeiterkoalitionen zum «Attentat auf die Freiheit und die Erklärung der Menschenrechte» erklärt und unter Geldstrafe gestellt. Der Berichterstatter Le Chapelier stellte fest, die aufgrund der tiefen Löhne bestehende Abhängigkeit der Arbeiter komme der Abhängigkeit der Sklaverei nahe. Dennoch dürften die Arbeiter nicht durch ihr Handeln die Freiheit der Unternehmer verletzen.[57]

Marx nennt schließlich eine weitere Methode der Kapitalakkumulation: Die Ausbeutung von Gold und Silber in Amerika, die Ausrottung und Versklavung der eingeborenen Bevölkerung, die Zwangsarbeit in den Bergwerken, die Eroberung und Ausplünderung von Ostindien, der Sklavenhandel in Afrika «bezeichnen die Morgenröte der kapitalistischen Produktionsära. Diese idyllischen Prozesse sind Hauptmomente der ursprünglichen Akkumulation. Auf dem Fuß folgt der Handelskrieg der europäischen Nationen, mit dem Erdrund als Schauplatz.» Die Methoden der ursprünglichen Akkumulation schließen das Kolonialsystem ein, das System der Staatsschulden, der Steuern und des Protektionismus. Die Staatsmacht, «die konzentrierte und organisierte Gewalt der Gesellschaft», wird instrumentalisiert, «um den Verwandlungsprozess der feudalen in die kapitalistische Produktionsweise treibhausmäßig zu beschleunigen.» So ist denn die Gewalt «der Geburtshelfer jeder alten Gesellschaft, die mit einer neuen schwanger geht. Sie ist selbst eine ökonomische Potenz.» Es waren, wie ein zeitgenössischer englischer Schriftsteller festhielt, die «christlichen Rassen», die diese Kolonisierung vorantrieben und deren «Barbareien und ruchlose Greueltaten» keine Parallele in irgendeiner Ära der Weltgeschichte finden.[58]

Ungeheurer Mühe bedurfte es, die angeblich ewigen Naturgesetze der kapitalistischen Produktionsweise zu entbinden, die Trennung zwischen Arbeitern und Arbeitsbedingungen zu vollziehen, auf dem einen Pol die gesellschaftlichen Produktions- und Lebensmittel in Kapital zu verwandeln, auf dem Gegenpol die Volksmasse in Lohnarbeiter, in freie «arbeitende Arme».[59]

Die ursprüngliche Akkumulation von Kapital war in Arendts Worten eine Arbeits- und Elendshölle. Das Leben der besitzlosen Menschen galt nichts; der Übergang von Sklaverei und Leibeigenschaft zur Lohnarbeit kam zwar rechtlich, aber nicht faktisch einer Befreiung gleich. Kapitalakkumulation wurde ermöglicht durch die Enteignung der unmittelbaren Produzenten – Bauern, Handwerker, Kleinunternehmer. Das heißt – was bei der Lektüre des *Kapitals* oft übersehen wird –, dass Marx die Institution des privaten Eigentums nicht grundsätzlich kritisiert. Privateigentum besteht, wenn die Arbeitsmittel Privatleuten gehören; dabei kann es sich um Arbeiter oder um Eigentümer von Kapital handeln, doch ist zwischen beiden Arten zu unterscheiden. Das selbsterarbeitete private Eigentum ist für Marx eine durchaus legitime Institution; er scheint die ursprüngliche Idee von Locke – Arbeit legitimiert Eigentum – zu übernehmen. «Das Privateigentum des Arbeiters an seinen Produktionsmitteln ist die Grundlage des Kleinbetriebs, der Kleinbetrieb eine notwendige Bedingung für die Entwicklung der gesellschaftlichen Produktion und der freien Individualität des Arbeiters selbst.» Es gibt eine Produktionsweise, worin der Arbeiter «freier Privateigentümer seiner von ihm selbst gehandhabten Arbeitsbedingungen ist.»[60] Es gab gleichsam ein goldenes Zeitalter von Arbeit und Produktion. Von Kommunismus oder kollektivem Eigentum ist nicht die Rede. Marx argumentiert liberal: Privates Eigentum ist eine notwendige Bedingung der individuellen Freiheit; diese Freiheit ist umgekehrt Bedingung der Legitimität des Privateigentums. Verliert der Arbeiter diese Freiheit und wird zum Lohnempfänger, ist das Privateigentum als Form der Herrschaft und Ausbeutung nicht mehr legitim.

Wieso wurde die Menschheit aus diesem Paradies vertrieben – wenn es denn je ein solches gab? Marx weiß, dass der Mensch den Lauf der Geschichte nicht aufhalten kann; eine Wirtschaft, deren Basis die Arbeit individueller Produzenten ist, kann die gesteigerten Bedürfnisse nicht mehr befriedigen und muss überwunden werden. Die «Verwandlung der individuellen und zersplitterten Produktionsmittel in gesellschaftlich konzentrierte, daher des zwerghaften Eigentums Vieler in das massenhafte Eigentum Weniger, daher die Expropriation der großen Volksmasse von Grund und Boden und Lebensmitteln und Arbeitsinstrumenten, diese furchtbare und schwierige Expropriation der Volksmasse bildet die Vorgeschichte des Kapitals.»[61] Marx war nicht der Erste, der die mannigfaltigen Formen von Unrecht und Gewalt beschrieben hat, die diese Vorgeschichte charakterisieren. Aber er hat es besonders scharfsinnig und auf eine Weise getan, welche den Menschen mit seinen Bedürfnissen in den Mittelpunkt stellt. Die Expropriation der unmittelbaren Produzenten ist, so könnte man formulieren, der eigentliche Sündenfall, der den Kapitalismus ermöglicht hat und ihn bis heute als schlechtes Gewissen begleitet.[62] «Das selbsterarbeitete, sozusagen auf Verwachsung des isolierten, unabhängigen Arbeitsindividuums mit seinen Arbeitsbedingungen beruhende Privateigentum wird verdrängt durch das kapitalistische Privateigentum, welches auf Exploitation fremder, aber formell freier Arbeit beruht.»[63] Der von Locke behauptete Zusammenhang von Arbeit und Eigentum existiert nicht mehr. Die kapitalistische Produktionsweise geht mit der Vergesellschaftung der Arbeit und der Produktionsmittel einher; sie bereitet den Kollektivismus vor. Der von den Kapitaleignern begonnene Prozess der Enteignung der Arbeiter wird notwendig zu ihrer eigenen Enteignung führen. Der Kommunismus als kollektiver Verwalter der Produktionsmittel und Konsumgüter wäre laut Marx somit die logische Konsequenz, die sich aus dem kapitalistischen Konzentrationsprozess ergibt.

So kann man das *Kapital* lesen, so ist es gelesen worden. Doch Marx spricht nirgends vom Kommunismus, allenfalls von der kooperativen Form des Arbeitsprozesses. Vor allem aber spricht er vom individuellen Eigentum. In der Sprache der Dialektik formuliert: Das «kapitalistische Privateigentum ist die erste Negation des individuellen, auf eigne Arbeit gegründeten Privateigentums. Die Negation der kapitalistischen Produktion wird [...] mit der Notwendigkeit eines Naturprozesses produziert. Es ist Negation der Negation. Diese stellt das individuelle Eigentum wieder her, aber auf Grundlage der Errungenschaft der kapitalistischen Ära, der Kooperation freier Arbeiter und ihrem Gemeineigentum an der Erde und der durch die Arbeit selbst produzierten Produktionsmittel.»[64]

Das *Kapital* ist eine Abhandlung über Arbeit und Kapital, Ausbeutung und Mehrwert, Ware und Geld, Produktion und Zirkulation. Aber es ist ebenso eine Schrift, welche die kapitalistische Produktionsweise kritisiert. Es stellt sich die Frage, im Namen welchen Prinzips Marx die Kritik formuliert. Dass es sich dabei um die Freiheit handelt, ist unschwer zu erkennen. Die Alternative zum Kapitalismus wäre ein «Verein freier Menschen, die mit gemeinschaftlichen Produktionsmitteln arbeiten und ihre vielen individuellen Arbeitskräfte selbstbewusst als eine gesellschaftliche Arbeitskraft verausgaben.»[65] Der Kapitalist ist ein «Fanatiker der Verwertung des Werts», als solcher zwingt er die Menschheit rücksichtslos zur Produktion um der Produktion willen. Gleichzeitig schafft er aber auch die Produktionsbedingungen, welche die Bildung einer höheren Gesellschaftsform ermöglichen. Dies ist seine historische Mission; er ist nicht frei, sich ihr zu verweigern, die Konkurrenz herrscht ihm die immanenten Gesetze des Kapitalismus als äußere Zwangsgesetze auf. Die Grundlage der höheren Gesellschaftsform aber ist die volle und freie Entwicklung jedes Individuums.[66]

GERECHTIGKEIT, VERTEILUNG, PARTIZIPATION

Es gibt bekanntlich viele Liberalismen. Manche Liberale sehen in den sozialistischen Forderungen nach alter Tradition nichts anderes als den Ausdruck von Neid, andere anerkennen sie als legitim und wollen eine gerechtere Wirtschafts- und Sozialordnung herbeiführen.[67] Die Ansicht, Marx' Ziel sei die Verwirklichung sozialer oder distributiver Gerechtigkeit gewesen, ist zwar verbreitet, aber falsch. Am Ende des ersten Bandes des *Kapitals* bleibt die entscheidende Frage offen, wie denn nun das individuelle Eigentum wieder hergestellt werden kann. Offensichtlich ist, dass Marx hierbei nicht an großangelegte Umverteilungsaktionen gedacht hat. Doch was wäre die Alternative?

1875 wurde in Gotha beim Zusammenschluss von zwei sozialdemokratischen Parteien in Deutschland ein Programm verabschiedet. Marx verfasste dazu kritische «Randglossen».[68] Dem

Gothaer Programm zufolge sollte das Erarbeitete nach gleichem Recht allen Gesellschaftsmitgliedern gehören, da nutzbringende Arbeit nur in der Gesellschaft möglich sei. Die «Befreiung der Arbeit» erfordere die Überführung der Arbeitsmittel in Gemeingut sowie die gerechte oder gleiche Verteilung des Arbeitsertrags. Was aber ist eine gerechte Verteilung, so fragt Marx. Jede Gesellschaft definiert Regeln der Gerechtigkeit im Hinblick auf die jeweilige Produktionsweise. Die moderne bürgerliche Gesellschaft hält die bestehende Güterverteilung für gerecht; die «sozialistischen Sektierer» haben die unterschiedlichsten Vorstellungen von gerechter Verteilung. Marx weist darauf hin, dass die Autoren des Programms sich noch nicht einmal überlegt haben, ob ihre Postulate miteinander vereinbar sind. Soll der Ertrag tatsächlich allen gehören, auch jenen, die nicht arbeiten, oder nur jenen, die arbeiten? Wo bleibt dann das gleiche Recht? Überdies gibt es keinen Anspruch auf den vollumfänglichen Gegenwert der eigenen Leistung, da die Arbeiter sich an der Finanzierung von Betriebs-, Verwaltungs-, Unterstützungs- und weiteren Kosten sowie von öffentlichen Institutionen wie Schulen und medizinischen Einrichtungen beteiligen müssen. Diese Abzüge sind ökonomisch notwendig und nicht aus Gerechtigkeitskriterien kalkulierbar.

Das Programm wurde verfasst für eine Gesellschaft im Übergang zu einer neuen Ordnung, so zumindest die Hoffnung der Sozialdemokraten. Sie geht aus der kapitalistischen Gesellschaft hervor, einer Gesellschaft, worin eine Art Tauschgerechtigkeit allgemein anerkannt ist: Wer arbeitet, soll exakt zurückerhalten, was er mit seiner Arbeit geleistet hat; der Umfang der Arbeit wird an der investierten Zeit gemessen. Es handelt sich hier, wie Marx festhält, um das Prinzip des Warentausches. In dem Sinne ist der Kapitalismus gerecht, weil er die auf der Grundlage der ihm eignen Produktionsweise einzig möglichen Verteilungsregeln definiert. Was heißt nun gleiches Recht? Es ist bürgerliches Recht in dem Sinne, dass die Bezahlung proportional festgesetzt wird; das Kriterium der Arbeitszeit gibt den Ausschlag. Das kann insofern als ungerecht bezeichnet werden, als die Leistungsfähigkeit und die Bedürfnisse der Arbeitenden ungleich sind, diese Ungleichheit aber nicht berücksichtigt wird. Wer länger und produktiver arbeiten kann und nicht für eine zahlreiche Familie sorgen muss, ist im Vorteil. Diese «Ungerechtigkeit» ist indes unvermeidlich, da das Recht sich an einem festen Maßstab orientieren muss. Gleiches Recht ist ungleiches Recht für ungleiche Arbeit. Die oft zitierte Aussage von Marx intendiert keine Kritik des Rechts. Das Recht ist gezwungen, natürliche Privilegien, wie sie aus individuellen Fähigkeiten resultieren, anzuerkennen. «Es ist daher ein Recht der Ungleichheit, seinem Inhalt nach, wie alles Recht.»[69] Es muss seiner Natur gemäß für alle Individuen den gleichen Maßstab anwenden, es kann nur Vergleichbares berücksichtigen, im Wissen darum, dass die Individuen ungleich sind. Sie sind ungleich, sonst wären sie nicht Individuen, wie Marx bemerkt. Das Recht kann nie höher sein als die ökonomische Gestaltung und dadurch bedingte Kulturentwicklung der Gesellschaft; der Kommunismus kann nicht ein neues Recht erfinden, das mit dem Faktum der Ungleichheit der Menschen nicht konfrontiert wäre.

Marx malt sich indes eine höhere Stufe des Kommunismus aus, «nachdem die knechtende Unterordnung der Individuen unter die Teilung der Arbeit [...] verschwunden ist; nachdem die Arbeit nicht nur Mittel zum Leben, sondern selbst das erste Lebensbedürfnis geworden; nachdem mit der allseitigen Entwicklung der Individuen auch ihre Produktivkräfte gewachsen [sind UM] und alle Springquellen des genossenschaftlichen Reichtums voller fließen.» Jetzt erst kann der «bürgerliche Rechtshorizont überschritten werden und die Gesellschaft auf ihre Fahnen schreiben: Jeder nach seinen Fähigkeiten, jedem nach seinen Bedürfnissen.»[70]

Es war, wie Marx bemängelt, ein Fehler, von der Verteilung viel Wesens zu machen. Es geht bei den sozialistischen Verteilungskonzeptionen in der Regel um die Verteilung von Konsumgütern, doch diese Verteilung ist laut Marx nur die Folge der Verteilung der Produktionsmittel. Die kapitalistische Produktion beruht auf der ungleichen Verteilung sachlicher und persönlicher Produktionsbedingungen: Während Boden und mobiles Kapital wenigen Menschen gehören, die nicht zwingend arbeiten müssen, verfügen die meisten nur über ihre Arbeitskraft. Jede noch so «gerechte» Zuteilung von Geld oder Konsummitteln ändert nichts an der Abhängigkeit jener, die vom Eigentum an sachlichen Produktionsmitteln ausgeschlossen sind. Um die Arbeiter aus dieser Abhängigkeit zu befreien, ist nicht eine «gerechtere» Güterverteilung nötig, sondern eine Neuverteilung der Macht, über wirtschaftliche Ressourcen zu verfügen beziehungsweise im Rahmen einer genossenschaftlichen «Regierung» über Produktion und Verteilung zu bestimmen. Marx hält es für verfehlt, die Distribution von der Produktionsweise zu trennen und den Sozialismus als Problem der Distribution zu verstehen; darin unterscheidet er sich vom sozialliberalen englischen Philosophen John Stuart Mill.

Halten wir fest: Spricht Marx in der *Kritik des Gothaer Programms* vom Kommunismus, so handelt es sich nicht um eine egalitäre, sondern um eine individualistische Ordnung. Wenn Rechtsnormen und Regeln distributiver Gerechtigkeit den Zwängen und Ansprüchen der jeweiligen Produktionsweise gerecht werden müssen, geht es im Fall einer kapitalistischen Konkurrenzwirtschaft darum, den Kampf um knappe Ressourcen mittels dem Recht auf Privateigentum und den Abschlüssen privater Verträge zu zivilisieren und zugleich die Gesetze von Angebot und Nachfrage spielen zu lassen. Eine nicht kapitalistische Ordnung hätte zu prüfen, ob der Kampf um knappe Güter sich so regulieren lässt, dass nicht mehr Angebot und Nachfrage über die Zuteilung entscheiden.

Damit sinnvolle Gerechtigkeitsprinzipien aufgestellt werden können, müssen erst einmal bestimmte soziale Bedingungen gegeben sein – das wusste nicht erst Marx, die Einsicht findet sich schon bei Locke und Rousseau[71], vor allem aber bei Hume. Sie alle argumentieren aufgrund einer materialistischen Geschichtsauffassung: Es sind ökonomische Aktivitäten und Institutionen, die normative Prinzipien erheischen, diese sind nicht Ausdruck zeitloser Wahrheiten oder Wertvorstellungen. Der öffentliche Nutzen ist der einzige Ursprung der Gerechtigkeit, so hält Hume fest. Schenkte die Natur den Menschen alle Güter im Überfluss, könnte also jedes Individuum ohne die geringste Anstrengung sich jeden Wunsch erfüllen, dann wäre die Tugend der Gerechtigkeit so nutzlos wie die Institutionen von Recht und Eigentum. Warum sollte man privates Eigentum schaffen, wenn es nicht verletzt werden kann? Natürliche Güter, die nicht knapp sind, wie Wasser und Luft, sind Gemeineigentum. Man kann sich vorstellen, alle zwischenmenschlichen Verhältnisse seien von gegenseitigem Wohlwollen geprägt. Auch in diesem Fall wären Gerechtigkeit und Verteilungsregeln überflüssig. Hume beschreibt eine Art Urkommunismus, er räumt sogar ein, dass beide Bedingungen – Überfluss und allgemeine Menschenliebe – in der Realität zuweilen bis zu einem gewissen Grad gegeben sind. Grundsätzlich aber gilt: Die Tugend der Gerechtigkeit verdankt ihre Existenz ihrem notwendigen Gebrauch und dem sozialen Zustand der Menschheit.[72]

Marx hat Hume wegen dessen religionskritischer Haltung geschätzt. Eine längere Anmerkung im *Kapital* ist diesbezüglich aufschlussreich. Marx weist darauf hin, dass die politische Ökonomie ursprünglich betrieben wurde von Philosophen wie Hobbes, Locke und Hume, von Geschäftsleuten und Politikern sowie «mit dem größten Erfolg» von Medizinern wie William Petty (1623–1687) und Bernard Mandeville. In späteren Zeiten «schlug die Stunde der protestantischen Pfaffen.» Der Pfarrer und Ökonomieprofessor Thomas Malthus (1766–1834) hatte in seiner Schrift *Essay on Population* die These aufgestellt, die Nahrungsmittelproduktion halte mit dem Bevölkerungswachstum nicht Schritt, daher werde es unvermeidlich zu einer Verelendung kommen. Diese These stieß bei Ökonomen auf Widerspruch, wobei der Priesterstand generell unter Anklage geriet. Petty meinte, der Religion sei am meisten gedient, wenn die Priester sich kasteiten. Er spielte dabei auf den Umstand an, dass die religiös gesinnten Anhänger von Malthus' These die Triebhaftigkeit und Fruchtbarkeit der armen Unterschichten als Ursache des Problems sahen, sich selbst aber keineswegs kasteiten. Petty, ein durchaus «bürgerlicher» Ökonom, wird von Marx geschätzt als «Pfaffenfeind». Den gleichen Ehrentitel möchte er auch Smith verleihen, doch ist es in diesem Fall schwieriger, die Ehrung zu rechtfertigen. Smith konnte bei der Abfassung des *Wealth of Nations* auf Arbeiten seines Freundes Hume zurückgreifen. Um Smith zum Pfaffenfeind zu erheben, musste Marx einen Umweg einschlagen. Ein protestantischer Bischof hatte Smith einen Brief gesandt, worin er diesen zurechtwies, weil er nach Humes Tod diesen als «Ideal eines vollkommen weisen und tugendhaften Mannes» gelobt hatte. Der Bischof hingegen sah in Hume einen Menschen, «der von einer unheilbaren Antipathie besessen war wider alles, was Religion heißt, und der jeden Nerv anspannte, um […] selbst ihren Namen aus dem Gedächtnis der Menschen zu löschen.» Marx zitiert dann etwas maliziös einen Studenten von Smith, der geschrieben hatte, dessen Freundschaft zu Hume habe ihn davon abgehalten, ein Christ zu sein. Smith habe Hume alles aufs Wort geglaubt, auch dass es keinen Gott und keine Wunder gebe.[73] Der Schluss ist klar: Hume war der große Geist und Aufklärer, Smith sein gelehriger Schüler.

Humes Reflexionen zur Gerechtigkeit sind im Hinblick auf Marx' Vorstellung einer höheren Stufe des Kommunismus interessant. Eine Gesellschaft, in der zwar die Natur den Menschen nicht alles im Übermaß schenkt, in der aber die gegenseitige Anerkennung und Wertschätzung der Menschen nicht von ihrem materiellen Reichtum abhängt, kann den Kampf um knappe Güter zähmen. Dies ist beispielsweise der Fall, wenn die Menschen nicht mehr aus Statusgründen bestimmte Dinge, sogenannte positionelle Güter, zu besitzen wünschen. In einer solchen Gesellschaft, in einer «Nachknappheitsordnung», könnte es durchaus «Ungerechtigkeiten» im Sinne von Ungleichbehandlung und Ungleichverteilung geben, doch kümmerten sie so lange niemanden, wie sie nicht die davon Betroffenen in Situationen der Abhängigkeit führten. Man kann sich unter Marx' individualistischem Kommunismus eine Nachknappheitsordnung dieser Art vorstellen. Dabei ist nochmals in Erinnerung zu rufen, dass für die Zufriedenheit der Menschen dann nicht in erster Linie der Umfang der verfügbaren Güter den Ausschlag gibt, sondern das Ausmaß an Freiheit und Entfaltungsmöglichkeiten. Um Nivellierung oder «Gleichmacherei» geht es darin nicht, soll doch im Gegenteil jedes Individuum seine eignen Fähigkeiten entfalten und seine eignen Bedürfnisse ausleben können, freilich auch nach Maßgabe dieser Fähigkeiten zum gesellschaftlichen Reichtum beitragen. Dies meint der Grundsatz: Jeder nach seinen Fähigkeiten, jedem nach seinen Bedürfnissen. Die ökonomische Basis dieser Gesellschaft wäre die Befreiung individueller Produktivität und Kreativität. Diese «höhere Stufe» nimmt sich utopisch aus, doch ist nichts daran unmöglich, wenn man davon ausgeht, dass veränderte Anreizsysteme das Handeln der Menschen beeinflussen können. Das Ziel, das Marx vor Augen schwebt, könnte man dann wohl – als Gegensatz zum autoritären Kommunismus – als libertären Kommunismus bezeichnen.[74]

Mit Laurence Sterne wurde dieses Kapitel eröffnet, mit seinem – als Dichter gescheiterten – Nachahmer soll es abgeschlossen werden. Marx hat sich in seiner Hegel-Kritik ausführlich mit der Institution des Majorats auseinandergesetzt. Das Motiv der exklusiven Vererbung von Besitz an den ältesten Sohn hat ihn offenbar beschäftigt. In seinem humoristischen Versuch *Scorpion und Felix* erzählt er, wie er Besuch erhält von einem Mann. Es freue ihn, ihn bisher nicht gekannt zu haben, erwachse ihm doch jetzt das Vergnügen, ihn kennenzulernen, lehre er doch große Weisheit, und all seine Zweifel seien durch ihn beschwichtigt. Der Besucher spricht schnell und zischend, er gleicht einer vertrockneten Eidechse, hat etwas Koboldhaftes, ist aber unzweifelhaft ein Genie, ist doch seine Nase aus dem Kopf gesprungen wie Pallas Athene aus dem Haupt des Zeus. «Alles an ihm deutete auf Höhe und Tiefe, aber seine Gesichtsbildung schien einen Aktenmensch zu verraten.» Der Besucher stottert, er versichert, er liebe das Majorat und besitze einen Waschschrank. Der Besucher entfernt sich, Scorpion sitzt sinnend da, legt Locke, Fichte und Kant beiseite und sucht zu erforschen, wie ein Waschschrank mit dem Majorat zusammenhängen könnte. Da durchzuckt es ihn wie ein Blitz: Das Majorat ist der Waschschrank der Aristokratie, es versilbert den ältesten Sohn des Hauses, während es den andern Mitgliedern die bleiche romantische Farbe der Not aufdrückt. Wer im Waschschrank sitzt, bleibt eingeschlossen, der gewöhnliche Mensch dagegen «stürzt sich hinein in das schwellende Meer und raubt prometheischer Rechte Perlen aus seiner Tiefe.» Kühn erschafft er, während der Majoratsherr nur die Tropfen auf sich fallen lässt. Er fürchtet, die Glieder zu verrenken, und setzt sich daher in den Waschschrank. Könnte es sein, dass der Besucher «Hegel, der Zwerg» ist?[75] Die Schilderung des Majoratsherrn passt zu Marx' Hegel-Kritik: Diese Art des Eigentums gehört der Vergangenheit an, es hat keine Zukunft. Mit Hegel hat Marx in jungen Jahren fortwährend gestritten, ihn wollte er überwinden, besiegen, was ihm doch nicht gelang. Mit der Kritik des Majorats hat er das private Eigentum in seiner unzeitgemäßen, veralteten Form getroffen. Zu guter Letzt taucht auch noch David Hume im Roman auf; er ist das Genie, so weise, dass er ein Kapitel begutachten kann, noch ehe Scorpion es geschrieben hat.[76]

VII

SUBVERSIVE INDIVIDUALITÄT

Die Ansicht, Marx habe einen autoritären Kollektivismus vertreten, wird von politischen und ideologischen Gegnern regelmäßig geäußert, lässt sich aber nicht belegen, wie zahlreiche ältere und neuere Studien belegen. Eine Publikation von 2005 trägt den Titel *Karl Marx' kommunistischer Individualismus.* Die Herausgeber halten das Urteil, Marx sei ein illiberaler Kollektivist und Feind der Freiheit gewesen, für eine Fehleinschätzung. Marx habe den zeitgenössischen Liberalismus nicht deshalb kritisiert, weil ihm die individuelle Freiheit unwichtig gewesen oder ein Kollektivismus vorzugswürdig erschienen wäre, sondern weil sie ihm so wichtig war, dass er sie durch eine menschenwürdige Gesellschaft bewahrt wissen wollte.[1] Dem Urteil ist zuzustimmen, wobei der Begriff Individualismus zu klären bleibt. Er wird heute inflationär verwendet, hat seine Konturen verloren, vor allem, seit selbst die Werbung, die darauf angewiesen ist, ihre Produkte massenhaft zu verkaufen, sich nicht scheut, jeden potenziellen Konsumenten als Individualisten anzusprechen.

Worum handelt es sich beim Individualismus von Marx? Es geht ihm einerseits um die legitimen Ansprüche aller Menschen auf Selbstbestimmung und Selbstverwirklichung, andererseits um eine historische Untersuchung zum Emanzipationsprozess des Individuums. Für das konservative und kommunitaristische Denken stellt der Individualismus eine Bedrohung dar, eine revolutionäre, subversive Gefahr. Für die Aufklärung dagegen wird die Emanzipation, die Autonomie des Individuums zum vordringlichen Anliegen. Von besonderem Interesse ist in dieser Hinsicht das umfangreiche wissenschaftstheoretische, literarische und philosophische Werk von Denis Diderot (1713–1784). Marx hat Diderot hochgeschätzt, dessen Schriften waren für ihn – wie ebenso für Goethe und Hegel – eine üppig sprudelnde Inspirationsquelle. Die Themen der Individualität und der Entfremdung, die Marx so stark beschäftigt haben, werden in mehreren Schriften Diderots abgehandelt; es fällt nicht schwer, in der Auseinandersetzung mit diesen Themen Gemeinsamkeiten zwischen beiden Autoren zu entdecken.

Diderot ist – nicht von Marx, aber von einigen seiner Nachfolger – als Ahnherr und Vorbereiter der marxistischen Philosophie in Anspruch genommen worden. Lenin hielt Diderot für den wahren Begründer der materialistischen Wissenschaft.[2] Er hat sich auf ihn berufen, um diejenigen seiner Genossen ideologisch zu disziplinieren, die der materialistischen Erkenntnistheorie andere philosophische Konzepte vorzogen. Noch in einer 1963 erschienenen englischen Ausgabe ausgewählter Schriften von Diderot steht zu lesen, der Dialektische Materialismus und der marxistische Humanismus seien direkte Erben von Diderot.[3] Die Konstruktion intellektueller Genealogien ist stets ein heikles Unterfangen und im Fall der angeblichen Ahnherrschaft Diderots nicht besonders fruchtbar. Marx schätzte vor allem die literarischen Qualitäten Diderots. Dieser hatte mit seiner listig-hinterlistigen Schreibweise die traditionelle Romanform in Frage gestellt. Marx hat in jungen Jahren versucht, den Vorbildern Sterne und Diderot nachzueifern, freilich ohne rechten Erfolg. Ob er von Diderots Philosophie beeinflusst gewesen ist, lässt sich nicht leicht beantworten. Gab es überhaupt eine Philosophie Diderots, die andere Denker hätte beeinflussen können? Diderots Kritiker bestreiten das; Diderot sei die Mensch gewordene Diskussion, das inkontinente Geschwätz, das Rieseln von Worten, die unaufhörlich vom Gipfel eines rauchenden Kopfes tropfen, so meinte ein Gegner.[4] Das Urteil ist böswillig übertrieben, erklärt sich aber aus Diderots Stilvorlieben. Für zahlreiche seiner literarischen, politischen, philosophischen und wissenschaftlichen Schriften hat er die Dialogform gewählt, so auch für *Le Rêve de D'Alembert*, auf den sich Lenin bezieht. Der Dialog ermöglichte es ihm, Probleme stets aus mehreren Perspektiven zu betrachten, Hypothesen zu überprüfen, endgültige Urteile zu vermeiden. Die Werke der französischen Materialisten und Enzyklopädisten haben zahlreiche spätere Denker, natürlich auch Marx, beeinflusst. Diderot war kein systematischer Philosoph. Seine Stärken bestanden darin, Fragen zu stellen und überlieferte Überzeugungen in Frage zu stellen; reflektieren hieß für ihn experimentieren und Paradoxa analysieren. Vom Standpunkt der heutigen Wissenschaftskonzeption her war er damit erstaunlich modern. Marx, der so vielseitig interessierte Autor und Wissenschaftler, der von der antiken Philosophie bis zur modernen Ökonomie so manches studiert und seine Positionen doch immer wieder revidiert hat, kann in dieser Hinsicht durchaus mit Diderot verglichen werden. Was ihn fasziniert hat, waren gewiss einerseits die Respektlosigkeit, die intellektuelle Freiheit, die Diderot beanspruchte, sein materialistisches Wissenschaftsverständnis und seine Religionskritik – generell: sein Wirken für die Aufklärung, ebenso aber eine philosophische Haltung, eine ironische, subversive Denkweise und insbesondere eine neue Auffassung von Freiheit. Diese neue Auffassung möchte ich illustrieren anhand der, wie ich sie nenne, «unbestimmten Individualität».

BEDROHTE GEMEINSCHAFT

Die Französische Revolution als Triumph des Individualismus oder gar der individuellen Selbstbestimmung zu feiern wäre wenig glaubwürdig. Der von Robespierre und Saint-Just propagierte asketische Republikanismus spricht eine andere Sprache. Ironischerweise waren es aber gerade Gegner der Revolution wie der Konservative Burke und der Theokrat Joseph de Maistre, die das Prinzip individueller Autonomie im Namen konservativer Gemeinschaftsideale und religiöser Beweggründe bekämpft haben. Die «unbestimmte» Individualität war in ihrer Sicht das eigentlich subversive Prinzip, die verderbliche Erfindung der Aufklärung. Ihnen zufolge sind jedem Menschen von Geburt an ein Geschick, ein Platz in der Welt und eine Aufgabe vorgegeben; das Wissen um die Pflicht zur Unterordnung füllt ihn vollständig aus, jede Freiheit ist ihm verwehrt, er ist Mittel zum Zweck der Gemeinschaft. Was Burke und de Maistre als skandalös empfinden, ist hauptsächlich die Idee der Menschenrechte. Die Vorstellung, der einzelne Mensch als solcher und nicht als Angehöriger einer Nation oder Klasse sei Träger von Rechten, wird von den katholischen Gegnern der Revolution als sinnlose Abstraktion zurückgewiesen. Gott habe den Menschen als soziales Wesen geschaffen, so de Maistre; weil er die Gesellschaft gewollt habe, habe er auch die Souveränität und die Gesetze gewollt. Die Gesellschaft sei kein Werk des Menschen, sondern das unmittelbare Ergebnis des göttlichen Willens.[5]

Die Aufklärung musste sich mit dem Spannungsverhältnis von Gemeinschaftszugehörigkeit und individueller Autonomie auseinandersetzen. Politische Reformprojekte hatten die Frage nach den moralischen Voraussetzungen einer Gemeinschaft vernünftiger, verantwortungsbewusster Bürger zu beantworten. Rousseau schrieb im Vorwort zu seinem Theaterstück *Narcisse*, in einem wohlgeordneten Staat habe jeder Bürger seine jeweiligen beruflichen Pflichten zu erfüllen; was er zu besorgen habe, sei zu wichtig, als dass er sich mit frivolen Spekulationen beschäftigen dürfe. Jeder Bürger habe somit eine Bestimmung, der er sich zu fügen hat. Der Geschmack an der Philosophie jedoch, ihr kalter wissenschaftlicher Blick, lockere die Bande der Wertschätzung und des Wohlwollens, welche die Gesellschaft zusammenhielten. Der Philosoph sei nicht Vater, nicht Bürger, nicht Mensch. Ihn charakterisiert sein Anspruch auf Individualität und Unabhängigkeit; er sondert sich ab und geht auf Distanz zu seiner Gesellschaft mit ihren Regeln und Konventionen.[6] Im *Émile* schreibt Rousseau, in der sozialen Ordnung, in der alle Plätze markiert seien, müsse jeder Mensch für den ihm zugedachten Platz erzogen werden, andernfalls sei er für die Gesellschaft nutzlos.[7] Im Romanfragment *Émile et Sophie ou les solitaires* zeichnet Rousseau dagegen ein anderes Bild der *condition humaine*. Émile, der Protagonist des Erziehungsromans, tritt in die reale Welt und scheitert darin. Er verlässt Frau und Heimat; ohne Bindung zieht er hinaus in die Welt. Der Citoyen wird zum Menschen, der sich der ganzen Erde verbunden fühlt, zum Wandergesellen, der überall Arbeit findet, weil er sich für jede eignet, zum Vagabunden, der überall und nirgends zu Hause ist, schließlich zum Matrosen. Sein Schiff wird von Korsaren gekapert, er selbst, erzogen zur

Freiheit, wird in Algier auf dem Sklavenmarkt verkauft. Dank seiner ökonomischen Klugheit steigt er auf zum Sklavenaufseher und wird schließlich Berater des Deys – ein Multitalent, das sich auf alles versteht, nur nicht darauf, seine Freiheit zu verteidigen.[8] Émiles neugewonnene «Individualität» beruht wesentlich auf der Fähigkeit, seine Arbeitskraft irgendwo auf der Welt zu verkaufen und seine unbegrenzte Schaffenskraft unter Beweis zu stellen. Ohne – anachronistisch – von einem globalen Arbeitsmarkt zu sprechen, wird hier deutlich, dass Rousseau die Individualität mit Entgrenzung und Kosmopolitismus assoziiert.

Der Anspruch auf individuelle Rechte, auf Selbstbestimmung und Selbstverwirklichung markiert einen Mentalitätswandel, einen Emanzipationswillen, der den Hütern der traditionellen Ordnung im 19. Jahrhundert unheimlich erscheinen musste. Was sie beobachten und fürchten, ist die Geburt des Individuums aus dem Geist der Subversion. Der Aufstand der unbestimmten Individualität in den politischen und sozialen Umwälzungen seit dem ausgehenden 18. Jahrhundert stellt tatsächlich eine Bedrohung dar für die soziale Ordnung, für eine hierarchisch strukturierte Gesellschaft. Bislang war jedem Menschen durch Herkunft und Geburt ein bestimmter Status vorgegeben, doch diese Bestimmung löst sich auf. Wohl niemand hat diesem Erschrecken beredter, kraftvoller und bildreicher Ausdruck gegeben als Edmund Burke in seinen *Reflections on the Revolution in France*. Dabei entbehrt es nicht der Ironie, dass er zum Teil die gleichen Argumente ins Feld führt wie sein philosophischer Erzfeind Rousseau. Burke war überzeugt, die von den französischen Revolutionären postulierten Menschenrechte könnten nur einem nackten, einsamen, bindungslosen Individuum zukommen, einer metaphysischen Abstraktion. Rechte besitzen Menschen in Burkes Urteil nicht dank ihres bloßen Menschseins, sondern dank ihrer Zugehörigkeit zu einem Staat und ihrer Loyalität zum eigenen Stand. Rechte müssen in Relation stehen zu Verpflichtungen gegenüber Familie, Tradition, Gesetz und gesellschaftlicher Position. Sie dürfen die Ordnung einer in Klassen aufgeteilten Gesellschaft nicht in Frage stellen. Individuelle Selbstbestimmung würde die Grundfesten der Gesellschaft erschüttern, einer Gesellschaft, worin den Klassen unterschiedliche Aufgaben und Privilegien zugeteilt sind.

Menschen haben Rechte, das gesteht Burke zu; doch weil sie nicht gleich sind, haben sie nicht Rechte auf gleiche Dinge. In der Gesellschaft hat zwar jeder Teilhaber das Recht auf eine Dividende, jedoch nur nach Maßgabe der Höhe seines Einsatzes. Der Arme hat kein Recht auf die gleiche Dividende am Gewinn, den das gemeinsame Kapital schafft, wie der Reiche. Noch weniger hat er ein Recht auf gleichen Anteil an politischer Macht, fehlt ihm dazu doch die nötige Klugheit und Erfahrung. Menschen sind «bestimmte» Individuen, weil sie nicht frei über ihr Geschick entscheiden, nicht eine Moral, eine Nation, eine Verpflichtung, eine Bindung wählen oder verwerfen können. Burke ist ein Nostalgiker; die gute alte Zeit ist für ihn jene der Feudalaristokratie; er fürchtet, Europa werde dies Erbe nun endgültig ausschlagen. Das folgende Bild ist besonders aussagekräftig: In England, so verkündet Burke, hat man uns noch nicht – wie in Frankreich – unsere Eingeweide herausgerissen. Wir spüren noch in uns, wir lieben und pflegen die angeborenen Gefühle, welche die treuen Wächter und zuverlässigen Helfer unserer Pflichten und unserer Moral sind. Uns hat man noch nicht mit armseligen Lumpen und Fetzen von Menschenrechtserklärungen ausgestopft wie Vögel im Museum. Wir bewahren alle unsere angeborenen Empfindungen noch vollständig in uns.[9] Wir fürchten Gott, so fährt Burke fort, wir ehren die Könige, lieben die Parlamente, gehorchen der

Obrigkeit, erweisen Priestern unsere Ehrerbietung und begegnen dem Adel mit Hochachtung – und warum dies alles? Weil die Natur es uns gebietet. Der individuelle Gebrauch der Freiheit ist für Burke stets mit Gefahren verbunden. Die Ordnung der Gesellschaft erfordert es, dass den Bedürfnissen der Individuen entsprochen wird. Das dringendste Bedürfnis erkennt Burke allerdings darin, die Leidenschaften der Menschen zu zügeln, ihren Neigungen zu widerstehen, ihren Willen und ihre Begierden zu kontrollieren. Dies alles können die Menschen nicht selbst tun, sie müssen sich einer äußeren Gewalt unterwerfen.

Friedrich Gentz schreibt in seiner Übersetzung kurz und bündig: «Wir haben alles, was in uns sein sollte, noch wirklich in uns.»[10] Was «in uns» sein sollte, ist dasjenige, was uns an die Gesellschaft kettet, was uns in der sozialen Ordnung und der Abfolge der Generationen unsere spezifischen Pflichten und unseren Status zuweist. Individualität hingegen meldet sich dort, wo diese Verpflichtung, diese Anbindung an die Gemeinschaft in Frage gestellt wird. Der Drang, die Staatsverfassung zu verändern, gar umzustürzen, führt, wie Burke warnt, unweigerlich zur Barbarei; das Gemeinwesen wird sich auflösen in den Staub und das Pulver der Individualität.[11] Burke setzt den individualistischen Ideen des Sozialvertrags, wie sie von Hobbes und Rousseau vertreten wurden, jene eines Generationenvertrags entgegen. Dieser hält den Kosmos und die Gesellschaft auf ewig zusammen, bindet die niederen Naturen an die höheren und weist allen Wesen ihren Platz zu. Die Menschen sind eingebunden in ein System, das in Frage zu stellen ihnen nicht zusteht. Gewiss betreffen diese Gebote und Verbote nicht die Gesamtheit der Engländer. Viele von ihnen besitzen zwar keine Menschenrechte, benötigen sie freilich auch gar nicht, haben sie doch stattdessen Privilegien, freilich nicht als Individuen, sondern als Mitglieder einer Klasse. Was jene betrifft, denen keine Privilegien geschenkt wurden, so haben Natur und Traditionen darüber entschieden, was sie verinnerlichen müssen, zuallererst die Bereitschaft, die bestehenden Verhältnisse nicht anzutasten.

Die Entdeckung der Individualität ist ein wichtiger Faktor der politisch-sozialen Revolutionen im ausgehenden 18. Jahrhundert. Die Gegner von Revolution und Demokratie verweisen häufig auf die radikale Opposition zwischen dem Besonderen und dem Allgemeinen, zwischen dem Individuum und dem Citoyen. Der Citoyen, worunter hier nicht der demokratische Staatsbürger gemeint ist, sondern der Untertan als Mitglied einer Gemeinschaft, ist idealerweise in seinem Handeln darauf bedacht, im Interesse des Gemeinwohls zu entscheiden. Burke denkt meist in starren Dichotomien. Dem – angeblichen oder tatsächlichen – Rationalismus der Revolutionäre hält er den religiösen Glauben und die Macht der Traditionen entgegen. Die Revolution – der Wille zur Veränderung gesellschaftlicher Machtverhältnisse – wird als prometheische Raserei, die Entdeckung der Freiheit als fataler Widersinn zurückgewiesen.[12] Sowohl Diderot als auch Marx sind als prometheische Denker bezeichnet worden.

SCHAUSPIELER UND HAMPELMÄNNER

Im späten 18. und dann im 19. Jahrhundert wurden die althergebrachten Ansichten über die Pflichten der Menschen gegenüber der Gesellschaft immer stärker hinterfragt. Man entdeckte den Reiz der Freiheit und der Selbstbestimmung des Individuums. Unterschiedliche Konzeptionen von Individualismus finden sich bei Rousseau, Diderot, Wilhelm von Humboldt, John Stuart Mill, bei Stirner, Marx und Nietzsche. Im 18. Jahrhundert taucht die Idee des Individuums als Selbstzweck auf, als allseitig entwicklungsfähiges Wesen, wie es Marx später formulieren wird, als Quelle unendlich kreativer Energie. Man kann von einer unbestimmten oder leeren Individualität sprechen, wobei die Leere die Freiheit des Individuums bedeutet, irgendetwas aus sich zu machen. Was unter der leeren Individualität zu verstehen ist, lässt sich am besten erklären mit Diderot. In seiner Schrift *Paradoxe sur le comédien* stellt er die Frage nach den für einen guten Schauspieler erforderlichen Qualitäten. Mit dem *comédien*, dem Schauspieler, ist nicht ausschließlich der Mensch gemeint, der auf der Bühne steht und dem Publikum etwas vorspielt. Es geht im Dialog auch um eine Gesellschaft, in der alle eine Rolle zu spielen haben, und es geht um die Annäherung an eine Individualität, die sich durch eine Art Souveränität auszeichnet, durch außerordentliche intellektuelle Fähigkeiten, die es dem Individuum erlauben, die Rollenspiele und Maskeraden zu durchschauen. Im Dialog überrascht der eine Partner – Diderot selbst – den anderen mit der Aussage, der große Schauspieler dürfe kein Gefühl zeigen. Statt über Sensibilität und Einfühlungsvermögen muss er über Urteilskraft und Scharfsinn verfügen, er muss ein ruhiger, leidenschafts- und gefühlloser, ungerührter Beobachter sein, fähig, alles nachzuahmen, jedem Charakter gerecht zu werden und sich in jede Rolle zu versetzen.[13] Der Schauspieler, der sich verausgabt, der außer sich gerät, vermag das Publikum nicht zu überzeugen; dies gelingt nur Menschen, die sich selbst beherrschen. Die großen Dichter und Schauspieler sind Beobachter der physischen und der moralischen Welt, sie sind Imitatoren der Natur, doch sind sie die am wenigsten empfindsamen Wesen. Für allzu vieles sind sie geeignet; stets damit beschäftigt, zu betrachten, zu erkennen und nachzuahmen, sind sie für Gefühle unempfänglich. Das wahre Genie verlässt sich nicht auf sein Herz, sondern auf seinen Verstand. Was für das Theater gilt, gilt ebenso für die große Komödie der Welt: Die Mehrheit der leidenschaftlichen, gefühlvollen Menschen spielt Theater, die wenigen Genies sitzen im Zuschauerraum. Die Ersten heißen Narren, die Zweiten versuchen die Narrheiten nachzuahmen und heißen Weise. Der echte Schauspieler lässt sich mithin von seiner Rolle nicht vereinnahmen und emotional überwältigen. Er wahrt Distanz, urteilt rational, besitzt die Fähigkeit, alle Rollen einzunehmen. Er ist der unbestechliche Richter, der unbarmherzige Beobachter, der das unterhaltsame Abbild des Misslichen, der Qual und Pein der Menschen zeichnet und das menschliche Treiben in seiner ganzen Lächerlichkeit erfasst.[14]

Das Gespräch nimmt seinen Lauf, Diderots Gesprächspartner meint, wenn man ihm so zuhöre, müsse man schließen, der große Schauspieler sei sowohl alles wie nichts, worauf Diderot antwortet: Vielleicht sei er eben deshalb, weil er nichts ist, schlechthin alles. Seine besondere Form stehe den fremden Formen, die er annehmen muss, nie im Weg.[15] Allerdings, so wirft der Partner ein, gilt nicht alles, was Diderot so bewundernswert findet, ebenso vom großen Höfling, der von seinem ersten Atemzug an daran gewöhnt ist, die Rolle des fabelhaften Hampelmanns zu spielen, fähig, jede Form anzunehmen, freilich nur dank der Fäden, die sein Meister in Händen hält? So wäre denn, wie Diderot einräumt, der bedeutende Schauspieler lediglich ein weiterer fabelhafter Hampelmann, dessen Fäden der Autor in Händen hält. Dann stellt sich wiederum die Frage, ob nicht der Höfling wie der Schauspieler, die sich nur auf eine Form, eine Rolle verstehen, einfach schlechte Hampelmänner sind.[16] Es sei, wie Diderot beteuert, keineswegs seine Absicht, einen Beruf, den er liebe und schätze, zu verunglimpfen. Sich selbst stellt er sich vor als *l'homme au paradoxe*, als einen Menschen, der Paradoxa liebt.[17]

Diderot will einen besonderen Typus Mensch beschreiben. Der wahre Schauspieler wird kraft seines unbestechlichen Verstands und seines umfassenden Wissens zum Gesellschaftskritiker: Er steht oder sieht sich selbst über der Gesellschaft. Diderot hat dieses Thema bereits in *Le Rêve d'Alembert* erörtert. Der «große» Mensch ist stets das unabhängige, sich selbst beherrschende Individuum. Er ist Herr über sich selbst und seine ganze Umgebung, hat sich von aller Tyrannei befreit, ist kaltblütig, mit Vernunft und Urteilskraft ausgestattet. Die sensiblen Wesen hingegen, die Toren stehen auf der Bühne, während er selbst beobachtet; er ist der Weise, als Politiker oder Künstler, als Schauspieler oder Dichter, als Musiker, Arzt oder Philosoph. Genialität, Kreativität und intellektuelle Souveränität zeichnen diese Menschen aus, doch der Weise wird in der menschlichen Gesellschaft ein seltenes Wesen bleiben.

Diderot wird in der Literatur das Verdienst zuerkannt, der konsequenteste und radikalste Revolutionär im Kreis der Aufklärer gewesen zu sein.[18] Die elitären Züge in seinem Denken sind indes nicht zu übersehen. Den Revolutionär zeichnet sowohl das Bekenntnis zur Souveränität des Volks als auch zur Einzigartigkeit und Autonomie des Individuums aus. Das autonome Individuum erscheint als ein höheres Wesen, weil es sich von den Vorurteilen seiner Gesellschaft befreit hat und fähig ist, die Möglichkeit einer anderen Ordnung ins Auge zu fassen.

In Diderots politischer Philosophie gibt es allerdings ein gewichtiges Problem: Als Materialist muss er akzeptieren, dass die Freiheit eine Illusion ist. Genau besehen sei der Begriff der Freiheit sinnlos, so schreibt er. Es gibt keine freien Wesen und kann sie nicht geben. Wir alle sind lediglich, was der allgemeinen

Ordnung angemessen ist, der Organisation, der Erziehung und der Kette der Ereignisse. Wenn es aber keine Freiheit gibt, gibt es auch keine Handlungen, die Lob oder Tadel verdienen, es gibt weder Laster noch Tugend, nichts, was zu belohnen oder zu bestrafen wäre. Die Weisheit besteht also darin, niemandem etwas vorzuwerfen und nichts zu bereuen; alles andere wäre Vorurteil und falsche Philosophie.[19] Der freie Mensch ist ein abstraktes Wesen; setzt man es in die reale Welt, löst sich seine angebliche Freiheit auf. [20] Die Freiheit ist eine Chimäre, und die Einführung eines Gottes in die Natur fügt noch einen überflüssigen Akteur hinzu.[21] Es geht hier wohlverstanden um die metaphysische Idee der Willensfreiheit, nicht um die politische Freiheit, die Diderot dezidiert postuliert.

Wenn es keine Willensfreiheit gibt, wenn all unser Tun und Lassen kausal determiniert ist, wenn wir andauernd fremdbestimmt sind, dann wird die Assoziation des handelnden Menschen mit einer bloßen Marionette plausibel. Ist es nicht wahr, dass wir alle Marionetten sind?, so fragt der Sultan in den *Bijoux indiscrets* seine Geliebte.[22] Er berichtet von einer Insel, auf der alle von Geburt an das Zeichen ihrer Bestimmung mit sich tragen; alle sind, was sie sein sollen. Künftige Geometer können mit ihren verlängerten Fingern Zirkel und Kompass bilden; Geographen haben einen Globus als Kopf, Astronomen ein Teleskop als Auge, Musiker die Ohren langgezogen wie Hörrohre, Anatomen den Zeigefinger als Skalpell, Mechaniker eine Säge als Arm. Wie Mangogul, der Sultan, bemerkt, sind dies wohl die neuen Virtuosen, die universalen Menschen, welche die Zeichen all ihrer Talente auf sich tragen. So werden Menschen zu Instrumenten, zu beseelten Werkzeugen, wie es Aristoteles in seiner Definition des Sklaven formuliert hat. Mirzosa, des Sultans Favoritin, wendet ironisch ein, diese Menschen, welche die Natur zu allem bestimmt zu haben scheint, seien für nichts zu gebrauchen. Der Berichterstatter der Entdeckungsreise kann das nur bestätigen; die Insulaner kommen ihm vor wie Automaten.[23] Es scheint, als würden hier bereits Marx' Analysen antizipiert: «Die verselbständigte und entfremdete Gestalt, welche die kapitalistische Produktionsweise überhaupt den Arbeitsbedingungen und dem Arbeitsprodukt gegenüber dem Arbeiter gibt, entwickelt sich also mit der Maschinerie zum vollständigen Gegensatz. [...] Das Arbeitsmittel erschlägt den Arbeiter.»[24]

Zu den bekanntesten Werken Diderots gehört *Le Neveu de Rameau*. Es wird in diesem Dialog zwischen einem Philosophen (Diderot) und dem Neffen des berühmten Komponisten Jean-Philippe Rameau (1683–1764) erörtert, welch schweren Stand die Menschen, vor allem jene der unteren Klassen, in einer Gesellschaft haben, die geprägt ist von Standesdünkel, Konformismus, Korruption und Ungleichheit. Zugleich wird die schwierige Position des Philosophen deutlich, der gleichsam außerhalb dieser Gesellschaft steht oder zu stehen meint. Als unabhängiges Individuum, das die Gesellschaft der Unvernunft, Heuchelei und Immoralität anklagt, wird seine Stimme darin kaum gehört.

«Rien ne dissemble plus de lui que lui-même.» Nichts gleicht ihm so wenig wie er selbst. Mit diesen Worten stellt Diderot den Neffen vor.[25] Er entdeckt den stadtbekannten Sonderling eines Tages im Palais Royal. Diderot charakterisiert ihn als Mischung von edler und gemeiner Gesinnung, von Vernunft und Unvernunft. Zwar schätzt er solche Originale nicht, gesteht ihnen aber doch zu, die von den gesellschaftlichen Konventionen erzwungene Einförmigkeit zu durchbrechen und die natürliche Individualität zu bewahren. Tatsächlich ist der Neffe ein unbestimmtes Individuum, er kann jede Rolle einnehmen, bleibt dabei aber immer ein armer Kerl. Geniale Menschen braucht es nicht; sie wollen die Welt umstürzen, wie er zu wissen meint. Doch der Welt geht es gut, so ist er überzeugt und führt als Beweis an, die große Menge sei damit zufrieden.

Der Neffe ist, wie er selbst beteuert, unwissend, dumm, närrisch, unverschämt, faul, ein Erzgauner, Hochstapler, Parasit, Schlemmer, Zyniker und Opportunist. Doch er besitzt eine Genialität besonderer Art, er ist ein begnadeter Pantomime. Andauernd führt er Szenen auf, ganze Konzerte, ahmt berühmte Künstler nach. Er ist das vollkommene Abbild wie auch der Fürsprecher einer korrupten und konformistischen Gesellschaft. Eine Gesellschaft, in der alle sich gegenseitig bestehlen und betrügen, kann sehr gut funktionieren, so erwidert er auf die moralischen Ermahnungen des Philosophen. Es handelt sich dabei um eine hübsche Variante der Vorstellung von der unsichtbaren und wohltätigen Hand des Marktes. Der Neffe hat zeitweilig als unbedarfter Klavierlehrer seine Arbeitgeber aufgrund seiner fehlenden Fähigkeiten faktisch bestohlen, doch macht er sich daraus kein schlechtes Gewissen, weiß er doch, dass die Wohlhabenden ihrerseits kaum auf ehrliche Weise zu ihrem Vermögen gelangt sind. Wenn sich in der Gesellschaft alle Stände gegenseitig auffressen, so führt dies zu einer steten Umverteilung, alle sorgen auf ihre je eigne Weise für ein wenig mehr Gerechtigkeit, und das Gesetz muss sich nicht einmischen. Der Neffe hat mit diesem Argument geradezu Hobbes widerlegt, für den der Kampf um die Aneignung von Gütern notwendig mit Gewalt und Krieg einhergeht.

Der Neffe nimmt zwar in der sozialen Hierarchie einen bescheidenen Platz ein; dennoch repräsentiert er den wichtigsten Teil von Stadt und Hof, so belehrt er den Philosophen. Der Beweis: Die Reichen aller Stände denken und handeln wie er. Konfrontiert mit des Neffen vulgären Weisheiten, muss der Philosoph mit seinen eignen Moral- und Tugendpredigten sich notwendig blamieren. Des Neffen höchstes Gut ist Gold, ihm gilt sein ganzes Sehnen. Gold ist alles, das Übrige ist nichts ohne Gold, so hat er gelernt. Besitzt er ausnahmsweise einen Louis d'Or, eine besonders wertvolle Goldmünze, stellt er sich vor seinen Sohn hin, zieht die Münze aus der Tasche, zeigt sie ihm mit Bewunderung, hebt die Augen zum Himmel empor und küsst das Goldstück. Die Blasphemie ist deutlich: Die Goldmünze steht hier für die Hostie, das Gold ist der neue Gott.[26] Nach seinem ästhetischen Credo gefragt, bringt der Neffe die Dreifaltigkeit ins Spiel und verknüpft sie mit Platons Ideen des Wahren, Guten und Schönen. Knapp und pointiert fasst er eine Jahrtausende währende Religionsgeschichte zusammen: «Dieser fremde Gott setzt sich bescheiden auf den Altar, an die Seite des Landesgötzen. Nach und nach gewinnt er Platz, und an einem hübschen Morgen gibt er mit dem Ellbogen seinem Kameraden einen Schub, und Bauz! Baradauz! Der Götze liegt am Boden.»[27] Der Neffe fügt bei: So sollen die Jesuiten das Christentum in China und Indien gepflanzt haben. Marx, der den *Neveu* sehr genau gelesen hat, nimmt das Zitat im *Kapital* auf: «Heutzutage führt industrielle Suprematie die Handelssuprematie mit sich. In der eigentlichen Manufakturperiode dagegen ist es die Handelssuprematie, die die industrielle Vorherrschaft gibt. Daher die vorwiegende Rolle, die das Kolonialsystem damals spielte. Es war ‹der fremde Gott›, der sich neben die alten Götzen Europas auf den Altar stellte und sie eines schönen Tages mit einem Schub und Bautz sämtlich über den Haufen warf. Es proklamierte die Plusmacherei als letzten und einzigen Zweck der Menschheit.» Das Kolonialsystem ist der neue Gott, der den alten Gott des nationalen Kapitalismus vom Altar stößt. Marx nimmt auch die Anspielung auf die Dreifaltigkeit auf: «Der öffentliche Kredit wird zum Credo des Kapitals. Und mit dem Entstehen der Staatsverschuldung tritt an die Stelle der Sünde gegen den heiligen Geist, für die keine Verzeihung ist, der Treubruch an der Staatsschuld.»[28]

Diderot will im Fortgang der Unterhaltung mit dem Neffen das Verdienst des Philosophen als des unabhängigen, unbestechlichen und kritisch reflektierenden Individuums würdigen. Er gibt zu bedenken, alle Menschen im französischen Königreich seien gezwungen, «Positionen» einzunehmen, das heißt, in einem Akt der Selbstverleugnung sich anzupassen und den Launen anderer zu unterwerfen, dies treffe selbst für den König zu. Alle – bis auf einen, den Philosophen, das einzige Wesen, das sich nicht verstellen muss. Der Philosoph spielt keine Rolle, er ist kein Schauspieler, kein Hampelmann, er steht für das Wahre und Richtige, für die Prinzipien, auf welche die Gesellschaft angewiesen ist und über die sie sich doch ständig mokiert. Dem Neffen hält Diderot vor, er kenne nicht den Preis des Opfers, das er erbringen müsse, um die angenehmen Dinge im Leben zu erlangen. So tanze er denn, habe getanzt und werde immer die schlechte Pantomime tanzen. Doch Diderots Konklusion ist unmissverständlich: Der Neffe ist, alles in allem gesehen, ein kluger, berechnender Realist. Der Philosoph dagegen steht keineswegs über der Gesellschaft als Statthalter der Vernunft und moralisches Gewissen, vielmehr steht er an deren Rand, eine unbedeutende, etwas lächerliche Figur, die sich vergeblich bemüht, seinen Mitmenschen Tugend und Moral zu predigen.

An diese Lektion erinnert Hegel in der Phänomenologie des Geistes. «Betrachten wir der Rede dieser sich selbst klaren Verwirrung [des Neffen UM] gegenüber die Rede jenes einfachen Bewusstseins des Wahren und Guten [des Philosophen UM], so kann sie gegen die offene und ihrer bewusste Beredsamkeit des Geistes der Bildung nur einsilbig sein; denn es kann diesem nichts sagen, was er nicht selbst weiß und sagt.»[29] Der Neffe ist gebildet, in dem Sinne zumindest, als er unzählige Arien kennt und singt, er ist ein begnadeter Imitator, Eigenes vermag er nicht zu schaffen, er ist abhängig von den Moden. Seine Berufung auf das Gute, Schöne und Wahre wirkt wenig überzeugend. Der Philosoph hingegen vermag seine eigentliche Aufgabe der Kritik nicht wahrzunehmen, er bleibt einsilbig; wenn er des Neffen Verhalten kritisiert, so gibt dieser bereitwillig zu, dass es kritikwürdig ist. Spricht Hegel von der bestimmten Individualität, so versteht er unter den bestimmenden Faktoren Sitten, Gewohnheiten, Umstände, Denkungsart, auch den Weltzustand. Doch die Welt des Individuums ist zweideutig, es ist nicht zwingend, dass die reale Welt und jene des Individuums zusammenfließen. Dank seiner Freiheit kann das Individuum sich gegen das Vorhandene wenden oder, wie Hegel formuliert, das Vorhandene verkehren.[30] Hegel sieht, wie Burke, wenn auch in einem anderen Zusammenhang, in der «Freiheit der Leere» ebenfalls eine Gefahr. Es existiert für den Willen die «absolute Möglichkeit, von jeder Bestimmung, in der Ich mich finde oder die Ich in mich gesetzt habe, abstrahieren zu können, die Flucht aus allem Inhalte als einer Schranke [...].» Es handelt sich für Hegel dabei um die negative Freiheit oder Freiheit des Verstandes. «Es ist die Freiheit der Leere, welche zur wirklichen Gestalt und zur Leidenschaft wird und zwar, [...] zur Wirklichkeit sich wendend, im Politischen wie im Religiösen der Fanatismus der Zertrümmerung aller bestehenden gesellschaftlichen Ordnung und die Hinwegräumung der einer Ordnung verdächtigen Individuen wie die Vernichtung jeder sich wieder hervortun wollenden Organisation wird.» Die Macht der Zerstörung gibt diesem negativen Willen das Gefühl seines Daseins. Auch wenn die Zerstörung einen positiven Zustand wie jenen der allgemeinen Gleichheit herbeiführen will, kann die Verwirklichung der Vorstellung «nur die Furie des Zerstörens sein.» Hegels Argumentation geht von dieser abstrakten zur konkreten Ebene über, wenn er die Französische Revolution erwähnt und darin den Willen des Volks zu sehen vermeint, die von ihm geschaffenen Institutionen wieder zu zerstören, «weil jede Institution dem abstrakten Selbstbewusstsein der Gleichheit zuwider ist.»[31]

Es ist hier nochmals an Hegels Definition der Freiheit zu erinnern: «Ich ist [...] das Allgemeine, das bei sich ist; aber dieses Allgemeine bestimmt sich, und [...] setzt sich als ein Anderes und hört auf, das Allgemeine zu sein. Das Dritte [Moment der Freiheit UM] ist nun, dass es in seiner Beschränkung, in diesem Anderen bei sich selbst sei, dass, indem es sich bestimmt, es dennoch bei sich bleibe und nicht aufhöre, das Allgemeine festzuhalten: dieses ist dann der konkrete Begriff der Freiheit.»[32] Was schließlich Hegels Begriff der Entfremdung betrifft, so ist damit der notwendige Verlauf der Bildung des Individuums gemeint: Es muss sich entäußern beziehungsweise entfremden, das heißt: seine Welt hervorbringen, sie als eine ihm fremde zur Kenntnis nehmen und sich ihrer bemächtigen. Wodurch «das Individuum hier Gelten und Wirklichkeit hat, ist die Bildung. Seine wahre ursprüngliche Natur und Substanz ist der Geist der Entfremdung des natürlichen Seins.» Die Entäußerung oder Entfremdung bewirkt den Übergang «der bestimmten Individualität in die Wesentlichkeit.» Die Individualität erlangt dank der Bildung, dank der Aufklärung, Wirklichkeit und Macht.[33]

Marx setzt sich in den *Ökonomisch-Philosophischen Manuskripten* mit Hegels Theorie der Entfremdung in der Absicht auseinander, zwei Konzeptionen von Entfremdung zu unterscheiden. Hegel begreift die Arbeit als das Wesen des Menschen, doch denkt er dabei nur an die philosophische Arbeit des Sich-bewusst-Werdens und der Erkenntnis der Welt. Für diese Art der Arbeit bedeutet Entfremdung gerade nicht Verlust, sondern Gewinn an Wissen und Macht. Selbstentfremdung ist tatsächlich die Bedingung der intellektuellen Selbstverwirklichung. Der Mensch muss sich selber fremd werden, muss seine ihm vertrauten Gewissheiten in Frage stellen. Für den Menschen als arbeitendes, leibliches, sinnliches, leidendes Wesen stellt hingegen die industrielle Arbeitswelt eine Bedrohung dar, sie schränkt seine Handlungsmöglichkeiten ein, sie verhindert, dass er seine Bedürfnisse befriedigen und seine Fähigkeiten entfalten kann. In diesem Sinn ist die Entfremdung in der Arbeitswelt ein Verlust.[34]

Gehen wir nochmals zurück zu Rameaus Neffen und seinem philosophischen Widerpart. Wenn der Weise an moralische Werte appelliert, nimmt sich das lächerlich und trivial aus. Es ist klar, was ihn motiviert: Er will unter Berufung auf das Ideal von Vernunft und individueller Autonomie die faktische Heteronomie, die das Leben und Handeln seiner Mitmenschen beherrscht, unter Anklage stellen, doch seine Argumente und Widerreden wirken unbeholfen. Der Neffe weiß durchaus, was Gut und Böse ist, aber ebenso weiß er, dass dieses Wissen in einer Gesellschaft, in der sich die Menschen wie Tiere gegenseitig zerreißen, zwar vorhanden ist, als Handlungsanweisung aber nicht beachtet wird. Der Neffe repräsentiert das illusionslose Wissen um die Regeln einer Konkurrenzgesellschaft. In einer solchen Gesellschaft seine Individualität zu entfalten und zu behaupten, ist ein Ding der Unmöglichkeit. Der Neffe teilt dieses Wissen mit Rousseau, doch kann oder will er nicht Rousseaus Konsequenz ziehen und sich zurückziehen in die völlige Einsamkeit.[35] Rousseau hat den radikalen Schluss gezogen, ein gutes, nicht entfremdetes Leben sei nur möglich in völliger Abgeschiedenheit. Diderot gesteht ihm immerhin zu, seine Prinzipien seien zwar falsch, die Konsequenzen, die er daraus ziehe – dass nämlich in der Gesellschaft der Menschen ein tyrannischer Konformismus herrscht – jedoch richtig. Daraus ist zu schließen, dass Diderot das Problem von Abhängigkeit und Fremdbestimmung, die in der zivilisierten Gesellschaft übliche Verwechslung von Sein und Schein durchaus sieht, allerdings genauso wenig wie später Marx den zivilisatorischen Fortschritt verdammt.

Was den Neffen betrifft, so ist er für die Einsamkeit und Tugendhaftigkeit des Weisen nicht geschaffen. Er muss überleben, und wenn möglich, nicht zu karg; beides ist nur möglich, wenn er sich anpasst, wenn er sagt, was seine potenziellen Gönner hören wollen, und verschweigt, was er tatsächlich über sie denkt. Er ist ein Hofnarr, ein Unterhaltungskünstler, der sich verkauft. Sein komisches Potenzial ist sein Kapital, dass er an den Mann und die Frau bringen muss. Er lebt in der Gesellschaft, teilt ihre Werte und Vorurteile, ist auf andere Menschen nicht nur angewiesen, sondern von ihnen abhängig, weil ihm für eine unabhängige Existenz die materiellen Mittel fehlen. Das Individuum ist in der korrupten Gesellschaft nicht wirklich frei; weder Konformismus noch Isolation können es befreien.[36] Die Selbstbestimmung und Selbstverwirklichung des Individuums ist eine schöne Idee, aber eine Utopie in einer Gesellschaft, in der alle Menschen Positionen einnehmen, Aufgaben erfüllen, Rollen spielen müssen – Positionen, Aufgaben und Rollen, die sie obendrein in der Regel nicht selbst gewählt haben.

Was sind nun im Urteil von Diderot die Voraussetzungen und Chancen individueller Selbstbestimmung? Ein Individuum ist ein Wesen, das seine eigene Geschichte lebt und gelebt hat und das dank dieser Lebensgeschichte das Bewusstsein seiner Einzigartigkeit besitzt. Das Ich will glücklich sein. Diese stete Neigung ist die ewig fließende Quelle all seiner Pflichten. Jedes Gesetz, das dazu im Widerspruch steht, ist eine Beleidigung der Menschheit, ein Akt der Tyrannei. Der Begriff der Pflicht muss somit auf jenen des individuellen Glücks zurückgeführt werden. Der böse, schlechte Mensch will zwar ebenfalls sein Glück, doch tut er das Gegenteil von dem, was er eigentlich will oder vernünftigerweise anstreben müsste. Er sieht nicht über seine Nasenspitze hinaus, er kalkuliert schlecht und tut jederzeit das Falsche.[37]

Dem Thema der Ungleichheit der Menschen hat Diderot in der *Réfutation d'Helvétius* ausführliche Kommentare gewidmet. Helvétius gründet sein System auf der Annahme der natürlichen Gleichheit und gleichen Bildungsfähigkeit aller Menschen, eine Annahme, die von Diderot wie übrigens auch von Rousseau kritisiert worden ist. Diderot sieht die stärkste Inkonsequenz von Helvétius' Argumentation darin, dass er zwar den Unterschied zwischen dem Menschen und dem wilden Tier auf die biologische Organisation zurückführt, nicht aber jenen zwischen Menschen. Für Helvétius ist gemäß der Kritik Diderots jeder Mensch mit allen Fähigkeiten ausgestattet, und, wie Diderot maliziös hinzufügt, sein stupider Hausdiener hat ebenso viel Geist und Intelligenz wie er selbst. Eine solche Behauptung vermag Diderot nur als handfeste Absurdität zu beurteilen.[38] Die Individuation, der Prozess der Bewusstwerdung der Eigenheit und der Entwicklung der eignen Fähigkeiten, könne nicht erklärt werden, ginge man nicht von den unterschiedlichen intellektuellen Fähigkeiten der Menschen aus, davon ist er überzeugt.[39] Die Natur hat zwischen den Individuen der gleichen Art hinreichend Ähnlichkeit wie auch Diversität verteilt; dies macht den Reiz der Gesellschaft aus und regt den Wettstreit an, wie Diderot andernorts erklärt.[40] Zum Widerspruch gereizt hat Diderot auch ein Gedankenexperiment des Philosophen Frans Hemsterhuis: Dieser stellt sich eine primitive Gesellschaft vor, in der alle Individuen absolut gleich sind im Hinblick auf Intelligenz, Tüchtigkeit sowie moralische Vollkommenheit. In einer solchen Gesellschaft könnte es kein Ich geben, so gibt Diderot zu bedenken. Es gäbe ausschließlich gleichartige Wesen, jedes Individuum würde sich mit allen anderen identifizieren. Die Gesellschaft wäre ein Ganzes, eine Einheit, die Individuen Glieder davon, die ohne Gewissensbisse jene ausrotten würden, die mehr Übles als Gutes tun; ein Mord wäre bloß die Amputation eines kranken Teils des eignen Körpers.[41] Aufschlussreich ist schließlich eine weitere Überlegung Diderots. Das Genie ist ein Keim, dessen Schaffen die Entwicklung vorantreibt, das aber vom öffentlichen Elend und seinem treuen Begleiter, der Tyrannei, erstickt oder behindert wird. Der geniale Mensch wird unter einer despotischen Herrschaft mehr als alle anderen unter der allgemeinen Kraftlosigkeit der Seelen zu leiden haben.[42] So ist denn zwar eine tyrannische Verfassung, wie es für Diderot der französische Absolutismus war, generell ein Hindernis für die intellektuelle Entfaltung der Menschen, wobei aber der geniale Mensch unter der Unfreiheit stärker leidet als die Mehrheit der Menschen. Hinsichtlich ihrer intellektuellen und kreativen Fähigkeiten sind die Menschen ungleich. Es bleibt aber unklar, ob das Genie bei Diderot für die intellektuellen Entwicklungschancen aller Menschen in einer freien Gesellschaft steht oder eher für eine elitäre Haltung. Die «demokratische»

Interpretation besagt: Das freie und schöpferische Individuum ist notwendig ein soziales Wesen. Menschen können ihre Individualität nur in der Gesellschaft verwirklichen, und sie können sie am besten in einer demokratischen Gesellschaft verwirklichen, in einer Gesellschaft, die ihnen umfassende Freiheiten zusichert. Dank dieser Freiheiten können sie ihre Potenziale entfalten und kreativ werden. Die gerechte Gesellschaft ist für Diderot jene, in der alle frei sind, sich zu verwirklichen und zu perfektionieren. Individualität impliziert jedoch Diversität und Wetteifer, das Bemühen, sich gegenseitig zu übertreffen, besser zu sein als andere. Im Sinne einer «demokratischen» Interpretation ließe sich dann sagen: Der Begriff der Perfektibilität erlaubt es zu verstehen, dass die «gerechteste» Gesellschaft jene ist, die es allen Menschen ermöglicht, die eigene Kraft zu entfalten. Die politische Kunst der Perfektionierung besteht dann nicht in der Perfektion selbst, vielmehr darin, die Bedingungen zu schaffen und zu sichern, die es erlauben, das Unvorhersehbare und Provisorische zu akzeptieren.[43]

Das Individuum ist bislang vor allem in seiner Qualität als Genie zu Ehren gekommen. Doch der *Philosophe*, wie er zunächst in den aufklärungsfeindlichen Werken französischer Schriftsteller auftaucht, ist eine lächerliche Gestalt, anmaßend, skurril, ein *libertin*. Bei Burke verkörpert er vor allem eine Gefahr, die drohende Subversion der traditionellen Ordnung; was ihn gefährlich macht, ist sein Rationalismus, sein Atheismus, sein Wille, mit den alten Verhältnissen Tabula rasa zu machen und die menschliche Vernunft über die göttliche und geschichtliche zu stellen.

Die Affinitäten zwischen dem Denken Diderots und jenem von Marx sind unübersehbar, wie sich insbesondere am Thema des Schauspielers zeigt. Diderot verlangt vom großen, genialen

Schauspieler eine Art rationalistischer Askese, die Kraft, sich nicht von Emotionen und Enthusiasmus leiten zu lassen und der poetischen Verklärung zu widerstehen. Marx wirft den – insbesondere französischen – Politikern der Revolutionen von 1789 und 1848 vor, die Realitäten verkannt und sich Illusionen hingegeben zu haben. So meinten die Jakobiner, ihr Vorbild in den Republiken der Antike finden zu können, sie imitierten die Helden der Vergangenheit und verpassten es, sich den Herausforderungen ihrer Gegenwart zu stellen. So suchten die Politiker von 1848 als mehr oder weniger ehrlich gesinnte Republikaner ihre Vorgänger von 1789 zu imitieren. Doch der ersten wie der zweiten Generation fehlten sowohl – als schauspielerische Qualität – die Überzeugungskraft als auch – als politische Qualität – Nüchternheit und Klarsicht. Emotionen wie Interessen lenkten sie ab von ihren Aufgaben, ließen sie sowohl drohende Gefahren wie günstige Chancen ignorieren. Sie vermochten der ideologisch motivierten Verblendung nicht zu widerstehen. Poetische Verklärung wie ideologische Verblendung sind Umschreibungen der steten Versuchung der Selbsttäuschung, die im Theater wie auf der politischen Bühne beim Publikum nur Enttäuschung bewirken kann.

Im Leben sollte man sich der Poesie enthalten, so meinte Diderot. Helden, romantische Liebhaber, eifrige Patrioten, unbeugsame Magistraten, Apostel einer Religion, jede Art von Philosophen – all diese seltenen und göttlichen Narren machen Poesie in ihrem Leben, daher kommt ihr Unglück.[44]

Die soziale Revolution des 19. Jahrhunderts könne ihre Poesie nicht aus der Vergangenheit schöpfen, sondern nur aus der Zukunft, so formulierte Marx. Sie könne nicht mit sich selbst beginnen, bevor sie allen Aberglauben an die Vergangenheit abgestreift habe.[45] Am Beispiel Louis Bonapartes konnte er studieren, wie der schlechteste Schauspieler zugleich der erfolgreichste war, wie die überwiegende Mehrheit der Bevölkerung dem von ihm aufgeführten Stück Applaus zollte. Diderot wie Marx kommen als Kritiker ihrer jeweiligen Gesellschaft nicht darum herum, auch das «einfache Volk» als leichtgläubig und leicht verführbar der Kritik zu unterziehen. Diderot nimmt kein Blatt vor den Mund, wenn er die Frage stellt: Diskutiert das Volk? Die Antwort lautet: Das römische Volk in der Zeit der Herrschaft von Claudius und Nero war böse, aber noch mehr war es dumm, und dasselbe gilt für das französische Volk im 18. Jahrhundert.[46] Diese elitäre Haltung war Marx keineswegs fremd, manche abfälligen Bemerkungen über Bauern und selbst Arbeiter zeugen davon. Doch die Grundidee von Diderot und Marx, wonach die Menschen gefangen sind in Systemen, die ihnen eigenartige Regeln aufzwingen, sie gar zu Hampelmännern erniedrigen oder der unerbittlichen Konkurrenz der kapitalistischen Ökonomie unterwerfen, setzt geradezu voraus, dass sich die Kritiker eine intellektuelle Freiheit und Überlegenheit zuschreiben. Ihre eigentliche Aufgabe müsste dann darin bestehen, das Volk aufzuklären, es aus seiner Verblendung zu erlösen und hinauszuführen ans Licht der Vernunft.

Die tendenziell elitäre Haltung von Diderot und Marx muss allerdings insofern relativiert werden, als beide nicht im Namen einer politischen oder gesellschaftlichen Elite sprechen. Die französische Gesellschaft des 18. Jahrhunderts wie die kapitalistischen Gesellschaften des 19. Jahrhunderts sind jeweils als Ganzes, als Gesamtheit der darin lebenden Individuen und Klassen Gegenstand der Kritik. Diese Kritik will nicht moralisierend sein, sie wirft den Menschen nicht vor, sie handelten falsch. Diderot und Marx konstatieren vielmehr, dass es mit der Handlungsfreiheit der Menschen nicht weit her sein kann in einer Gesellschaft, die von Gesetzen regiert wird, welche die Menschen sich nicht selbst gegeben haben, die ihnen vielleicht nicht einmal bewusst sind, weshalb sie sich auch nicht dagegen auflehnen können. Wer die Gesellschaft und ihre Gesetze kritisiert, findet sich in der paradoxen Lage wieder, stillschweigend unterstellen zu müssen, nicht zu dieser Gesellschaft zu gehören, frei zu sein von den Selbsttäuschungen ihrer Mitglieder und fähig, sich eine andere Gesellschaft mit anderen Regeln vorzustellen. Der Anspruch, außerhalb des Forschungsobjekts zu stehen und es mit unbestechlichem Blick analysieren zu können, hat unvermeidlich etwas Elitäres an sich.

Hinzu kommt, dass Diderot wie Marx ihre Kritik stets ausgehend von der Annahme eines historischen Fortschritts formulieren, eines Fortschritts, der die unterdrückten Klassen emanzipieren werde und der auf Technik und Wissenschaft, Moral und Politik aufbaut. «Wenn irgend jemand der ‹Begeisterung für Wahrheit und Recht› – die Phrase im guten Sinn verstanden – das ganze Leben weihte, so war es z. B. Diderot», so hatte Engels geschrieben.[47] Marx hat mehrmals betont, er weise nicht einzelnen Menschen die Verantwortung zu für Verhältnisse, denen sie unterworfen seien, es gehe ihm ausschließlich um Personifikationen ökonomischer Kategorien. Um nochmals auf den «Fanatiker der Verwertung des Werts» zurückzukommen: Als solcher zwingt der Kapitalist «rücksichtslos die Menschheit zur Produktion um der Produktion willen, daher zu einer Entwicklung der gesellschaftlichen Produktivkräfte und zur Schöpfung von materiellen Produktionsbedingungen, welche allein die reale Basis einer höheren Gesellschaftsform bilden können, deren Grundprinzip die volle und freie Entwicklung jedes Individuums ist.» Der Kapitalist ist jedoch bloß ein Triebrad im gesellschaftlichen Mechanismus, entfremdet, wie seine Arbeiter. Die Entwicklung der kapitalistischen Produktion erfordert eine fortwährende Steigerung des industriellen Kapitals, «und die Konkurrenz herrscht jedem individuellen Kapitalisten die immanenten Gesetze der kapitalistischen Produktionsweise als äußere Zwangsgesetze auf.»[48] Kurz: Die Menschen tun, was zu tun sie von einem anonymen System gezwungen werden, was ihnen die Unterwerfung unter Konkurrenzregeln diktiert.

VON DER FREMDBESTIMMUNG ZUM UNIVERSELLEN INDIVIDUUM

Marx und Engels haben im ersten Teil der *Deutschen Ideologie* versucht, den historischen Prozess, der zur Überwindung der Fremdbestimmung und zum Aufblühen der schöpferischen Kräfte der Individuen führen soll, skizzenhaft vorzuzeichnen. Die Arbeitsteilung schafft eine Macht, die zu kontrollieren die Menschen unfähig sind. «Die soziale Macht, d. h. die vervielfachte Produktionskraft, die durch das in der Teilung der Arbeit bedingte Zusammenwirken der verschiedenen Individuen entsteht, erscheint diesen Individuen, weil das Zusammenwirken selbst nicht freiwillig, sondern naturwüchsig ist, nicht als ihre eigne, vereinte Macht, sondern als eine fremde, außer ihnen stehende Gewalt.» Die Verhältnisse werden erst dann transparent, wenn die als unkontrollierbar erlebte soziale Macht den Menschen unerträglich wird. Dies tritt dann ein, wenn die große Mehrheit jeden Zugang zu den in der Gesellschaft vorhandenen materiellen und intellektuellen Ressourcen verliert. Reichtum und Bildung resultieren aus der Entwicklung der Produktivkräfte, der technischen, wissenschaftlichen und organisatorischen Mittel der Produktion. Nur dank dieser Entwicklung kann die Fremdbestimmung überwunden werden, erst sie ermöglicht den universellen Verkehr der Menschen. Die Menschen müssen ihre «in lokalem Dasein [...] vorhandne empirische Existenz» überwinden und sich bewusst werden, dass ihr Schicksal mit dem aller Menschen weltweit verknüpft ist. Marx hält die Globalisierung des Kapitalismus nicht nur für unvermeidbar, sondern auch für wünschenswert, da eine Revolution nur als globale Bewegung Erfolg haben und das Proletariat nur weltgeschichtlich existieren kann.[49] Dass die Lebens- und Arbeitsbedingungen der Menschen von weltgeschichtlichen Faktoren bestimmt werden, zeigt sich, «wenn in England eine Maschine erfunden wird, die in Indien und China zahllose Arbeiter außer Brot setzt und die ganze Existenzform dieser Reiche umwälzt.»[50] Die große Industrie unterwarf alle Individuen der universellen Konkurrenz und «erzeugte insoweit erst die Weltgeschichte, als sie jede zivilisierte Nation und jedes Individuum darin in der Befriedigung seiner Bedürfnisse von der ganzen Welt abhängig machte.»[51]

In der kapitalistischen Produktionsweise werden die im Rahmen der Kooperation geschaffenen Produkte menschlicher Arbeit privat angeeignet. Um ihre Lebens- und Arbeitsbedingungen autonom gestalten zu können, müssen die Individuen sich zusammenschließen und die Produktivkräfte kollektiv kontrollieren. Unter Aneignung ist einerseits die Vergesellschaftung der Produktionsmittel zu verstehen, andererseits die individuelle Aneignung von Fähigkeiten. Wenn der Kapitalismus sich nur entwickeln konnte dank einer Vervielfältigung menschlicher Fähigkeiten, so erlaubt er es der Mehrheit der Menschen doch nicht, diese Fähigkeiten anzuwenden. «Der Kommunismus unterscheidet sich von allen bisherigen Bewegungen dadurch, dass er die Grundlage aller bisherigen Produktions- und Verkehrsverhältnisse umwälzt und alle naturwüchsigen Voraussetzungen zum ersten Mal mit Bewusstsein als Geschöpfe der bisherigen Menschen behandelt, ihrer Naturwüchsigkeit entkleidet und der Macht der vereinigten Individuen unterwirft.» Er ist der Versuch, die Individuen zu autonomen Gestaltern ihrer Lebens- und Arbeitsbedingungen zu machen. Was aus der gemeinsamen Arbeit der Individuen resultiert, muss von ihnen auch kontrolliert und gegebenenfalls anders organisiert werden.[52] Es ist Marx' Ziel, «an die Stelle der Herrschaft der Verhältnisse und der Zufälligkeit über die Individuen die Herrschaft der Individuen über die Zufälligkeit und die Verhältnisse zu setzen.»[53] Es ist dies gewiss ein höchst ehrgeiziges Ziel, geht es doch darum, Zufall und Notwendigkeit zu überlisten. Es gilt, nichts weniger als den menschlichen Willen dem Fatum zu entwinden und das Bündnis mit diesem zu brechen.[54] Marx formuliert schließlich, zwei Jahrtausende nach Epikur und Lukrez, das Wunschziel absoluter Freiheit und Selbstbestimmung der Individuen.

DIE GEBURT DES INDIVIDUUMS

Diderot hat in seinen Schriften den Gegensatz von Heteronomie und Autonomie auf radikale, zuweilen karikierende Weise dargestellt. Rameaus Neffe, mehr noch die Untertanen des Herrschers *Kanoglu* in den *Bijoux indiscrets* – es handelt sich um eine Karikatur von Louis XIV. – sind, sei es durch Unterdrückung, sei es durch den Zwang zur Anpassung, jeder Chance auf autonomes Handeln beraubt. Der große Schauspieler, Wissenschaftler oder Philosoph dagegen ist das stolze Produkt der Aufklärung, das souveräne Individuum, souverän dank Wissen, Klarsicht, Tatkraft und Kreativität. Marx will seinerseits untersuchen, welche historischen Bedingungen das autonome Individuum ermöglicht haben. Rousseau lässt in seinem *Discours sur l'inégalité* die Geschichte der Menschheit mit nomadisierenden Einzelgängern beginnen, die kaum je Kontakt zu anderen Menschen haben. Dass diese Hypothese höchst unwahrscheinlich ist, räumte er durchaus ein. Es ging ihm darum, sozusagen einen Nullpunkt der Geschichte zu bestimmen, an dem der Mensch in einem primitiven Sinn absolut frei war, weil er auf keine anderen Menschen Rücksicht nehmen musste. Damit hatte er einen Aspekt der Freiheit erfasst: Jede emotionale, ökonomische oder sexuelle Abhängigkeit schränkt uns in unserer Freiheit ein.

Marx hielt solche Auffassungen für untauglich. Auch die einzelnen und vereinzelten Jäger und Fischer, womit Smith und Ricardo ihre Erzählungen beginnen, gehören «zu den phantasielosen Einbildungen der 18.-Jahrhundert-Robinsonaden.»[55] Rousseau und seine Nachfolger glauben von einer vergangenen Zeit zu sprechen, beschreiben aber unbewusst die Gesellschaft, die in ihrer eignen Zeit sich herausbildet. «In dieser Gesellschaft der freien Konkurrenz erscheint der Einzelne losgelöst von den Naturbanden usw., die ihn in früheren Geschichtsepochen zum Zubehör eines bestimmten, begrenzten menschlichen Konglomerats machen.» Den Propheten des 18. Jahrhunderts, «auf deren Schultern Smith und Ricardo noch ganz stehn», – hier sind wohl Locke und Rousseau gemeint – schwebt dieses Individuum – «das Produkt einerseits der Auflösung der feudalen Gesellschaftsformen, andrerseits der seit dem 16. Jahrhundert neuentwickelten Produktivkräfte» – als Ideal vor, als Ausgangspunkt der Geschichte. Jede Epoche täuscht sich über sich selbst. Für Marx steht das Individuum nicht als isoliertes Wesen am Ursprung, es ist vielmehr das Produkt einer langen Zivilisationsgeschichte. «Je tiefer wir in der Geschichte zurückgehen, je mehr erscheint das Individuum [...] als unselbständig, einem grössren

Ganzen angehörig [...].» Die Gemeinschaft geht dem Individuum voran. Die Aussage unterstellt, dass mit dem Individuum nicht einfach ein einzelnes Menschenwesen gemeint ist, sondern ein Wesen, das sich seiner selbst als eines besonderen Wesens bewusst ist. In einer langen Vor- oder Frühgeschichte war der einzelne Mensch nie etwas anderes als Mitglied einer Familie, eines Stamms, eines Gemeinwesens. Erst im 18. Jahrhundert, in der «bürgerlichen Gesellschaft» treten die verschiedenen Formen des gesellschaftlichen Zusammenhangs dem Einzelnen als bloße Mittel für seine Privatzwecke entgegen. Erst in den am weitesten entwickelten Gesellschaften kann die Idee des isolierten Einzelnen entstehen. Damit der Mensch sich vereinzeln, sich seiner Individualität vergewissern kann, müssen die gesellschaftlichen Verhältnisse einen hohen Entwicklungsgrad erreicht haben. Wieder einmal beruft Marx sich auf Aristoteles, gibt aber dessen Definition des Menschen als eines politischen Lebewesens einen neuen Sinn: «Der Mensch ist im wörtlichsten Sinn ein ζωον πολιτικόν, nicht nur ein geselliges Tier, sondern ein Tier, das nur in der Gesellschaft sich vereinzeln kann.»[56]

Die neue Bedeutung der Individualität zeigt sich auch im Bereich der Arbeit; Menschen sind nicht mehr an eine bestimmte Arbeit gebunden. Marx rechnet es Smith als Verdienst an, nicht mehr von der Bestimmtheit der Arbeit auszugehen, sondern von der abstrakten Kategorie einer Arbeit schlechthin. Der Sinn dieser Abstraktion erschließt sich in der modernen kapitalistischen Produktionsweise. «Die Gleichgültigkeit gegen die bestimmte Arbeit entspricht einer Gesellschaftsform, worin die Individuen mit Leichtigkeit aus einer Arbeit in die andre übergehn [...]. Die Arbeit [...] hat aufgehört, als Bestimmung mit den Individuen in einer Besonderheit verwachsen zu sein.» Marx unterscheidet dabei allerdings Entwicklungsstufen; am weitesten fortgeschritten sind die Vereinigten Staaten, hier können die Menschen sich zu jeder Arbeit verwenden, während in Russland die Gleichgültigkeit nur Folge ist der traditionellen Bindung an eine bestimmte Arbeit.[57]

Der Kapitalismus hat mit der Abschaffung der Zünfte und Korporationen sowie mit der Einführung der Arbeitsmärkte die Individualisierung gefördert; doch die Regeln der Konkurrenz sind der Entfaltung der Individualität abträglich. Die Auffassung von Smith, wonach das allgemeine Interesse dadurch verwirklicht wird, dass jeder sein Privatinteresse verfolgt, hält Marx für falsch. Eher noch könnte man meinen, «dass jeder wechselseitig die Geltendmachung des Interesses der andern hemmt, und [...] eine allgemeine Negation aus diesem *bellum omnium contra omnes* resultiert.» Der gesellschaftliche Zusammenhang gründet jedoch auf der allseitigen Abhängigkeit der gegeneinander gleichgültigen Individuen. Er ist ausgedrückt im Tauschwert, «worin alle Individualität, Eigenheit negiert und ausgelöscht ist.» Der gesellschaftliche Charakter der Tätigkeit «erscheint hier als den Individuen gegenüber Fremdes, Sachliches; nicht als das Verhalten ihrer gegeneinander, sondern als ihr Unterordnen unter Verhältnisse, die unabhängig von ihnen bestehn.»

Die kapitalistische Produktionsform überwindet persönliche Abhängigkeitsverhältnisse und ermöglicht persönliche Unabhängigkeit, sie stellt damit eine höhere Zivilisationsstufe dar und schafft ein System «der universalen Beziehungen, allseitiger Bedürfnisse, und universeller Vermögen.» Freie Individualität, «gegründet auf die universelle Entwicklung der Individuen und die Unterordnung ihrer gemeinschaftlichen, gesellschaftlichen Produktivität, als ihres gesellschaftlichen Vermögens», wird künftig, so Marx' Erwartung, diese Stufe ablösen.[58] Individuelle Autonomie ist dann erst verwirklicht, wenn die «universal entwickelten

Individuen» die gesellschaftlichen Verhältnisse ihrer eignen, gemeinschaftlichen Kontrolle unterworfen haben.[59] Reichtum bedeutet dann die im universellen Austausch erzeugte Universalität von Bedürfnissen, Fähigkeiten, Genüssen und Produktivkräften, die Entfaltung der schöpferischen Anlagen.[60]

In der Geschichte ist es, so Marx, «eine empirische Tatsache, dass die einzelnen Individuen mit der Ausdehnung der Tätigkeit zur Weltgeschichtlichen immer mehr unter einer ihnen fremden Macht geknechtet worden sind», einer Macht, die sich «in letzter Instanz als Weltmarkt ausweist». Damit die Individuen sich von lokalen und nationalen Schranken befreien können, muss die «allseitige Abhängigkeit, diese naturwüchsige Form des weltgeschichtlichen Zusammenwirkens der Individuen» verwandelt werden in die «Kontrolle und bewusste Beherrschung» dieser Macht.[61] «Naturwüchsig» meint nicht «natürlich»; Marx bezeichnet als naturwüchsig Verhältnisse, die aus menschlichem Handeln resultieren, von den Menschen aber nicht mehr als ihr Werk, sondern als natürlich entstanden oder naturgewollt verstanden werden. Die Ordnung, die den Zugang zu Ressourcen und den Einsatz von Produktivkräften regelt, bestimmt die Handlungsmöglichkeiten der Menschen und prägt ihre Ideen; sie ist jedoch kein Abbild der Natur, sondern als ein, wenn auch ungewollt und unbewusst geschaffenes, Menschenwerk veränderbar.

Was die Aufteilung der Gesellschaft in soziale Klassen betrifft, so wollte Marx, auch hier individualistisch argumentierend, «Klasse» nicht als eine Form von Gemeinschaft verstanden wissen. Es sind ökonomische Zwänge und Gesetze, welche die Menschen einer Klasse zuweisen. Eine Klasse ist eine Gruppe von Individuen, die zwar im Konflikt mit einer anderen Klasse von Fall zu Fall gemeinsame Ziele anstreben können, sich aber, sei es als Kapitalisten, sei es als Lohnarbeiter, innerhalb ihrer jeweiligen Klasse als Konkurrenten feindlich gegenüberstehen. Die Individuen, Kapitalisten wie Lohnarbeiter, werden von ihrer Klasse unterdrückt, fremdbestimmt, ideologisch indoktriniert, kurz: ihrer Individualität beraubt.[62]

Dies ist für Marx indes bloß die eine Seite der Medaille, die andere besteht darin, dass die kapitalistische Wirtschaftsweise den Prozess der Individualisierung vorantreibt. Erst in dieser Produktionsweise können die Menschen zu «abstrakten», von aller Zugehörigkeit zu einer Gemeinschaft, von jeder besonderen Tätigkeit oder – um ein heute so unreflektiert verwendetes Wort zu wählen – von jeder Identität losgelösten Individuen werden. Erst dank dieser Abstraktheit, dank dieser Unbestimmtheit, dieser Freiheit können sie «als Individuen miteinander in Verbindung treten.»[63] Sie streifen alle Borniertheit ab. Frei werden und ihre «Anlagen nach allen Seiten hin» ausbilden können sie freilich nur im gemeinsamen Handeln. Während traditionelle Gemeinschaftsformen für die Individuen stets Fesseln gewesen sind, werden in der künftigen Gemeinschaft «die Individuen als Individuen Anteil» nehmen.[64] Es gibt somit eine andere, noch nicht realisierte Form von Gemeinschaft, worin die Individualität respektiert und die Selbsttätigkeit möglich wird. Dieser Begriff spielt für Marx eine wichtige Rolle. Selbstbetätigung meint, dass das Individuum selbstbestimmt arbeitet, durch Arbeit sein materielles Leben schafft und alle Naturwüchsigkeit abstreift. Selbstbetätigung erfordert individuelles Eigentum, und sie erfordert ebenso das Recht der Teilhabe am gesellschaftlichen Reichtum. Das Individuum ist ein gesellschaftliches Wesen, aber es behält seine Individualität in der Gesellschaft. Jeder Mensch ist naturgemäß ein besonderes Individuum, seine Besonderheit macht ihn zum Individuum, zugleich aber zum «wirklichen individuellen Gemeinwesen, zur idealen Totalität, das subjektive Dasein der gedachten und empfundnen Gesellschaft für sich.»[65] Wie kann das Individuum zum Gemeinwesen werden? Man muss hier nochmals auf Aristoteles zurückgreifen. Ihm zufolge gehört zu den wichtigsten Voraussetzungen des glücklichen Lebens die persönliche Autarkie, die Selbstgenügsamkeit. Sich selbst genügen meint, in der Befriedigung der leiblichen und seelischen Bedürfnisse nicht von anderen abhängig zu sein. Dies ist, so wird man einwenden, eine unrealistische Auffassung, da in der Gesellschaft naturgemäß stets Bande der Abhängigkeit entstehen. Aristoteles betont freilich, Autarkie sei nicht mit Isolation zu verwechseln, ist doch der Mensch von Natur ein für das Leben in Gemeinschaft bestimmtes Wesen.[66] Dem pflichtet Marx selbstverständlich bei, doch erhält für ihn die persönliche Autarkie in Zeiten der modernen Marktwirtschaft einen weit höheren Wert, als dies bei Aristoteles der Fall gewesen ist.

Die Selbstverwirklichung des Individuums ist wesentlich Aneignung der Welt mittels Arbeit, Bildung, Kooperation und Interaktion, Aneignung von Produktivkräften und vor allem von Fähigkeiten. Die Teilung der Arbeit muss aufgehoben werden, was nur mit Hilfe der Gemeinschaft geschehen kann. Erst in Gemeinschaft mit anderen hat das Individuum «die Mittel, seine Anlagen nach allen Seiten hin auszubilden; erst in der Gemeinschaft wird also die persönliche Freiheit möglich.» Traditionelle Gemeinschaftsformen waren stets Fesseln, in einer künftigen Gemeinschaft dagegen «erlangen die Individuen in und durch ihre Assoziation zugleich ihre Freiheit.»[67] Bislang wurde unter persönlicher Freiheit lediglich das Recht verstanden, «innerhalb gewisser Bedingungen ungestört der Zufälligkeit sich erfreuen zu dürfen.»[68] Was Marx hier anspricht, ist die liberale Konzeption negativer Freiheitsrechte. Diesen werden dann im 20. Jahrhundert sogenannte positive Freiheitsrechte zugesellt; Rechte auf Teilhabe am gesellschaftlichen Reichtum, was durchaus vergleichbar ist mit der von Marx postulierten Aneignung von Reichtum, Bildung und Fähigkeiten. Erinnert sei nochmals an Hegels Definition der Freiheit: Das Ich ist im Anderen bei sich selbst, und indem es sich bestimmt, bleibt es dennoch bei sich und hört nicht auf, das Allgemeine festzuhalten: Marx hat diese Auffassung konkreter Freiheit sozusagen ins Ökonomische und Gesellschaftliche übersetzt, wenn er als politisches Ziel eine Assoziation definiert, worin die freie Entwicklung eines jeden die Bedingung für die freie Entwicklung aller ist.[69]

Es sei an dieser Stelle ein wohl etwas überraschender Exkurs erlaubt. Der Zusammenhang von Individualität, Demokratisierung, sozialer Rollenspiele und Verstellung hat Nietzsche ebenfalls beschäftigt, in einer Zeit, in der er seinen elitären Kulturpessimismus zumindest ansatzweise relativiert hat. Eine soziologische Betrachtung, die sich mit den Reflexionen von Diderot und Marx durchaus vergleichen lässt, findet sich in der *Fröhlichen Wissenschaft*. Nietzsche konstatiert, dass auch im 19. Jahrhundert noch die meisten Menschen nicht frei sind, ihren Status und ihre Rolle in der Gesellschaft selbst zu wählen. Sie verwechseln beziehungsweise identifizieren sich dann in der Regel mit ihrer sozialen Rolle. Aber der Glaube der Menschen, ihnen sei eine ganz bestimmte Tätigkeit aufgetragen, wird brüchig. Ein «eigentlich» demokratisches Zeitalter ist angebrochen. Ein «gewisser kecker Glaube [...] jener Athener-Glaube, der in der Epoche des Perikles zuerst bemerkt wird, jener Amerikaner-Glaube von heute» setzt sich durch, die Überzeugung der Menschen, «ungefähr Alles zu können, ungefähr jeder Rolle gewachsen zu sein». Die Griechen entwickelten sich aufgrund dieser Überzeugung zu Artisten, sie wurden wirklich Schauspieler. Doch das Beispiel ist nicht nachahmenswert, wie Nietzsche besorgt feststellt. Bedenklich findet er, dass auch die modernen Europäer zu Schauspielern werden, dass die Schauspieler die eigentlichen Herren geworden sind.[70] Hier klingt die konservative Kritik an; Nietzsche argumentiert in gewisser Hinsicht ähnlich wie Burke: Der moderne Mensch verweigert sich seiner ihm vorgeschriebenen Rolle und Aufgabe, die Nietzsches Ansicht zufolge darin besteht, Baustein zu sein im großen Gesellschaftsbau und sich mit dieser ruhmlosen Funktion abzufinden. Je mehr Menschen sich der für sie von der Tradition bestimmten Tätigkeit verweigern, desto gefährlicher droht die bereits vielfach angesprochene «Atomisierung» der Gesellschaft. In seiner Schrift *Morgenröthe* findet sich dagegen ein Aphorismus, worin der notorische Gegner des Sozialismus ganz neue und überraschende Töne anstimmt. Nietzsche mokiert sich über die Verherrlichung der Arbeit. Er entlarvt dahinter einen Willen zur Bevormundung und Disziplinierung, die Furcht vor dem Individuellen. Harte und stumpfsinnige Arbeit sei «die beste Polizei», sie verhindere «die Entwicklung der Vernunft, der Begehrlichkeit, des Unabhängigkeitsgelüstes.» Arbeit verbrauche außerordentlich viel Nervenkraft, so Nietzsche, und entziehe dieselbe dem Nachdenken, Grübeln, Träumen, Sorgen, Lieben, Hassen. «So wird eine Gesellschaft, in welcher fortwährend hart gearbeitet wird, mehr Sicherheit haben: und die Sicherheit betet man jetzt als die oberste Gottheit an. – Und nun! Entsetzen! Gerade der ‹Arbeiter› ist gefährlich geworden! Es wimmelt von ‹gefährlichen Individuen›! Und hinter ihnen die Gefahr der Gefahren – das individuum!»[71]

Die von konservativen Denkern und Politikern als gefährlich empfundene Entwicklung versteht Marx als große Chance. Es trifft zu, dass in der Ordnung der Gesellschaft alle Menschen gezwungen sind, «Positionen» einzunehmen, um an die Wortwahl von Rameaus Neffen zu erinnern, sich Zwängen zu unterwerfen, in der Hoffnung, einen zumindest kleinen Anteil am gesellschaftlichen Reichtum zu ergattern. Doch das Individuum will sich befreien von Positionen und Maskierungen, es will sein Geschick selbst bestimmen.

Das gesellschaftliche Wesen sei «keine abstrakt-allgemeine Macht gegenüber dem einzelnen Individuum [...], sondern das Wesen eines jeden Individuums, seine eigne Tätigkeit, sein eignes Leben, sein eigner Geist, sein eigner Reichtum», so hat Marx geschrieben.[72] Wenn es ein Menschenrecht auf Absonderung, auf Differenz, auf Eigenart gibt, dann muss es umgekehrt auch ein positives Menschenrecht auf Inklusion politischer wie ökonomischer Art, ein Recht auf die Gesellschaft von Menschen geben. Marx plädiert für den Vorrang des Individuums vor der Gemeinschaft, diese ist stets nur ein notwendiges Mittel für die Entfaltung der Individuen, die ihrerseits Selbstzweck sind. Die Gesellschaft muss die Selbstbestimmung und Unabhängigkeit der Individuen respektieren. Es ist klar, dass diese Auffassungen von Marx eine radikale Konzeption von Freiheit erfordern. Marx vertritt eine individualistische Ethik und weist jede Form von politischem und religiösem Kollektivismus zurück. Damit ist auch gesagt, dass die kommunistischen Diktaturen sich zu Unrecht auf ihn berufen haben. Ebenso aber weist Marx den in den heutigen sozialwissenschaftlichen Debatten häufig geforderten methodologischen Individualismus implizit zurück, das heißt die Ansicht, es sei bei der Analyse sozialer Erscheinungen stets von Einzelnen und nicht von Kollektiven wie Klassen oder Gesellschaften auszugehen. Marx hat entsprechende Auffassungen in den Werken von Rousseau, Smith und anderen vorgefunden und kritisiert. Die Hypothese einer ursprünglichen Freiheit aller Menschen ist untauglich. Eben weil, wie bereits Diderot demonstriert hat, Individuen in der Gesellschaft Regeln und Zwängen ausgesetzt sind, von denen sich zu emanzipieren ihnen nicht leichtfällt, muss die wissenschaftliche Analyse kollektive Strukturen erforschen und untersuchen, wie diese die Individuen in ihrer Gedanken- und Handlungsfreiheit einschränken.

ZUM SCHLUSS:

WELCHE FREIHEIT?

Im dritten Band des *Kapitals*, der 1894, 11 Jahre nach Marx' Tod von Engels herausgegeben wurde, findet sich folgende Stelle, die in ihrer ganzen Länge zu zitieren sich lohnt: «Das Reich der Freiheit beginnt in der Tat erst da, wo das Arbeiten, das durch Not und äußere Zweckmäßigkeit bestimmt ist, aufhört; es liegt also der Natur der Sache nach jenseits der Sphäre der eigentlichen materiellen Produktion. Wie der Wilde mit der Natur ringen muss, um seine Bedürfnisse zu befriedigen, um sein Leben zu erhalten und zu reproduzieren, so muss es der Zivilisierte, und er muss es in allen Gesellschaftsformen und unter allen möglichen Produktionsweisen. Mit seiner Entwicklung erweitert sich dies Reich der Naturnotwendigkeit, weil die Bedürfnisse [sich erweitern UM]; aber zugleich erweitern sich die Produktivkräfte, die diese befriedigen. Die Freiheit in diesem Gebiet kann nur darin bestehn, dass der vergesellschaftete Mensch, die assoziierten Produzenten, diesen ihren Stoffwechsel mit der Natur rationell regeln, unter ihre gemeinschaftliche Kontrolle bringen, statt von ihm als von einer blinden Macht beherrscht zu werden; ihn mit dem geringsten Kraftaufwand und unter den, ihrer menschlichen Natur würdigsten und adäquatesten Bedingungen vollziehn. Aber es bleibt dies immer ein Reich der Notwendigkeit. Jenseits desselben beginnt die menschliche Kraftentwicklung, die sich als Selbstzweck gilt, das wahre Reich der Freiheit, das aber nur auf jenem Reich der Notwendigkeit als seiner Basis aufblühn kann. Die Verkürzung des Arbeitstags ist die Grundbedingung.»[1]

In diesem Abschnitt werden mehrere Konzeptionen von Freiheit angesprochen. Zunächst mag der Eindruck entstehen, dass aus diesen Zeilen Altersweisheit, gar Resignation spricht. Den Schüler Epikurs, der das Bündnis mit dem Fatum brechen will, erkennt man darin nicht mehr, immer noch aber den prometheischen Rebellen, welcher «nichts ärmers unter der Sonn als euch Götter»[2] kennt, den Göttern trotzt und eine neue, menschenfreundliche Welt erschafft. Prometheus hat das Feuer vom Himmel gestohlen, nicht um ein irdisches Paradies zu schaffen, sondern um den Menschen die Möglichkeit zu geben, sich durch Arbeit selbst zu erhalten.[3] Die radikale Auffassung von Freiheit als Selbstschöpfung des Menschen hat Marx nicht widerrufen, aber er geht das Thema behutsamer an. Das Reich der Freiheit breitet sich nicht grenzenlos aus, es findet seine Schranken dort, wo die Natur ihre Gesetze geltend macht, wo Not und äußere Zweckmäßigkeit den Menschen zur Arbeit zwingen. Marx geht zurück zu Aristoteles. Diesem zufolge kann frei nur sein, wer nicht gezwungen ist, zu arbeiten. Das meint zunächst einmal nichts anderes als die triviale Aussage, der Sklave sei nicht frei. Tatsächlich gehört der Sklave als Werkzeug einem anderen, er ist rechtlich unfrei. Allerdings gibt es im antiken Griechenland eine Klasse von Bürgern, die zwar arm sind, aber rechtlich frei. Faktisch jedoch sind auch sie unfrei, da sie gezwungen sind, zu arbeiten.[4] Freiheit heißt für Aristoteles Selbstzweckhaftigkeit; sie erfordert Muße, freie Zeit, daher kann in den antiken griechischen Stadtstaaten stets nur eine Minderheit wirklich frei sein. In diesem Punkt weicht Marx jedoch von Aristoteles ab. Arbeiter können von ihren Herren gezwungen werden, zu arbeiten, oder aber von den Gesetzen einer Natur, in der die lebensnotwendigen Güter nicht unbeschränkt zur Verfügung stehen. Wer nicht einem anderen Menschen, sondern der Naturnotwendigkeit unterworfen ist, verfügt über ein größeres Maß an Freiheit als der Zwangs- oder Lohnarbeiter. Die Unabhängigkeit von seinesgleichen garantiert ihm einen menschenwürdigen Zustand. Die Grenzen zwischen dem Reich der Natur und dem Reich der Freiheit sind für Marx nicht ein für alle Mal festgesetzt. Der Fortschritt der Zivilisation schafft neue Bedürfnisse und erweitert damit das Reich der Naturnotwendigkeit, ebenso erweitern sich die Produktivkräfte, die Fähigkeiten der Menschen, die wiederum ihre Handlungsfreiheit vergrößern. Freiheit setzt jedoch Regelung und Kontrolle voraus, an dieser Auffassung hält Marx fest. In der *Deutschen Ideologie* hat er die Herrschaft der Individuen über die Zufälligkeit und die Verhältnisse prognostiziert. Jetzt scheint er bescheidener geworden zu sein, doch immer noch hält er es für unabdingbar, zu verhindern, dass die Natur sich den Menschen als blinde Macht aufzwingt. Es braucht eine gemeinsame Kontrolle und rationelle Regelungen des Wirtschaftssystems. Es geht darum, den Stoffwechsel mit der Natur unter den der menschlichen Natur würdigsten und angemessensten Bedingungen zu vollziehen. Doch erst jenseits des Reichs der Notwendigkeit beginnt das wahre Reich der Freiheit, der ungezwungenen Selbsttätigkeit, der Entfaltung der Fähigkeiten, erst hier wird der Mensch sich zum Selbstzweck. Um dieses Reich zu schaffen und kontinuierlich zu erweitern, braucht es die Verkürzung des Arbeitstags. Der Kapitalismus, dies ist eine unter Soziologen verbreitete Ansicht, bevormundet nicht bloß die Lohnabhängigen, er beraubt sie ihrer Zeit.[5]

Wie steht es nun um den liberalen Freiheitsbegriff? Maßgebliche Denker waren neben Constant Wilhelm von Humboldt und John Stuart Mill. Humboldt möchte die Staatsaufgaben auf die Garantie der Sicherheit reduzieren. Den höchsten Zweck des Menschen sieht er in der Ausbildung seiner Kräfte und Fähigkeiten in ihrer individuellen Eigenart, ein Zweck, der nur politisch zu verwirklichen ist, in Verbindung mit anderen Menschen. Der Staat muss die zu diesem Zweck nötige Freiheit garantieren und die Autonomie des Individuums respektieren.[6] Marx, der ehemalige Student der Berliner Humboldt-Universität, hätte diesen Idealen gewiss nicht widersprochen. John Stuart Mill hat 1859 den zusammen mit Harriet Taylor verfassten Essay *On Liberty* publiziert. Auch diese Schrift ist ein Plädoyer für den Schutz individueller Freiheiten und kritisiert jede Art von Bevormundung. Ähnlich wie Humboldt sieht Mill in der individuellen Selbstbestimmung, der freien Entwicklung der Persönlichkeit und einer möglichst großen Vielfalt von Charaktereigenschaften Werte, die den Fortschritt der Menschheit fördern. Wie Tocqueville, der ihn beeinflusst hat, sieht er hingegen im überhandnehmenden Konformismus eine Bedrohung jenes Fortschritts, der sich der Ausprägung der Individualität verdankt. Wenn Marx Mills ökonomische Auffassungen häufig kritisiert, ihm aber dennoch attestiert, er gehöre nicht zu den vulgärökonomischen Apologeten, so wohl auch im Hinblick auf dessen Urteil über die Folgen des Privateigentums: «Das Produkt der Arbeit wird heutzutag verteilt im umgekehrten Verhältnis zur Arbeit – der größte Teil an die, die niemals arbeiten, der nächstgrößte an die, deren Arbeit fast nur nominell ist, und so, auf absteigender Skala, schrumpft die Belohnung zusammen, im Maße wie die Arbeit härter und unangenehmer wird, bis die ermüdendste und erschöpfendste körperliche Arbeit nicht mit Sicherheit auch nur auf Gewinnung der Lebensbedürfnisse rechnen kann.»[7]

Die heutige Diskussion über den Begriff der Freiheit unterscheidet zwischen negativer und positiver Freiheit. Man kann darunter wie Constant den Gegensatz zwischen dem Schutz der Privatsphäre und dem Recht auf politische Teilnahme verstehen. In der neueren Literatur meint negative Freiheit: Das Individuum untersteht nicht dem von anderen Menschen oder den von ihnen geschaffenen Institutionen ausgeübten Zwang, etwas zu tun oder zu unterlassen. Positive Freiheit bezeichnet die Fähigkeit des Individuums, zu tun oder zu lassen, was es will, und in der Lage zu sein, selbstgewählte Ziele zu verwirklichen. In beiden Fällen geht es um Handlungsfreiheit, diese ist von zahlreichen Faktoren abhängig, körperliche Konstitution und intellektuelle Fähigkeiten, Bildung und materielle Güter, Anerkennung und Unterstützung durch andere Menschen gehören dazu. Konservative Liberale lassen die Unfähigkeit, ein selbstgewähltes Ziel zu verwirklichen, nur dann als Unfreiheit gelten, wenn andere Menschen für das Scheitern verantwortlich sind; Armut oder fehlende Bildung können nicht als Ursache von Unfreiheit gelten.

Isaiah Berlin definiert in seinem Buch *Freiheit. Vier Versuche* negative Freiheit als Fehlen von Einmischung, Zwang und Gewalt.[8] Er will, der klassisch liberalen Auffassung folgend, den Begriff der Freiheit auf die negative Bedeutung beschränkt wissen. Der negative und der positive Freiheitsbegriff müssen ihm zufolge notwendig miteinander in Konflikt geraten. Unter positiver Freiheit versteht er zwar auch politische, primär aber individuelle Selbstbestimmung. Theorien individueller und kollektiver Selbstbestimmung oder Selbstverwirklichung neigen ihm zufolge dazu, die negative Freiheit im Namen der Vernunft einzuschränken. Demokratische Politik besteht für ihn darin, aufgrund vernünftiger Erwägungen zu entscheiden, wie weit die Freiheit des Einzelnen eingeschränkt werden muss, um mit der Freiheit der anderen vereinbar zu sein. Positive und negative Freiheit sind daher für Berlin unvereinbare Einstellungen zu den Zielen des

Lebens. Berlins Argumentation ist schwer nachvollziehbar. Er polemisiert gegen den Rationalismus der Aufklärung, gegen die von Spinoza, Rousseau, Kant, Marx und anderen geteilte Überzeugung, zur Selbstbestimmung gehöre der Gebrauch der kritischen Vernunft, die Fähigkeit, die Welt, die eigne Situation und das eigne Handeln vernünftig zu betrachten.

Der Rationalismus der Aufklärung gilt konservativen Liberalen wie Friedrich von Hayek als eigentliche Sünde. Die Idee, das souveräne Volk sei als autonomer Gesetzgeber Schöpfer des Rechts, hält er für einen Auswuchs rationalistischer Irrlehren. Das Recht beruht ihm zufolge auf Regeln der Gerechtigkeit, die nicht von Menschen erfunden worden, sondern evolutionär entstanden sind. Eine legitime Staatsordnung beruht wesentlich auf zwei Rechten, dem Recht auf privates Eigentum sowie dem Recht, private Verträge zu schließen. Der Anspruch auf individuelle Rechte sozioökonomischer Art ist dagegen nicht zu rechtfertigen.[9] Hayek hat konkret den Einbezug ökonomischer und sozialer Rechte in die Menschenrechtserklärung von 1948 (Artikel 22–28) kritisiert.[10] Als rationalistische *Hybris*, als Anmaßung gilt der Sozialismus den Liberalen insofern, als dieser annimmt, die menschliche Vernunft vermöge die gute Verfassung zu planen und zu realisieren, ohne auf die «spontan» entstandenen Regeln der Marktwirtschaft Rücksicht nehmen zu müssen.

ZWEIERLEI KOMMUNISMUS

1847 fand in London der erste Kongress des Bundes der Kommunisten statt. Es ging dabei vor allem darum, die Anhänger einer anderen kommunistischen Bewegung, des Bundes der Gerechten, auf eine demokratische Ausrichtung zu verpflichten. Im

Bund der Gerechten wurde eine elitäre und konspirative Politikauffassung gepflegt. Eine aufgeklärte Minderheit sollte das Volk zur Revolution führen. Marx, Engels und ihre Mitstreiter stellten die Bedingung, dass die Mitglieder des Bundes der Gerechten ihre früheren Ansichten revidierten. Nach dem Kongress wurde eine *Kommunistische Zeitschrift* publiziert, worin die Ideen und Postulate der freiheitlich-demokratischen Linie vorgestellt wurden.[11] Die wichtigsten Abschnitte seien hier zitiert.

«Wir sind keine Quacksalber, die ein Allheilmittel für alle Probleme besitzen. Wollten wir ernsthaft mit unseren proletarischen Genossen diskutieren, wie die Werkstätten in einem künftigen Staat eingerichtet werden sollen, wie die künftige Gütergemeinschaft verwaltet werden soll, wie wir uns künftig kleiden werden, und wie wir am besten die Toiletten reinigen, würden wir uns nur lächerlich machen und es wohl verdienen, als weltfremde Träumer bezeichnet zu werden, was man uns grundlos vorwirft. Wir gehören nicht zu jenen Kommunisten, die glauben, unser Ziel sei mit reiner Liebe zu erreichen. Wir vergießen keine bitteren Tränen im Mondschein, um das Elend der Menschheit zu beweinen und zu glauben, dass auf unser Elend eine Ekstase des Glücks und eine goldene Zukunft folgen wird. Wir wissen nur zu gut, dass wir, ausgenommen vielleicht in England und Nordamerika, nicht in der Lage sein werden, eine bessere Welt zu errichten, wenn wir nicht zuvor unsere politischen Rechte erstritten haben. Wir werden den Menschen keinen Sand in die Augen streuen. Wir wollen ihnen die Wahrheit sagen und sie vor dem heraufziehenden Sturm warnen. Wir sind keine Verschwörer, die beschlossen haben, den Tag der Revolution zu bestimmen, und wir sinnen nicht auf Fürstenmord. Doch wir sind auch keine geduldigen Schafe, die ihr Kreuz klaglos tragen. Wir wissen, dass in Europa der Konflikt zwischen Adel und Volk nicht ohne Waffengänge ausgetragen werden wird. Wir gehören nicht zu jenen Kommunisten, die glauben, dass eine Gütergemeinschaft wie durch Zauberhand am Tage nach dem Sieg verwirklicht wird. Der Fortschritt der Menschheit wird nur schrittweise vonstatten gehen. Eine Übergangsperiode wird nötig sein; nur gradweise kann privates in soziales Eigentum überführt werden.

Wir gehören nicht zu jenen Kommunisten, welche die persönliche Freiheit zerstören und die Welt in eine Kaserne oder ein gigantisches Armenhaus verwandeln wollen. Es gibt sicher solche Kommunisten, die sich leichtfertig und skrupellos weigern, persönliche Freiheit zu bejahen und sie aus der Welt schaffen möchten, weil sie diese als Hindernis für die vollständige Harmonie betrachten. Wir jedoch wollen die Freiheit nicht der Gleichheit opfern. Wir sind überzeugt, dass in keiner sozialen Ordnung persönliche Freiheit so gut gesichert werden kann wie in einer Gesellschaft, die auf gemeinschaftlichem Eigentum aufbaut. Statt gemeinsam die Ärmel hochzukrempeln, um eine demokratische Ordnung zu errichten, in der jede Partei ihr Existenzrecht hat und eine Mehrheit für sich gewinnen kann, streiten wir uns und verlieren uns in Spekulationen darüber, was geschehen wird, wenn wir gewinnen. Dieser Streit erinnert uns an jene Fabel der Bärenjäger, die das Fell des Bären verteilen wollen, bevor er erlegt ist.»[12]

So weit diese erste Version des Kommunistischen Manifests. Wenn die berühmtere Version in manchen Abschnitten etwas anders tönt, so ist dies den Umständen, den allgemeinen Erwartungen und Hoffnungen in einer revolutionären Periode zuzuschreiben. Widersprüche zur ersten Version wird man kaum finden. Marx' Polemiken gegen den religiös inspirierten Kommunisten Hermann Kriege und den Anarchisten Bakunin belegen, wie stark er dem Geist der ersten Version verpflichtet ist.

Marx' Denken, so habe ich in diesem Buch zu zeigen versucht, baut auf liberalen Fundamenten auf. Man muss wohl präzisieren: auf einem frühen Liberalismus, der sich dem Erbe der Aufklärung verpflichtet weiß. Marx lebt in einer Zeit, in der «Liberalismus» immer deutlicher für eine bestimmte Ideologie steht, eine Ideologie, die dem Rationalismus der Aufklärung eine Absage erteilt und ihr Vertrauen in mysteriöse Kräfte setzt, in die unsichtbare Hand des Marktes, in eine naturrechtliche Ordnung, welche die Regeln des Marktes absegnet, in das angeblich implizite Wissen der Marktakteure und die spontane Selbstorganisation der Gesellschaft. All diese rätselhaften, wissenschaftlich nicht zu erfassenden Mächte lassen die Demokratie als überflüssigen Luxus erscheinen, so die zuweilen explizit formulierte Botschaft des Liberalismus der Gegenwart.

Es erübrigt sich hier, das lange Sündenregister dieses Liberalismus in Erinnerung zu rufen. In der gegenwärtigen Epoche habe die Herrschaft der sachlichen Verhältnisse über die Individuen, die Erdrückung der Individualität durch die Zufälligkeit, ihre schärfste und universellste Form erhalten, so urteilte Marx im 19. Jahrhundert.[13] Klagen über den Zustand der Welt von heute sind an der Tagesordnung, vieles liegt im Argen, ist außer Kontrolle geraten. Der international bekannte Soziologe Göran Therborn hat es knapp auf den Begriff gebracht: Zwar waren die Voraussetzungen für ein gutes Leben noch nie in der Geschichte der Menschheit günstiger als in der Gegenwart, doch zugleich hat sich der Graben zwischen den Potenzialen und den realen Existenzbedingungen der Menschen weiter denn je geöffnet. Zwischen dem Möglichen und dem Wirklichen stehen eine Wirtschaft, die auf Umweltzerstörung und Ausschluss all jener basiert, die als unnütz taxiert werden, eine Ökonomie, Soziologie und Psychologie der Ungleichheit, eine Großmachtpolitik, die Menschen gegeneinander ausspielt und Kriege provoziert.[14]

Wenn die «Welt des Reichtums und der Bildung» vorhanden ist, ist nicht einzusehen, weshalb so viele Menschen von deren Genuss ausgeschlossen sind und die Chancen friedlichen Zusammenlebens auf der Grundlage gegenseitigen Respekts leichtfertig aufs Spiel gesetzt werden. Die ungleiche Verteilung von materiellen Ressourcen, Bildungschancen und Partizipationsrechten unterminiert die Stabilität der politischen Ordnung. Ähnlich wie Therborn hat vor über 150 Jahren Karl Marx geurteilt: Der industrielle Kapitalismus hat eine grandiose Welt des Reichtums und der Bildung[15] geschaffen, doch zahllose Menschen haben daran keinen Anteil, sie können nicht hoffen, ihre vielfältigen Bedürfnisse befriedigen zu können. Bedürfnisse können auf die Gesetze von Angebot und Nachfrage keine Rücksicht nehmen, so wenig wie diese Gesetze sich um die Bedürftigkeit der Menschen kümmern, es sei denn, sie geht mit der nötigen Kaufkraft einher. Marx' «moralisches Element» – Bedürfnisse nach Freiheit, Selbstbestimmung, Bildung und Anerkennung – scheint nichts mehr zu gelten in einer Welt, worin im Namen wissenschaftlich fragwürdiger Dogmen ganzen Nationen Sparstrategien mit katastrophalen Auswirkungen auf die Arbeits- und Lebensbedingungen aufgezwungen werden. Marx hat die Widersprüche einer Welt, worin gigantischer Reichtum neben größter Armut bestehen kann, scharfsinnig analysiert. Heute wird das bloße Aussprechen des Offensichtlichen, die Sorge angesichts von Wohlstandsdisparitäten, Unsicherheiten in der Arbeitswelt und der unaufhaltsamen Privatisierung der planetaren Ressourcen als Ausdruck subversiver, klassenkämpferischer Gesinnung diskreditiert.[16] Das vieldiskutierte und -kritisierte Buch von Thomas Piketty *Le Capital au XXI siècle* wurde nach seinem Erscheinen 2013 von ideologisch voreingenommenen Rezensenten sogleich als marxistisch verdammt – wider oder mangels besseren Wissens. Piketty hatte dokumentiert, woran der heutige Kapitalismus leidet, er wollte ihn nicht überwinden.

Was den Liberalismus der Gegenwart betrifft, so handelt es sich dabei um eine veritable Reaktion. In alten Zeiten wurde unter Freiheit ein Privileg verstanden. Mitglieder der adligen Oberschicht besaßen das Privileg, bestimmte Dinge zu tun und andere zu lassen, etwa Steuern zu zahlen. Dagegen war die Mehrheit der Bevölkerung solcher Privilegien beraubt und gezwungen, Steuern zu zahlen. Das Geld holte man sich bei jenen, denen es fehlte, nicht dort, wo es in Massen vorhanden war. Ist es heute anders? In den letzten Jahren wurden in mehreren Staaten Politiker gewählt, die nichts Eiligeres zu tun hatten, als die Steuern für die oberen Einkommensklassen zu senken, Regulierungen aufzuheben und den unteren Klassen außer leeren Versprechen nichts zu bieten. Die angebliche Sorge um das Staatsbudget erwies sich als Vorwand. Heute, im Zeitalter von *Panama Papers* und *Paradise Papers*, ist es so weit gekommen – und manche «liberale» Vordenker finden das auch ganz in Ordnung –, dass eine neue Oberschicht unter Freiheit bloß noch das Privileg versteht, keine Steuern zu zahlen, keinem Gesetz unterworfen und keinem politischen Gemeinwesen gegenüber verantwortlich zu sein. Von einer ernsthaften Kommunikation zwischen «oben» und «unten» kann kaum mehr die Rede sein.

Es geht hier um die Verteilung von Gütern und Chancen. Marx, so die hier vertretene These, war in erster Linie ein Anwalt der Freiheit, nicht der Verteilungsgerechtigkeit. Hier geht es allerdings um die Verteilung von Privilegien, von politischer und ökonomischer Macht, eine Verteilung, deren Auswirkungen sehr wohl die Freiheiten der Unterprivilegierten gefährden können. Eben weil dies so ist, kann die traditionelle Lehre von der Gewaltenteilung die individuellen Freiheiten nur beschränkt garantieren. Eine Wirtschaftsordnung, die sich gegen jede Regulierung, jede Kontrolle zur Wehr setzt, bedroht die Freiheit genauso wie staatliche Willkür. Wenn eine künftige Politik sich dereinst von ihrer Funktion als fügsames Instrument partikularer Interessen emanzipiert haben wird, wird sie sich erneut ihrer Aufgabe als Hüterin der Freiheit widmen müssen.

Die Macht der Oberschicht besteht darin, die Folgen ihres Handelns auf die Unterschicht abwälzen zu können, so hat es Machiavelli bereits klarsichtig formuliert.[17] «Après moi le déluge! Nach uns die Sintflut» ist der Wahlruf der Kapitalisten, so hat Marx ergänzt.[18]

In einer 1856 gehaltenen Rede sagte Marx: «In unseren Tagen scheint jedes Ding mit seinem Gegenteil schwanger zu gehen. Wir sehen, dass die Maschinerie, die mit der wundervollen Kraft begabt ist, die menschliche Arbeit zu verringern und fruchtbarer zu machen, sie verkümmern lässt und bis zur Erschöpfung auszehrt. Die neuen Quellen des Reichtums verwandeln sich durch einen seltsamen Zauberbann zu Quellen der Not. Die Siege der Wissenschaft scheinen erkauft durch Verlust an Charakter. In dem Maße, wie die Menschheit die Natur bezwingt, scheint der Mensch durch andre Menschen oder durch seine eigne Niedertracht unterjocht zu werden. Selbst das reine Licht der Wissenschaft scheint nur auf dem dunklen Hintergrund der Unwissenheit leuchten zu können. All unser Erfinden und unser ganzer Fortschritt scheinen darauf hinauszulaufen, dass sie materielle Kräfte mit geistigem Leben ausstatten und das menschliche Leben zu einer materiellen Kraft verdummen. Dieser Antagonismus zwischen moderner Industrie und Wissenschaft auf der einen Seite und modernem Elend und Verfall auf der andern

Seite, dieser Antagonismus zwischen den Produktivkräften und den gesellschaftlichen Beziehungen unserer Epoche ist eine handgreifliche, überwältigende und unbestreitbare Tatsache.»[19]

Diese erbarmungslose und bedrohliche Dialektik prägt das Leben der Menschen im 21. Jahrhundert, so wie sie das Leben der Menschen im 19. Jahrhundert geprägt hat. Heute taucht nach jeder Wirtschaftskrise die Frage auf, ob Marx vielleicht doch recht gehabt hat. Andere meinen – zu Recht –, er habe doch manche politisch oder ökonomisch wichtige Frage nicht beantwortet. Und schließlich wird die große Mehrheit wohl der Ansicht sein, Marx habe ihnen nichts zu sagen. Sie haben unrecht. Marx hat nicht die ideale Ordnung von Politik, Gesellschaft und Wirtschaft erfunden, war dazu nicht in der Lage, wollte es nicht, da er nur allzu gut wusste, dass die Geschichte nicht, oder allenfalls in groben Zügen, vorhersehbar ist, dass sie immer wieder Überraschungen bereithält – gute und schlechte. Was indes die groben Züge betrifft, so sind Marx' Prognosen doch ganz beachtlich.

Wichtiger ist etwas anderes: Freiheit, in ihrer radikalen Konsequenz verstanden, setzt voraus, dass Menschen die Verhältnisse, die sie, teils bewusst, teils unbewusst, schaffen, auch kontrollieren und verändern können. Dies ist gewiss oft nur in beschränkten Maßen möglich. Doch Menschen sind, so sollte man meinen, bis auf weiteres immer noch vernunftbegabte Wesen und als solche wohl fähig, die Botschaften jener zu vernehmen, die aufklären wollen über das «bürgerliche» Zeitalter, über ein Wirtschafts- und Herrschaftssystem, das so viel gegenseitige Abhängigkeit zwischen Menschen schafft und sie doch andauernd gegeneinander ausspielt.

ANHANG

LITERATUR

MEGA: MARX-ENGELS-GESAMTAUSGABE

Die MEGA ist laut Verlagsinformationen des Verlags De Gruyter «die historisch-kritische Ausgabe sämtlicher Veröffentlichungen, nachgelassenen Manuskripte und Entwürfe sowie der Briefwechsel von Karl Marx und Friedrich Engels. Sie dokumentiert Werk und Nachlass vollständig und in authentischer Form.» Zum Zweck der Herausgabe ist 1990 in Amsterdam die Internationale Marx-Engels-Stiftung gegründet worden. Wenn immer möglich, wird aus diese Ausgabe zitiert, die allerdings noch nicht vollständig ist, bislang liegen 65 Bände vor.

MEJB: Marx-Engels-Jahrbuch, Berlin 2003 ff.

MEW: Marx-Engels-Werke, Berlin 1956 ff.

PRIMÄRLITERATUR

Aischylos, Tragödien und Fragmente, Tübingen 1980.

Aristoteles, Werke in deutscher Übersetzung, Berlin / Darmstadt 1956 ff.

Bakunin, Michael, Philosophie der Tat, Köln 1968.

Barbey d'Aurevilly, Jules, Goethe et Diderot, Paris 1880.

Barnave, Antoine, Theorie der Französischen Revolution, München 1972.

Bauer, Bruno, Die Judenfrage, Braunschweig 1863.

Bauer, Bruno, Feldzüge der reinen Kritik, Frankfurt/M. 1968.

Bauer, Bruno, Zur Orientierung über die Bismarck'sche Ära, Aalen 1969.

Bentham, Jeremy, The Works of Jeremy Bentham, New York 1962.

Blanqui, Adolphe, Histoire de l'économie politique en Europe, Paris 1837.

Bodin, Jean, Sechs Bücher über den Staat, 2 Bände, München 1981.

Burke, Edmund, The Writings and Speeches of Edmund Burke (WS), Oxford 1981 ff.

Burke, Edmund, Betrachtungen über die Französische Revolution, Frankfurt/M. 1967.

Constant de Rebecque, Benjamin, Œuvres complètes (OC), Tübingen / Berlin 1993 ff.

Constant de Rebecque, Benjamin, Werke in vier Bänden, Berlin 1972.
Desmoulins, Camille, Œuvres, München 1980.
Diderot, Denis, Œuvres complètes (OC), Paris 1975 ff.
Diderot, Denis, Rameaus Neffe, Stuttgart 1984.
Diogenes Laertius, Leben und Meinungen berühmter Philosophen, Hamburg 1967.
Dostojewskij, Fjodor, Böse Geister, Zürich 1998.
Epikur, Briefe, Sprüche, Werkfragmente, Stuttgart 1980.
Ferguson, Adam, Versuch über die Geschichte der bürgerlichen Gesellschaft, Frankfurt/M. 1986.
Goethe, Johann Wolfgang von, Sämtliche Werke, Münchner Ausgabe, München 1998.
Guizot, François, Essais sur l'histoire de la France, Paris 1841.
Hegel, Georg Friedrich Wilhelm, Werke (W), Frankfurt/M. 1970.
Heine, Heinrich, Düsseldorfer Heine-Ausgabe (DHA), Hamburg 1973 ff.
Hesiod, Theogonie, Stuttgart 2005.
Hesiod, Werke und Tage, Stuttgart 2007.
Hess, Moses, Philosophische und sozialistische Schriften, Berlin 1961.
Hobbes, Thomas, Leviathan, Frankfurt/M. 1984.
Hume, David, Moralische, politische und literarische Essays, Hamburg 1988.
Hume, David, Eine Untersuchung über die Prinzipien der Moral, Hamburg 2003.
Kant, Immanuel, Werkausgabe (WA), Frankfurt/M. 1968.
Lenin, Wladimir Iljitsch, Werke (W), Berlin 1961.
Locke, John, The Works of John Locke, London 1823 / Aalen 1963.
Locke, John, Über den menschlichen Verstand, Berlin 1962.
Locke, John, Zwei Abhandlungen über die Regierung, Frankfurt/M. 1989.
Locke, John, Political Essays, Cambridge 1997.
Locke, John, Writings on Religion, Oxford 2002.
Lukrez (Titus Lucretius Carus), De rerum natura – Welt aus Atomen, Stuttgart 1973.
Machiavelli, Niccolo, Gesammelte Werke, Frankfurt/M. 2006.
Maistre, Joseph de, De la souveraineté du peuple, Paris 1992.
Mandeville, Bernard, Die Bienenfabel oder Private Laster, öffentliche Vorteile, Frankfurt/M. 1980.
Mill, John Stuart, Collected Works (CW), Toronto 1963 ff.
Millar, John, Vom Ursprung des Unterschieds in den Rangordnungen und Ständen der Gesellschaft, Frankfurt/M. 1985.
Montesquieu, Charles de Secondat de, De l'esprit des lois, Paris 1979.
Nietzsche, Friedrich, Sämtliche Werke. Kritische Studienausgabe (KSA), Berlin / München 1980.
Nietzsche, Friedrich, Sämtliche Briefe

(KSB), München / Berlin / New York 1986.

Platon, Werke, Darmstadt 1970 ff.

Raynal, Guillaume, Histoire philosophique et politique des deux Indes, Paris 1981.

Rousseau, Jean-Jacques, Œuvres complètes (OC), Paris 1959 – 1995.

Saint-Simon, Claude Henri Comte de, Œuvres choisies (OC), New York 1973.

Sieyès, Emmanuel Joseph, Politische Schriften 1788 – 1790, München / Wien 1981.

Smith, Adam, Der Wohlstand der Nationen. Eine Untersuchung seiner Natur und seiner Ursachen, München 1978.

Spinoza, Baruch de, Theologisch-Politischer Traktat (TPT), Hamburg 1976.

Stein, Lorenz von, Die socialen Bewegungen der Gegenwart, in: Schriften zum Sozialismus, Darmstadt 1974.

Sterne, Laurence, Leben und Meinungen von Tristram Shandy, Gentleman, Stuttgart 1978.

Stirner, Max, Der Einzige und sein Eigentum, Stuttgart 1972.

Tocqueville, Alexis de, Œuvres complètes (OC), Paris 1951 ff.

Weber, Max, Gesamtausgabe (GA), Tübingen 1984 ff.

SEKUNDÄRLITERATUR

Abensour, Miguel, La Démocratie contre l'Etat, Marx et le mouvement machiavélien, Paris 2012.

Anderson, Perry, Die Entstehung des absolutistischen Staates, Frankfurt a. M. 1979.

Arendt, Hannah, Die verborgene Tradition, Frankfurt/M. 1976.

Arendt, Hannah, Rahel Varnhagen, München / Zürich 1981.

Arendt, Hannah, Vita activa oder Vom tätigen Leben, München / Zürich 1985.

Arendt, Hannah, Elemente und Ursprünge totaler Herrschaft, München 1986.

Arendt, Hannah / Blücher, Heinrich, Briefe 1936 – 1968, München / Zürich 1996.

Aron, Raymond, Essai sur les libertés, Paris 1965.

Avineri, Shlomo, Marx and Jewish Emancipation, in: Jessop I, I, 564 – 571 (1964).

Balibar, Etienne, Spinoza et la politique, Paris 1990.

Balibar, Etienne (Hg.), Spinoza and Modernity, Ethics and Politics, Würzburg 1993 (a).

Balibar, Etienne, La Philosophie de Marx, Paris 1993 (b).

Ballestrem, Karl Graf, Sources of the materialist conception of history in the history of ideas, in: Jessop I, I, 147 – 153 (1991).

Berlin, Isaiah, Zwei Freiheitsbegriffe, in:

Freiheit. Vier Versuche, Frankfurt/M. 1995.
Bloom, Solomon, Karl Marx and the Jews, in: Jessop I, I, 552–563 (1942).
Bonefeld, Werner / Heinrich, Michael (Hg.), Kapital und Kritik. Nach der «neuen» Marx-Lektüre, Hamburg 2011.
Brenkert, G. G., Marx and Human Rights, in: Jessop II, VII, 293–314 (1986).
Brumlik, Micha, Deutscher Geist und Judenhass, München 2000.
Brunner, O. / Conze, W. / Koselleck, R. (Hg.), Geschichtliche Grundbegriffe, Stuttgart 2004.
Carlyle, Thomas, Latter-Day Pamphlets, London 1907.
Claussen, Detlev, Grenzen der Aufklärung, Frankfurt/M. 1994.
Claussen, Detlev, Antisemitismus, in: HKW Bd. 1, 356–364.
Draper, Hal, Marx and the Dictatorship of the Proletariat, in: Jessop I, III, 289–315 (1962).
Draper, Hal, Karl Marx's Theory of Revolution, Vol. 1, State and Bureaucracy, New York 1977.
Eberlein, Hermann-Peter, Bruno Bauer. Vom Marx-Freund zum Antisemiten, Berlin 2009.
Erler, Michael, Epikur, in: Flashar, Hellmut (Hg.), Grundriss der Geschichte der Philosophie. Die Philosophie der Antike, Band 4: Die hellenistische Philosophie, 29–202, Basel 1994.
Fontenay, Elisabeth de, Diderot ou le matérialisme enchanté. Paris 1981.
Furet, François / Ozouf, Mona, Kritisches Wörterbuch der Französischen Revolution, 2 Bände, Frankfurt/M. 1996.
Fukuyama, Francis, The End of History and the Last Man, New York 2006.
Gengembre, Gérard, Burke, in: Furet / Ozouf 1996, Band II.
Geuss, Raymond, Philosophy and real Politics, Princeton 2008.
Habermas, Jürgen, Faktizität und Geltung, Frankfurt/M. 1992.
Harvey, David, Marx' «Kapital» lesen, Hamburg 2011.
Haug, Wolfgang Fritz (Hg.), Historisch-kritisches Wörterbuch des Marxismus (HKW), Hamburg 1994 ff.
Hayek, Friedrich von, Gesammelte Schriften (GS), Tübingen 2001 ff.
Hess, Moses, Philosophische und sozialistische Schriften, Berlin 1961.
Higonnet, Patrice, Marx, disciple de Constant, in: Annales B. Constant 6, Paris/Genève 1986, 11–16.
Hillmann, Günther, Marx und Hegel. Von der Spekulation zur Dialektik, Frankfurt/M. 1966.
Hirsch, Helmut, Marx und Moses, Frankfurt/M. 1980.
Hirschman, Albert O., Leidenschaften und Interessen, Frankfurt/M. 1987.
Ibrahim, Annie, Diderot, un matérialisme éclectique, Paris 2010.
Jaeck, Hans-Peter, Die französische bürgerliche Revolution von 1789

im Frühwerk von Karl Marx, Berlin 1979.

Jessop, Bob / Malcolm-Brown, Charlie (Hg.), Karl Marx's social and political thought, Vol. I, I – IV, Andover 1991 – 2001 (Jessop I).

Jessop, Bob / Wheatley, Russell (Hg.), Karl Marx's social and political thought, Vol. II, V – VIII, Andover 1991 – 2001 (Jessop II).

Johnstone, Monty, Marx, Blanqui and Majority Rule, in: Jessop I, III, 331 – 354 (1983).

Kemp, Jonathan (Hg.), Diderot, Interpreter of Nature, New York 1963.

Krätke, Michael R., Kritik der politischen Ökonomie heute, Hamburg 2017.

Lacroix, Justine / Pranchère, Jean-Yves, Le procès des droits de l'homme, Paris 2016.

Lauffer, Roger, Structure et signification du «Neveu de Rameau», in: Schlobach 1992, 196 – 214 (1992).

Lefort, Claude, Essais sur le politique, Paris 1986.

Limmroth, Angelika, Jenny Marx. Die Biographie, Berlin 2014.

Lutz-Bachmann, Matthias, Karl Marx, Das Kapital, in: Manfred Brocker (Hg.), Geschichte des politischen Denkens, Frankfurt/M. 2007, 451 – 465.

Macpherson, Crawford Brough, Die politische Theorie des Besitzindividualismus, Frankfurt/M. 1973.

Maihofer, Andrea, Das Recht bei Marx, Baden-Baden 1992.

Marti, Urs, Was heißt: Positive Politik?, in: Manuskripte. Zeitschrift für Literatur, 1984, 52 – 56.

Marti, Urs, Wagner und Nietzsche – oder: Die Außen- und die Innenseite großer Politik, in: Armin Wildermuth (Hg.), Nietzsche und Wagner, Zürich 2008, 51 – 74.

Marti, Urs, Souveränität und Globalisierung, in: Kohler, G. / Marti, U. (Hg.), Konturen der neuen Welt(un)ordnung. Beiträge zu einer Theorie der normativen Prinzipien internationaler Politik, Berlin / New York 2003, 165 – 188.

Marti-Brander, Urs, Rousseaus Schuld, Basel 2015.

Mayer, Jacob Peter, Alexis de Tocqueville und Karl Marx: Affinitäten und Gegensätze, in: Zeitschrift für Politik 1, 1966, 1 – 13.

McLellan, David, Karl Marx, Leben und Werk, München 1974.

Oehler, Dolf, Ein Höllensturz der alten Welt, Frankfurt/M. 1988.

Pedulla, Gabriele, Tendance Karl. Autour d'une tentative romanesque de Marx. Revue Période, 2015. http://revueperiode.net/

Pies, Ingo / Leschke, Martin (Hg.), Karl Marx' kommunistischer Individualismus, Tübingen 2005.

Postone, Moishe, Time, Labour and Social Domination, Cambridge 1993.

Quante, Michael / Schweikard, David P. (Hg.), Marx-Handbuch: Leben – Werk – Wirkung, Stuttgart 2016.

Quaritsch, Helmut, Souveränität. Entstehung und Entwicklung des Begriffs

in Frankreich und Deutschland vom 13. Jahrhundert bis 1806, Berlin 1986.
Rosa, Hartmut, Beschleunigung. Die Veränderung der Zeitstrukturen in der Moderne, Frankfurt/M. 2005.
Rosenblatt, Helena (Hg.), The Cambridge Companion to Constant, Cambridge 2009.
Rubel, Maximilien, Marx critique du marxisme, Paris 1974.
Ryazanoff, David (Hg.), The Communist Manifesto, Moskau 1922.
Schlobach, Jochen (Hg.), Denis Diderot, Darmstadt 1992.
Schumpeter, Joseph A., The Communist Manifesto in Sociology and Economics, in: Jessop I, I, 692–709 (1949).
Screpanti, Ernesto, Libertarian Communism, London 2007.
Seigel, Jerrold E., Marx's Fate, Princeton 1978.
Silberner, Edmund, Sozialisten zur Judenfrage, Berlin 1962.
Silberner, Edmund, Kommunisten zur Judenfrage, Opladen 1983.
Stedman Jones, Gareth, Karl Marx, Greatness and Illusion, London 2016.
Strugnell, Anthony, Diderot's Politics, The Hague 1973.
Teeple, Gary, The Doctoral Dissertation of Karl Marx, in: Jessop II, V, 62–103 (1990).
Therborn, Göran, The Working Class and the Birth of Marxism, in: Jessop I, I, 70–84 (1973).
Therborn, Göran, An Age of Progress, in: New Left Review 99, 2016, 27–37.
Tosel, André, Du matérialisme de Spinoza, Paris 1994.
Traverso, Enzo, Les Marxistes et la question juive, Montreuil 1990.
Waldron, Jeremy, Nonsense upon stilts: Bentham, Burke and Marx on the rights of man, London 2007.
Wallat, Hendrik, Weder Staat noch Kollektiv. Sozialismuskritik im Werk von Karl Marx, in: PROKLA 155, Zeitschrift für kritische Sozialwissenschaft, 39/2, 2009, 269–286.
Walther, Manfred, Baruch de Spinoza, Theologisch-Politischer Traktat, in: Brocker, Manfred, Geschichte des politischen Denkens, Frankfurt/M. 2007, 227–241.
Walzer, Michael, Exodus und Revolution, Berlin 1988.
Will, Rosemarie, Zwischen Himmel und Erde. Karl Marx über die Grundrechte in seiner Schrift «Zur Judenfrage», in: MEJB, 2014, 7–31.
Yovel, Yirmiyahu, Spinoza. Die Abenteuer der Immanenz, Göttingen 1994.

ANMERKUNGEN

ERSTER AUFTRITT

1 MEGA I/3, 391–422, hier 408.

2 Raymond Aron (1965) hat Marx einen prometheischen Freiheitsbegriff zugeschrieben. Marx habe verstanden, dass die Entfesselung der Produktivkräfte das traditionelle Verständnis von Freiheit erneuern muss.

3 MEGA I/1, 147, Debatten über Preßfreiheit, 12. Mai 1842.

4 Der Begriff hat sich seit langem eingebürgert, er ist von einem seiner frühen Theoretiker geprägt worden, um sich vom Liberalismus des 19. Jahrhunderts zu distanzieren. Heute ist eine Definition des Begriffs im Sinne einer schulmäßigen Abgrenzung schwierig geworden. Mehrere Doktrinen bezeichnen sich oder werden von ihren Gegnern als neoliberal bezeichnet. Immerhin lässt sich sagen, dass Friedrich von Hayek der wichtigste Theoretiker dieser Richtung ist. Der Begriff dient heute vornehmlich der Bezeichnung einer bestimmten Wirtschafts- und Sozialpolitik, einer Politik der Deregulierung, Privatisierung und Austerität.

I DIE PHILOSOPHIE DER FREIHEIT UND IHRE PRAXIS

1 Stedman Jones, 24–25; vgl. 108–109.

2 Wie Jenny von Westphalens Biographin berichtet, entstammte ihre Großmutter dem schottischen Hochadel. Deren Ahnen seien bekannt gewesen «für ihre liberalen Ansichten, für ihren Abscheu gegen Tyrannei.» Limmroth 2014, 20–21.

3 Gründe für die Geheimhaltung waren offenbar, folgt man der Biographie von Stedman Jones, 2016, 49–60, Konflikte innerhalb der Familie von Westphalen zwischen dem liberalen Vater Ludwig und seiner radikalen Tochter Jenny einerseits sowie den extrem konservativ und religiös gesinnten Kindern aus erster Ehe, insbesondere dem Sohn Ferdinand, der 1850 zum preußischen Innenminister ernannt wurde.

4 MEGA III/1, 9–18, Brief an den Vater.

5 Vgl. Kant, Werkausgabe IV, 374–386, Kritik der reinen Vernunft, Transzendentale Dialektik.

6 Hegel, Werke Bd. 12, 529, Vorlesungen über die Philosophie der Geschichte.

7 MEGA I/1, 454–457.

8 MEGA I/1, 688–703; 1247–1249. Vgl. Pedulla 2015.

9 MEGA III/1, 15–16, Brief an den Vater.

10 Hegel, Werke Bd. 19, 250–252, Vorlesungen über die Geschichte der Philosophie II; vgl. zum Begriff des Verstands Bd. 8, §§ 79–82, 168–179, Enzyklopädie der philosophischen Wissenschaften.

11 Hegel, Werke Bd. 5, 186, Wissenschaft der Logik.

12 MEGA I/1, 21. Über die Differenz der demokritischen und epikureischen Naturphilosophie.

13 Vgl. Hegel, Werke Bd. 18, 20, Vorlesungen über die Geschichte der Philosophie I: «Was die Geschichte der Philosophie uns darstellt, ist die Reihe der edlen Geister, die Galerie der Heroen der denkenden Vernunft, welche Kraft dieser Vernunft in das Wesen der Dinge, der Natur und des Geistes, in das Wesen Gottes eingedrungen sind und uns den höchsten Schatz, den Schatz der Vernunfterkenntnis erarbeitet haben.»

14 Für eine ausführliche Analyse der Dissertation vgl. Hillmann 1966 sowie Teeple 1990, hier vor allem 93–98.

15 Die Dissertation ist in der eingereichten Version nicht erhalten und der erhaltene Text fragmentarisch. Sie wurde erst 1902 aus dem Nachlass von Engels und Lassalle publiziert; vgl. MEGA I/1, 879–887.

16 MEGA I/1, 14, Marx zitiert aus der Ausgabe: David Hume, Über die menschliche Natur, Bd. 1, Über den menschlichen Verstand, Halle 1790, 485. Vgl. die Exzerpte MEGA IV, 1, 225.

17 Epikur 1980, 43, Brief an Menoikeus § 123. Marx zitiert Epikur im griechischen Original.

18 MEGA I/1, 13–15, Differenz. Aischylos, Prometheus desmotes, 966–969; Marx zitiert Aischylos im griechischen Original; Prometheus Desmotes, in: Aischylos, Tragödien und Fragmente, Tübingen 1980, 468–469.

19 Vgl. Teeple 1990, 67–68.

20 MEGA I/3, 391–422, hier 408.

21 Hesiod erzählt den Prometheus-Mythos in der «Theogonie» (535–616) sowie in «Werke und Tage» (42–105).

22 Hegel, Werke 19, 309; Vorlesungen über die Geschichte der Philosophie II.

23 MEGA I/1, 25, Differenz.

24 Epikur 1980, 51, Brief an Menoikeus, §§ 133–134.

25 Epikur 1980, 81.

26 MEGA I/1, 30, Differenz.

27 Epikur 1980, 5–7, Brief an Herodot, §§ 35–38.

28 Diogenes Laertius X, §§ 80, 86–87.

29 MEGA I/1, 30–31, Differenz.

30 Epikur 1980, 69–71, Kyriai doxai XI–XII.

31 Lukrez, De rerum natura, II, 216–250. Von Epikurs Hauptwerk *Peri physeos* (Über die Natur) sind nur Fragmente erhalten. Zu Epikurs Philosophie Erler 1994; zur Einschätzung von Marx' Interpretation 35–36; 194; zu Deklination und Willensfreiheit, 142–144; 160–161.

32 Lukrez, De rerum natura, II, 251–262.

33 Aristoteles, Politik I, 5, 1254a14; 1277a30–1277b; Metaphysik I/2, 982b25.

34 Lukrez, De rerum natura, II, 272–287.

35 Platon, Nomoi, 907c.

36 MEGA I/1, 36–38, Differenz; Epikur 1980, 43, § 123, 67, Kyriai doxai I.

37 Epikur 1980, 75–79, Kyriai doxai XXXI–XXXVIII. Vgl. die Exzerpte von Marx, MEGA IV, 1, 16, 602–603.

38 Hegel, Werke 10, §§ 424–436, 213–227, Enzyklopädie der philosophischen Wissenschaften.

39 Diogenes Laertius II, 3, § 10.

40 MEGA I/1, 51–53, Differenz.

41 Vgl. Aristoteles, Metaphysik XII, 1974a31–1074b13; Über den Himmel, II, 1, 284a11–284b5

42 Epikur 1980, 35–37, Brief an Herodot, §§ 76–80.

43 Die Unterscheidung zwischen der Astronomie als Wissenschaft der strengen Gesetzmäßigkeit und der Meteorenlehre ist erklärungsbedürftig. *Ta meteora* sind wörtlich übersetzt die höheren Dinge, was zweideutig ist, kann es sich doch sowohl um die himmlischen Dinge (Astronomie) wie um die überirdischen Dinge (Theologie) handeln. Als Wissenschaft verstanden, ist die Meteorenlehre nur ein anderer Name für die Astronomie, als Ethik verstanden, unterscheidet sie sich hingegen davon.

44 Die poetische Inszenierung von Marx im zitierten Gedicht träfe damit auch auf Epikur zu: Er will das Himmelszelt zur Erde ziehn.

45 MEGA I/1, 55–58, Differenz.

46 Lukrez, De rerum natura, I, 62–79.

47 Hegel, Werke 19, 319–320, Vorlesungen über die Geschichte der Philosophie.

48 MEGA I/1, 90–91, Differenz, Anhang; Das Lob Epikurs, der «zuerst die Götter gestürzt» hat, wiederholt Marx in der Deutschen Ideologie, MEW 3, 124–126.

49 Vgl. Stedman Jones 2016, 76–78.

50 MEGA I/1, 100, Bemerkungen über die neueste preußische Zensurinstruktion.

51 MEGA I/1, 106–110, Zensurinstruktion.

52 Die Provinziallandtage setzten sich zusammen aus den Ständen. Der Begriff des Standes hat mehrere Bedeutungen. Die Französische Revolution hatte die bishe-

rige Hierarchie der Stände – Klerus, Adel, das «einfache Volk» der Bauern, Handwerker, Bürger, der Tiers État in Frankreich oder in Deutschland in der älteren Bezeichnung der Nährstand – aufgehoben. Diese Dreiteilung umfasst Ende des 18. Jahrhunderts die gesamte Bevölkerung. Erst im Laufe des 19. Jahrhunderts kommt der «vierte Stand» der Arbeiter hinzu. Was hingegen den preußischen Provinziallandtag betrifft, so ist hier die Standeszugehörigkeit immer noch an eine privilegierte Position gebunden. Die Bedingung des Vertretungsrechts war Grundbesitz, vertreten waren ritterliche, städtische und ländliche Grundbesitzer sowie Fürsten, das heißt Mitglieder von Familien ehemals reichsunmittelbarer Standesherren. Vgl. O. Brunner, W. Conze, R. Koselleck: Geschichtliche Grundbegriffe, Bd. 6, 200–217.

53 MEGA I/1, 124–125, vgl. 998, Debatten über die Preßfreiheit.

54 MEGA I/1, 127, vgl. 1000, Preßfreiheit.

55 MEGA I/1, 133, vgl. 1001, Preßfreiheit.

56 MEGA I/1, 139, Preßfreiheit.

57 MEGA I/1, 143, Preßfreiheit.

58 Alexis de Tocqueville, Œuvres complètes, Paris 1951 ff., II, 1, 62. L'Etat social et politique de la France avant et depuis 1789.

59 MEGA I/1, 150–153, Preßfreiheit.

60 MEGA I/1, 156–159, Preßfreiheit.

61 MEGA I/1, 161–163, Preßfreiheit.

62 MEGA I/1, 165, 168–169, Preßfreiheit.

63 MEGA I/1, 313, Rechtfertigung des Korrespondenten von der Mosel.

64 MEGA I/1, 301, Rechtfertigung.

65 MEGA I/1, 187. Der leitende Artikel in Nr. 79 der «Kölnischen Zeitung».

66 MEGA I/1, 179. Marx mokiert sich über die Wahrheitsanmaßung der Religionen: Soll die Philosophie in einem Land glauben, «dass 3×1=1, in dem andern, dass die Weiber keine Seelen haben, im dritten, dass im Himmel Bier getrunken wird?» Der leitende Artikel.

67 MEGA I/1, 181, Der leitende Artikel.

68 MEGA I/1, 188–189, Der leitende Artikel.

69 MEGA I/1, 203, Debatten über das Holzdiebstahlgesetz; vgl. Locke 1989, § 27.

70 MEGA I/1, 204–205, Holzdiebstahlgesetz.

71 MEGA I/1, 208, Holzdiebstahlgesetz.

72 MEGA I/1, 215, Holzdiebstahlgesetz.

73 Vgl. MEGA I/1, 237–240, Der Kommunismus und die Augsburger «Allgemeine Zeitung».

74 MEGA I/1, 251–259, Die Kommunalreform und die Kölnische Zeitung.

75 MEGA I/1, 401, Denkschrift betreffend die Unterdrückung der Rheinischen Zeitung.

II RECHT AUF ABSONDERUNG – SUCHT NACH GESELLSCHAFT

1 Vgl. Brumlik 2000.
2 In einem Brief an seinen Onkel Lion Philips nennt Marx den englischen Politiker Benjamin Disraeli «unseren Stammgenossen». MEGA III/13, 90; in einem weiteren Brief an Philips spricht er vom «Ahnenstolz». III/12, 575.
3 Einen guten Einblick in diesen Wertewandel gibt Hirschman 1987.
4 Das von Napoleon geschaffene Trierer Konsistorium war eine Institution, deren Aufgabe darin bestand, religiöse Fragen zu regeln; Samuel Marx stand ihm als Großrabbiner vor.
5 Stedman Jones 2016, 17–18.
6 Stedman Jones 2016, 19–30. Vgl. McLellan 1973, 12–14; Claussen 1994, 46–47.
7 Silberner 1962, 107–142; 1983, 16–42.
8 Traverso 1990; Claussen 1994; Claussen in Haug 1994, Bd. 1, 356–364.
9 MEGA III/13, 16; es handelt sich beim Brief um ein Fragment, offenbar wurde er nicht abgeschickt.
10 Seigel 1978, 113. MEGA III/7, 240–243, Marx an Engels, 5. März 1856.
11 Hirsch 1980, 85–97, gibt ein anschauliches Bild von Marx' Jugend und den sie prägenden Faktoren: der frühe Tod von Geschwistern, die eigene Krankheit und Schwäche, die extreme Armut in der Trierer Gegend, die bescheidene finanzielle Situation der Familie von Heinrich Marx. Die Konversion der Kinder vom Judentum zum in Trier minoritären Protestantismus kommt dem Wechsel von einer diskriminierten Gruppe zu einer anderen gleich. Später beschweren Konflikte mit den Eltern, auch aufgrund der Heiratsabsichten, Marx' Leben. Nach der Familiengründung fehlt es an einer sicheren Existenzgrundlage, Geldsorgen plagen die Familie permanent, die Wohnbedingungen sind über lange Zeit miserabel, Krankheit und Tod in der eigenen Familie sind die Folgen.
12 Vgl. zu den Bittschriften ausführlich Hirsch 1980, 97–102; 139–152.
13 Hannah Arendt hat einmal erklärt, sie liebe ihr Volk nicht, man könne nicht etwas Abstraktes wie ein Volk lieben. Abschätzige Worte über Juden finden sich in ihren Briefen zuweilen, man wird sie deshalb nicht als Antisemitin bezeichnen, vgl. Arendt / Blücher 1996, 245; 518–520. Zur Problematik des Antisemitismus-Vorwurfs vgl. Claussen 1994, 88–89. Zur schwierigen Situation assimilierter

Juden vgl. Arendt 1981, 207–208: «In einer im großen Ganzen judenfeindlichen Gesellschaft […] kann man sich nur assimilieren, wenn man sich an den Antisemitismus assimiliert.»

14 Silberner 1962, 110–115, 288.

15 Kant, Werke 11, 320–321, «Der Streit der Fakultäten».

16 Hegel, Werke 7, § 270, 421, Grundlinien der Philosophie des Rechts.

17 Hegel, Werke 7, § 270, 430; Grundlinien der Philosophie des Rechts; Werke 12, 72–74; 241–243: Das jüdische Prinzip ist laut Hegel das ausschließende Eine. Die jüdische Religion «muss notwendig das Moment der Ausschließung gewinnen, welches wesentlich darin besteht, dass nur das eine Volk den Einen erkennt und von ihm anerkannt wird»; vgl. 534–535, Vorlesungen über die Geschichte der Philosophie.

18 Vgl. Silberner 1962, 307f., Proudhon; 301f., Müller-Tellering; 151f., Dühring; 273ff., Bakunin.

19 MEGA I/13, 156–157.

20 Friedrich Engels, Über den Antisemitismus, MEW 22, 49–51.

21 Neben den beiden Genannten sind dies drei Abschnitte im Bauer-Kapitel der «Heiligen Familie», MEW 2, 91–95; 99–104; 112–125.

22 MEGA III/1, 374, Oppenheim an Marx; 31, Marx an Oppenheim; vgl. 577; 45–46.

23 Hegel, Werke 12, 243; 539–540, Vorlesungen über die Philosophie der Geschichte.

24 Bauer 1843, 1–5; 8–11; 14; 19; 42–48; 109; 54; 64–65; 73–74.

25 «Die Fähigkeit der heutigen Juden und Christen, frei zu werden», in: Bruno Bauer, Feldzüge der reinen Kritik, Frankfurt/M. 1968.

26 Bauer 1968, 176–181, vgl. 188.

27 Heinrich Heine klagt den Rassismus der weißen Amerikaner an und fährt fort: «Dabey machen diese Amerikaner großes Wesen von ihrem Christenthum und sind die eifrigsten Kirchengänger. […] Der weltliche Nutzen ist ihre eigentliche Religion und das Geld ist ihr Gott, ihr einziger allmächtiger Gott.» Sämtliche Werke, Düsseldorfer Ausgabe, Hamburg 1973ff., Bd. 11, 37–38, Ludwig Börne. Vgl. ebenso Gustave de Beaumont, Marie ou l'esclavage aux Etats-Unis, 1840, 42, «L'argent est le dieu des Etats-Unis.»

28 Vgl. MEGA I/2, 456. «Kritische Randglossen»: «[…] der moderne Staat und die moderne Schacherwelt, – scheinheilige christliche Gegensätze».

29 MEGA I/10, 182, Klassenkämpfe in Frankreich; vgl. Michael Walzer, Exodus und Revolution, Berlin 1988.

30 Vgl. die Exzerpte, MEGA IV/2, 269–275.

31 MEGA I/2, 165–166, Zur Judenfrage.

32 MEGA I/2, 166, Zur Judenfrage.

33 Unter dem Begriff der bürgerlichen Gesellschaft ist zweierlei zu verstehen: die Zivilgesellschaft als eine vom Staat unterschiedene Sphäre sowie die Gesellschaft des Bourgeois als Repräsentanten jener sozialen Klasse, die im 19. Jahrhundert zur dominierenden Klasse aufsteigt.

34 MEGA I/2, 168, Zur Judenfrage.

35 Moses Hess, Philosophische und sozialistische Schriften, Berlin 1961, 345–346.

36 Heine DHA 13/1, Lutetia, Erster Teil, IX, 51–54. Einen gut dokumentierten Überblick über innerjüdische Kontroversen gibt Draper 1977, 591–608. Es waren gerade die Vorkämpfer der jüdischen Emanzipation, welche den im Finanzgeschäft tätigen Juden vorwarfen, sie verschuldeten die Leiden des jüdischen Volks und die Verleumdungen, denen es ausgesetzt sei.

37 Vgl. Avineri 1964.

38 MEW 2, 91, 93, 99, 102, 116–117, 120.

39 Traverso 1990, 37–47.

40 Arendt 1976, 55–58. Traverso, 1990, 38.

41 Arendt, Elemente und Ursprünge totaler Herrschaft, München, Zürich, 1986, 97–98; 126–127; vgl. 72–76. Auf die gleichen Zusammenhänge verweist Claussen 1994, 46–48; vgl. 89–93. Zu Lazare: Arendt 1976, 55–58.

42 Claussen 1994, 85–108.

43 MEGA II/5, 116–118; 415–416, Kapital I; MEGA II/15, 263–276; 316–329, Kapital III; vgl. Bloom 1942.

44 MEGA II/1.1, 155–156.

45 Hinzuweisen bleibt auf Jerrold Seigel, Marx's Fate, Princeton 1978, der eine ausführliche, psychoanalytisch orientierte Diskussion der Thematik vorschlägt, vgl. besonders 38–64; 95–119. Hirsch 1980, 106–129, weist bei aller kritischen Einstellung gegenüber Marx' frühen Schriften darauf hin, dass Autoren, die Marx Antisemitismus vorwerfen, häufig wichtige Fakten außer Acht lassen. Um nur Stichworte zu nennen: Interessiert war Marx an jüdischer Theologie und Geschichte, dies bezeugen bereits seine umfangreichen Exzerpte zu Spinoza. Dass andere liberale Juden, so vor allem Heine mit seinen mehr oder weniger boshaften Anspielungen auf die ökonomischen «Laster» der Juden, nicht hinter dem Berg hielten, ist bekannt. In England hat Marx sich für die Zulassung der Juden zum Unterhaus engagiert. Dass er zahlreiche jüdische Freundinnen und Freunde gehabt hat, versteht sich von selbst, dass die Freundschaften – übrigens auch jene zu Engels – selten ganz konfliktfrei gewesen sind, versteht sich bei seinem Naturell ebenso.

46 MEGA I/2, 379–381, Ökonomisch-philosophische Manuskripte.

47 Einen Überblick über die aktuelle Diskussion geben Lacroix / Pranchère 2016, hier 215–254.

48 In der Literatur wird unterschieden entweder zwischen negativer und positiver Freiheit oder aber zwischen negativen, aktiven und positiven Freiheitsrechten. Es kommt dabei oft zu Verwechslungen. Negative Freiheit meint: Das Individuum untersteht nicht dem Zwang, etwas zu tun oder zu unterlassen. Positive Freiheit meint: Das Individuum ist fähig, zu tun oder zu lassen, was es will. Negative Menschenrechte bezeichnen das Recht des Menschen auf eine Sphäre, in die der Staat sich nicht einmischen darf. Aktive Rechte oder Staatsbürgerrechte bezeichnen das Recht auf politische Partizipation. Positive Menschenrechte bezeichnen das Recht auf Teilhabe am Wohlstand einer Nation.

49 Vgl. Quaritsch 1986.

50 MEGA I/2, 148–149, Zur Judenfrage, vgl. Bauer 1968, 209–210.

51 MEGA I/2, 157–158, Zur Judenfrage.

52 Vgl. exemplarisch Kant: Recht ist der «Inbegriff der Bedingungen, unter denen die Willkür des einen mit der Willkür des anderen nach einem allgemeinen Gesetze der Freiheit zusammen vereinigt werden kann.» WA VIII, 337, Metaphysik der Sitten, Rechtslehre.

53 Der Widerspruch wurde von zahlreichen Historikern und Philosophen erkannt, Marx hat hinreichend Quellen zur Hand; vgl. Jaeck 1979, 114–116.

54 MEGA I/2, 159–160, Zur Judenfrage.

55 Vgl. Habermas 1992, 493.

56 MEGA I/2, 158, Zur Judenfrage. Zu erinnern ist an Hegels Definition des konkreten Begriffs der Freiheit: Ich ist in seiner Beschränkung im Anderen bei sich selbst. Bd. 7, § 7 Zusatz, Grundlinien der Philosophie des Rechts.

57 Man kann an Arendts «Recht, Rechte zu haben» erinnern, es handelt sich um das Recht auf Zugehörigkeit zu und Anerkennung in einem handlungsfähigen politischen Gemeinwesen, Arendt 1986, 452–470.

58 Montesquieu, De l'esprit des lois, II, 4.

59 MEGA I/2, 157–161, Zur Judenfrage.

60 MEW 2, 120, Die heilige Familie; vgl. MEGA I/2, 162, Zur Judenfrage.

61 MEW 2, 131–141, Die heilige Familie.

62 Rousseau OC III, 381–382, Contrat social.

63 Vgl. zur Interpretation dieser Stelle: Marti-Brander 2015, 108–111.

64 Bauer (1844) 1968, 209–210.

65 Hegel Bd. 7, § 183; der äußere oder Not- und Verstandesstaat ist jene Ordnung, worin das selbstsüchtige Handeln ein System der allseitigen Abhängigkeit

schafft; er ist das Reich der Konkurrenz, worin die Freiheit der Einzelnen nur eine negative sein kann; Grundlinien der Philosophie des Rechts.

66 Kant, WA XI, 33–50, Idee zu einer allgemeinen Geschichte.

67 MEW 2, 127–128, Die heilige Familie.

68 Locke 1989 II, § 124.

69 Constant 1972, Bd. IV, 363–396.

70 Constant OC I, 515–529, Des effets de la terreur.

71 Constant, Werke Bd. IV, 377–378.

72 Constant, Werke Bd. IV, 393–394.

73 MEW 2, 125–131, Die heilige Familie.

74 MEW 2, 130–131, Die heilige Familie.

75 MEW 3, 303–304; 311, Deutsche Ideologie; MEW 2, 130, Die heilige Familie; MEGA I/2, 139; I/2, 157. Vgl. Maihofer 1992, vor allem 90–126; Balibar 1993b, 71–74; Will 2014, 7–31, vor allem 17–18; Brenkert 1986.

III DAS AUFGELÖSTE RÄTSEL DER VERFASSUNG ODER: THEORIE DER POLITIK

1 Zu erwähnen ist das Kapitel «Progressive Epochen der ökonomischen Gesellschaftsformation» in: MEGA II/1.2, 378–415.

2 Vgl. Marti 2003; Brunner 2004, Bd. 6, 7–25; Anderson 1979.

3 Marx hat in jungen Jahren Fichte geschätzt, dieser hegte zunächst Sympathien für die revolutionären Ideen, war beeinflusst von Rousseau, setzte sein Vertrauen aber eher in Aufklärung und Reform. In späteren Jahren werden Fichtes politische Ordnungsvorstellungen konservativer, das demokratische Ideal weicht dem nationalen, die Ständeordnung wird rehabilitiert, schließlich die christliche Theokratie in Aussicht gestellt.

4 Vgl. Marti 1984.

5 Vgl. Marti 2008.

6 Ausnahmen gibt es, so namentlich Herbert Spencer: The Man versus the State, 1884.

7 «Pour qu'on ne puisse abuser du pouvoir, il faut que, par la disposition des choses, le pouvoir arrête le pouvoir.» Montesquieu 1979, XI/IV. (Um den Missbrauch der Macht zu verhindern, muss vermöge einer Ordnung der Dinge die Macht der Macht Schranken setzen.)

8 MEGA I/1, 188–189. Der leitende Artikel in der Kölnischen Zeitung.

9 Matthias Lutz-Bachmann, Karl Marx, Das Kapital, in: Manfred Brocker,

(Hg.), Geschichte des politischen Denkens, Frankfurt/M. 2007, 451–465, hier 464.

10 Vgl. Geuss 2011. Geuss kritisiert die kantianische Ausrichtung der heutigen politischen Philosophie, wie sie insbesondere in den Werken von John Rawls und Jürgen Habermas zum Ausdruck kommt. Rawls entwirft in seiner «Theory of Justice» (1971) eine ideale Welt, worin die Menschen tun, was sie tun sollten. Politik wird, so Geuss' Kritik, zur angewandten Ethik, die politische Philosophie nimmt von den Voraussetzungen und Zwängen der Alltagspolitik keine Kenntnis mehr.

11 Vgl. Kants Schriften «Über den Gemeinspruch», «Metaphysische Anfangsgründe der Rechtslehre» sowie «Der Streit der Fakultäten».

12 Es entbehrt nicht der Ironie, wenn Kant, dessen Philosophie «mit Recht» als die deutsche Theorie der Französischen Revolution zu betrachten ist – MEGA I/1, 193–194, Das philosophische Manifest der historischen Rechtsschule –, nun zum Ratgeber des rückständigen deutschen Bürgertums degradiert wird.

13 Kant WA VII, 26–27, Grundlegung zur Metaphysik der Sitten.

14 MEW 3, 176–179, Deutsche Ideologie.

15 Das Kapitel über Stirner ist das umfangreichste der «Deutschen Ideologie», einer Schrift, die nur unvollständig erhalten und nicht publiziert worden ist, da Marx und Engels sie zwecks «Selbstverständigung» verfasst haben. MEW 13, 10. Die Polemik gegen Stirner kann nicht darüber hinwegtäuschen, dass dessen Philosophie für Marx eine Herausforderung dargestellt hat. Marx' Individualismus, der seine späteren Werke prägt, ist von Stirner beeinflusst.

16 MEW 3, 180–181, Deutsche Ideologie.

17 Stirner 1972, 107–109.

18 MEW 3, 191; Nennen Sie das ein freies Land, wo man seinen Nigger nicht durchprügeln darf? Deutsche Ideologie.

19 Schumpeter 1949.

20 Tocqueville OC I/2, 164–167. De la démocratie en Amérique.

21 Tocqueville OC V/2, 79–82. Voyage en Angleterre et en Irlande de 1835.

22 Latter-Day Pamphlets, London 1907, 21, 30–36, vgl. dazu die Exzerpte von Marx, MEGA IV, 3, 272–275. Engels hat Carlyle als Kritiker des frühen industriellen Kapitalismus zunächst geschätzt, Zur Lage der arbeitenden Klasse in England. MEW 2, 225–506.

23 MEW 2, 7, Die heilige Familie.

24 MEW 2, 98, Die heilige Familie.

25 Bauer 1968, 211–214.

26 MEW 2, 118, Die heilige Familie.

27 MEW 2, 124, Die heilige Familie.

28 MEW 2, 132, Die heilige Familie.

29 Die Einschätzung bezieht sich auf den «Essay Concerning Human Understanding», nicht auf Lockes politische Philosophie.

30 MEW 2, 138, Die heilige Familie. Die Unterscheidung ist nicht identisch mit jener zwischen negativer (Abwesenheit von Zwang) und positiver Freiheit (Fähigkeit, selbstgewählte Ziele zu verwirklichen). Vgl. Raymond Geuss, Freiheit im Liberalismus und bei Marx, in: Julian Nida-Rümelin, Wilhelm Vossenkuhl (Hg.), Ethische und politische Freiheit, Berlin, New York 1998, 114–125. Stedman Jones 2016, 220, meint, das Thema der individuellen Selbstentfaltung fehle in Marx' Schriften vor 1846, Marx habe es von seinem Mitstreiter Karl Schapper übernommen. Wie das Zitat belegt, trifft dies nicht zu, die «Heilige Familie» wurde 1844 verfasst.

31 Vgl. MEW 2, 137, Die heilige Familie. Mit Verweis auf Helvétius' Werk «De l'homme» heißt es: «Die sinnlichen Eigenschaften und die Selbstliebe, der Genuss und das wohlverstandne persönliche Interesse sind die Grundlagen aller Moral. Die natürliche Gleichheit der menschlichen Existenzen, die Einheit zwischen dem Fortschritt der Vernunft und dem Fortschritt der Industrie, die natürliche Güte des Menschen, die Allmacht der Erziehung sind Hauptmomente seines Systems.» Helvétius war übrigens auch für Constant ein wichtiger Autor.

32 Bei Rousseau gilt dies nur für den Contrat social; in anderen Schriften kommt der Selbstliebe eine positive Bedeutung zu.

33 MEW 2, 89–90, Die heilige Familie.

34 Bauer 1880, 287.

35 Nietzsche KSB, 6, 73, 7, 270–276; 8, 106; 205; 247; 370. Der alte Hegelianer Bauer sei Nietzscheaner geworden, wie Nietzsche schreibt.

36 Nietzsche KSA 1, 366–369, Schopenhauer als Erzieher; KSA 2, 302–307, Menschliches, Allzumenschliches I.

37 MEW 27, 11–13, Engels an Marx, 19. November 1844.

38 MEW 3, 229, Deutsche Ideologie.

39 MEGA II/1.1, 165–168.

40 Vgl. Macpherson 1973.

41 Vgl. Hirschman 1987.

42 Claussen 1994, 96–97.

43 Stirner 1972, 127–135. Für Stirner ist der Kommunist ein Erwerbender und Gewerbetreibender.

44 MEGA II/1.2, 532–537. Spricht Marx von Repulsion und Attraktion, so erinnert er an den antiken Materialismus von Demokrit und Epikur.

45 MEGA I/2, 475–480, Marx an Ruge.
46 MEGA I/2, 486–489, Marx an Ruge.
47 MEGA I/2, 445–463. Beim «Preußen» handelt es sich um Arnold Ruge.
48 MEGA I/2, 455–456, Kritische Randglossen.
49 MEGA I/2, 461–463, Kritische Randglossen.
50 Walther 2007, 227.
51 MEGA IV/1, 233–251, 781–791.
52 Spinoza, Tractatus Theologico-Politicus, Kap. 16–20.
53 MEGA I/1, 106. Bemerkungen zur preußischen Zensurinstruktion.
54 MEGA I/2, 31. Zur Kritik der Hegelschen Rechtsphilosophie.
55 MEGA I/2, 394–397.
56 Vgl. Rubel 1974, 171–182; Balibar 1990; Balibar 1993a; Tosel 1994; Yovel 1994, 354–383.
57 MEGA I/11, 96–98; MEGA IV, 1, 342–367. IV, 2, 159–160. Vgl. Higonnet 1986.
58 MEGA I/11, 97. Der 18. Brumaire des Louis Bonaparte.
59 So stellt er dem Rechtsgelehrten Gustav Hugo, dem «servilen Deutschen», den liberalen philosophischen Franzosen Benjamin Constant entgegen. MEGA I/1, 195–196; Marx zitiert aus De la religion, Das philosophische Manifest der historischen Rechtsschule.
60 Constant OC VIII, 2, 722–726, De l'esprit de conquête.
61 MEW 4, 466–467, Manifest der Kommunistischen Partei.
62 MEGA I, 10, 254–263, Ansprache der Centralbehörde an den Bund.
63 MEGA I, 10, 866–867, Anmerkung von Engels.
64 Vgl. Kapitel IV.
65 Vgl. Hume 1988, 175–190.
66 Constant OC, VIII, 2, 699–701, De l'esprit de conquête.
67 Constant OC, IX, 2, 679–689, Principes de politique.
68 Constant OC, IX, 2, 690–691, Principes de politique.
69 Zu erwähnen ist, dass in jener Zeit die Erbwürde der Familie Bonaparte zugestanden wurde.
70 Constant OC, IX, 2, 712–715, Principes de politique.
71 Constant OC, IX, 2, 733–740, Principes de politique.
72 Constant OC, IX, 2, 799–813, Principes de politique.
73 Constant OC, IX, 2, 781–787, Principes de politique.
74 Helena Rosenblatt, ed., The Cambridge Companion to Constant, Cambridge UP 2009, IX, 211–212.
75 Constant OC I, 457–460. Des réactions politiques.
76 Constant OC I, 475. Des réactions politiques: «Les hommes créent les circon-

stances, mais les circonstances entraînent les hommes.» Vgl. Marx: «[...] dass also die Umstände ebensosehr die Menschen, wie die Menschen die Umstände machen.» MEW 3, 38.

77 Constant OC I, 484–485. Des réactions politiques.

78 Constant OC I, 490–493. Des réactions politiques.

79 Constant OC I, 505–506. Des réactions politiques.

80 Constant OC I, 364–366. De la force du gouvernement actuel.

81 Constant OC I, 373–375. De la force du gouvernement actuel.

82 «Enrichissez-vous» (Bereichert euch) – das Wort wird Guizot zugeschrieben – ist in der Junimonarchie sozusagen zum politischen Programm geworden.

83 MEGA I/2, 94, Zur Kritik der Hegelschen Rechtsphilosophie.

84 Hegel Bd. 7, § 258; 399–404, Grundlinien der Philosophie des Rechts.

85 Eine ausführliche Analyse von Marx' Kritik der Hegel'schen Rechts- und Staatstheorie findet sich in Jaeck 1979, 17–68. Jaeck nennt auch die zahlreichen historischen Quellen, besonders jene über die französische Geschichte und Revolution, die Marx konsultiert hat im Bemühen, die Unterschiede zwischen altem und neuem Staat zu verstehen.

86 Hegel Bd. 7, § 5; 49–52, Grundlinien.

87 Hegel Bd. 7, § 272; 432–435, Grundlinien.

88 Hegel Bd. 7, § 75; 157, Grundlinien.

89 Hegel Bd. 12, 534–535, Vorlesungen über die Philosophie der Geschichte.

90 Hegel kannte die Schriften von Smith, Say und Ricardo, Bd. 7, § 189; 346–347, Grundlinien.

91 Hegel Bd. 7, §§ 182–185, 199, 238, 240–245; 339–391, Grundlinien.

92 Hegel Bd. 10, Enzyklopädie, § 523; 321. Vgl. Bd 7, § 238; 386: «Die bürgerliche Gesellschaft reißt aber das Individuum aus diesem Bande [der Familie UM] heraus, entfremdet dessen Glieder einander und anerkennt sie als selbständige Personen; sie substituiert ferner statt der äußeren unorganischen Natur und des väterlichen Bodens, in welchem der Einzelne seine Subsistenz hatte, den ihrigen und unterwirft das Bestehen der ganzen Familie selbst, der Abhängigkeit von ihr, der Zufälligkeit. So ist das Individuum Sohn der bürgerlichen Gesellschaft geworden, die ebensosehr Ansprüche an ihn, als er Rechte auf sie hat.» Grundlinien.

93 Hegel Bd. 7, § 279; 449, Grundlinien.

94 Hegel Bd. 7, §§ 278, 279; 442–449, Grundlinien.

95 MEGA I/2, 22–27, Zur Kritik der Hegelschen Rechtsphilosophie.

96 MEGA I/2, 31, Zur Kritik der Hegelschen Rechtsphilosophie.

97 Hegel Bd. 7, § 272; 432–435; §§ 273, 275; 435–441, Grundlinien.

98 Hegel Bd. 7, §§ 287–290; 457–460, Grundlinien.

99 MEGA I/2, 53, Zur Kritik der Hegelschen Rechtsphilosophie.

100 MEGA I/2 58–61, Zur Kritik der Hegelschen Rechtsphilosophie; Hegel Bd 7, § 298; 465–466, Grundlinien.

101 Anzumerken ist, dass die Begründer der modernen Gewaltenteilungslehre, Locke und Montesquieu, die Gewalten ebenfalls nicht klar getrennt haben.

102 MEGA I/2, 97, Zur Kritik der Hegelschen Rechtsphilosophie.

103 Hegel Bd. 7, § 303; 473–47, Grundlinien.

104 Hegel Bd. 7, § 302; 471–473, Grundlinien; MEGA I/2, 94, Zur Kritik der Hegelschen Rechtsphilosophie.

105 Hegel Bd. 7, § 301; 468–471, Grundlinien.

106 MEGA I/2, 134, Zur Kritik der Hegelschen Rechtsphilosophie.

107 Hegel Bd. 7, §§ 305–307; 474–476, Grundlinien.

108 Hegel Bd. 7, § 306; 475–476, Grundlinien.

109 MEGA I/2, 89–90, Zur Kritik der Hegelschen Rechtsphilosophie.

110 Hegel Bd. 7, § 308; 476–478, Grundlinien.

111 Hegel Bd. 7, §§ 41, 44; 102–106.

112 MEGA I/2, 109–111; Zur Kritik der Hegelschen Rechtsphilosophie; vgl. Hegel Bd. 7, § 66; 141–144, Grundlinien.

113 MEGA I/2, 130–131, Zur Kritik der Hegelschen Rechtsphilosophie.

114 MEGA I/2, 134–137; Zur Kritik der Hegelschen Rechtsphilosophie; vgl. Hegel Bd. 7, § 311; 480–481, Grundlinien.

115 Tocqueville OC I/1, 1–14, De la démocratie en Amérique, introduction. (Einleitung)

116 Tocqueville OC I/1, 304–306, chap. IX, V: Influence indirecte qu'exercent les croyances religieuses sur la société politique aux Etats-Unis (Mittelbarer Einfluss der Glaubenshaltungen auf die politische Gesellschaft in den Vereinigten Staaten); OC I/2, 29, chap. V, Comment, aux Etats Unis, La Religion sait se servir des instincts démocratiques. (Wie die Religion in den Vereinigten Staaten die demokratischen Instinkte zu benützen versteht.)

117 Tocqueville OC I/2, 147–148, II, chap. 14, Comment le goût des jouissances matérielles s'unit, chez les Américains, à l'amour de la liberté et au soin des affaires publiques. (Wie sich bei den Amerikanern der Sinn für materielle Genüsse mit Freiheitsliebe und mit der Sorge für die öffentlichen Angelegenheiten verbindet.)

118 Tocqueville OC I/2, 324–327, IV, chap. 6, Quelle espèce de despotisme les nations démocratiques ont à craindre. (Welche Art von Despotismus die demokratischen Nationen zu fürchten haben.)

119 Tocqueville OC II/1, 95–96; L'ancien régime et la révolution, I, 5, Quelle a été

l'oeuvre propre de la Révolution Française. (Das eigentliche Werk der Französischen Revolution.)

120 So die Ansicht von Jacob Peter Mayer, Alexis de Tocqueville und Karl Marx: Affinitäten und Gegensätze, in: Zeitschrift für Politik 1, 1966, 1–13.

121 Tocqueville OC II/1, 179; L'ancien régime, II, X, Comment la destruction de la liberté politique et la séparation des classes ont causé presque toutes les maladies dont l'ancien régime est mort. (Die Zerstörung der politischen Freiheit und die Klassenunterschiede haben fast alle Krankheiten verursacht, denen der alte Staat erlegen ist.)

122 Tocqueville OC XVI, 123–124. Mémoire sur le paupérisme.

123 Tocqueville OC II/1, 51–52. L'Etat social et politique de la France avant et depuis 1789.

124 Tocqueville OC III/2, 750; Discours prononcé à la chambre, 27 Janvier 1848. Vgl. OC XII, 95–97; 151–152, Souvenirs.

125 Tocqueville OC III/3, 170–173. Discours prononcé à l'assemblée constituante sur la question du droit au travail.

126 Tocqueville OC III/3, 181–185. Discours.

127 Tocqueville OC III/2, 719–728, Notes.

128 MEGA I/2, 170–183, Einleitung zur Kritik der Hegelschen Rechtsphilosophie.

129 MEGA I/2, 170, Einleitung.

130 MEGA III/1, 458.

131 MEGA I/2, 177, Einleitung.

132 Kant, Werke VII, 61, Grundlegung zur Metaphysik der Sitten.

133 MEGA I/2, 179.

134 Sieyès 1981, 121–125, Qu'est-ce que le tiers état?

135 MEGA I/2, 182, Einleitung.

136 Arendt 1986, 241–252.

137 MEGA I/2, 61, Zur Kritik der Hegelschen Rechtsphilosophie.

138 MEGA I/2, 479–480, Marx an Ruge.

IV DAS UNLÖSBARE RÄTSEL DER VERFASSUNG ODER: PRAXIS DER POLITIK

1 So Horst C. Recktenwald in der Einleitung zu der von ihm edierten Ausgabe von Smiths Wohlstand der Nationen, München 1978.

2 Vgl. Therborn 1973. Der Begriff des Historischen Materialismus ist bei Marx nicht zu finden, die Sache hingegen schon bei früheren Denkern. Die Theorie besagt, das Denken und Handeln der Menschen sei wesentlich bestimmt durch die Art und Weise, wie sie leben und lebensnotwendige Güter produzieren.

3 MEGA II/2, 99–101, Zur Kritik der politischen Ökonomie, Vorwort.

4 Smith 1978, 600.

5 Millar 1985, 47–49.

6 Ferguson 1986, 121.

7 Ferguson 1986, 172.

8 Ferguson 1986, 258.

9 Ferguson 1986, 266.

10 Ferguson 1986, 302–304.

11 Ferguson 1986, 340–345.

12 Ferguson 1986, 415–418; 453–454; vgl. MEGA II/5, 288, 295–296, Das Kapital I.

13 Vgl. Ballestrem 1991.

14 Machiavelli 2006, 124–127, Vom Staate, I, 55.

15 MEGA IV, 2, 276–278.

16 Blanqui 1837, X–XI. Adolphe Blanqui ist nicht zu verwechseln mit seinem Bruder, dem kommunistischen Revolutionär Louis-Auguste Blanqui.

17 Vgl. Sieyès 1981.

18 Saint-Simon OC III, 70; 279–286.

19 Guizot 1841, 66.

20 Barnave 1972; vgl. Furet in: Furet / Ozouf I, 332–347.

21 Vgl. die Exzerpte in MEGA IV/2, 269–275.

22 Stein 1974, 1–15, hier 1–11.

23 MEGA III/5, 75–77, Marx an Weydemeyer, 25. März 1852; vgl. MEGA III/7, 130–131, Marx an Engels, 27. Juli 1854.

24 MEW 4, 464–465, Manifest der Kommunistischen Partei.

25 Vgl. Hobbes 1984, 67.

26 Dies hat nach Marx namentlich Max Weber deutlich gemacht, GA I/22–3, 424–429.

27 MEW 4, 475, Manifest.

28 MEW 4, 477, Manifest.

29 MEW 4, 573–574, Manifest.

30 MEW 4, 482, Manifest.

31 Vgl. Draper 1962.

32 MEW 4, 487, Manifest.

33 MEW 6, 107–108, Die Bourgeoisie und die Kontrerevolution.

34 MEGA II/2, 100–102, Zur Kritik der politischen Ökonomie, Vorwort.

35 MEGA I/10, 119, Klassenkämpfe in Frankreich.

36 MEGA I/10, 122, Klassenkämpfe. Die bekannteste Schrift ist Alphonse Toussenels «Les juifs, Rois de l'époque» von 1847, ein Buch, das auch in linken Kreisen auf Interesse gestoßen ist. Im französischen Frühsozialismus, insbesondere bei Fourier, waren antisemitische Tendenzen ebenfalls virulent.
37 MEGA I/10, 124–125, Klassenkämpfe.
38 MEGA I/10, 126, Klassenkämpfe.
39 Unter «Lumpenproletariat» versteht Marx generell Arbeitslose, die aufgrund ihrer prekären Lage bereit sind, jeder legalen oder illegalen Tätigkeit, die ihnen ein wenig Geld oder Anerkennung verschaffte, nachzugehen.
40 MEGA I/10, 150–151, Klassenkämpfe.
41 MEGA I/10, 152, Klassenkämpfe.
42 MEGA I/10, 173, Klassenkämpfe.
43 MEGA I/10, 187–188, Klassenkämpfe.
44 MEGA I/10, 195, Klassenkämpfe.
45 MEGA I/10, 781, Klassenkämpfe.
46 MEGA I/1, 96; vgl. MEGA II/4, 260–261, Engels an Marx, 3. Dezember 1851.
47 Hegel, Werke 12, 380, Vorlesungen über die Philosophie der Geschichte.
48 Dies war in der Französischen Revolution die Bezeichnung für die politische Linke, der Name wurde 1848 wieder verwendet.
49 Napoleon hatte damals das Direktorium gestürzt und unter dem Titel des Ersten Konsuls die Alleinherrschaft übernommen.
50 Marx hat mehrere wenig schmeichelhafte Charakterisierungen Louis Bonapartes vorrätig, bildet hierin aber keine Ausnahme. Die intellektuellen Fähigkeiten Bonapartes wurden von seinen Zeitgenossen generell als bescheiden eingestuft.
51 MEGA I/11, 96–97, Der achtzehnte Brumaire des Louis Bonaparte.
52 MEGA I/11, 97, Brumaire.
53 Die Nähe zu Constant wird auch in dieser Diagnose deutlich; dass Constant nun quasi zur Gegenseite gehört, ändert daran nichts.
54 MEGA I/11, 98, Brumaire.
55 MEGA I/11, 101, Brumaire.
56 MEGA I/11, 101–102, Brumaire.
57 MEGA I/11, 103–104, Brumaire.
58 MEGA I/11, 105, Brumaire.
59 Vgl. Oehler 1988.
60 MEGA I/11, 106, Brumaire.
61 MEGA I/11, 132, Brumaire.
62 MEGA I/11, 134–136, Brumaire.
63 MEGA I/11, 109–110, Brumaire.

64 Das Palais de l'Élysée in Paris war damals und ist bis heute die Residenz des Staatschefs.
65 MEGA I/11, 111, Brumaire.
66 MEGA I/11, 165, Brumaire.
67 MEGA I/11, 172, Brumaire.
68 Tocqueville OC I/2, 147–148. De la démocratie.
69 Ein Gedanke, der auch bei Constant zu finden ist, vgl. Kap. 4.
70 MEGA I/11, 139, Brumaire.
71 MEGA I/11, 140–142, Brumaire.
72 MEGA I/11, 142, Brumaire.
73 Wie erwähnt hatte Napoleon III. gewisse Affinitäten zu sozialliberalen Doktrinen und ließ sich in späteren Jahren von Anhängern Saint-Simons beraten.
74 Dies die Bedeutung des altgriechischen *despotes*.
75 MEGA I/10, 542–548, Klasssenkämpfe.
76 MEGA I/11, 178, Brumaire.
77 MEGA I/11, 179, Brumaire.
78 MEGA I/11, 181, Brumaire.
79 MEGA I/10, 297; vgl. I/10, 330–335, Engels: Über die Losung der Abschaffung des Staates.

V DIE ENDLICH ENTDECKTE POLITISCHE FORM

1 MEGA I/10, 535–548; 1054–1060, The constitution of the French Republic.
2 1849 wurde in einem Aufstand innerhalb des Territoriums des Kirchenstaats die römische Republik gegründet, die nach nur wenigen Monaten militärisch unterdrückt wurde.
3 MEGA I/10, 548. «Die Zukunft geht schwanger mit großen Ereignissen, und die Gegenwart Frankreichs ist eines der interessantesten Studienobjekte welche die Geschichte gewährt.» The constitution of the French Republic.
4 Vgl. dazu detailliert Jaeck 1979, 93–145.
5 Vgl. Marx' Exzerpte aus Wachsmuth, Geschichte Frankreichs im Revolutionszeitalter, MEGA IV/2, 168.
6 Desmoulins, Révolutions de France et de Brabant, Paris 1790, 134 (138). Zur Zitierweise: zitiert wird aus: Camille Desmoulins, Œuvres, München 1980. Die erste Seitenzahl betrifft die Originalausgabe der Révolutions; die zweite die Œuvres.
7 Desmoulins, Révolutions, 575–577, (606–607).
8 Desmoulins, Révolutions, 305–307, (315–317).

9 MEGA IV/2, 166–167; Desmoulins, Révolutions, 425–430, (449–454); 580–588, (610–618). Der Magnetismus von Mesmer ist eine Theorie, welche magnetische Kräfte therapeutisch nutzen will.

10 Desmoulins, Révolutions, 486–487, (386–387). [Übersetzung UM] Mit dem Citoyen Capet (Bürger Capet) war der König gemeint, nach dem Namen des Urahns der Bourbonen, Hugo Capet. Mit den beiden Gewalten sind die Legislative und die Exekutive gemeint. Desmoulins ist 1792 in den Nationalkonvent gewählt worden. Marx hat sich das Zitat notiert, MEGA IV/2, 267.

11 Der französische Philosoph Claude Lefort spricht vom revolutionären und präzedenzlosen Zug der Demokratie; der Ort der Macht wird leer, Lefort 1986, 26–27. «Le lieu du pouvoir devient un lieu vide.» Bei Desmoulins lautet der Satz: «que le trône [...] restât vuide.»

12 Im Gefolge der Bewegungen von 1968 hat die rebellische Phantasie manche Parolen kreiert und ist dabei auch vor Widersprüchen nicht zurückgeschreckt. Besonders deutlich kommt der Gegensatz von Volkssouveränität und Anarchie in den folgenden Parolen zum Ausdruck: «Alle Macht dem Volk» – «Keine Macht für niemand.»

13 MEGA I, 22, 193, Der Bürgerkrieg in Frankreich.

14 «Commune» bedeutet Gemeinde, eine politische und Verwaltungseinheit. Seit dem 19. Jahrhundert hat der Begriff zusätzliche Bedeutungen erhalten, im Fall der Pariser Kommune bezieht er sich auf eine rätedemokratische Institution.

15 MEGA, I, 22, 989, Bürgerkrieg.

16 MEGA I/11, 178–179, Der achtzehnte Brumaire des Louis Bonaparte.

17 MEGA I/22, 200, Bürgerkrieg.

18 MEGA I/22, 200–201, Bürgerkrieg. Dass die Bourgeoisie 1850 nicht mehr willens oder fähig war, politisch zu agieren, dass sie die privaten Aktivitäten vorzog, hat Marx im 18. Brumaire ausführlich beschrieben.

19 MEGA I/22, 201, Bürgerkrieg.

20 MEGA I, 22, 201–202, Bürgerkrieg.

21 MEGA I/22, 202–204, Bürgerkrieg.

22 MEGA I/22, 203, Bürgerkrieg.

23 MEGA I/22, 204, Bürgerkrieg; vgl. 56–57: «The *Commune* – the reabsorption of the State power by society, as its own living forces instead of as forces controlling and subduing it, by the popular masses themselves, forming their own force instead of the organized force of their suppression – the political form of their social emancipation, instead of the artificial force [...] of society wielded for their oppression by their enemies.»

24 MEGA I/22, 204–205, Bürgerkrieg.

25 MEGA I/22, 210, Bürgerkrieg.
26 Vgl. MEGA I/22, 55, Bürgerkrieg.
27 Vgl. MEGA I/22, 53–59; 99–106 (englische Version), Bürgerkrieg.
28 MEGA I/22, 53; 100 (englische Version), Bürgerkrieg.
29 Vgl. Rubel 1974, 42–59; Abensour 2012.
30 MEW 18, 599–642, Konspekt von Bakunins Buch.
31 MEGA I/24, 475–582, Ein Komplott gegen die Internationale Arbeiterassoziation.
32 MEGA I/24, 477–478, Komplott.
33 Michael Bakunin, Philosophie der Tat, Köln 1968, 316–321.
34 MEGA I/24, 480, Komplott.
35 MEGA I/24, 481, Komplott.
36 MEGA I/24, 482–483, Komplott.
37 MEGA I/24, 483–484, Komplott.
38 MEGA I/24, 485, Komplott.
39 MEGA I/24, 576, 578, Komplott.
40 MEGA I/24, 524, Komplott. Marx und Engels zitieren aus anonymen russischen Schriften, die von Bakunin und Netschajew verfasst worden waren.
41 MEGA I/24, 527, 530, Komplott.
42 MEGA I/24, 527, Komplott.
43 Nikolai Gawrilowitsch Tschernyschewski (1828–1889) war ein russischer Schriftsteller und Revolutionär, seine Schriften hatten Marx stark beeinflusst.
44 MEGA I/24, 544, Komplott. Marx hat den «Kasernenkommunismus, wodurch der Verachtung gemeiner bürgerlicher Tätigkeit eine höhere Bedeutung erwächst» und worin die Menschen unter der moralischen Autorität und dem Gebot der Aufopferung stehen, auch andernorts kritisiert, MEGA I/11, 300–301, Die großen Männer des Exils.
45 Marx schreibt die Autorschaft Bakunin zu, häufig wird jedoch Netschajew als Autor genannt.
46 Bakunin selbst beruft sich in seinem Aufruf *An die Offiziere der russischen Armee* auf die Jesuiten. Er versteht darunter Hingebung ans Ziel, Selbstverleugnung, Verzicht auf die eigne Persönlichkeit und jeden weiteren Gegenstand der Begierde sowie blinden Gehorsam gegenüber dem unsichtbaren comité. Der Aufruf ist abgedruckt in MEGA I/24, 550–555, Komplott.
47 MEGA I/24, 545, Komplott.
48 Vgl. den ganzen Katechismus MEGA I/24, 544–550, Komplott.
49 Natürlich handelt es sich hier nicht um die IAA, sondern um die anarchistische Geheimgesellschaft, von deren Existenz niemand etwas wusste.

50 MEGA I/24, 550–551, Komplott.

51 MEGA I/24, 555, Komplott. In Paraguay hatten die Jesuiten zu Beginn des 17. Jahrhunderts einen christlichen Staat gegründet, der die indianischen Bevölkerungen aufnahm.

52 Vgl. den Abschnitt «Bakunin und der Zar», MEGA I/24, 561–567, Komplott.

53 Vgl. FN 26.

54 Dostojewskij hat in seinem Roman *Dämonen*, neu veröffentlicht unter dem Titel *Böse Geister*, Netschajew und den Anarchisten ein literarisches Denkmal gesetzt. Erzählt werden die Machenschaften Werchowenskijs (Netschajews) und die Ermordung des Studenten Iwanow. Dostojewskij ergänzt die Geschichte und lässt Werchowenskijs Genossen über die wünschbare Form der künftigen sozialistischen Ordnung streiten. Schigalew, einer der Genossen, fordert einen despotischen Sozialismus, worin eine Elite über die Mehrheit herrscht und diese zu einer Herde von Arbeitssklaven degradiert. Die unbeschränkte Freiheit muss dem unbeschränkten Despotismus weichen, eine andere Lösung des sozialistischen Problems gibt es nicht. Die Verwirklichung des Sozialismus setzt die Spaltung der Menschheit in zwei ungleiche Teile voraus. Ein Zehntel erhält die Freiheit der Persönlichkeit und das unbeschränkte Recht, über die übrigen neun Zehntel zu herrschen. Diese müssen ihre Persönlichkeit verlieren, sich in eine Herde verwandeln und bei bedingungslosem Gehorsam durch eine Reihe von Wiedergeburten die ursprüngliche Unschuld wiedererlangen. Dostojewskij hat im Rahmen seiner literarischen Phantasie dasselbe entdeckt und beschrieben wie Marx im Studium der Akten. Bakunin und seine Anhänger verbinden eine ziemlich wirre und wenig attraktive Idee von Sozialismus mit skurrilen Organisationsregeln und einer absoluten Autoritätsanmaßung. Mit derselben Anmaßung werden später Stalin und andere kommunistische Diktatoren sich als Hüter des Volks und des Sozialismus aufspielen. Im Konflikt zwischen Marx und Bakunin geht es zur Hauptsache um den Gegensatz von Freiheit und totaler – totalitärer – Bevormundung.

55 Heine DHA 12/1, 150–151, Französische Zustände, Artikel VI. Vgl. im gleichen Abschnitt: «Der rousseauisch ernste Schwärmer Saint-Just hasste alsdann den heiteren, geistreichen Fanfaron Desmoulins. Der sittenreine, unbestechliche Robespierre hasste den sinnlichen, geldbefleckten Danton.»

56 MEGA I/2, 455–456.

57 Heine DHA 8/1, 126–127, Die romantische Schule I.

58 Heine DHA 12/1, 130–131, Französische Zustände.

59 Heine DHA 11, 40, Ludwig Börne. Eine Denkschrift; 8/1,16–17, Zur Geschichte der Religion und Philosophie in Deutschland.

60 Heine DHA 8/1, 61, Zur Geschichte der Religion und Philosophie in Deutschland.

61 MEW 2, 180, 189, 195–196, Die heilige Familie.

62 MEW 2, 179; 185. Marx scheint hier geradezu Nietzsche zu antizipieren. Die Romanheldin ist Fleur de Marie aus Eugène Sues *Les Mystères de Paris* von 1843.

63 Zahlreiche diesbezügliche Hinweise verdanke ich Wallat 2009.

64 MEW 19, 357; 14, 449.

65 MEW 4, 3–17; vgl. 484 sowie 200 zu den sozialen Prinzipien des Christentums.

VI LOCKE UND DER APFEL ODER: DER ÖKONOMISCHE SÜNDENFALL

1 Sterne, Tristram Shandy, Buch III, Kapitel XXXIV.

2 Locke 1989 II, § 28.

3 Bodin 1981 I, 214–221.

4 MEW 3, 510–511, Deutsche Ideologie.

5 Locke 1989 II, § 85.

6 Locke 1989 II, § 24.

7 Locke unterscheidet drei Gruppen: Eigentümer, Lohnarbeiter und Sklaven, Letztere sind keine Klasse, aufgrund ihrer Taten haben sie ihr Geschick selbst verschuldet; vgl. Locke 1989 II, §§ 23–24.

8 Locke 1989 II, § 28.

9 Locke 1989 II, § 34.

10 Hume hat bereits Lockes Idee einer stillschweigenden Übereinstimmung kritisiert, Hume 1988, 309–311.

11 Locke 2002, 200, The Reasonableness of Christianity.

12 Locke 1823, Vol. V, 23–24; 71.

13 Locke 1997, 184–185, An Essay on the Poor Law.

14 MEGA II/5, 495–496.

15 Mandeville 1980, 318–322.

16 Mandeville 1980, 343.

17 Bentham 1962, Vol. 1, Principles of the Civil Code I/12 § 1.

18 Smith 1978, 56–64, hier vor allem 59.

19 MEGA I/2, 368.

20 MEGA I/2, 373.

21 MEGA I/2, 386–389.

22 MEGA I/2, 399.

23 MEGA I/2, 420–421.
24 Vgl. Smith, Wohlstand, Buch I, Kapitel 2–3, MEGA I/2, 309–314.
25 MEGA IV/2, 447–448; 451.
26 MEGA IV/2, 462.
27 MEGA IV/2, 465.
28 MEGA IV/2, 466.
29 MEW 4, 342–343, Die moralisierende Kritik und die kritisierende Moral.
30 MEW 4, 444–458, Rede über den Freihandel.
31 Arendt 1985, 249–251.
32 In der MEW handelt es sich um die Bände 23–25; ergänzt wird es mit den dreibändigen Theorien über den Mehrwert, Bd 26.
33 MEW 34, 307, an Sigmund Schott, 3. 11. 1877.
34 Eine konzise Darlegung der Problematik sowie eine Zusammenfassung des Inhalts der drei Bände gibt Quante / Schweikard 2016, 95–118. Vgl. Harvey 2011; Bonefeld / Heinrich (Hg.) 2011; Krätke 2017.
35 MEGA II/5, 14–15, Kapital I.
36 MEGA II/5, 49, Kapital I.
37 MEGA II/5, 120–124, Kapital I.
38 MEGA II/5, 181, Kapital I.
39 MEGA II/5, 221, Kapital I.
40 MEGA II/5, 239, Kapital I.
41 MEGA II/5, 216–218, Kapital I.
42 MEGA II/5, 210, Kapital I.
43 MEGA II/5, 179, Kapital I.
44 MEGA II/5, 232, Kapital I.
45 MEGA II/5, 240–241, Kapital I.
46 Jeremy Bentham hatte allerdings die französische Menschenrechtserklärung als «Unsinn auf Stelzen» bezeichnet. Vgl. Waldron 2007.
47 MEGA II/5, 128, Kapital I.
48 «Das formale Recht eines Arbeiters, einen Arbeitsvertrag jeden beliebigen Inhalts mit jedem beliebigen Unternehmer einzugehen, bedeutet für den Arbeitsuchenden praktisch nicht die mindeste Freiheit in der eigenen Gestaltung der Arbeitsbedingungen und garantiert ihm an sich auch keinerlei Einfluss darauf.» Weber GA, Abteilung I, Band 22/3, 424–429, hier 425.
49 Smith 1978, Buch II, Einleitung, 227–228.
50 MEGA II/5, 574–575, Kapital I.
51 MEGA II/5, 576, Kapital I.
52 MEGA II/5, 578, Kapital I.

53 Richard Price hatte für die Französische Revolution Stellung genommen. Burkes berühmte *Reflections on the Revolution in France* sind eine Entgegnung auf eine Schrift von Price.

54 MEGA II/5, 544; 584–585, Kapital I.

55 MEGA II/5, 589–591, Kapital I.

56 MEGA II/5, 591–592, Kapital I.

57 MEGA II/5, 595, Kapital I.

58 MEGA II/5, 601–602, Kapital I.

59 MEGA II/5, 607, Kapital I. «Tantae molis erat» (solcher Mühe bedurfte es) ist ein Zitat aus Vergils Aeneis. Der Ausdruck «labouring poor», heute wieder aktuell, bezeichnet Menschen, die zwar Arbeit haben, deren Lohn aber unter dem Existenzminimum liegt. Marx zitiert Burke, der den Ausdruck für «execrable political cant», für abscheulichen Unsinn, hält. Interessanter ist Burkes Überzeugung, die Gesetze des Handels seien die Gesetze der Natur und folglich die Gesetze Gottes; daher könne eine Verbesserung der Verhältnisse nicht durch die Verletzung dieser Gesetze erreicht werden (Thoughts and details on scarcity, London 1800, 31–32).

60 MEGA II/5, 608, Kapital I.

61 MEGA II/5, 608, Kapital I.

62 Der Prozess der ursprünglichen Akkumulation ist längst nicht abgeschlossen. So geraten etwa global agierende Konzerne, die Saatgut und Herbizide produzieren, regelmäßig in die Kritik, weil sie es Bauern verbieten, Saatgut aufzubewahren. Es handelt sich um eine besonders raffinierte Form der Enteignung, die weltweit unzählige Bauern in den Ruin getrieben hat.

63 MEGA II/5, 608–609, Kapital I.

64 MEGA II/5, 609–610, Kapital I.

65 MEGA II/5, 45, Kapital I.

66 MEGA II/5, 476–477, Kapital I.

67 Der wichtigste Vordenker des konservativen, marktorientierten Liberalismus ist Friedrich von Hayek (1899–1992), jener des progressiven, gerechtigkeitsorientierten Liberalismus John Rawls (1921–2002).

68 MEGA I/25, 9–25, Kritik des Gothaer Programms.

69 MEGA I/25, 14, Kritik des Gothaer Programms.

70 MEGA I/25, 15, Kritik des Gothaer Programms.

71 Locke 1962, Bd. II, Buch IV, Kapitel 3, Über den Umfang des menschlichen Wissens, § 18, 200: «Wo es kein Eigentum gibt, da gibt es auch kein Unrecht, dies ist ein Satz, so sicher wie irgend ein Lehrsatz im Euklid.» Rousseau OC III, 170, Discours sur l'inégalité.

72 Hume 2003, 17–24.
73 MEGA II/5, 497–498, Kapital I.
74 Vgl. Ernesto Screpanti, Libertarian Communism, London 2007.
75 MEGA I/1, 691, Scorpion und Felix.
76 MEGA I/1, 688–703; 1247–1249, Scorpion und Felix.

VII SUBVERSIVE INDIVIDUALITÄT

1 Pies / Leschke 2005, VII.
2 Lenin, W, Bd. 14, 12–30, Materialismus und Empiriokritismus.
3 Kemp 1963.
4 Barbey d'Aurevilly 1880; vgl. die Auszüge in Schlobach 1992, 31–33.
5 Joseph de Maistre, De la souveraineté du peuple, Paris 1992.
6 Rousseau OC II, 965–967, Narcisse, Préface.
7 Rousseau OC IV, 251, Émile, Livre I.
8 Rousseau OV IV, 881–924, Émile et Sophie.
9 «In England we have not yet been completely embowelled of our natural entrails; we still feel within us, and we cherish and cultivate, those inbred sentiments which are the faithful guardians, the active monitors of our duty, the true supporters of all liberal and manly morals. We have not been drawn and trussed, in order that we may be filled, like stuffed birds in a museum, with chaff and rags, and paltry blurred shreds of paper about the right of man. We preserve the whole of our feelings still native and entire, unsophisticated by pedantry and infidelity. We have real hearts of flesh and blood beating in our bosoms.» Burke WS VIII, 136–137, Reflections on the Revolution in France.
10 Burke 1986, 177–178. «In England spüren wir noch und lieben und bauen in uns jene zarten Urgefühle der Natur, welche […] die wahren Stützen aller edlen und männlichen Sittlichkeit sind. Wir haben alles, was in uns sein sollte, noch wirklich in uns. Wir haben uns durch keine Quacksalberoperationen ausleeren und austrocknen lassen, um nachher, wie ausgestopfte Vögel in einer Naturaliensammlung, mit Stroh und Lumpen und schmutzigen Papierschnitzeln von eingebildeten Menschenrechten wieder gefüllt zu werden.»
11 Burke WS VIII, 146.
12 Vgl. Gengembre, 1996.
13 Diderot OC XX, 47–48, Paradoxe sur le comédien.
14 Diderot OC XX, 53–54, Paradoxe.
15 Diderot OC XX, 87, Paradoxe.

16 Diderot OC XX, 93–95, Paradoxe.
17 Diderot OC XX, 123–126, Paradoxe.
18 Strugnell 1973, 229–237.
19 Diderot OC IX, 257–258, Lettre à Landois. Marx hat solche Argumente aufgenommen: «Wenn der Mensch unfrei im materialistischen Sinne, d.h. frei ist, nicht durch die negative Kraft, dies und jenes zu meiden, sondern durch die positive Macht, seine wahre Individualität geltend zu machen, so muss man nicht das Verbrechen am Einzelnen strafen, sondern die antisozialen Geburtsstätten des Verbrechens zerstören und jedem den sozialen Raum für seine wesentliche Lebensäußerung geben.» MEW 2, 138, Die heilige Familie.
20 Diderot OC XXIV, 308, Observations sur Hemsterhuis.
21 Diderot OC XXIV, 402, Observations sur Hemsterhuis.
22 Diderot OC III, 281, Les bijoux indiscrets.
23 Diderot OC III, 275–276, Les bijoux indiscrets.
24 MEGA II/5, 359, Das Kapital I.
25 Diderot OC XII, 71: Rien n'est si dissemblable à moi que moi-même. Nichts gleicht mir weniger als ich. Mit diesen Worten beschreibt Rousseau sich selbst in einer autobiographischen Skizze, OC I, 1108.
26 Vgl. Fontenay 1981, 59. Marx G1 33: Das Geld wird «plötzlich der Herrscher und Gott in der Welt der Waren. Es stellt die himmlische Existenz der Waren dar, während sie seine irdischen darstellen.»
27 So die Übersetzung von Goethe, Denis Diderot, Rameaus Neffe, Stuttgart 1984, 71. Im Original: «Le dieu étranger se place humblement sur l'autel à côté de l'idole du pays; peu à peu, il s'y affermit; un beau jour, il pousse du coude son camarade; et patatras, voilà l'idole en bas. Diderot OC XXII, 163–164.
28 MEGA II/5, 604, Das Kapital I.
29 Hegel Bd. 3, 384–387, Phänomenologie.
30 Hegel Bd. 3, 230–232, Phänomenologie.
31 Hegel Bd. 7, § 5, 49–52, Grundlinien der Philosophie des Rechts.
32 Hegel Bd. 7, § 7, 57, Grundlinien der Philosophie des Rechts.
33 Hegel Bd. 3, 359–365, Phänomenologie.
34 MEGA I/2, 399–417.
35 Vgl. die knappe Rousseau-Kritik von Diderot, OC XXIV, 546–547, Réfutation d'Helvétius.
36 Vgl. Laufer 1992, 196–214, hier 205.
37 Diderot OC XXIV, 329–330, 346, 351, Observations sur Hemsterhuis.
38 Diderot OC XXIV, 588, Réfutation d'Helvétius.
39 Diderot OC XXIV, 521–522; 525, Réfutation d'Helvétius.

40 Diderot OC XVI, 214, Salon de 1767.
41 Diderot OC XXIV, 362–363, Observation sur Hemsterhuis.
42 Diderot OC XXIV, 584, Réfutation d'Helvétius.
43 Vgl. Ibrahim 2010, 220; Strugnell 1973, 67–73.
44 Diderot OC XVI, 207, Salon de 1767.
45 MEGA I/11, 101. Der achtzehnte Brumaire des Louis Bonaparte.
46 Diderot OC XXV, 192, Essais sur les règnes de Claude et de Néron.
47 MEW 21, 282, Ludwig Feuerbach und der Ausgang der klassischen deutschen Philosophie.
48 MEGA II/5, 476–477, Das Kapital I.
49 MEW 3, 34–35, Deutsche Ideologie.
50 MEW 3, 45–46, Deutsche Ideologie.
51 MEW 3, 60, Deutsche Ideologie.
52 MEW 3, 70–71, Deutsche Ideologie.
53 MEW 3, 424, Deutsche Ideologie.
54 Lukrez, De rerum natura II, 251–262.
55 MEGA II/1.1, 21.
56 MEGA II/1.1, 22.
57 MEGA II/1.1, 38–41. Bemerkungen zu Zivilisation und Barbarei in Russland finden sich bereits bei Diderot. Vgl. Guillaume Raynal, Histoire philosophique et politique des deux Indes, choix des textes par Yves Benot, Paris 1981, 337–339.
58 MEGA II/1.1, 90–91.
59 MEGA II/1.1, 94.
60 MEGA II/1.2, 498–500, 580–583.
61 MEW 3, 37, Deutsche Ideologie.
62 MEW 3, 54, Deutsche Ideologie.
63 MEW 3, 67, Deutsche Ideologie.
64 MEW 3, 75, Deutsche Ideologie.
65 MEGA I/2, 391–392.
66 Aristoteles, Nikomachische Ethik, 1097b14.
67 MEW 3, 74, Deutsche Ideologie.
68 MEW 3, 75, Deutsche Ideologie.
69 MEW 4, 482, Kommunistisches Manifest.
70 Nietzsche KSA 3, 595–596, Fröhliche Wissenschaft 356.
71 Nietzsche KSA 3, 154, Morgenröthe 173.
72 MEGA I/2, 391–392.

1 MEGA II/15, 794–795, Das Kapital III.
2 Goethe, Werke, Münchner Ausgabe, I. I., 230.
3 MEGA IV/1, 100, 670.
4 Aristoteles, Politik III; 5.
5 Vgl. Postone 1993; Rosa 2005.
6 Wilhelm von Humboldt, Ideen zu einem Versuch, die Grenzen der Wirksamkeit des Staates zu bestimmen, verfasst 1792. Humboldt hat das Buch nie veröffentlicht, es ist erst nach seinem Tod, nach der Niederlage der demokratischen Kräfte von 1848 publiziert worden. Marx bezieht sich nicht explizit auf Wilhelm von Humboldt.
7 Mill CW II, 207–208; MEGA II/5, 493, Das Kapital I.
8 Berlin 1995.
9 Hayek GS B4, Recht, Gesetz und Freiheit.
10 Die zuweilen geäußerte Ansicht, die Zweiteilung der Menschenrechte in liberale (negative) und soziale (positive) Rechte widerspiegle den Konflikt zwischen kapitalistischer und kommunistischer Welt, ist unhaltbar. Soziale Rechte waren, zumindest in der unmittelbaren Nachkriegszeit, in sozialdemokratisch gezähmten kapitalistischen Staaten eher garantiert als in autoritären kommunistischen Staaten.
11 Vgl. Johnstone 1983.
12 Ryazanoff 1922, 292–294 (freie Übersetzung UM).
13 MEW 3, 424, Deutsche Ideologie.
14 Therborn 2016, 27–37, hier 37.
15 MEW 3, 34, Deutsche Ideologie.
16 Ein Beispiel: Wenn internationale Organisationen wie die OECD auf wachsende Wohlstandsunterschiede hinweisen und dies mit Zahlen belegen, vermögen Kritiker in dieser wissenschaftlichen Arbeit bereits eine verwerfliche, «klassenkämpferische» Gesinnung zu erkennen.
17 Machiavelli 2006, 124–127, Vom Staate, I, 55.
18 MEGA II/5, 212.
19 MEW 12, 3–4, Rede auf der Jahresfeier der «Peoples Paper», 19. April 1856.

DANK

Für hilfreiche und anregende Diskussionen, Kritik und Verbesserungsvorschläge danke ich meiner Frau Stefanie Brander.

Danken möchte ich ebenso Clara Polley, die mich zu diesem Projekt ermutigt hat, sowie dem Lektor Stephan Speicher.

MIX
Papier aus verantwortungsvollen Quellen
FSC® C083411
www.fsc.org

Das für dieses Buch verwendete Papier ist FSC®-zertifiziert.